Winfried Elliger

Paulus in Griechenland

Winfried Elliger

Paulus in Griechenland

Philippi, Thessaloniki, Athen, Korinth

Verlag Katholisches Bibelwerk GmbH, Stuttgart

CIP-Kurztitelaufnahme der Deutschen Bibliothek

Elliger, Winfried:
Paulus in Griechenland:
Philippi, Thessaloniki, Athen, Korinth / Winfried Elliger. — 2. Aufl.
Stuttgart: Verlag Katholisches Bibelwerk, 1990
ISBN 3-460-32541-0

Gesamtherstellung: Brönner & Daentler, Eichstätt
Umschlagbild: IFA-Bilderteam – v. Stroheim, München

Inhalt

Vorwort

„Auf den Spuren des Apostels Paulus" ist ein beliebtes Etikett, unter dem heutzutage Reisen nach Kleinasien, Griechenland und Süditalien angeboten werden. Soweit diese Spuren auf griechischem Boden zu suchen sind, gehören sie zum Thema des vorliegenden Buches und bestimmen weitgehend dessen Inhalt. Wie sah es in den Städten Griechenlands aus zur Zeit, als Paulus sie besucht hat? Was ist durch den Spaten der Ausgräber davon wieder ans Licht gekommen? Welche literarischen Quellen können das Bild dieser Städte vervollständigen? Und vor allem: In welchem Verhältnis stehen die neutestamentlichen Angaben über Philippi, Thessaloniki, Athen und Korinth zu dem, was wir sonst über diese Städte wissen?

Fragen dieser Art klingen in der theologischen Fachliteratur zwar gelegentlich an, aber kaum je werden sie in wünschenswertem Umfang berücksichtigt. Andererseits erfüllen auch die besten Reiseführer viele Wünsche des biblisch Interessierten nicht, weil dessen Fragen außerhalb des Betrachtungshorizonts bleiben. Diese Lücke sucht das vorliegende Buch zu schließen, indem es die neutestamentlichen Aussagen über die genannten Städte mit den Forschungsergebnissen von Archäologen, Historikern, Religionsgeschichtlern, Epigraphikern kombiniert. Vor dem Hintergrund profaner Quellen könnten Einzelheiten in den Berichten über die Missionsreisen des Apostels plastischer hervortreten und die Berichte insgesamt in ihren geschichtlichen Bezügen verständlicher werden. Jedoch möchte diese Studie weder als ergänzender Kommentar zu den einschlägigen Stellen der Apostelgeschichte unter besonderer Berücksichtigung der Archäologie verstanden werden, noch ist es ihre Absicht, die gängigen Reiseführer zu ersetzen.

Mancher Leser wird unter den griechischen Paulusstädten das berühmte und schöne Ephesos vermissen, und dieser Verzicht bedarf einer besonderen Erklärung. Eine gründliche Behandlung des reichhaltigen archäologischen Materials im Hinblick auf den ausführlichen Bericht der Apostelgeschichte über die Ereignisse in Ephesos hätte den Band gewaltig anschwellen lassen oder wäre auf Kosten der anderen Kapitel gegangen. Beides schien wenig ratsam. Die 1985 erschienene

Monographie des Verfassers über Ephesos, in der auch Paulus ein längeres Kapitel gewidmet ist, mag als Ergänzung herangezogen werden:

W. Elliger, Ephesos. Geschichte einer antiken Weltstadt (Urban-Taschenbuch 375). Stuttgart 1985.

I. Die griechische Stadt

1. Allgemeine Voraussetzungen

Die griechische Bezeichnung für „Stadt“, πόλις, bedeutet, wenn auch nicht von Anfang an,[1] „Siedlung“ und „Gemeinwesen“ in einem. Mit dem Begriff kann sowohl der Zusammenschluß einer Gruppe und ihre Organisationsform gemeint sein als auch der Ort, an dem sich dieser Zusammenschluß vollzog. Daher bezeichnen sich die Mitglieder einer Polis auch nicht schlicht als „Einwohner“, sondern als „Bürger“ (πολῖται). Sie waren es, die den Staat trugen, oder, wie Thukydides formuliert: ἄνδρες γὰρ πόλις, „die Männer sind die Stadt“ (VII 77,7). Im Unterschied zur abstrakten *res publica* der Römer war der Staat für den einzelnen Griechen immer gegenwärtig und konkret erfahrbar, mehr noch, der notwendige Lebensraum, außerhalb dessen menschliche Existenz kaum denkbar schien.

Diese Identität von Staat und Gesellschaft macht es möglich, die Anlage einer griechischen Stadt[2] als Ausdruck griechischen politischen Lebens und Denkens zu verstehen. Natürlich ist dabei eine Fülle von historischen, geographischen, klimatischen, wirtschaftlichen und kulturellen Faktoren zu berücksichtigen. Es macht einen Unterschied, ob sich eine Stadt aus einer dörflichen Siedlung allmählich entwickelt hat, ob sie auf dem Wege des Synoikismos, also durch Zusammenlegung mehrerer Siedlungen, entstanden ist oder ob sie,

---

[1] Ursprünglich scheint πόλις nur die Burg, dann auch die in ihrem Schutz angelegte Siedlung bezeichnet zu haben, vgl. Hom. Il. 6,88 und 20,52. Nach Thukydides (II 15) hieß die Akropolis von Athen noch zu seiner Zeit bei den Athenern πόλις (im Unterschied zum ἄστυ, der Bezeichnung für die Wohnstadt).

[2] An allgemeinen Darstellungen zum Thema seien genannt: *Ehrenberg*, Der Staat der Griechen; *von Gerkan*, Griechische Städteanlagen; *Tritsch*, Griechische Polis; *Halliday*, City-State; *Glotz*, Cité grecque (historische Entwicklung der Institutionen und politischen Organe); *Jones*, Greek City; *Wycherley*, Greek Cities; *Martin*, Urbanisme; *Krischen*, Die griechische Stadt (Rekonstruktionszeichnungen von Stadt- und Befestigungsanlagen, Tempeln, Häusern, besonders von griechischen Städten Kleinasiens). Speziell zur Agora: *McDonald*, Political Meeting-Places; *Martin*, Agora grecque; *Tritsch*, Agora; *Wycherley*, Ionian Agora.

etwa als Kolonie, völlig neu gegründet wurde. Und die Siedlungsbedingungen auf einem Hochplateau sind andere als in einer Binnenebene oder am Meer. Trotzdem ist das griechische Stadtbild in seinen wichtigsten Elementen und in seiner Grundstruktur auffallend konstant geblieben. Wenn Pausanias (2. Jh. n. Chr.) in seiner „Beschreibung Griechenlands" zögert, der kleinen phokischen Stadt Panopeus den Titel πόλις zuzuerkennen, weil sie „weder Amtsgebäude (ἀρχεῖα) noch Gymnasion, weder Theater noch Markt (ἀγορά) noch Wasser, das in ein Brunnenbecken fließt", besitzt und die Behausungen eher an primitive Gebirgshütten als an menschliche Wohnungen erinnern (X 4,1), so sind fast alle Charakteristika genannt, die eine griechische Stadt auszeichnen. (Die Tempel werden vielleicht deswegen nicht erwähnt, weil sie zu selbstverständlich waren, die Burg [Akropolis] nicht, weil sie zu Pausanias' Zeit die Bedeutung früherer Jahrhunderte längst verloren hatte.)

Die von Pausanias in Form einer Liste aufgeführten wesentlichen Bauten der griechischen Polis sind schon bei Aristoteles genannt und funktional aus der wichtigsten Aufgabe der Polis, nämlich ihre Autonomie zu wahren, abgeleitet.[3] So muß vor allem die Stadt in der

---

[3] Ansätze zu einer Theorie des Städtebaus finden sich in der griechischen Literatur nur wenig; fast ausschließlich sind sie spekulativer Art. Platons Forderung, Tempel, Verwaltungsbauten und Gerichte im Umkreis um die Agora anzuordnen und die ganze Stadt aus Gründen der Sicherheit und des besseren Klimas auf die höhergelegenen Stellen zu orientieren, jedoch auf Mauern ganz zu verzichten (Leg. 778b–779b), ist von mancher griechischen Stadt erfüllt worden. Wenn Platon jedoch aufgrund der anzustrebenden Gleichartigkeit der Häuser davon spricht, eine Stadt „mit dem Aussehen eines einzigen Hauses" biete auch einen angenehmen Anblick, so ist das eher eine Konsequenz, die sich aus Platons schematisiertem Musterstaat ergibt, als die von den Griechen praktizierte Polisvorstellung.

Ähnlich allgemein und theoretisch sind die Forderungen, die Aristoteles für seinen Idealstaat aufstellt (Pol. 1325bff), wobei ihn allerdings mehr ethische als architektonische Prinzipien leiten. Daß Aristoteles für eine Stadt mittlerer Größe plädiert, ergibt sich aus seiner μεσότης-Lehre (Mitte zwischen zwei Extremen) fast zwangsläufig. Bezeichnend für griechische Verhältnisse ist jedoch die Begründung im engeren Sinn: Nur die Stadt mit mittlerer Einwohnerzahl und mittlerem Territorium kann autark sein (1326a35ff). Was die Anlage der Stadt betrifft, spricht sich Aristoteles für eine Zwischenlösung zwischen der altgriechischen unregelmäßigen und der

Lage sein, sich selbst zu verteidigen und das materielle Auskommen ihrer Bürger zu sichern. Zu den politischen und administrativen Aufgaben treten also militärische und wirtschaftliche. Sie alle haben dem Erscheinungsbild der griechischen Polis ihren Stempel aufgeprägt.

Für die Verteidigung gegen äußere Feinde war natürlich die Zitadelle auf dem Burgberg von ausschlaggebender Bedeutung. Nicht nur in Athen und Korinth, auch in manchen kleineren Städten stellte die Akropolis das beherrschende Element im Stadtbild dar. Auch wenn sie in späterer Zeit ihre militärische Aufgabe verloren hatte, blieb sie doch in vielen Fällen wegen ihrer mythisch-historischen Bedeutung ein bevorzugter Ort der Polis; vergessen wir nicht, daß ein Großteil der griechischen Städte an der Stelle mykenischer Herrensitze angelegt worden oder aus ihnen hervorgegangen war.

Für die Verwaltung und vor allem für die Zusammenkünfte der politischen Körperschaften benötigte man entsprechende Bauten. Denn in der Regel war die griechische Polis nicht ein isoliertes Gebilde, sondern bestand, wie das Beispiel Attika und Athen zeigt, aus der Hauptstadt und dem umgebenden Gebiet, das von beachtlicher Ausdehnung sein konnte. Die städtischen Beamten hatten also neben den kommunalen sozusagen auch nationale Aufgaben wahrzunehmen, und dem hatten die Verwaltungs- und Versammlungsgebäude zu entsprechen.

Für das wirtschaftliche Leben schufen Marktplätze, Vorratsspeicher, Werkstätten, die oft zu einzelnen Stadtteilen zusammengefaßt waren (zum Beispiel das berühmte „Töpferviertel“ in Athen), gegebenenfalls auch Hafenanlagen die notwendigen Voraussetzungen.

Eine besondere Rolle spielten seit je die Tempel, bis in die klassische Zeit vielleicht die einzigen Gebäude, denen man das Prädikat „repräsentativ“ zubilligen möchte. Wenn auch die Stadtgründung

---

hippodamischen Stadt aus: im Ganzen nicht regelmäßig (εὔτομος), wohl aber in den einzelnen Vierteln. Bemerkenswert auch hier die Begründung: Die erste Lösung bietet besseren Schutz gegen eindringende Feinde, die zweite wäre aus praktischen und ästhetischen Gründen vorzuziehen. Die von Aristoteles vorgeschlagene Kombination gewährleistet Sicherheit (ἀσφάλεια) und Schönheit (κόσμος) zugleich (1330b21ff). – Zu weiteren Äußerungen griechischer Autoren vgl. *Martin,* Urbanisme 13–29.

bei den Griechen ein politischer, nicht wie bei Etruskern und Römern (siehe unten) ein religiöser Akt war, so ist doch das politische Leben der Griechen ohne die religiöse Komponente undenkbar. Bürgersein bedeutete weitgehend Teilhabe an den Kulten der Stadtgottheiten, und allenthalben wurde der Bürger daran erinnert. Auf der Agora, im Theater, im Gymnasion, überall befanden sich Altäre oder für den Kult vorgesehene Räume. Und auch die Tempel lagen über die ganze Stadt verstreut. Zwar läßt sich eine gewisse Konzentrierung im Agora-Gebiet, gelegentlich auch auf der Akropolis beobachten, aber feste Vorschriften oder auch nur Regeln für ihre Position im Stadtganzen gab es nicht. Eine hervorgehobene Lage wie beim Hephaisteion oberhalb der Athener Agora oder beim Apollontempel in Korinth sind seltene Ausnahmen. Nicht architektonische Gesichtspunkte bestimmten die Anlage eines Tempels, sondern lokale Kulttraditionen, die auch bei der Neugründung von Städten peinlich beachtet wurden.
Zu den charakteristischen Bauten einer griechischen Polis gehören schließlich, neben den kommunalen und sakralen, auch jene, die mit dem für das griechische Wesen so bezeichnenden Begriff der Paideia zu tun haben: das T h e a t e r und mehr noch das G y m n a s i o n , beide nach Möglichkeit in die Nähe der Agora gerückt und damit das politische Zentrum der Stadt um die geistig-pädagogische Komponente bereichernd. Das Gymnasion war nicht nur sportliche Übungsstätte der Jugend. Welche Rolle es im kulturellen Leben der Stadt spielte, ersieht man allein schon aus der Tatsache, daß drei der berühmtesten Philosophenschulen der Antike mit solchen Gymnasien verknüpft waren. Platons „Akademie" hat ihren Namen vom Hain des Akademos, in dem das Gymnasion lag, das als Ort des philosophischen Gesprächs diente. Aristoteles traf sich mit seinen Schülern im Lykeion (daher unser „Lyzeum"), und Antisthenes, den die Tradition zum Begründer der Kynischen Schule gemacht hat, lehrte im Kynosarges, einem außerhalb der Mauern gelegenen Gymnasion. Aber nicht nur als Sportstätten und als Art Universität dienten diese Gymnasien, sie waren mit ihren schönen Anlagen und reichen Baumbeständen zugleich auch Oasen der Ruhe, die zu preisen die Dichter der Griechen nicht müde geworden sind.

2. Die Agora

Zentrum und Lebensnerv einer jeden griechischen Stadt war die Agora, die die Ansammlung von Häusern erst zur Polis, die Einwohner erst zu Bürgern werden ließ. Wie der Name sagt, war sie ein Versammlungsort, an dem man aus den verschiedensten Anlässen zusammenkam. Hier war der Kommunikationspunkt, an dem das wirtschaftliche, politische, soziale und religiöse Leben der Stadt am stärksten pulsierte.[4] In welchem Ausmaß die Agora als Kernstück des griechischen Gemeinwesens zu gelten hat, macht ein von Herodot überlieferter Ausspruch des Kyros deutlich (I 153). Auf die Drohung der Spartaner, den von den Persern bedrängten ionischen Städten zu helfen, soll Kyros gesagt haben, er fürchte keine Männer, „die mitten in ihrer Stadt einen Platz anlegen, auf dem sie zusammenkommen, sich gegenseitig Eide leisten und betrügen". Die ganze Verachtung des Persers gegenüber demokratischen Formen trifft die Agora als den Kristallisationspunkt für das Mitspracherecht des einzelnen.

Natürlich hat sich die Agora aus bescheidenen Anfängen erst allmählich entwickelt. Den Weg, den viele griechische Städte in ihrem historischen Werdegang von der Monarchie über die Aristokratie zur Demokratie genommen haben, spiegelt sich auch in der Entwicklung der Agora wider, die in demselben Maß wichtiger und funktionstüchtiger wurde, wie die Akropolis, Sitz des Königs, an Bedeutung verlor. Je mehr sich die Städte als autonome Gemeinwesen mit eigener Verwaltung und eigenen demokratischen Organen verstanden, desto mehr Raum wurde für öffentliche Gebäude benötigt. So tagte, wenn auch nicht zu allen Zeiten und in allen Städten, die Volksversammlung (ἐκκλησία) auf der Agora. Für den Rat (βουλή) gab es hier einen Versammlungsraum (βουλευτήριον), oft mit halbkreisförmig angeordneten Sitzreihen. Und auch die höchsten Beamten

[4] Die Übersetzung „Markt" oder „Marktplatz" für ἀγορά ist also irreführend, denn sie erfaßt nur einen Ausschnitt des gesamten Spektrums und nicht einmal den wichtigsten. Schon bei Homer ist die Agora Ort für Beratungen, Wettkämpfe, Reigen und Opfer. Und später heißt ἀγοράζειν keineswegs nur „kaufen", sondern auch „über den Markt schlendern", „bummeln".

der Stadt hatten ihren Sitz auf der Agora: im Prytaneion, wo auch der heilige Staatsherd und in der Regel das Staatsarchiv untergebracht waren; ebenso wurden dort Gesandte und verdiente Staatsbürger empfangen und bewirtet.

Aber nicht nur das politische, auch das religiöse Leben spielte sich weitgehend auf der Agora ab. Sie selbst war ein geweihter, bisweilen durch Grenzsteine vom profanen Bereich der Stadt abgetrennter Bezirk, zu dem als unrein geltende Verbrecher und Angeklagte keinen Zutritt hatten. Sodann waren auch die öffentlichen Gebäude Gottheiten der Stadt geweiht. Vor allem gab es die Gruppe der ϑεοὶ ἀγοραῖοι, der „Marktgötter", womit nicht etwa Götter gemeint sind, die auf der Agora ihr Heiligtum besaßen, sondern solche, die mit den spezifischen Funktionen einer griechischen Agora zu tun hatten. In erster Linie führte Zeus diesen Beinamen: als Schutzherr der Ratsversammlungen, als Hüter der getroffenen Entscheidungen, als Garant der Eunomie (Gesetzlichkeit).

Der religiöse Charakter der Agora verband sich für den Griechen fast selbstverständlich mit dem agonalen. Hier war der Ort, an dem Feste gefeiert, der Kultreigen getanzt und Wettkämpfe abgehalten wurden. Mögen sich diese Wettspiele in späterer Zeit in säkularisierter Form auch verselbständigt haben,[5] so ist über ihren kultischen Ursprung doch kein Zweifel möglich. So hieß in Sparta zumindest ein Teil der Agora χορός (Tanzplatz) nach den Tänzen, die nackte Knaben jährlich an den Gymnopaidien hier aufführten. Vor allem aber war die Agora Stätte des Heroen- und Totenkults. Zu erinnern ist etwa an den gegen Ende des 6. Jahrhunderts auf der Athener Agora von Kleisthenes abgesteckten Bezirk der zehn attischen Heroen (ἥρωες ἐπώνυμοι), nach denen die zehn Phylen (Bezirke) der Stadt ihren Namen hatten. Und auf der Agora von Korinth wurden, wie in anderen Städten Griechenlands auch, noch bis in römische Zeit Leichenspiele abgehalten, blieb also die alte Verbindung zwischen ἀγορά und ϑέατρον gewahrt.

Erst relativ spät, etwa seit dem ausgehenden 6. Jahrhundert, beginnt

---

[5] Pausanias VI 24,2 berichtet, daß die Agora von Elis zu seiner Zeit „Hippodrom" (Pferderennbahn) geheißen habe und von den Einheimischen zum Trainieren der Pferde benutzt worden sei.

die griechische Agora auch die Funktionen unseres Marktes zu übernehmen. Ursprünglich gab es für den Warentausch und -kauf von der Agora unabhängige Plätze, nicht selten am Hafen oder am Rand der Stadt gelegen. Sowohl Platon als auch Aristoteles befürworten eine solche Trennung, weil sie die Gefahren des Handels besser von der Stadt fernhalte. Trotzdem hat die Entwicklung, gefördert durch den zunehmenden Güterverkehr und die aufblühende Wirtschaft einerseits, die Umverteilung der politischen Kräfte andererseits, dazu geführt, daß sich die altgriechische Agora immer mehr zu einer Art Marktplatz wandelte und damit aufhörte, Symbol der autonomen Polis zu sein.

Die Konzentration der vitalen Kräfte des griechischen Gemeinwesens auf einen Punkt bedeutet nun aber keineswegs, daß die Agora zum planbildenden Element im Gesamt der Stadt geworden wäre. Zumindest in älterer Zeit ist sie, wie zum Beispiel in Lato (*Abb. 1*)[6], weder geometrischer Mittelpunkt der Stadt noch selbst nach geometrischen Prinzipien angelegt. Jeder Baukörper ist ein plastisches Gebilde für sich und behauptet sein eigenes Recht im Raum. Auch ist die Agora von den sie umgebenden Wohnquartieren architektonisch nicht klar abgegrenzt. Zwar wurde die Stoa, in ihrer einfachen Form aus einer Säulenreihe, einer Rückwand und dem überdachten Zwischenraum gebildet, wegen der Fülle künstlerischer Möglichkeiten und der praktischen Vorteile als Schutz gegen die Unbilden der Witterung mit Vorliebe bei der Ausgestaltung größerer Gebäude und

---

[6] Lato auf Kreta vermittelt den besten Eindruck einer Agora aus archaischer Zeit (eine ähnliche, aber längst nicht so gut erhaltene Anlage wurde in Dreros, ebenfalls nicht weit von Hagios Nikolaos auf Kreta, ausgegraben): auf einem Sattel zwischen zwei Bergkuppen gelegen, in der Form ein grobes, dem Gelände angepaßtes Fünfeck mit Straßeneinmündungen von verschiedenen Richtungen, in der Mitte ein Heiligtum und eine große Zisterne, nördlich eine an minoische Vorbilder erinnernde Monumentaltreppe für öffentliche Veranstaltungen, dahinter (wahrscheinlich) das Prytaneion mit umlaufenden Sitzbänken und angrenzendem Speisesaal, auf der gegenüberliegenden Seite eine als Sitzbank ausgestaltete rechteckige Exedra, zumindest auf einer der beiden Längsseiten eine Stoa. Zwar stammen die aufgedeckten Gebäude wohl erst aus klassischer Zeit, jedoch zeigt die ganze Anlage archaisches, dorischer Tradition verpflichtetes Gepräge (Lato wurde schon im 8. oder 7. Jh. gegründet).

ganzer Platzanlagen benutzt, jedoch nie im Stile hellenistischer Prunkfassaden oder so, daß ein Geviert aus dem Areal der Stadt herausgeschnitten worden wäre. Im Gegenteil, wenn das Straßengewirr einer alten griechischen Stadt überhaupt eine Orientierung aufweist, so die, daß alle Straßen irgendwie zur Agora führen und gleichsam selbstverständlich in sie einmünden. Mit Recht hat man daher die Anlage griechischer Städte „zentripetal“ genannt und sie gegen die „zentrifugalen“ Stadtanlagen des Ostens, etwa die zum Außenring der Tempel (Ägypten) oder der Stadttore (Mesopotamien) drängende Straßenstruktur von El Amarna oder Babylon, abgesetzt.[7] Zwar besaßen auch viele griechische Städte, wenn auch meistens erst seit dem 6. oder 5. Jahrhundert, einen Mauerring, der oft auch die Akropolis mit einbezog. Aber er war nur locker um die Stadt herumgelegt und ließ für raumaufwendige Bauten wie Theater und Gymnasion, die an dafür geeigneten Stellen angelegt werden mußten, genügend Raum.[8] Nicht die Peripherie, sondern das Zentrum zog alle Kräfte an sich.

Trotz der Bedeutsamkeit der genannten Baulichkeiten für das politische und kulturelle Leben der Stadt haben wir uns deren architektonische Ausführung eher bescheiden vorzustellen. Wenn die Agora auch schon vor der klassischen Zeit durch Säulenhallen und eine gewisse Großzügigkeit ein repräsentatives Aussehen bekommen haben dürfte, so war doch Monumentalität allein dem Tempel vorbehalten. Einen Palast wie auf Kreta oder eine Burg von vergleichbaren Ausmaßen gab es in griechischen Städten nicht. Auf diese Weise blieben die richtigen Größenverhältnisse gewahrt zu den Privathäusern, die ebenfalls klein und wenig komfortabel eingerichtet waren (s. u. S. 146f). Wichtiger als luxuriöse Lebensführung war dem Griechen seine Freiheit. Dieses Streben fand in einer gleichmäßigen, große Unterschiede vermeidenden Wohnarchitektur seinen ad-

[7] *Tritsch*, Griechische Polis 3ff.

[8] Wie sehr die Ringmauer griechischer Städte sekundären Charakter hat, geht schon aus der Tatsache hervor, daß die Lage der Stadttore gewöhnlich nach strategischen Gesichtspunkten gewählt und keineswegs durch die aus dem Stadtinnern auf den Mauerring zulaufenden Straßen bestimmt wurde. – Zu Technik und Alter griechischer Stadtmauern *Scranton*, Greek Walls.

äquaten Ausdruck. Der Gegensatz zwischen Herr und Diener, der etwa den ägyptischen Arbeitersiedlungen das Gepräge gab, war der griechischen Polis, zumindest während ihrer Bütezeit, unbekannt.

3. Das hippodamische System

Am geistigen Habitus der griechischen Städte änderte sich nur wenig, als im Lauf des 5. Jahrhunderts ein völlig neuer Typus von Stadtanlage in Erscheinung trat und sich bei der Gründung neuer Städte immer stärker durchsetzte. Seit dieser Zeit nämlich verwandte man bei der Neugründung von Städten lieber einen streng geometrischen Plan mit geradlinigen, parallel verlaufenden und rechtwinklig sich kreuzenden Straßen. Als „Erfinder" dieses Rektangulärsystems gilt Hippodamos von Milet, und sicher hat er nach der Zerstörung seiner Vaterstadt durch die Perser im Jahr 494 v. Chr. beim Wiederaufbau Milets seit 479 nach dem neuen System entscheidend mitgewirkt. Aber ebenso sicher konnte man die neuen Prinzipien nur deswegen in so souveräner Manier anwenden, weil man sie bei der Gründung der achtzig Tochterstädte Milets bereits im Kleinen reichlich ausprobiert hatte. Eine gleichmäßige Aufteilung des Geländes war bei der Anlage einer Kolonie aus Gründen der besseren Organisation und größeren Gerechtigkeit bei der Grundstückverteilung geboten; außerdem entsprach sie dem konstruktiven, wissenschaftlichen Denken der Ionier. Hippodamos ist also nicht der „Erfinder" des rechtwinkligen Straßennetzes; eher dürfte er die theoretischen Grundlagen dafür geliefert und die praktischen Erfahrungen systematisiert haben.
Die nach dem neuen System angelegten Städte – außer Milet etwa die Hafenstadt Piräus (gegen 450 v. Chr.) und wenig später Thurioi in Unteritalien,[9] Olynthos auf der Chalkidike und Priene, heute das besterhaltene Beispiel einer hippodamischen Stadt (*Abb. 2*) – zeigen ein ganz anderes Erscheinungsbild als die archaischen Städte mit ihrem weitgehend dem Zufall überlassenen Wachstum. Die Stadt

[9] An beiden Gründungen war Hippodamos unmittelbar beteiligt, während die Gründung von Rhodos im Jahr 408 v. Chr., die die Überlieferung ihm ebenfalls zuschreiben will, wohl erst nach seinem Tod erfolgte.

war in sogenannte *insulae* eingeteilt, die ihrerseits wieder aus einer bestimmten Anzahl von Häusern bestanden.[10] Für Plätze wurden mehrere *insulae* zusammengefaßt, öffentliche Gebäude wie Rathaus oder Gymnasion sowie Tempel konnten auch die ganze Fläche eines Häuserviertels ausfüllen, waren aber gleichfalls, sofern das Gelände es gestattete, dem Straßennetz eingeordnet. Auch die Breite der Straßen war festgelegt. Eine Hauptstraße konnte wohl breiter sein, aber sie war es zur besseren Bewältigung des Verkehrs, nicht um der optischen Wirkung willen. Nach wie vor bestand ihre wichtigste Aufgabe in der Verbindung der städtischen Lebenszentren, von Hafen, Agora, Märkten, Tempeln, Gymnasien und Theater.
Für die Agora bedeutete das hippodamische System die Aufgabe der unregelmäßigen Platzanlage zugunsten einer strengen rechteckigen Form. Wie die Märkte von Milet, Priene *(Abb. 3)* oder Magnesia (am Maiandros), aber auch die durchs Gelände bedingte unregelmäßige Platzanlage von Assos zeigen, war die Agora jetzt von Säulenhallen umgeben, wobei die hufeisenförmige Anlage mit einer offenen Seite besonders beliebt war. Auch im griechischen Mutterland zollte man dieser neuen Errungenschaft Tribut, indem man, etwa in Athen und Korinth, die alten Marktanlagen dem für die ostgriechischen Städte nunmehr obligatorischen Typ der ionischen Agora anzupassen suchte. Aber trotz dieser eingreifenden Veränderung im architektonischen Bereich blieb die Agora auch jetzt noch, was sie von Anfang an gewesen war: der geistige, gesellige, politische und wirtschaftliche Mittelpunkt der Stadt, der weniger der Repräsentation als den täglichen Bedürfnissen des Bürgers zu dienen hatte. Denn auch für die Ausgestaltung der ionischen Agora sind nach wie vor nicht künstlerisch-ästhetische oder kultische Gesichtspunkte ausschlaggebend, sondern praktische. Nach wie vor bleibt die Agora eingebettet in den Organismus der Stadt, wofür gerade die Säulenhallen den besten Beweis liefern. Denn sie übernehmen die Funktion der das

[10] Die Größe dieser *insulae* läßt sich vielfach genau angeben: Priene 47,2 × 35,4 m (4–6 Häuser); Olynthos 86,3 × 35,5 m (10 Häuser); eine Übersicht gibt *Martin,* Urbanisme 123. – Die häufige Bezeichnung „Schachbrettmuster“ für das hippodamische System ist irreführend, da die *insulae* nie quadratisch gewesen zu sein scheinen und in den einzelnen Stadtvierteln auch von unterschiedlicher Größe sein konnten wie etwa in Milet.

betreffende Viertel umschließenden Straßen, indem sie den Platz tangential und nicht, wie es römischer Bauweise (siehe unten) entsprechen würde, axial erschließen. Die ionische Agora steht ihrem Wesen nach der altgriechischen näher als dem Peristyltypus hellenistischer Platzanlagen – trotz aller Ähnlichkeit im äußeren Erscheinungsbild.
Gewiß bedeutete es vom Architektonischen her nur einen kleinen Schritt, die Agora auf allen vier Seiten mit Säulenhallen abzuschließen. Damit war zwar die Möglichkeit einer geschlossenen, streng symmetrischen Monumentalkomposition gegeben, aber zugleich wurde die Agora als selbständiger, nach außen abgegrenzter Bereich aus dem Organismus der Stadt herausgelöst. Solche Platzanlagen konnten sogar, wie etwa die untere Agora in Pergamon, ohne Beziehung zum Straßensystem der Stadt angelegt werden.

4. Der Monumentalstil

Am Beispiel Pergamons (*Abb. 4*) lassen sich die Hintergründe dieses architektonischen Wandels aufzeigen. Im 3. und 2. Jahrhundert hatte sich hier unter der Herrschaft der Attaliden ein glanzvolles Zentrum griechischer Kunst und Wissenschaft gebildet. Noch berühmter als der Zeusaltar (Pergamonaltar) war die Bibliothek mit ihren (im 1. vorchristlichen Jahrhundert) 200 000 Schriftrollen. Aber um mit anderen Königsstädten, vor allem mit Alexandreia, konkurrieren zu können, brauchte man eine prunkvolle Residenz, und in dieser Hinsicht ist den pergamenischen Architekten im Zusammenspiel historischer und geographischer Gegebenheiten ein einmaliges Werk geglückt. In einer weiten S-förmigen Schleife erschließt die Hauptstraße das Terrain von der Ebene bis zur 333 m hoch gelegenen Akropolis: von der von Läden und Werkstätten peristylartig umschlossenen unteren Agora über die auf halber Höhe befindlichen Terrassen mit den Gymnasien und den Tempeln für Hera und Demeter zur oberen Agora und der ebenfalls terrassenförmig angelegten Akropolis mit Zeusaltar, Athenatempel, Bibliothek und Königspalast – alles andere als eine an den Hang geklebte, dicht zusammengedrängte Bergstadt: „un paysage urbain aéré et très dégagé", wie Martin treffend formuliert.[11] Aber eben doch eine hellenistische Königsstadt, keine griechische Volksstadt mehr. Regierung und Verwaltung der Stadt waren im Palast konzentriert, die Kulte nicht mehr städtisch, sondern höfisch, da sie auf die Götter des Königshauses, denen man die Siege zu verdanken glaubte, beschränkt blieben. Damit hatte die Agora ihre politische und religiöse Bedeutung weitgehend eingebüßt. Ihre wichtigste Aufgabe lag nun im repräsentativen Bereich, in der Demonstration königlicher Machtfülle. Ihr diente die monumentale Ausgestaltung zu einem strengen, auf allen vier Seiten von teilweise sogar zweigeschossigen Säulenhallen umgebenen Rechteck.

Dieser Monumentalstil, Ausdruck einer eher östlichen als griechischen Baugesinnung, machte seinen Einfluß nicht nur in Kleinasien, etwa in Milet und Ephesos, geltend, sondern wirkte sich auch im griechischen Mutterland aus. So stiftete Attalos II. (159–138 v. Chr.) für die Athener Agora eine gewaltige Säulenhalle, die heute, von amerikanischen Archäologen unter Wiederverwendung alter Wandteile rekonstruiert (s. u. S. 154 f), im umgebenden Trümmerfeld als Fremdkörper wirkt, und zwar in erster Linie nicht wegen der fehlenden Patina, sondern weil sich der voluminöse, streng linear-symmetrische Baukörper in das lockere Nebeneinander der griechischen Bauten schlechterdings nicht integrieren läßt.

Natürlich war ein derartig aufwendiger Baustil für die meisten hellenistischen Städte zu kostspielig. In der Regel hielt man sich deshalb bei Stadtgründungen dieser Zeit an das funktionale, ebenso zweckmäßige wie kostensparende hippodamische System. Seine Blüte erlebte der monumentale Stil erst im 1. und 2. nachchristlichen Jahrhundert, nachdem die römischen Kaiser in der Pax Romana die beiden wichtigsten Voraussetzungen dafür geschaffen hatten: wirtschaftliche Prosperität und – nach dem Vorgang der Attaliden – eine auf staatliche Repräsentation bedachte Baugesinnung. Jetzt legte man Prachtstraßen an, deretwegen viele Städte Kleinasiens und Syriens berühmt wurden: optische Achsen, die auf einen Platz zuliefen, oft von Kolonnaden gesäumt und an hervorgehobenen Punkten wie Platzeinmündungen oder Kreuzungen von Bogen und Prachttoren überspannt.

---

[11] Urbanisme 145.

Das für diese Anlagen neu hinzugekommene Baugesetz ist das Prinzip der Axialität und, damit eng verbunden, der Perspektive. Beides läßt sich aus griechischen Stadtanlagen, gleich welcher Zeit, nicht ableiten. Ihr Ursprung liegt vielmehr in den etruskisch-italischen Städten mit dem zentralen Achsenkreuz als charakteristischem Merkmal: Zwei in der Mitte sich rechtwinklig schneidende Koordinaten bildeten die beiden Hauptstraßen der Stadt; die eine, der *decumanus*, verlief in ostwestlicher, die andere, der *cardo*, in nordsüdlicher Richtung. Die vier Arme trafen, meistens in gleicher Entfernung vom Mittelpunkt, auf die vier Haupttore der Stadtmauer, die die Stadt in quadratischer, seltener auch in rechteckiger Form umgab, nun aber nicht – und das ist der entscheidende Unterschied zur griechischen Stadtmauer – als locker um die Stadt herumgelegter Gürtel, sondern als feste, primär sakral zu verstehende Abgrenzung nach außen. War die Mauer bei griechischen Städten reiner Zweckbau, so kennzeichnete sie bei den etruskisch-italischen Städten die durch rituelle Handlungen wie Umpflügen der Erde abgesteckte und geweihte Stadtgrenze. Durch einen ebenfalls geweihten Geländestreifen, der auf der Innenseite der Mauer verlief, das sogenannte *pomerium*, wurde die sakrale Funktion der Mauer noch stärker betont. Hier dachte man sich den Ort der Unterweltsgötter, die die Stadt gegen Gefahren von außen abschirmten. Der sakralen Peripherie entsprach im Stadtinnern das sakrale Zentrum: ein der Stadtgottheit geweihter Tempel, der auf einem Podium die Stadt überragte. Die Verbindung zwischen beiden Bereichen herzustellen war bei diesem Stadttyp die wichtigste Funktion der Straßen, nicht, wie in den altgriechischen Städten, die Verbindung der einzelnen Häuser untereinander.

Ein letzter Schritt auf dem Weg der Verselbständigung der Straße waren dann die Prachtanlagen der römischen Kaiserzeit: keine den praktischen Bedürfnissen dienende Verkehrswege ohne individuelle Auszeichnungen, sondern unabhängige architektonische Gebilde, die nach den Gesetzen von Axialität und Symmetrie größere Komplexe perspektivisch zusammenschlossen. Diesen Gesetzen fügten sich auch die Platzanlagen und größeren Gebäude.

Das Forum, nicht mehr Versammlungsplatz freier Bürger, sondern Ort prunkvoller Repräsentation, brauchte und durfte nicht mehr von

allen Seiten frei zugänglich sein, sondern wurde als ein in sich ruhendes architektonisches Ensemble unter Berücksichtigung einer optimalen perspektivischen Wirkung axial erschlossen.[12]
Analoges gilt vom römischen Tempel. Selbst wenn er sich im Lauf der Zeit vom etruskischen Typ, bei dem die Front besonders betont war, zum Peripteraltempel nach griechischem Muster gewandelt hatte, blieb ihm doch die Betonung der Schauseite, die als repräsentative Schmuckfassade verstanden werden sollte. Die Säule, an griechischen Bauten primär durch ihre tragende Funktion bestimmt, wurde jetzt zusätzlich und an erster Stelle mit einer dekorativen Aufgabe betraut.

Griechenstädte aller skizzierten Typen hat Paulus auf seinen Reisen kennengelernt. Trotz eingreifender Änderungen in römischer Zeit dürfte Athen noch am ehesten den Eindruck einer griechischen Polis vermittelt haben, und der Bericht der Apostelgeschichte wird dem voll gerecht. Korinth hingegen, 146 v. Chr. von den Römern zerstört, trug nach seinem Wiederaufbau vor allem im zentralen Bereich der Agora ausgeprägte römische Züge, wenn auch sein geistiger Habitus dem anderer griechischer Städte entsprach. Die von Paulus an erster Stelle besuchten Städte Nordgriechenlands hingegen, Thessaloniki und Philippi, waren von ganz anderer Art: erst relativ spät gegründet, ohne bedeutende Tradition, die eine eine typische Stadtgründung der Alexanderzeit, die andere eine römische Kolonie; an der Peripherie Griechenlands gelegen und damit anderen Bedingungen unterworfen als die Städte im Herzen Griechenlands; durch die ethnische Uneinheitlichkeit der Bevölkerung mit zusätzlichen Problemen konfrontiert.
Wie diese so unterschiedlichen Städte im Neuen Testament und vor allem in der Apostelgeschichte als Missionsorte des Apostels Paulus dargestellt werden und wie umgekehrt die besonderen historischen, politischen, kulturellen und wirtschaftlichen Bedingungen der einzelnen Stadt auf den jeweiligen Bericht abgefärbt haben, soll eine Leitfrage dieses Buches sein.

---

[12] Wie sehr man sich jedoch auch in der Kaiserzeit noch der alten Tradition bewußt war, geht daraus hervor, daß nach dem Prinzip des Achsenkreuzes angelegte Städte „nach etruskischer Art“ (*more etrusco*) genannt wurden.

II. Philippi

1. Der Übergang nach Europa

Die Missionsreise, die den Apostel Paulus und seine Begleiter nach Makedonien und Griechenland führen sollte, begann im syrischen Antiocheia, also in einer Stadt, die bereits während der ersten Reise ein wichtiges Missionszentrum gewesen war. Hier in Antiocheia überwarf sich Paulus mit seinem bisherigen Begleiter Barnabas und wählte Silas zum neuen Gefährten (Apg 15,36–40). Das Ziel dieser zweiten Reise ist zunächst die Bestärkung der bereits gegründeten Gemeinden im Glauben. Als Wirkungsgebiete werden Syrien und Kilikien genannt, dazu die beiden lykaonischen Städte Derbe und Lystra (15,41–16,1); auch Ikonion, das dritte Missionszentrum dieser Gegend, dürfte dabei nicht übergangen worden sein. Dann aber verliert sich die Route im Ungewissen. Zwar enthalten die Verse 16,6–8 noch eine ganze Anzahl von geographischen Angaben, aber sie sinnvoll und widerspruchsfrei miteinander zu kombinieren, will nicht einwandfrei gelingen.[1] Geht man von der hypothetischen Frage aus, an welche neuen Missionsgebiete Paulus gedacht haben könnte, ist die Antwort nicht schwer zu finden. Als geistige Zentren – und auf sie kommt es Paulus in erster Linie an – boten sich das westliche Küstengebiet mit seinen griechischen Städten, also vor allem Ephesos und Smyrna an, dann aber auch der Norden: die Gegend am Bosporos mit Städten wie Nikaia und Nikomedia, in denen es jüdische Kolonien gab. Diese Vermutung scheint der Bericht, den die Apostelgeschichte gibt, zu bestätigen:

> Sie zogen durch Phrygien und das galatische Land, vom heiligen Geist daran gehindert, das Wort in der Asia zu verkünden. Als sie aber nach Mysien gekommen waren, versuchten sie, nach Bithynien weiterzureisen, doch der Geist Jesu ließ sie

[1] Vgl. die Kommentare, auf die im folgenden bei nicht kontroversen Fragen nicht immer von neuem verwiesen wird. Genannt seien die Kommentare von *Bauernfeind*, *Beyer*, *Bruce*, *Conzelmann*, *Foakes-Jackson*, *Lake/Cadbury*, *Haenchen* und *Williams*.

nicht. Als sie aber Mysien durchquert hatten, zogen sie nach Troas hinab (16,6–8).

Die Angabe ἐν τῇ Ἀσίᾳ (V. 6) weist auf das an erster Stelle genannte mögliche Missionsfeld, gleichgültig, ob mit Ἀσία die römische Provinz Asia oder, was wahrscheinlicher ist, lediglich das Gebiet um Ephesos gemeint ist (vgl. zum Beispiel 19,10). Und da Paulus vom „heiligen Geist" der Zugang in dieses Gebiet verwehrt wird, schwenkt er in nördlicher Richtung ab, um von Mysien aus nach Bithynien, also in die Bosporosgegend, zu gelangen.[2] Aber auch hier schreitet wieder eine göttliche Macht ein, so daß er schließlich nach der Durchquerung von Mysien nach Alexandria Troas gelangt, der vierzig Kilometer südlich vom alten Troia gelegenen Hafenstadt, die um diese Zeit römische Kolonie war (vgl. Plin. Nat. hist. V 124).

Die erwähnten Unklarheiten in den geographischen Angaben des Berichts führt man in der Regel auf die fehlende Ortskenntnis des Verfassers zurück, der einen ihm bereits vorliegenden ausführlichen Reisebericht zu einer Epitome verkürzt habe. Das läßt sich natürlich genausowenig wie das Gegenteil beweisen. Aber ob nun Epitome oder nicht, jedenfalls zeigen die fraglichen Verse zwei Besonderheiten, die es unmöglich machen, hier von einer flickwerkartigen Notlösung zu sprechen, zumal beide Eigentümlichkeiten in der Apostelgeschichte ohne Parallele sind.[3]

Die erste ist negativer Art. Soweit Paulus und seine Mannschaft auch im Land herumkommen, nirgends sind sie – nach diesem Bericht – missionarisch tätig geworden.[4] Aber dieses auffällige Defizit ist mit

---

[2] Phrygien und das galatische Land (V. 6) durchziehen Paulus und seine Begleiter also, weil sie vom heiligen Geist daran gehindert wurden, „das Wort in der Asia zu sagen". Das prinzipiell mögliche Verständnis von κωλυθέντες = „und wurden dann gehindert" verbietet sich wegen der dann nur gewaltsam zu harmonisierenden geographischen Angaben.

[3] Vergleichbar wäre höchstens der summarische Überblick Apg 20,1–3 (Makedonien und Griechenland). Aber hier handelt es sich, ähnlich wie 15,41–16,5 (Syrien und Kilikien, Derbe und Lystra) um einen zweiten Besuch von Städten, in denen Paulus früher schon Gemeinden gegründet hatte, die also summarisch behandelt werden durften. Daß Lukas in unserem Fall keine genaueren geographischen Angaben hätte machen können, ist nicht sehr wahrscheinlich.

[4] Daß Paulus in den genannten Gebieten längere Zeit missioniert hat, zeigt

einem durchaus positiven Akzent versehen. Denn nicht widerwärtige Umstände oder Mißerfolge verhindern die Arbeit, sondern eine göttliche Macht, die offenbar etwas anderes mit Paulus im Sinn hat. Zwar entspricht es durchaus dem Verständnis der Apostelgeschichte, menschliches Handeln unter die Leitung des Geistes zu stellen und es auf diese Weise zu motivieren. So geschieht es etwa bei Philippus (8,29.39), bei Petrus (10,19; 11,12), bei Paulus und Barnabas (13,4). Aber an keiner anderen Stelle der Apostelgeschichte ist der Geist derart prononciert zum formenden Prinzip einer ganzen Versgruppe geworden wie in diesem Fall. Und das ist der zweite hervorstechende Gestaltungszug. Jede Richtungsänderung der verhinderten Missionsreise wird durch den Geist verursacht: zunächst die Abweichung von der Westroute nach Norden, dann der Weg durch Mysien statt des geplanten Zugs nach Bithynien, schließlich von Troas aus der Übergang nach Neapolis und damit nach Europa. Dabei lassen die unterschiedlichen Formulierungen und Erscheinungsweisen des Geistes unmißverständlich die Absicht des Schriftstellers erkennen, durch Steigerung und Konkretisierung die Notwendigkeit des Geschehens zu pointieren. Die allgemeine und für die Apostelgeschichte typische Formulierung τὸ ἅγιον πνεῦμα (der heilige Geist) wird bei der zweiten Erwähnung des Geistes durch die nur hier belegte Wendung τὸ πνεῦμα Ἰησοῦ (der Geist Jesu) ersetzt, womit der eigentliche Herr der Mission ins Blickfeld rückt. Im Traumgesicht nimmt dann der göttliche Wille gleichsam menschliche Gestalt an und fordert zu neuen Aktivitäten[5] auf, nun aber in einem anderen geographischen Raum. Resümierend hält der Schlußsatz des Abschnitts (V. 10b) auch die subjektive Überzeugung der Reiseteilnehmer fest, daß Gott es war, der sie zu der neuen Aufgabe berufen hat.[6]

der Galaterbrief. Die auf der „dritten" Missionsreise wiederbesuchten Gemeinden (Apg 18,23; vgl. auch Gal 4,13) dürften auf der „zweiten" Reise gegründet worden sein. Aber Lukas übergeht diesen Aufenthalt, weil er offenbar andere Absichten verfolgt.

[5] Zu beachten ist vor allem das drängende εὐθέως ἐζητήσαμεν (Aor.) ... συμβιβάζοντες (wir suchten sofort ..., weil wir schlossen) in V. 10 nach dem den gescheiterten Versuch bezeichnenden ἐπείραζον (Impf.: sie versuchten) von V. 7.

[6] Daß der Übergang nach Europa nicht menschlichem Entschluß, sondern göttlichem Willen entsprungen ist, hat vor allem *Dibelius* mehrfach be-

Eindrücklicher läßt sich die Protagonistenrolle des heiligen Geistes kaum gestalten. Aber gerade dadurch entsteht eine merkwürdig paradoxe Situation. Die höchste Aktivität des Geistes fällt diesmal zusammen mit einer totalen Passivität auf missionarischem Gebiet. Das heißt, die besonders hervorstechenden Gestaltungsprinzipien des Abschnitts sind im Grunde identisch und repräsentieren lediglich zwei Seiten derselben Sache. Die in diesem Paradox liegende Spannung löst sich erst mit dem überraschenden, da nach den bisherigen Missionsfeldern schlechterdings nicht zu erwartenden Stichwort Μακεδών (ein Makedonier)[7], das das Signal setzt für einen völlig neuen Aktionsraum.

So gewinnt die programmatische Erklärung von Apg 1,8 in unseren Versen von neuem aktuelle Bedeutung. Dort ist die „Kraft des heiligen Geistes" mit einer Reihe von geographischen Angaben kombiniert, in denen man eine Art Gliederung der Apostelgeschichte erkannt hat. Jerusalem, Judäa und Samaria sind als Stätten der apostolischen Zeugenschaft genannt; „das Ende der Welt" bildet das letzte Glied der Kette. Ob Lukas dabei an Rom als den entferntesten Punkt solcher Zeugenschaft gedacht hat, läßt sich nicht mit Sicherheit sagen. Jedoch bedeutet der Übergang nach Europa den entscheidenden Schritt auf diesem Weg, und die Bedeutung dieses Schrittes scheint die auffällige Gestaltung der unmittelbar vorausgehenden Verse hervorheben zu wollen. Daß die geographischen Angaben dabei gleichsam mit einem negativen Vorzeichen versehen werden, liegt in der Natur der Sache – eine Mission in der Asia oder in Bithynien hätte die Verlagerung der Missionstätigkeit nach Europa verhindert oder wenigstens stark verzögert. Diese „Ausspartechnik" erklärt zugleich die mangelnde Präzision im geographischen Bereich. Die exakte

---

tont (Aufsätze 128f.169f.177); ferner *O'Neill*, Theology of Acts 178 und 62f zur theologischen Aussage der geographischen Daten. – Zur besonderen Bedeutung der Wendung εὐαγγελίσασθαι αὐτούς (ihnen das Evangelium zu verkünden: Akkusativ statt des eigentlich zu erwartenden Dativs) in diesem Zusammenhang *Glombitza*, Schritt nach Europa 78f.

[7] Das Besondere dieses Traumbildes ist die Kombination der göttlichen Willensbekundung mit dem Hinweis auf das neue Tätigkeitsfeld. Nicht der Herr selbst (Apg 9,10; 18,9; 23,11) oder sein Engel (27,23) erscheint im Traum, sondern „ein Mann aus Makedonien". Sicher ist er als göttlicher Bote zu verstehen, aber zugleich repräsentiert er sein Land und Volk.

Nennung einzelner Orte hätte vom Wesentlichen abgelenkt. Für das Hin- und Herziehen im nordwestlichen Kleinasien hingegen, wo man nirgends Fuß fassen darf, geben die vagen Landschaftsbezeichnungen den geeigneten geographischen Rahmen ab.

W. M. Ramsay hat die Meinung vertreten, die Reise des Paulus von Alexandria Troas nach Makedonien sei unter den damaligen politischen Verhältnissen kein Übergang von Asien nach Europa nach heutigen Begriffen gewesen, sondern lediglich der Wechsel aus einer römischen Provinz in eine andere.[8] Ich glaube, man kann die schriftstellerischen Absichten des Lukas nicht gröber verkennen, als es hier geschehen ist. Der Übergang nach Europa bedeutet für Lukas nicht nur die Erschließung eines neuen geographischen Raums für die Mission, sondern vor allem die Hinwendung zu den Nichtjuden, die auch eine Umstellung in der Missionspraxis unumgänglich machte.[9] Das Thema „Heidenchrist" stellt sich allerdings an diesem Wendepunkt der Missionsgeschichte nicht zum ersten Mal. Sehr ausführlich wird in der Apostelgeschichte die Bekehrung des römischen Hauptmanns Cornelius erzählt (Kap. 10). Die besondere Bedeutung dieser Geschichte für Lukas erhellt allein schon aus der engagierten Apologie des Petrus vor den Judenchristen in Jerusalem, die ihm die Tischgemeinschaft mit Heiden zum Vorwurf machen (11,1–18); sodann aus der Tatsache, daß Lukas auf dem Apostelkonzil sowohl Petrus als auch Jakobus sich auf die Bekehrung des Cornelius berufen läßt als Beweis dafür, daß auch die Heiden von Gott angenommen seien (15,7.14).[10] Auch hier erscheint die Heidenmission, ähnlich wie in dem eben betrachteten Reisebericht, ganz als Werk eines göttlichen Willens, der sich des Menschen als seines Werkzeugs bedient (vgl. vor allem 10,3–7.13–16). Das Apostelkonzil selbst, das allgemein als die wichtigste Kompositionsfuge der Apostelgeschichte betrachtet wird, beschäftigt sich mit einem spezifisch heidenchristlichen Thema,

---

[8] St. Paul the Traveller 199.

[9] Wie sehr Paulus selbst den Übergang nach Europa als Neubeginn in der Geschichte der Mission empfunden hat, erhellt aus Phil 4,15, wo die Wendung ἐν ἀρχῇ τοῦ εὐαγγελίου (am Anfang der Mission) in Verbindung mit dem Aufenthalt in Makedonien den Eindruck entstehen lassen könnte, als habe es bisher überhaupt noch keine Mission gegeben.

[10] *Dibelius*, Die Bekehrung des Cornelius, in: Aufsätze 96–107, bes. 102f.

nämlich mit der Frage, ob die Beschneidung für Heidenchristen notwendig sei. An dieser zentralen Stelle deutet sich also bereits die Wende in der Geschichte der Mission an, die dann mit dem Übergang nach Europa endgültig vollzogen wird.[11]

Damit dürfte zweierlei klargeworden sein.

1. Die unpräzisen geographischen Angaben im Bericht über die Reise durch das nordwestliche Kleinasien sind nicht auf Ortsunkenntnis des Verfassers zurückzuführen, sondern lassen eine bestimmte schriftstellerische Absicht erkennen. Dem „heiligen Geist" soll gleichsam die Gelegenheit gegeben werden, seinen Willen mehrfach zu bekunden, und dazu sind die „Irrwege" des Paulus nötig; eine selbständige Bedeutung kommt diesen Angaben nicht zu.

2. Der Übergang nach Europa und die damit verbundene Aufnahme der Heidenmission soll als vom göttlichen Willen gelenkt erscheinen. In der Gestalt des makedonischen Mannes hat sich dieser göttliche Wille bereits in präzisierter Form geäußert. Nicht Griechenland, das von Alexandria Troas natürlich auch erreichbar gewesen wäre, ist das Ziel, sondern Makedonien. Und die Überfahrt dorthin verläuft so außerordentlich günstig, daß man auch hier noch die göttliche Führung zu spüren vermeint. Zwar war die Fahrt von Troas nach Neapolis, dem heutigen Kavalla (Luftlinie 200 km), in zwei Tagen – mit einer Unterbrechung auf Samothrake – zu bewältigen (16,11). Aber 20,6 werden für dieselbe Route, nur in umgekehrter Richtung, fünf Tage benötigt, was auf den Ausnahmecharakter der schnellen Überfahrt nach Neapolis beim ersten Betreten europäischen Bodens schließen läßt.

Von Neapolis begibt sich Paulus unmittelbar nach Philippi, das in wenigen Stunden zu erreichen war. Aber so selbstverständlich, wie der Bericht der Apostelgeschichte vermuten läßt, ist die Wahl von Philippi als erstem Missionsort keineswegs. Daß Paulus sich in Neapo-

[11] Zum neuen Charakter der paulinischen Missionstätigkeit nach dem Apostelkonzil *Menoud,* Plan des Actes 44–51, der mit Recht die weitverbreitete Einteilung der Apg in einen Petrus- und einen Paulusteil ablehnt. Nicht das biographische Interesse steht beim Verfasser im Vordergrund, sondern die Sache der Mission. Aus diesem Grund bildet das Apostelkonzil mit dem Übergang von den Juden zu den Heiden den Angelpunkt der Apg.

lis nicht länger aufhält, ist gut verständlich. Zwar hatte die Stadt in ihrer Funktion als Hafen von Philippi einige Bedeutung. Hier kam die Via Egnatia, die Haupthandelsstraße zwischen Ost und West (vgl. II 6), unmittelbar an die Küste heran, und die Bergwerke im nahen Pangaiongebirge hatten der Stadt lange Zeit eine gute wirtschaftliche Entwicklung garantiert. Dann jedoch hatte sie alle Attraktivität verloren; lediglich in geographischen Verzeichnissen fristete Neapolis in späterer Zeit noch ein bescheidenes Dasein.[12]

2. Amphipolis

Anders stand es mit Amphipolis, der Hauptstadt eines der vier makedonischen Distrikte. Neben Apollonia ist die Stadt in der Apostelgeschichte als Station auf dem Weg von Philippi nach Thessaloniki erwähnt (17,1), aber von irgendwelchen Aktivitäten des Paulus ist nicht die Rede. Philippi scheint unbestritten den Vorrang zu haben. Gewiß lassen sich dafür einige Gründe anführen, jedoch ist die totale Vernachlässigung von Amphipolis im Bericht der Apostelgeschichte auffällig, denn die Stadt war sicher größer und wohlhabender als Philippi und hat in der Geschichte dieses Raumes keine geringe Rolle gespielt. Auf drei Seiten, im Süden, Westen und Norden, vom Strymon umflossen, erhob sich das alte Amphipolis, ganz in der Nähe der heutigen Ortschaft gleichen Namens, auf einem terrassenförmigen Ausläufer des Pangaiongebirges, etwa 25 Kilometer landeinwärts von der Mündung des Flusses. Dieser beherrschenden Lage verdankte es seine Entstehung, und auch im Lauf der

[12] Die Reste der antiken Stadt sind bescheiden, zumal sich Ausgrabungen wegen des steilen Granitgeländes und der dichten Bebauung äußerst schwierig gestalten. Die antike Mauer der Stadt, die auf der dreieckförmig nach Süden spitz ins Meer vorstoßenden Halbinsel lag, konnte vor allem in ihrem nördlichen Verlauf festgestellt werden. Im übrigen fand man an verschiedenen Stellen besonders schön gearbeitete ionische Kapitelle, teilweise aus dem 6. Jh., und mehrere Weihinschriften, darunter zwei auf die Göttin Parthenos, die in Neapolis besonders verehrt worden zu sein scheint. Auf einem ebenfalls in Neapolis gefundenen Relief ist sie zusammen mit der Athena Parthenos, die sie offenbar begrüßt, dargestellt. Zu den Funden *Mpakalakis*, Neapolis (das Relief 35).

Geschichte behielt die Stadt ihre eminente strategische Bedeutung. Hier war der wichtigste Zugang nach Thrakien und in die außerordentlich fruchtbare Strymonebene. Darüber hinaus versprachen die nahen Gold- und Silbergruben des Pangaiongebirges im Verband mit den übrigen natürlichen Vorzügen der Gegend – neben Wein, Feigen und Öl gab es vor allem viel Holz, das für den Schiffbau benötigt wurde (vgl. Thuk. IV 108) – eine weit überdurchschnittliche wirtschaftliche Prosperität. Der alte Name des Orts, 'Εννέα ὁδοί („Neun-Wege"), was man prosaischer, aber treffend auch mit „Knotenpunkt" übersetzen könnte, bringt die hervorragende strategische und wirtschaftliche Bedeutung der Stadt prägnant zum Ausdruck. Daher ist es nicht verwunderlich, daß die Versuche, hier, im Gebiet der Edonen, eine Kolonie zu gründen, schon früh eingesetzt haben. Nach der gescheiterten Unternehmung des Aristagoras von Milet im Jahr 497 v. Chr. gelang es erst sechzig Jahre später dem Athener Hagnon, die Thraker zu vertreiben und eine Kolonie zu gründen. Auf ihn geht nach Thukydides (IV 102) die Umbenennung zurück, ebenso der Bau der Mauer, die die Stadt von der gefährdeten Ostseite, also von den Hügeln des Pangaion her, schützen sollte. (Die Mauer, die an dieser Stelle heute noch zu sehen und über eine weite Strecke zu verfolgen ist, stammt größtenteils erst aus römischer Zeit.) Nicht zuletzt auf die gemischte Bevölkerung, in der das thrakische Element offenbar stark, das athenische dagegen nur schwach vertreten war (Thuk. IV 106), ist es wohl zurückzuführen, daß die Stadt keinerlei Anhänglichkeit an Athen zeigte. Im Peloponnesischen Krieg ergab sie sich widerstandslos dem spartanischen Feldherrn Brasidas (424 v. Chr.),[13] und zwei Jahre später fielen in einer denkwürdigen Schlacht in der Nähe der Stadt die beiden Kontrahenten, Kleon und Brasidas. Auch nach dem Friedensschluß von 421 wollte Amphipolis die Herr-

[13] Thukydides gibt einen ausführlichen Bericht von diesen Ereignissen (IV 103—107), bei denen er selbst eine nicht ganz glückliche Rolle gespielt hat. Das Moment des gegenseitigen Mißtrauens wird in seiner Darstellung bedeutsam herausgestellt, und bezeichnenderweise sind es Kolonisten aus Andros, die die Übergabe der Stadt betreiben. – Der Historiker, der eine kleine bei Thasos liegende athenische Flotte befehligte, kam zur Entsetzung der belagerten Stadt zu spät. Er konnte lediglich noch Eion, den Hafen von Amphipolis, retten und für die auswanderungswilligen athenischen Siedler offenhalten.

schaft Athens nicht anerkennen und behauptete erfolgreich seine Unabhängigkeit, bis Philipp von Makedonien die Stadt endgültig für sich gewann (359). Unter makedonischer Herrschaft florierte Amphipolis eher noch stärker als bisher und avancierte zum Hauptmünzplatz der makedonischen Könige. Als die Römer nach dem Sieg des Aemilius Paullus über Perseus, den letzten Makedonenkönig, ganz Makedonien in vier Provinzen oder Distrikte teilten, wurde Amphipolis neben Thessaloniki, Pella und Pelagonia eine der vier Hauptstädte (168 v. Chr.) und erlebte eine letzte Blüte.[14]

Trotzdem geht Paulus von Neapolis nicht nach Amphipolis, sondern nach Philippi. Sicher lag es viel näher bei Neapolis, aber auch bei der späteren Durchreise durch Amphipolis auf dem Weg nach Thessaloniki erwähnt die Apostelgeschichte lediglich den Namen: kein Wort über Predigt, Gemeindegründung oder etwas ähnliches. Dabei muß in frühchristlicher Zeit ein recht reges geistliches Leben in der Stadt

[14] Der einzige spektakuläre Zeuge des antiken Amphipolis ist das 18 m hohe Löwendenkmal, das heute unmittelbar an der Straße von Thessaloniki nach Kavalla westlich der Strymonbrücke steht. Das Denkmal, dessen Standort schon im Balkankrieg festgestellt wurde, während die Trümmer des Sockels und die Marmorblöcke des Löwen erst 1916 von britischen Soldaten gefunden wurden, hat ein französisch-amerikanisches Archäologenteam 1936 wieder aufgebaut; die fehlenden Teile, Unterkiefer, Mähne, Hinterpfoten und Schwanz, ersetzte ein griechischer Bildhauer. Aufgrund der Ähnlichkeit mit dem Löwen von Chaironeia, der zu Ehren der in der Schlacht gegen Philipp von Makedonien gefallenen Thebaner im Jahr 338 v. Chr. aufgestellt wurde, hat man eine ähnliche Funktion auch für den Löwen von Amphipolis vermutet. Aber der Sieg des Brasidas über das athenische Heer im Jahr 422 v. Chr. kommt aus chronologischen Gründen nicht in Frage: Der Löwe von Amphipolis ist auf alle Fälle jünger als der von Chaironeia und wohl um 300 v. Chr. zu datieren. (Zudem erhielt Brasidas nach seinem Tod ein Ehrenmal auf der Agora.) Mehr Wahrscheinlichkeit hat die ebenfalls vermutete Verbindung mit den kriegerischen Unternehmungen Alexanders des Großen. Jedoch ist es auch möglich, daß das Denkmal zu einer Grabanlage eines makedonischen Grundherren gehörte. Weiteres bei *Broneer,* Amphipolis. – Die ausgegrabenen Reste von Wohnhäusern der Stadt aus griechischer und römischer Zeit, darunter zwei mit Badezimmern und eins mit einem Mosaikfußboden (Entführung der Europa), sind bescheiden. Interesse dagegen verdienen die zum Teil gut erhaltenen Gräber vom makedonischen Typ: Ein Dromos gewährt Zugang zu ein bis zwei Grabkammern unter einem künstlich aufgeschütteten Hügel.

geherrscht haben, denn nicht weniger als vier Basiliken, die alle ins 5. oder 6. Jahrhundert gehören, sind dicht beieinander innerhalb des Stadtgebiets in ihren Fundamenten freigelegt worden. Aber trotz allem – Amphipolis war eine griechische Stadt, und an einer solchen war Paulus im Augenblick offenbar, wie wir aus der Apostelgeschichte schließen müssen, nicht gelegen.

Ganz anders bei Philippi, einer römischen Kolonie, die von Nichtgriechen bewohnt und von römischen Beamten nach römischem Recht verwaltet wurde. Neben der Athenschilderung ist kein anderer Bericht der Apostelgeschichte derartig stark vom genius loci geprägt wie der Bericht von den Ereignissen in Philippi. Mehr noch: Striche man die römische Komponente, fiele der Bericht in sich zusammen. Dieser unübersehbare Zuschnitt der gesamten Darstellung auf spezifisch römische Verhältnisse zwingt zu dem Schluß, daß Lukas für die erste Missionsstation auf europäischem Boden eine römische Stadt haben w o l l t e. Ob er dabei das Fernziel Rom schon im Auge hatte, läßt sich nicht mit Sicherheit sagen. Unwahrscheinlich ist es jedoch nicht, denn Philippi läßt sich in der Schilderung der Apostelgeschichte durchaus als ein Rom in nuce verstehen.

3. Philippi in vorrömischer Zeit

Bei den Ausgrabungen wurde eine Grabinschrift gefunden, in der der Tote, offensichtlich kein Einheimischer, von seinem Schicksal spricht, das ihn zwang, in der Fremde zu sterben. Zwar stammt die Inschrift wahrscheinlich erst aus dem 3. Jahrhundert n. Chr., aber sie faßt in unvergleichlicher Kürze die wichtigsten Ereignisse aus der Geschichte der Stadt und das hervorstechendste Merkmal in ihrem Erscheinungsbild zusammen. Der Anfang lautet:

Δαίμων δέ με κέλευσε θανεῖν κλυτῆς ἐπὶ γαίης,
κτίσματος Φιλίπποιο καὶ Αὐγούστου βασιλῆος,
εὐστεφίης τειχῶν . . .[15]
Eine Gottheit ließ mich sterben auf berühmtem Boden,
einer Gründung des Philipp und des Kaisers Augustus,
gutbekränzt mit Mauern . . .

[15] Publiziert von *Lemerle:* BCH 59 (1935) 148.

In der Tat hat Philippi (mindestens) zwei Gründungen erlebt, die eine unter Philipp II. von Makedonien, der ihm seinen eigenen Namen gab und durch verschiedene Maßnahmen der Stadt ihren Wohlstand sicherte, die andere unter Augustus, der Philippi zur römischen Kolonie machte und ihm dadurch einen völlig neuen Charakter gab. Um die „Berühmtheit“ des Ortes zu illustrieren, genügt es, an die Doppelschlacht zu erinnern, die sich ganz in der Nähe die Caesarmörder Brutus und Cassius mit Antonius und Octavian geliefert haben; sie schuf erst die Voraussetzung für den entscheidenden Einschnitt in der Geschichte Philippis. Und „gutbekränzt mit Mauern“ heißt der Ort mit Recht. Noch heute beeindruckt den Reisenden, wenn sich die Straße von Kavalla in die Ebene von Philippi hinabsenkt, schon aus der Ferne der zum Teil gut erhaltene Mauergürtel, der über einen vorspringenden Dorn der Orbeloskette hinwegläuft und am Fuß des Berges die alte Stadt umschloß. Zwar stammen die heute sichtbaren Mauerreste meist aus byzantinischer Zeit, aber der Verlauf der alten Mauer wurde so gut wie nicht verändert.

Doch sehen wir genauer zu.[16] In einem größtenteils von unwirtlichen Bergen bedeckten Land lädt eine weit sich dehnende Ebene, die zu-

[16] Das immer noch grundlegende Werk über Philippi, auf das für weitere Informationen, vor allem archäologischer Art, hier ein für allemal verwiesen sei, stammt von *Collart* (Philippes). Das christliche und byzantinische Philippi, das Collart nur am Rande streift, hat *Lemerle* in einer ebenfalls sehr sorgfältigen und umsichtigen Arbeit dargestellt (Philippes; hier auch S. 8f Anm. 2 weitere Literatur, vorwiegend zur Archäologie). Insgesamt liegt der Schwerpunkt bei L. weniger auf dem Gebiet der Archäologie als auf politischen, soziologischen und wirtschaftlichen Fragen. Die knappe Darstellung von *Lazaridis*, Philippi, beschränkt sich im wesentlichen auf die römische Phase der Stadt. Wenigstens erwähnt sei der lediglich referierende Aufsatz von *Davies*, Macedonian Scene, der die ältere Arbeit von *McDonald*, Archaeology, ersetzt, aber kaum Neues bietet. – Zur allgemeinen Geschichte Makedoniens ist zu verweisen auf *Cloché*, Histoire de la Macédoine; *Kanatsoulis*, Makedonien (mit reichlichen Literaturangaben); *ders.*, Makedonische Stadt (beide neugriech.); *Accame*, Dominio romano. *Kalléris* wird in dem noch nicht erschienenen 2. Band seines Werkes über die alten Makedonen (Les anciens Macédoniens) Religion, politische und soziale Einrichtungen in Makedonien sowie die historischen Zeugnisse untersuchen. Mit dem Schicksal einzelner Städte

dem einen bequemen Zugang zum Meer hat, ganz von selbst zum Siedeln ein. So wurde in der Gegend von Philippi eine ganze Reihe neolithischer Funde gemacht.[17] Allerdings muß die Ebene, die zum Meer hin, also in südlicher Richtung, vom Symbolon, nach Westen vom Pangaiongebirge und nach Osten vom Orbelosmassiv abgeschlossen wird, sehr sumpfig gewesen sein. Bezeichnend dafür ist unter anderem der in der antiken Literatur immer wieder bezeugte alte Name von Philippi, Krenides (kleine Quellen).[18] Noch heute trägt ein kleines, nur wenig östlich von Philippi gelegenes Dorf diesen Namen. Und eins der großen Verdienste, die sich Philipp um die nach ihm benannte Stadt erworben hat, bestand in der Trockenlegung und Urbarmachung der Sumpfgebiete; in beidem war man offenbar über bescheidene Anfänge bislang nicht hinausgekommen.[19] Für diese Nachteile bot jedoch der geradezu legendäre Baumreichtum der ganzen Region reichlich Ersatz. Das Bild, das die Landschaft mit ihren weitgehend kahlen Hängen heutzutage bietet, ist trügerisch. In der Antike muß die Ebene mit Bäumen übersät gewesen sein, vor allem mit Weiden; und die Kastanien, Buchen und Tannen, die sich am Pangaion noch heute bis in relativ hohe Zonen hinziehen,

---

beschäftigt sich *Kahrstedt*, Städte in Makedonien (über Philippi 105f). Zu den Münzfunden: *Gaebler*, Antike Münzen. – Der von *Laourdas* und *Makaronas* herausgegebene Sammelband Ancient Macedonia vereinigt 33 Vorträge, die anläßlich eines internationalen Symposions in Thessaloniki über verschiedene Themen gehalten worden sind. (Inzwischen ist ein weiterer Band mit 47 Beiträgen erschienen.) – Die neuesten Ausgrabungsberichte sind unten Anm. 24 angeführt.

[17] Bemerkenswert ist vor allem ein prähistorischer Hügel, in dem man bunte Scherben, kleine Figuren, Waffen und Gebrauchsgegenstände in großer Menge fand; vgl. *Collart*, Philippes 46 mit Anm. 2.

[18] Vgl. Appian, Bell. civ. IV 105, der auf die zahlreichen Quellen rings um den Hügel von Philippi hinweist.

[19] Beachtung verdient in diesem Zusammenhang eine Stelle bei Theophrast, an der er von den durch Austrocknung der Sümpfe oder durch Abholzung bedingten klimatischen Veränderungen spricht (Caus. plant. V 14,5f). In Philippi seien die Fröste früher viel schärfer gewesen. Jetzt, da das Land trockengelegt und unter den Pflug genommen sei, sei auch das Klima milder geworden. Als die Thraker noch in dieser Gegend wohnten – hier verwendet Theophrast den alten Ortsnamen Krenides –, sei die Ebene „voll Bäume und Wasser“ gewesen.

dürften in thrakischer und makedonischer Zeit wesentlich zahlreicher gewesen sein.[20] Dieser Reichtum an Holz war der eine der beiden Gründe, weshalb das Land den Ruf außerordentlichen Wohlstands genoß. Denn Holz brauchte man zum Schiffbau, und auf ihn war Griechenland in Krieg und Frieden gleichermaßen angewiesen. Galten Makedonien und Thrakien schon allgemein für die Griechen als die wichtigsten der in Europa ohnehin nicht zahlreichen Holzlieferanten, so spielen die Wälder gerade dieser Gegend in der historischen Überlieferung eine besonders große Rolle, und zwar in der Regel in Verbindung mit dem Schiffbau (Hdt. V 23; Thuk. IV 108).

Die andere Quelle des Reichtums waren die in der Literatur ebenfalls vielfach bezeugten Gold- und Silbergruben des Pangaiongebirges. Sehr anschaulich spricht Euripides (oder der Dichter des Rhesos) vom χρυσόβωλον λέπας Πάγγαιον, vom „goldscholligen Berg Pangaion", und das Land nennt er ὑπάργυρος (silberhaltig: Rhes. 921.970).[21]

Auch wenn man die bei antiken Autoren genannten Ertragszahlen mit Vorsicht aufnehmen wird, so läßt die fast sagenhafte Berühmtheit der Pangaiongruben doch auf ihren außerordentlichen Reichtum schließen. Schon um die Mitte des 6. Jahrhunderts hatte Peisistratos die Gegend am Pangaion aufgesucht, um sich hier die notwendigen Mittel zur Aufstellung eines Söldnerheeres zu beschaffen und auf diese Weise seine Rückkehr nach Athen vorzubereiten.[22] Und als Kimon im Jahre 476 v. Chr. Eion, den Hafen von Amphipolis, wo die Perser nach ihren Niederlagen von 480/479 eine Garnison zurückgelassen hatten, angriff und nach langem Widerstand schließlich eroberte, dürfte für dieses kostspielige Unternehmen nicht nur die strategisch günstige Lage des Orts als Verteidigungsbasis gegen die Perser den Ausschlag gegeben haben, sondern ebenso die Aussicht auf die Stärkung der Finanzlage Athens. Jedenfalls fällt der erste Versuch Athens, am unteren Strymon eine Kolonie zu gründen, in die Zeit unmittelbar nach der Eroberung von Eion (475). Aber dieser Versuch mißlang ebenso wie ein weiterer zehn Jahre später. Und als dann schließlich die Gründung von Amphipolis geglückt war,

[20] Vgl. Theophrast, Caus. plant. V 4,7; 14,6; Hist. plant. IV 16,2f.
[21] Vgl. ferner Hdt. VII 112; Strabon VII fr. 34; Plin. Nat. hist. VII 56.
[22] Vgl. Aristot. Ath. pol. 15.

dauerte es fast siebzig Jahre, bis eine weitere griechische Kolonie in dieser Gegend gegründet wurde: Krenides-Philippi um 360 v. Chr. Gründer war der Redner Kallistratos, der sich, in Athen trotz seiner Verdienste um die Stadt zum Tod verurteilt, der Strafe durch Flucht entzogen hatte und nun als Verbannter von Thasos aus die Kolonie gründete. Aber schon drei Jahre später machte sich Philipp zum Herren von Amphipolis, und es war nur eine Frage der Zeit, daß er die Grenzen seines Reiches noch nach Osten bis zum Nestos vorschob, was bedeutete, daß auch Krenides seinem Herrschaftsbereich einverleibt wurde.

Gelegenheit zum Eingreifen gab ihm der kleine Ort selbst. Einem Hilfegesuch gegen die nicht lockerlassenden Thraker kam Philipp gerne nach. Er besetzte den Ort und ließ ihn befestigen. Das geschah wahrscheinlich im Jahr 356 v. Chr. Daß er ihn nach sich selbst umbenannte[23] und mit neuen Siedlern aus den eigenen Reihen verstärkte, war die fast selbstverständliche Folge; beides konnte das Image des Städtegründers nur erhöhen. Im Unterschied zu Amphipolis, das nach der Eroberung wie eine unterworfene Stadt behandelt wurde, zeigte sich der Makedonenkönig Krenides gegenüber als der große Wohltäter. Die hervorragende strategische Bedeutung des Ortes als Bastion gegen die Thraker dürfte ihm von vornherein klar gewesen sein. Gerade deswegen aber mußte ihm an der Loyalität der Bevölkerung besonders gelegen sein. So ist die Zuführung neuer Siedler, die ihre wirtschaftliche Existenz dem König verdankten, keineswegs nur ein Beweis königlichen Wohlwollens.

Was die Quellen sehr neutral „Vermehrung der Siedler“ nennen (Diod. XVI 3,7; 8,6), erweist sich in Wahrheit als geschickter taktischer Zug des Makedonenkönigs bei seinem Versuch, sich Stück für Stück das östliche Thrakien zu unterwerfen.

---

[23] Es ist das erste Mal in der griechischen Geschichte, daß der Name eines Menschen als Stadtname dient. Damit beginnt eine Entwicklung, die über die Alexanderstädte zu den zahllosen Gründungen der Diadochen führen sollte. – Die Pluralform des Namens ist möglicherweise auf die Streusiedlungen der thasischen Kolonisten zurückzuführen; vgl. *Collart,* Philippes 155 mit Anm. 4.

4. Zur Archäologie der griechischen Stadt

Beredtere Zeugen als die für diese Epoche der Stadtgeschichte außerordentlich spärlichen literarischen Quellen sind die archäologischen Funde. Im Jahr 1914 begann G. Fougères im Osten des Stadtgebiets zu graben und legte das Theater und das Neapolistor frei. Auch als 1920, nach der Unterbrechung durch den Krieg, die Arbeiten wiederaufgenommen wurden, blieb Philippi eine Domäne der französischen Archäologen. Zunächst unter hervorragender Beteiligung von J. Charbonneaux, dann seit 1928 wieder intensiver unter der Leitung von P. Collart wurden die Befestigungsanlage und das Forum systematisch erforscht. P. Lemerle schloß die Ausgrabungen vorläufig ab mit der Freilegung der beiden großen frühchristlichen Basiliken. In den letzten anderthalb Jahrzehnten führten neue Grabungen, jetzt von griechischen Archäologen durchgeführt, zu überraschenden Ergebnissen (vergleiche II 13).[24]

Von der Festung, zu der Philipp das alte Krenides umwandelte, zeugen auf sehr eindrückliche Weise die Mauern und Türme, die noch heute die Silhouette der Stadt bestimmen *(Abb. 5)*.[25] Wie schon angemerkt, stammen die Mauern, soweit sie erhalten sind, aus byzantinischer Zeit; man wird sie wohl ins 10. Jahrhundert datieren können. Aber in ihrem Verlauf vom hoch oben auf der Spitze gelegenen Kastell zur modernen Fahrstraße hinunter und jenseits von dieser in der Ebene noch einmal ein etwa gleichgroßes Areal herausschneidend, entsprechen sie dem antiken Mauergürtel, dessen Fundamente sie zum Teil benutzen. – Am besten lassen sich die ältesten Mauerteile an den Flankenmauern und der Südmauer des antiken Kastells studieren: zwei Mäntel, aus großen Blöcken einheimischen Marmors sauber geschnitten – man kann sie heute vom Theater aus als zwar

---

[24] Über die jüngsten Ausgrabungen in Philippi unterrichtet sorgfältig *Pelikanidis:* Prakt. 1958 (1965) 84–89; 1962 (1966) 169–178; 1966 (1968) 47–58; 1967 (1969) 70–82; 1968 (1970) 72–79 (alle neugriech.); dazu in englischer Sprache eine Zusammenfassung: Balkan Studies 8 (1967) 123–126. Speziell zum Oktogon: *ders.*, Prakt. 1959 (1965) 49–58; 1960 (1966) 76–94; 1963 (1966) 81–88; 1964 (1966) 172–178; 1966 (1968) 47–58.

[25] Zu den Befestigungsanlagen vgl. neben *Collart*, Philippes 168–175, der den antiken Anteil wohl doch überbewertet, *Ducoux/Lemerle*, L'acropole, und *Roger*, L'enceinte basse.

nicht gerade bequemen, aber sicher zum Ziel führenden Treppenweg zum Gipfel benützen –, dazwischen Füllsteine, das Ganze etwa 2,50 m dick. Rechteckige Türme, an der steil abfallenden Westmauer noch besonders deutlich sichtbar, und einfache Mauervorsprünge sorgten für eine zusätzliche Sicherung.

Besondere Aufmerksamkeit verdienen die beiden in den Mauergürtel eingefügten Stadttore.[26] Das östliche, das sogenannte Neapolistor, ist nicht ganz ausgegraben, da die moderne Fahrstraße an dieser Stelle genau der Trasse der antiken Straße folgt. Zwei rechteckige Türme sind zu erkennen, zwischen denen ein Durchgang in einen Vorhof führte; das Pflaster mit Wagenspuren stammt aus römischer Zeit. Eine Nische im Südturm diente zur Aufnahme des Hermes Propylaios, der das Tor schützen sollte, aber zugleich auch prophylaktische Funktion hatte. Beim Westtor, das in der Nähe von Quellen lag (daher „Krenidestor"), ist der Torhof, der von zwei runden Türmen flankiert wurde, hufeisenförmig gestaltet; zur Stadt hin öffneten sich drei Durchgänge. (Die ausgegrabenen Fundamente liegen am Knick der Straße nach Drama etwa zwei Meter unter dem heutigen Niveau.)

Direkt mit der östlich am Hang herabkommenden Mauer verbunden und über eine kleine Strecke hin von ihr gestützt, liegt das T h e a t e r. Sein vorzügliches isodomes (die senkrechten Fugen liegen jeweils genau in der Mitte der oben oder unten anschließenden Quader) Mauerwerk, das vor allem an den Parodoi, also den seitlichen Zugängen, zu bewundern ist, weist auf eine Entstehungszeit während der ersten Jahre der makedonischen Kolonie. Trotz mannigfacher Veränderungen, die im Lauf der Zeit vorgenommen wurden, ist das Theater seiner Anlage nach ein griechisches Theater. Zwar war die Zeit, da der Altar die Mitte der Orchestra einnahm und auf den kultischen Charakter der dramatischen Aufführungen hinwies, längst vorbei. Und das Bühnengebäude mit dem vorgelagerten langgestreckten Proskenion, der eigentlichen Spielfläche, sowie den an den Flanken vortretenden Flügelbauten (Paraskenien) gehören um diese Zeit als Zugeständnisse an eine weiterentwickelte Aufführungs-

[26] Ein drittes, kleineres führte aus der Stadt nach Süden in die Ebene. Es ist, wie der südliche Teil der Befestigungsmauern überhaupt, vollkommen zugewachsen und nur schwer zu finden.

praxis zum festen Bestand eines jeden Theaters. Trotzdem ahnt der aufmerksame Betrachter auch in Philippi noch etwas von der Idee, die ein griechischer Theaterbau ursprünglich verkörperte: die ideale Einheit von Bühne und Zuschauerraum, die alle Teilnehmer an der Dionysosfeier zu einer großen Kultgemeinschaft zusammenschloß.

Dieser Eindruck wird allerdings empfindlich gestört durch den Umbau, den die Römer um die Mitte des 2. vorchristlichen Jahrhunderts vorgenommen haben. Sie entfernten die untersten Sitzreihen, die ursprünglich bis unmittelbar an die Orchestra heranreichten, und legten um die Orchestra herum eine zwei Meter hohe Ballustrade mit Vorrichtungen zur Befestigung eines Gitters. Wie die Urkunden bezeugen, diente das Theater jetzt auch zu Gladiatorenkämpfen und Tierhetzen. Jetzt gab es – wesensmäßig voneinander geschieden – Akteure und Zuschauer, die auch in architektonisch streng voneinander getrennten Bereichen plaziert wurden. Entsprechend den neuen Bedürfnissen mußte das Theater vergrößert werden; man fügte die Sitzreihen hinter dem oberen Umgang hinzu. Die Bühne und die Bühnenfront mit ihren fünf Toren und den – wahrscheinlich mit Musen geschmückten – Nischen stammen ebenfalls aus dieser Zeit. Zum Spektakel degenerierte die ursprüngliche Kultfeier allerdings erst, als man um die Mitte des 3. Jahrhunderts n. Chr. das Theater in eine Arena umwandelte. Jetzt riß man das Proskenion ab und baute unter der Bühnenfront hindurch einen Gang, damit die Raubtiere von ihrem Zwinger unter dem Bühnengebäude gleich in der Orchestra auftauchen konnten.

Zur Zeit Philipps jedoch diente das Theater noch seinen alten Zwekken – ein Beweis dafür, daß auch in dieser Zeit noch bei der Gründung einer Stadt neben dem Bedürfnis nach Sicherheit das kulturelle Interesse nicht vernachlässigt und in diesem Fall sogar gleichrangig behandelt wurde.

Von anderen makedonischen Bauten hat sich so gut wie nichts erhalten: bei der Bedeutung der Stadt ein merkwürdiger Befund. Vielleicht bringen weitere Grabungen Licht in das Dunkel. Im Hinblick auf die politische Situation von Philippi können uns jedoch die M ü n z f u n d e noch ein wenig weiterhelfen. Eine der ältesten Serien zeigt auf der Vorderseite den Kopf des Herakles mit dem Löwenfell, auf der Rückseite einen Dreifuß und andere Symbole mit der Aufschrift ΦΙΛΙΠΠΩΝ. Ganz ähnliche Münzen hatten zuvor die Thasier für ihre Besitzungen auf dem Festland geprägt, lediglich mit einer anderen Aufschrift: ΘΑΣΙΩ ΗΠΕΙΡΟ.[27] Das läßt den Schluß zu, daß Philipp seiner Pflanzstadt zunächst den freien Status einer Kolonie mit eigenem Münzrecht belassen hatte; die Änderung der Aufschrift sollte lediglich den Wechsel von der thasischen Schutzmacht zur makedonischen bekunden. Aber die geringe Zahl der Münzen dieses Typs sowie ihre auffällige Gleichheit lassen vermuten, daß die Zeit der Freiheit nicht von langer Dauer war. Durch militärische Erfolge in Thessalien, auf der Chersonnes und in Thrakien hatte Philipp seine Position bald derartig gefestigt, daß er offenbar zu keinerlei Zugeständnissen mehr gezwungen war. Bei der Neuorganisation des Landes verlor Philippi, wie andere Städte auch, sein Münzrecht, das als Symbol der Freiheit gegolten hatte. Selbstverständlich konnte Philipp in seinem eigenen Land keine konkurrierende Goldwährung dulden. Und so ist spätestens seit 344 v. Chr. Philippi eine nicht mehr autonome Stadt im makedonischen Königreich. Zwar wurden hier weiterhin Münzen geprägt – Philipp scheute keine Anstrengungen, den Ertrag der bis dahin nur spärlich ausgebeuteten Goldadern in der Gegend von Krenides erheblich zu steigern. Aber sie trugen jetzt einen Apollonkopf auf der Vorderseite und auf der Rückseite ein Zweigespann mit dem Namen des Königs.[28] Es ist der berühmte „Philippeios", der Goldstater des Makedonenkönigs, der eine ungeheure Verbreitung (bis nach Britannien) fand und noch fast dreihundert Jahre nachgeprägt wurde.

5. Die römische Kolonie

So bedeutsam die Rolle war, die Philippi dank der Pläne des Makedonenkönigs, sein Reich bis zur Propontis auszudehnen, für eine kleine Weile spielen durfte, so schnell scheint es bald danach von der Weltbühne abgetreten und, wohl nicht zuletzt wegen der Erschöpfung der Bergwerke, in Vergessenheit geraten zu sein. Als Aemilius

[27] Zum ersten Typ s. *Gaebler*, Münzen II 101,3–9, zum zweiten 100f, 1–2.

[28] Nach Plut. Alex. 4 soll sich das Zweigespann auf Philipps Wagensieg in Olympia beziehen.

Paullus nach der Schlacht von Pydna 168 v. Chr. Makedonien teilte, wurde Amphipolis, nicht Philippi Hauptstadt des ersten Distrikts, dem Gebiet zwischen Strymon und Nestos. Auch wenn die günstige Lage zum Meer für Amphipolis gesprochen haben mag, so ist der Verzicht auf das zentral gelegene Philippi zugunsten einer Stadt in extremer Randlage doch bemerkenswert. Für Philippi beginnt damit eine Periode der Geschichtslosigkeit. Die Ausgrabungen haben so gut wie nichts aus dieser Zeit ans Licht gebracht, und die Texte verstummen. Auch die wenigen Inschriften, die man in der Gegend von Philippi aus makedonischer Zeit gefunden hat, etwa über Verhandlungen mit Alexander wegen der Trockenlegung der Sümpfe,[29] ändern daran wenig.

Als Philippi dann nach dreihundert Jahren plötzlich wieder ins helle Licht der Geschichte trat, war es nichts weiter als ein kleines, unbedeutendes Dorf. Sicher zu Recht spricht Strabon von einer κατοικία μικρά, einer „kleinen Siedlung", als er im Zusammenhang mit der Niederlage der Caesarmörder gegen die beiden Triumvirn Antonius und Octavian auf Philippi zu reden kommt (VII fr. 41). Diese entscheidende Schlacht der Bürgerkriege, in der die Freiheit der Republik auf dem Spiele stand – Dio Cassius nennt präzise die Alternative, um die es ging: Volksherrschaft oder Monarchie –, fand zwar etwa drei Kilometer westlich von Philippi statt und hat den Ort sicher nicht in Mitleidenschaft gezogen.[30] Trotzdem beginnt mit den Oktobertagen des Jahres 42 v. Chr. die zweite Phase in der Geschichte Philippis: Unmittelbar nach der Schlacht wird die Stadt römische Kolonie.

Octavian und Antonius können die einmaligen Vorzüge von Philippi nicht verborgen geblieben sein: die weite, fruchtbare Ebene mit einem sicheren Zugang zum Meer; die starken Befestigungen und dazu die strategisch außerordentlich günstige Lage an der großen Ost-West-Verbindung, der Via Egnatia (siehe II 6), die hier einen durch Berg und Sumpf gebildeten Engpaß überwand. Philippi war tatsächlich, wie Appian bemerkt (Bell. civ. IV 106), καθάπερ πύλαι, „wie ein Tor",

[29] Zu den Inschriften aus dieser Zeit *Collart*, Philippes 177–183.

[30] Zur Lokalisierung des Schlachtfeldes *Collart*, Philippes 191–219, der eine detaillierte Schilderung der Ereignisse gibt, ebenso *Schmidt*, Philippoi.

von Europa nach Asien. Zudem mußten die nach erfolgreicher Schlacht entlassenen Legionssoldaten versorgt werden. Antonius – er war der eigentliche Sieger der Doppelschlacht – tat das Nächstliegende: Er siedelte einen Teil von ihnen gleich in Philippi an und ließ seinen Legaten Q. Paquius Rufus alle notwendigen Formalitäten wie Weihung und Zuteilung des neuen Landes vornehmen. So bewährte sich auch in Philippi die von den Römern besonders in dieser Phase ihrer Kolonisation geübte Praxis, bei der Gründung von Kolonien die Lösung aktueller Gegenwartsprobleme, hier die Versorgung der Veteranen, mit weitsichtigen Maßnahmen, hier die Sicherung eines strategisch und wirtschaftlich wichtigen Gebiets, zu verbinden.
Ein Dutzend Jahre später, nach dem Sieg Octavians über seinen Rivalen Antonius und dessen Bundesgenossin Kleopatra bei Actium (31 v. Chr.), kam ein neuer, offensichtlich viel stärkerer Schub von italischen Siedlern nach Philippi. Diesmal waren es nicht nur entlassene Soldaten, die ihre Abfindung bekommen mußten, sondern auch italische Bürger, die wegen ihrer antoniusfreundlichen Gesinnung kurzerhand enteignet und in verschiedene Städte Makedoniens deportiert wurden, wo man sie für den verlorenen italischen Besitz entschädigte. In diesem Zusammenhang nennt Dio Cassius neben Dyrrhachium auch Philippi (LI 4,6). Daß sich Augustus als der eigentliche Gründer dieser Kolonie fühlte, kann nicht bezweifelt werden. Er begnügte sich keineswegs mit einer Umverteilung des Territoriums, sondern legte Wert auf eine offizielle „Neugründung". Die erste Bezeichnung der Kolonie nach der Gründung durch Antonius, *Colonia Victrix Philippensium*, wird demonstrativ durch eine neue ersetzt: *Colonia Iulia Philippensis*, und auf den Münzen erscheint statt des *iussu Antonii* ein *iussu Augusti*.[31]

[31] Die vollständige Aufschrift lautet (nachdem Octavian am 16. Januar des Jahres 27 v. Chr. vom Senat den Titel Augustus verliehen bekommen hatte): COL(onia) AUG(usta) IUL(ia) PHIL(ippensis) IUSSU AUG(usti). Die Legende auf den älteren Antonius-Münzen: A(ntonii) I(ussu) C(olonia) V(ictrix) P(hilippensium). – Der Zusatz *iussu* ist bezeichnend für die Kolonisation während der Revolutionsjahre. Die Gründung geschah aus eigener Machtvollkommenheit, ohne einen früher dafür erforderlichen Senatsbeschluß. Ausdruck dieser souveränen Haltung ist ferner die in dieser Phase der Kolonisation häufige Beifügung des Geschlechts- oder Beinamens des Gründers.

Obwohl die neue Bevölkerung von Philippi weitgehend aus Soldaten bestand – zu den Veteranen des Antonius waren unter Augustus Soldaten der (auf Münzen genannten) Prätorianerkohorte gekommen –, war Philippi doch keine ausgesprochene Militärkolonie, wie sie später in der Kaiserzeit üblich wurden. Seinen ländlichen Charakter, den es von Anfang an gehabt hat, hat es auch in späterer Zeit bewahrt. Dazu passen in Philippi gefundene Münzen mit der Darstellung eines wichtigen Aktes bei der Gründung von Kolonien: Der Gründer, das Haupt mit einem Zipfel der Toga bedeckt, zieht mit dem Pflug, vor den Ochse und Kuh gespannt sind, eine Furche um das zu verteilende Territorium. – Gerade dieser doppelte Charakter von Veteranenkolonie und Bürgerkolonie ist für Philippi bezeichnend. Zwar eignete er sicher auch anderen Kolonien dieser Gegend, aber nur für Philippi ist er ausdrücklich bezeugt.

In ihrer kommunalen Organisation kopierten die römischen Kolonien mehr oder weniger die Mutterstadt.[32] Im Unterschied zu den *municipia,* also jenen Städten, die sich Rom gegenüber zu bestimmten Leistungen, besonders zur Stellung von Truppen verpflichteten und dafür das römische Bürgerrecht erhielten, kamen die Kolonien nicht, wie Gellius XVI 13,8f treffend bemerkt, „von außen in den Staat", sondern wuchsen gleichsam aus ihm heraus und behielten Recht und Einrichtungen *(iura institutaque omnia populi Romani)* bei; im folgenden nennt Gellius die Kolonien sogar „kleine Nachbildungen und Abbilder" des römischen Volkes *(effigies parvae simulacraque).* Nun gilt dieser Vergleich selbstverständlich nicht für alle Kolonien und vor allem nicht für alle Perioden der römischen Kolonisation. Denn die ältesten Kolonien wurden zunächst von Rom aus verwaltet. Später aber, als die Ausbreitung der römischen Macht Gründungen auch außerhalb Italiens, zum Teil in beträchtlicher Entfernung, erforderlich machte, waren die Kolonien zwangsläufig selbständige Gemeinwesen mit einer ausgeprägten Selbstverwaltung. Die Kolonisten verloren deshalb auch ihr römisches Bürgerrecht und bekamen das der neugegründeten Kolonie. Trotzdem blieb, vor allem im kultischen Bereich, der Zusammenhang mit Rom bestehen, das

[32] Zum römischen Kolonialwesen vgl. *Kornemann,* Colonia, speziell zu den Bürgerrechtsfragen unter Caesar und Augustus *Vittinghoff,* Kolonisation.

auch auf dem Gebiet der Selbstverwaltung das Modell abgab. Die Gründung einer Kolonie vollzog sich nach dem Vorbild eines *lustrum*, eines feierlichen Sühne- und Opferaktes, und auch bei der rechtlichen Konstituierung mit Grundgesetz, Festlegung des Zensus sowie der Ernennung der ersten Magistrate und Priester folgte man römischen Mustern. Auch für die unterschiedliche soziale Schichtung in Rom und der damit verbundenen Rechtsungleichheit gab es in den Kolonien Parallelen. War der Ort wie im Fall Philippis vorher bereits bewohnt, bildeten die Kolonisten *(coloni)*, den römischen Patriziern entsprechend, die Oberschicht, aus der auch die Beamten gegewählt wurden. Die alten Einwohner behielten zwar meistens ihre Häuser und Felder, bildeten aber die unterprivilegierte Klasse *(incolae)*. Erst in späterer Zeit wurden sie auch an der Verwaltung beteiligt. Allerdings gab es auch früher schon die Möglichkeit, aufgrund besonderer Leistungen das römische Bürgerrecht zu erwerben und damit in die Führungsschicht aufzusteigen.

Für die höchsten Beamten wurden in den Kolonien der republikanischen Zeit verschiedene Namen verwendet. Selten gab es den für ein Jahr gewählten *dictator*, dann die *duumviri*, ein Zweimännerkollegium, was die Regel gewesen sein dürfte, oder auch, den römischen Konsuln entsprechend, zwei *praetores*. In den griechischen Gemeinden des Ostens hießen die *duumviri* ἄρχοντες oder στρατηγοί, eine einheimische Bezeichnung, die sich durch die ganze Kaiserzeit erhalten hat. Analog zu den Munizipalstädten waren auch in den Kolonien meistens den beiden höchsten richterlichen Beamten *(duumviri iure dicundo)* zwei untergeordnete Aufsichtsbeamte beigegeben.

Die Stellung der latinischen[33] Kolonien als rechtlich autonomer Staaten, die frei vom *tributum ex censu* und anderen Auflagen gegenüber Rom waren, brachte allerdings durch den Verlust des römischen Bürgerrechts auch gewisse Nachteile mit sich. Als Ausgleich diente das *ius Italicum*, das unter Augustus entstanden zu sein scheint und das ausschließlich an Kolonien vergeben wurde. Durch dieses Recht, das vor allem die *libertas* (Recht der freien Verfassung) und *immunitas* (Befreiung von Kopf- und Grundsteuer) sicherte, waren die Pro-

[33] Also nicht der alten Bürgerkolonien in Italien, die nur eine beschränkte Selbstverwaltung erlangten.

vinzialstädte rechtlich den italischen gleichgestellt. Für die meisten makedonischen Kolonien, unter ihnen Philippi, ist die Verleihung des *ius Italicum* bezeugt.

6. Die Via Egnatia

Das hier skizzierte Bild einer römischen Kolonie läßt den Schluß zu, daß Philippi nach Einwohnern, Sprache und Organisation Paulus sehr wohl als eine „image reduite“ von Rom erscheinen konnte (Lemerle 8).

Die 14 Kilometer von Neapolis nach Philippi dürfte der Apostel in einer Tagesreise bewältigt haben. Über die Route kann es keinen Zweifel geben. Mit Sicherheit hat Paulus die Via Egnatia benutzt, jene große Verbindungslinie zwischen Ost und West, die in ihrer Bedeutung für den Handel und später auch in zunehmendem Maße für die Politik kaum überschätzt werden kann. Teile dieser Straße hat man mit Hilfe der recht präzisen Angaben bei Strabon (VII 7,4 = Polyb. XXXIV 12,2–8) und in späteren Itinerarien[34] sowie einiger aufgefundener Meilensteine an mehreren Stellen freigelegt, so daß über ihren Verlauf weitgehend Klarheit besteht. Besonders eindrucksvoll ist das Stück, das über eine beachtliche Strecke unterhalb der Böschung der modernen Fahrstraße etwa parallel zu dieser verläuft, kurz nachdem sie von Kavalla her den höchsten Punkt erreicht hat und sich zur Abzweigung nach Krenides–Drama wieder den Hang hinunterwindet.

Die für antike Verhältnisse erstaunliche Breite der Straße mit ihrer unregelmäßigen Pflasterung und der beidseitigen Einfassung durch höhergelegte Steine repräsentiert natürlich nicht das ursprüngliche Bild. Wie zwei Meilensteine bezeugen – der eine wurde bei Thessaloniki gefunden, der andere in der Nähe Philippis –, hat sich Traian der lange vernachlässigten Via Egnatia angenommen und sie im ganzen makedonischen Bereich ausbessern lassen.[35] Weitere Meilensteine[36] mit den Namen römischer Kaiser, unter ihnen Hadrian, Sep-

---

[34] Vgl. *Collart,* Philippes 490 Anm. 2.

[35] Dazu *Collart,* Via Egnatia.

[36] Insgesamt hat man neun Meilensteine gefunden, die mit Sicherheit der

timius Severus, Caracalla und Galerius, beweisen, daß die Straße mindestens bis ins 4. Jahrhundert unterhalten wurde; für die römischen Unternehmungen im Osten, vor allem des Tiberius und Septimius Severus gegen die Parther, war sie natürlich von eminenter Bedeutung. Aber schon Xerxes hatte diese Route auf seinem Zug gegen Griechenland (wenigstens teilweise)[37] benutzt, und Brasidas' Operationen gegen Amphipolis, Philipps Unternehmungen gegen Thrakien, Alexanders Zug nach Kleinasien wären ohne diese Heerstraße kaum möglich gewesen. Ihre Bedeutung wurde noch dadurch gesteigert, daß sie nicht nur die kürzeste Verbindung zwischen Dyrrhachium, dem griechischen Epidamnos (heute Durazzo), und dem Hellespont beziehungsweise Bosporos war, sondern am westlichen Endpunkt Anschluß nach Italien, am östlichen nach Kleinasien hatte und somit Adria und Propontis, Rom und Orient auf ideale Weise verband. Von Rom aus führte die Via Appia direkt nach Brindisi, dem Hauptumschlagsplatz an der Adria auf italischem Boden, von wo aus man in das von der Natur zum Hafen geradezu prädestinierte Dyrrhachium übersetzte.[38] Auf ägäischer Seite konnte man entweder über den Bosporus nach Byzanz oder über den Hellespont nach Sestos und Kallipolis gelangen. Darüber hinaus bot Neapolis mit seinem Hafen die Möglichkeit, Kleinasien auf dem Seeweg zu erreichen: über Samothrake nach Alexandria Troas, welche Route Paulus mehrfach vorgezogen hat.

Via Egnatia zuzuweisen sind; im einzelnen vgl. *Collart*, Philippes 490 mit Anm. 1.

[37] Im Gebiet von Neapolis–Amphipolis führte die alte Straße an der Küste entlang, umging also nicht das Pangaiongebirge wie die spätere Via Egnatia im Norden (vgl. Hdt. VII 112–113).

[38] Die enge Verbindung der Via Egnatia mit Brindisi macht die Ableitung des Namens von der zwischen Brindisi und Bari gelegenen Stadt Egnatia (auch Gnatia oder Gnathia) unwahrscheinlich. Zwar kam hier die Via Appia ans Meer, aber als Hafenstadt hat Egnatia eine weit geringere Rolle gespielt als Brindisi. – Die Herkunft des Namens ist umstritten. Wahrscheinlich geht er auf einen – sonst nicht bekannten – Egnatius zurück, der die Straße im dritten Viertel des zweiten vorchristlichen Jahrhunderts gebaut bzw. ausgebaut hat. Als terminus ante quem bietet sich das Todesjahr des Polybios an, der die Straße XXXIV 12,2a.6 erwähnt, also das Jahr 125 v. Chr., als terminus post quem das Jahr 146 v. Chr., in dem Makedonien römische Provinz wurde.

Von Dyrrhachium zog die Via Egnatia quer durch das makedonische Bergland über Lychnidos an der illyrisch-makedonischen Grenze, über Herakleia, Aigai (Edessa) und die frühere Alexanderresidenz Pella, also in fast gerader Linie, nach Thessaloniki, wo sie zum ersten Mal ans Meer kam. Am nördlichen Rand der Chalkidike entlang führte sie dann über Apollonia weiter nach Amphipolis, umging die nördlichen Pangaionausläufer, durchquerte das Stadtgebiet von Philippi und erreichte über Neapolis, jetzt weitgehend an der Küste bleibend, den Hebros und schließlich über Perinthos den Bosporos.

Archäologisch von besonderem Interesse ist die Teilstrecke am nördlichen Rand des Sumpfgebiets von Philippi. Hier waren mehrfach Brückenkonstruktionen erforderlich, die sich zum Teil noch heute in einem bemerkenswert guten Zustand befinden. Vor allem die Brücke, die bei Kourowo in fünf Bogen den Abfluß des Sumpfes überspannt, liefert trotz mehrfacher Reparaturen ein eindrucksvolles Beispiel römischer Brückenbaukunst. Eine andere Brücke ganz in der Nähe ist zwar kleiner, aber besser erhalten, da sie seit Jahrhunderten nicht mehr benutzt wurde.

7. Die Gebetsstätte der Juden (Apg 16,13)

Etwa vier Kilometer weiter westlich führt eine weitere, ebenfalls sehr gut erhaltene antike Brücke über einen Bach, der auf älteren Karten öfters als Angites oder Gangites eingezeichnet ist, aber eher ein Zufluß von ihm gewesen sein dürfte. Herodot erwähnt einen Fluß dieses Namens als Nebenfluß des Strymon (VII 113), und Appian bezeugt dessen Ursprung ganz in der Nähe von Philippi (Bell. civ. IV 106).

Nun ist merkwürdigerweise auch in der Apostelgeschichte von einem Fluß vor den Toren der Stadt die Rede: Am Sabbat gingen Paulus und seine Begleiter ἔξω τῆς πύλης παρὰ ποταμόν (zum Tor hinaus zum Fluß), wo sie eine Gebetsstätte[39] der Juden vermuteten. Nach

[39] προσευχή (Gebetsstätte) kann zwar auch gleichbedeutend mit συναγωγή (Synagoge) verwendet werden, aber die lukanischen Schriften scheinen zwischen beiden Begriffen zu trennen. Sowohl in Thessaloniki wie in

dem Wortlaut des Textes wird man diese Gebetsstätte bei einem der beiden Stadttore lokalisieren müssen, wobei sich vor allem das westliche („Krenidestor") anbietet. Denn hier entsprangen mehrere kleine Quellen, die das für die rituellen Waschungen erforderliche Wasser spenden konnten. Aber wenn auch das deutsche Äquivalent für ποταμός nicht unbedingt „Fluß" sein muß, so ist der griechische Ausdruck doch eine bemerkenswert ungenaue Bezeichnung für diese kleinen Rinnsale, zumal in einem Abschnitt der Apostelgeschichte, dessen Präzision gerade im geographischen Detail allgemein anerkannt wird.[40] Besser paßt der Begriff auf den eben erwähnten Gangites, der sich im Westen bis auf gut zwei Kilometer der Stadt näherte. Andererseits: Sollte die Gebetsstätte der Juden so weit vor der Stadt gelegen haben? Ließ es das mosaische Gesetz überhaupt zu, am Sabbat eine derartige Entfernung zu bewältigen? Und was könnte sonst mit πύλη (Tor) gemeint sein, wenn es das vom Zentrum nur wenige hundert Meter entfernte Stadttor nicht sein soll?

Auf die letzte Frage hat Collart eine plausible Antwort gefunden. Bei den Ausgrabungen wurden beachtliche Reste eines monumentalen Bogentors *(Abb. 6)* gefunden, und zwar an jener Stelle, an der die Via Egnatia in das Stadtgebiet einmündete. Es ist zugleich der Ort, an dem die Schlacht von Philippi stattfand, so daß man zunächst in dem Monument einen Triumphbogen zur Erinnerung an dieses Ereignis hat sehen wollen. Jedoch pflegten derartige Bogen in römischen Provinzen eine andere Bedeutung zu haben, ganz abgesehen davon, daß in diesem Fall der Bogen als Erinnerungsmonument an eine der blutigsten Schlachten des Bürgerkrieges eher makaber als sinnvoll gewesen wäre. Die Errichtung eines solchen Bogens ging oft Hand in Hand mit der Gründung einer Kolonie. Die Angabe des Namens und der besonderen Stellung der Stadt sowie ihres Gründungsjahres

---

Beroia und später auch in Korinth ist ausdrücklich von einer συναγωγή die Rede (17,1.10; 18,4). – Offenbar gab es in Philippi nur sehr wenig Juden, was auch die auffällige Tatsache erklärt, daß Paulus an der Gebetsstätte nur Frauen antrifft. Diese προσευχή lag unter freiem Himmel und war wohl nur durch eine Einzäunung unbefugten Blicken entzogen.

[40] ποταμός sind im NT der Jordan (Mt 3,6; Mk 1,5), der Euphrat (Offb 9,14; 16,12), die Sturzfluten, die das auf Felsen gebaute Haus nicht umreißen können (Mt 7,25; Lk 6,48f). Die Bedeutung „Bach" an unserer Stelle wäre also singulär.

sollten Zeichen der römischen Macht und ihrer Ausdehnung sein.[41] Was gerne als „Triumphbogen“ angesprochen wird, ist also eher ein öffentliches Bauwerk von politischer und religiöser Bedeutung.[42] Für eine Datierung des Bogens in die frühaugusteische Zeit spricht die strenge, fast asketische Ausführung. Mit einer Gesamthöhe von knapp elf Metern und einer Arkadenhöhe von fünf Metern gehört der Bogen von Philippi zu den bescheidenen Vertretern dieses Typs. Die Pfeiler waren aus sorgfältig behauenen Blöcken aus einheimischem Marmor in abwechselnd flachen und hohen Schichten gebaut; Pilaster mit korinthischen Kapitellen schmückten die Ecken.

Der vom Stadtzentrum weitabgelegene Standort des Bogens darf nicht verwundern, da solche Bogentore an der Territorialgrenze einer Kolonie zu stehen pflegten. Für Philippi ist wegen seiner ländlich-verstreuten Siedlungsweise eine sehr weite Ausdehnung in der Fläche anzunehmen und durch zahlreiche Funde auch bestätigt.[43] Außerdem verlief in solchen Fällen, in denen man einen befestigten Ort bereits vorfand, die neue Grenzlinie der Kolonie außerhalb der alten Stadtmauern. Der Bereich zwischen den beiden Linien, das sogenannte *pomerium*, durfte in der Regel weder beackert noch bebaut werden, wobei nur schwer zu entscheiden ist, ob strategische oder religiöse Gründe für diese Maßnahme ausschlaggebend waren. Jedenfalls würde zum Pomeriumcharakter des vor dem westlichen Stadttor gelegenen Gebiets die auffällige Oberflächengestaltung passen: eine plane Ebene, in der keinerlei Erhöhungen oder Vertiefungen auf bauliche Reste des alten Philippi schließen lassen – sehr im Gegensatz zur östlichen Peripherie, wo sich vor dem Neapolistor eine weite Vorstadt mit einer über einen Kilometer langen Gräberstraße ausdehnte.

Die jüdische Gebetsstätte von Philippi an dem durch den Bogen[44]

---

[41] Daß auch der Bogen von Philippi auf der Außenseite eine – allerdings nicht mehr zu rekonstruierende – Inschrift getragen hat, beweisen die Löcher zur Befestigung der Bronzebuchstaben in zahlreichen Steinen.

[42] Dazu *Collart*, Philippes 321f und *Lemerle*, Philippes 25f mit Literatur.

[43] So markierte die Ostgrenze der Kolonie eine in den Fels gehauene Inschrift, die man am südwestlichen Abhang der Lekaneberge nördlich des heutigen Kavalla gefunden hat. Sie lautet: FIN(es) COL(oniae); vgl. *Lazaridis*, Philippi 4 und *D. Hereward*, Arch. 16 (1963) 133.

[44] Die Bezeichnung πύλη für einen derartigen Bogen ist zwar ohne Parallele.

gekennzeichneten Ort anzunehmen hat einige Wahrscheinlichkeit für sich. Nach einem römischen Gesetz durften vom Staat nicht offiziell anerkannte Religionsgemeinschaften ihre kultischen Zusammenkünfte nur außerhalb der Stadtmauern beziehungsweise des Stadtgebiets, also auch nur außerhalb des Pomeriums, abhalten. Zwar gehörte die jüdische Religion in der römischen Kaiserzeit grundsätzlich zu den *religiones licitae,* und die damit verbundenen Rechte, die Caesar den Juden gegeben hatte, waren von Augustus bestätigt worden.[45] Trotzdem war, zumindest in Rom, auch für die jüdische wie für jede andere nichtrömische Religion die Errichtung von Versammlungsgebäuden nur außerhalb des Pomeriums gestattet.[46] Entsprechende Vorschriften galten auch für die Provinzen, obwohl hier mit einer unterschiedlichen Haltung der zuständigen Behörden zu rechnen sein dürfte. Nach dem Bericht, den die Apostelgeschichte von den Ereignissen in Philippi gibt, war das Verhältnis zwischen Juden und römischen Behörden in dieser Stadt nicht gerade gut, die Genehmigung einer Ausnahme also nicht sehr wahrscheinlich.[47]

Aber πύλη bedeutet ja nicht nur „Tor" oder „Tür" (in der Regel steht im klassischen Griechisch für „Stadttor" der Plural πύλαι, da der Singular eigentlich nur den Torflügel bezeichnet), sondern auch „Eingang", besonders im Sinn von „Engpaß" o. ä., was auf den Bogen zutreffen würde. πύλη für ein Stadttor Lk 7,12; Apg 12,10; ἔξω τῆς πύλης Hebr 13,12 dürfte ein stehender Ausdruck sein für „außerhalb der Stadt".

[45] Die Judenverfolgungen unter Claudius und Traian (vgl. Apg 18,2) waren politische Maßnahmen, die sich nicht gegen eine freie Religionsausübung der Juden richteten.

[46] Mit welcher Strenge dieses Gesetz gehandhabt wurde, läßt sich schwer sagen, da eine Datierung der in den Texten erwähnten römischen Synagogen große Schwierigkeiten macht und man seit Diokletian großzügiger verfuhr. Wenn die Erwähnung der Juden an der Porta Capena bei Iuvenal 3,11 auf die Existenz einer Synagoge in dieser Gegend schließen läßt, lag sie jedenfalls außerhalb des Pomeriums. Andererseits bedurfte es nur einer Sondergenehmigung des Senats, um auch *intra pomerium* eine Synagoge errichten zu dürfen; vgl. *Juster,* Juifs 458f mit Anm. 9.

[47] Es bleibt freilich die Frage, an der sich *Collart* nicht zu stoßen scheint (anders *Lemerle,* Philippes 25ff), ob ein Pomerium von dieser Ausdehnung überhaupt angenommen werden darf. Für eine 500 m vor dem Befestigungsgürtel gelegene Pomeriumlinie gibt es Beispiele, meines Wissens jedoch keine für eine Distanz von 2 km. – Das Gehverbot am Sabbat

8. Die Beamten von Philippi

Gewiß war Philippi nicht die einzige römische Kolonie, die Paulus auf seinen Reisen besucht hat. Aber nur bei den Ereignissen in Philippi spielt der Kolonialstatus der Stadt eine entscheidende Rolle, ja mehr noch, diese Ereignisse konnten sich so, wie sie in der Apostelgeschichte geschildert werden, eigentlich nur in einer römischen Kolonie abspielen. Dieser besonderen Bedeutung der *Kolonie* Philippi scheint der Autor auch Rechnung tragen zu wollen, wenn er gleich zu Beginn seines Berichts Philippi als κολωνία einführt, mit einer Bezeichnung also, die sonst im Neuen Testament nicht belegt ist.

Die andere, weniger auf den besonderen Status der Stadt als auf ihre geographische Lage zielende Angabe bietet den Interpreten erhebliche Schwierigkeiten: ἥτις ἐστὶ πρώτη τῆς μερίδος Μακεδονίας πόλις (wörtlich: welches die erste Stadt des Teils von Makedonien ist, V. 12). Tatsache ist, daß bei der Teilung Makedoniens in vier Bezirke oder Distrikte (vergleiche Liv. XLV 29) Philippi dem ersten, östlichen zwischen Strymon und Nestos zugeteilt wurde (167 v. Chr.).[48] Und es wäre sehr verwunderlich, wenn der mit den philippischen Verhältnissen bestens vertraute Autor unseres Berichts davon nichts gewußt oder zumindest wichtige Fakten verwechselt haben sollte.

Nun lokalisiert V. 12 Philippi zwar in einem Bezirk Makedoniens, und auch das Stichwort πρῶτος fällt. Jedoch entspricht lediglich das Wortmaterial, nicht der grammatische Bezug den historischen Realitäten. Man sollte erwarten: εἰς Φιλίππους, ἥτις ἐστὶν (τῆς) πρώτης μερίδος (τῆς) Μακεδονίας πόλις (nach Philippi, das eine Stadt im ersten Bezirk Makedoniens ist). Aber diese Lesart, die sachlich keine Probleme aufwürfe, bietet keine der gerade in V. 12 stark voneinander abweichenden Handschriften; πρώτης ist vielmehr eine alte Konjektur von Johannes Clericus, der allerdings eine stattliche Zahl der

ist kein Gegenargument, da es nur außerhalb der Stadtgrenzen galt (vgl. *Dupont*, Sources 143f Anm. 3).

[48] Für diesen Bezirk mit der Hauptstadt Amphipolis wurden Münzen geprägt mit der Aufschrift Μακεδόνων πρώτης (erg. μερίδος), für den Bezirk von Thessaloniki mit der Aufschrift Μακεδόνων δευτέρας. – Eine Inschrift in Beroia erwähnt ein συνέδριον πρώτης μερίδος und ein weiteres τετάρτης με[ρίδος] (Rat des ersten bzw. vierten Bezirks).

neueren Kommentatoren zuneigt (Conzelmann, Haenchen, Collart, Lemerle und andere). Das überlieferte πρώτη (πόλις) macht in jedem Fall Schwierigkeiten. Die Lesart von D: ἥτις ἐστὶ κεφαλὴ τῆς Μακεδονίας πόλις (das die Hauptstadt Makedoniens ist) ist eine der typischen exegesierenden Paraphrasen des Westlichen Textes und geht an den historischen Tatsachen vorbei: Philippi war weder die Hauptstadt Makedoniens noch seines ersten Bezirks. Eine Reihe von Übersetzern und Kommentatoren, die die am besten überlieferte Version beibehalten möchten, versteht πρώτη deshalb in übertragener Bedeutung als eine Art Auszeichnung oder Ehrentitel. So heißt Thessaloniki in einer Inschrift πρώτη Μακεδόνων (CIG 1967).

Allerdings ist der Nachweis für die Bedeutung von πρώτη als „Titel" einer Stadt nicht überzeugend zu erbringen.[49] Zudem macht bei diesem Verständnis von πρώτη der folgende Artikel (τῆς μερίδος) Schwierigkeiten, und der Zusatz so manchen Übersetzers, des „betreffenden" Teils, ist eher dazu angetan, die Mißlichkeit der Überlieferung zu unterstreichen als das Problem zu lösen. Denn welcher Teil „betroffen" sein soll, wo bislang überhaupt noch nicht von einem Teil die Rede war, ist unklar. Auch der Vorschlag, πρώτη nicht wertend, sondern im Sinn der Reihenfolge zu verstehen: Philippi = die erste makedonische Stadt, in die Paulus kommt,[50] führt nicht weiter. Wenn nur gesagt werden sollte, daß Philippi die erste makedonische Stadt auf der Route des Paulus war, ist der Zusatz τῆς μερίδος überflüssig.

Es kann also keinen Zweifel geben, daß die von Blass wieder empfohlene Konjektur πρώτης, die überdies sehr elegant ist,[51] den Sach-

---

[49] Die bei *Lake/Cadbury* IV 188 angeführten Belegstellen sind wenig beweiskräftig. Der Streit zwischen Nikaia und Nikomedia, wer die Erste sei (Dion Chry. 38,39, vgl. auch 34,48), braucht nicht auf einen Titel πρώτη zu weisen, sowenig Thukydides Athen und Sparta einen Titel zuweisen wollte, als er sie αἱ πρῶται πόλεις nannte (II 8). In beiden Fällen geht es um die Rivalität zweier „führender" Städte.

[50] So *Foakes–Jackson* z. St. (Neapolis gehörte zu Thrakien).

[51] *Lemerle*, Philippes 21 erklärt die Textverderbnis plausibel. Der ursprüngliche Text war: ἥτις ἐστὶ πρώτης μερίδος Μακεδονίας πόλις. Ein Schreiber, der μερίς als „Provinz" (statt „Bezirk") mißverstand, deutete das nun sinnlose πρώτης als Haplographie für πρώτη τῆς. Vgl. auch *Collart*, Philippes 457 Anm. 3 und *Sherwin-White*, Roman Society 93ff.

verhalt am genauesten trifft und den Autor vom Vorwurf eines schweren Irrtums befreit.

Was der einleitende Terminus κολωνία begrifflich definiert, entfaltet der folgende Bericht in voller Plastizität. Die Häufung von Bezeichnungen für Beamte, speziell für Beamte in römischen Kolonien, dokumentiert die Rolle der römischen Behörden als Widerpart des Apostels und seiner Begleiter während ihres Aufenthalts in Philippi. Genannt werden die ἄρχοντες und στρατηγοί, denen Paulus und Silas vorgeführt werden (V. 19f) und die den Befehl zur Auspeitschung geben (V. 22), die dann die Freilassung der beiden veranlassen (V. 35f) und sich schließlich selbst auf den Weg zum Gefängnis machen (V. 38f); des weiteren die ῥαβδοῦχοι in untergeordneter Funktion (V. 35.38) und der δεσμοφύλαξ (Gefängniswärter), dem die Gefangenen anvertraut werden (V. 23.27.36). Auffallend dabei ist, daß die Titel στρατηγός und ῥαβδοῦχος nur an dieser Stelle im Neuen Testament erscheinen; ebenso ist V.19 der einzige neutestamentliche Beleg dafür, daß die Inhaber eines bestimmten weltlichen Amtes mit ἄρχοντες bezeichnet werden[52] – lauter Hinweise auf die politische Sonderstellung unseres Berichts.

Daß mit den στρατηγοί die auch in zahlreichen Inschriften von Philippi erwähnten[53] *duumviri iure dicundo* gemeint sind, unterliegt keinem Zweifel. Zum einen waren diese in der Regel in römischen Kolonien die beiden höchsten Beamten, vertraten also die Stelle der Konsuln, zum anderen gehörte zu ihrem Kompetenzbereich neben dem Vorsitz im Senat und der Oberaufsicht über die städtische Verwaltung auch die – in der frühen Kaiserzeit allerdings stark eingeschränkte – Gerichtsbarkeit. Gerade in dieser Funktion wenden sich die aufgebrachten Philipper an die Duumvirn. In den zunächst erwähnten ἄρχοντες eine andere Beamtengruppe sehen zu wollen, besteht kein Anlaß. Zwar ist die Frage nach den lateinischen Äquivalenten von ἄρχων und στρατηγός nicht leicht zu beantworten, aber

---

[52] Apg 4,26 und Röm 13,3 ist der Begriff ganz allgemein verwendet; Titel wie ἄρχων τῆς συναγωγῆς (Synagogenvorsteher) fallen unter eine andere Rubrik.

[53] Vgl. die Zusammenstellung bei *Collart*, Philippes 262 (eine Übersicht über alle inschriftlich belegten römischen Ämter in Philippi ebd. 258ff) und *Sherwin-White*, Roman Society 92f.

der Text läßt keinesfalls an zwei getrennte Personengruppen denken. Man wird lediglich ἄρχοντες als den allgemeineren („Behörden“) und στρατηγοί als den spezielleren Begriff unterscheiden können. Das ergibt eine auch psychologisch sinnvolle Erklärung der Stelle. Die Verbringung der beiden Angeklagten vor Gericht vollzieht sich gleichsam in zwei Phasen. Zunächst werden sie aufs Forum gezerrt (εἵλκυσαν), wo sich die Behörden befinden, dann, nachdem sich die erste Wut gelegt hat, den Richtern vorgeführt (προσαγαγόντες).[54] Die unterschiedliche Terminologie wäre dann sachlich durch die Erzählperspektive bedingt und nicht als Unstimmigkeit einer nicht ganz in die endgültige Form gebrachten Fassung zu verstehen.[55]

In den στρατηγοί Prätoren sehen zu wollen, was rein terminologisch möglich wäre, ist nicht ratsam. Nur in den ältesten Kolonien führten die höchsten Beamten diesen Titel; zu Paulus' Zeiten war er längst durch den *duumvir* ersetzt.[56] Dazu paßt auch die Tatsache, daß der Titel *praetor* inschriftlich in Philippi nicht belegt ist. Die Cicero-Notiz[57], die für die Gleichsetzung der στρατηγοί mit den *praetores* gern herangezogen wird, beweist eher das Gegenteil. Denn ein Grund, weshalb Lukas den *duumviri* den für sie schmeichelhaften Titel *praetor* beigelegt haben sollte, ist nicht zu erkennen. Im Gegenteil, gerade in Philippi schneiden die römischen Behörden im Unterschied zur sonstigen Einschätzung der Apostelgeschichte auffallend schlecht ab.

Die zweite, untergeordnete Beamtengruppe, die der Philippibericht erwähnt, sind die ῥαβδοῦχοι – ohne Zweifel das griechische Äquivalent für die römischen *lictores*. Zu den Ehrenrechten der *duumviri* gehörten die Liktoren, die die Magistrate bei allen ihren Ausgängen begleiteten, um ihnen Platz zu schaffen (*plebem summovere*) und

---

[54] Vgl. *Lemerle*, Philippes 32f Anm. 4.

[55] So *Ramsay*, The Philippians; vgl. auch *ders.*, St. Paul the Traveller 217f. Dagegen u. a. *Lemerle*, Philippes 33 mit Anm. 2.

[56] Vgl. *Haverfield*, στρατηγοί. *Meyer*, Ursprung III 82 vermutet sogar, daß die Wiedergabe der *duumviri* durch στρατηγοί dem allgemeinen Sprachgebrauch entsprochen habe (unter Berufung auf die analoge Stellung der *duumviri* zu den *praetores* in Rom und anderen italischen Städten).

[57] De lege agraria II 93: *cum ceteris in coloniis duoviri appellentur, hi* (die Magistrate von Capua) *se praetores appellari volebant.* Vgl. auch Horaz, sat. I 5,34ff, wo sich der Dichter über den „*praetor*“ von Fundi, einem latinischen *municipium*, lustig macht.

für den nötigen Respekt zu sorgen. In den Kolonien war ihre Zahl auf zwei beschränkt; auch trugen hier die Liktoren keine Beile in den Rutenbündeln (*fasces*), dem symbolischen Zeichen zunächst königlicher, dann magistratischer Amtsgewalt.
Zu den Amtspflichten der Liktoren gehörte unter anderem die Ladung vor Gericht sowie die Verhaftung und Auspeitschung, also ein Aufgabenkreis, den die ῥαβδοῦχοι im Bericht der Apostelgeschichte ziemlich genau erfüllen. Das ῥαβδίζειν (auspeitschen) weist sogar direkt auf ihre Amtsbezeichnung.

9. Die Anklage

Auch die gegen Paulus erhobene Anklage nimmt innerhalb der Apostelgeschichte eine Ausnahmestellung ein, die ebenfalls mit dem besonderen Status von Philippi zusammenhängt. Zwar scheinen die Vorgänge in der Stadt auf den ersten Blick dem mehrfach in der Apostelgeschichte begegnenden Missionsschema zu gleichen. Aber bei genauerem Zusehen sind die Unterschiede größer als die Gemeinsamkeiten. Ob Paulus wie in Lystra die Steinigung droht; ob er wie in Thessaloniki oder Beroia zum Verlassen der Stadt gezwungen wird; ob er wie in Korinth vor den römischen Statthalter oder wie in Jerusalem vor die römischen Prokuratoren gebracht wird – immer sind es Juden, die Paulus Schwierigkeiten machen. In Philippi jedoch gehen Römer gegen Paulus vor, und zwar nicht als Reaktion auf seine missionarische Tätigkeit, sondern, wie man vermuten muß, weil gewisse Leute nach der Heilung des von einem Python besessenen Mädchens sich einer gewinnträchtigen Einnahmequelle beraubt sehen und es ihnen offenbar gelingt, einen in der Bevölkerung verbreiteten antijüdischen Affekt für ihre eigenen Interessen auszunützen. Der Gegensatz zwischen Römern und Juden ist im Text mit auffallender Schärfe formuliert (Ἰουδαῖοι ὑπάρχοντες ... ἡμῖν ... Ῥωμαίοις οὖσιν: ihr Juden ... uns, die wir Römer sind, V. 20f). Und eine wichtige Pointe des Philippi-Berichts besteht sicher in dem Rückgriff des Autors auf diese Antithese, wenn er die Berufung des Paulus auf das römische Bürgerrecht ganz parallel formuliert: ἀνθρώπους Ῥωμαίους ὑπάρχοντας (Leute, die Römer sind, V. 37). Die Formulierung ἡμῖν ... Ῥωμαίοις οὖσιν zeugt nicht nur von dem Selbstbewußtsein der Kolonien – in Philippi wohnten ja keineswegs nur Römer –, sondern mehr noch von einer antijüdischen Gesinnung zumindest unter den Philippern.

In aller Deutlichkeit tritt diese Haltung in der Anklage hervor. Unruhestiftung und Aufruhr sind der gängige Anklagegrund gegen die Christen. Bezeichnend ist jedoch, daß in unserem Fall der Vorwurf gar nicht gegen die Christen erhoben wird, sondern gegen die Juden, und daß dieser Vorwurf mit dem Hinweis auf die ἔθη (Sitten), die für die Römer unannehmbar seien, präzisiert wird. Die gängige Erklärung der Stelle, man habe sich gegen die Einführung neuer Götter verwahren wollen, ist wenig stichhaltig angesichts der zahlreichen archäologischen Zeugnisse für nichtrömische Kulte im Philippi des ersten nachchristlichen Jahrhunderts (vergleiche II 11). Man weist darauf hin, daß das Judentum zwar eine *religio licita* gewesen sei, aber – zumindest unter Römern – nicht das Recht der Proselytenwerbung besessen habe, christliche Mission unter Römern also illegal gewesen sei. Aber ganz abgesehen davon, daß die in den römischen Kolonien geübte Praxis in diesem Punkt recht unterschiedlich gewesen zu sein scheint,[58] spricht der Text auch nicht andeutungsweise von einem solchen Vorwurf, dafür aber sehr bestimmt von Römern nicht erlaubten Gewohnheiten. Was man sich unter diesen ἔθη vorzustellen hat, geht aus den Zeugnissen klar hervor: Verbot des Kriegsdienstes, Sabbatfeier, Beachtung der Speisegesetze, Sondergerichtsbarkeit unter anderem.[59] Nun würde das alles zusammen noch nicht zum Vorwurf des öffentlichen Aufruhrs (V. 20) ausreichen. Aber man muß bedenken, daß die Anklage gegen Paulus und Silas ja zunächst ein Racheakt der um ihren Gewinn gebrachten Eigentümer des Mädchens war, was die überspitzte Formulierung einer Staatsgefährdung durch die Juden psychologisch verständlich macht. Die Darstellung der jüdischen Bräuche, die Tacitus (Hist. V 4f) gibt, ist in ihrer persönlichen, stark emotionalen Färbung sicher nicht repräsentativ für die Einschätzung der Juden im römischen Imperium. Wenn Tacitus von den mosaischen Gesetzen sagt, sie liefen denen der anderen Menschen zuwider; wenn er die jüdischen Ein-

---

[58] Vgl. *Conzelmann* z. St. und Dio Cass. 67,14.

[59] Dazu *van Unnik*, Anklage.

richtungen „widerwärtig" (*sinister*) und „abscheulich" (*foedus*), das jüdische Gesetz „beleidigend" (*absurdus*) und „häßlich" (*sordidus*) nennt, bekundet er damit aber doch die ablehnende, zumindest verständnislose Haltung der Römer gegenüber den jüdischen Gesetzen. Zudem muß man bedenken, daß jede Änderung des *mos maiorum* für den Römer bereits den Charakter einer Revolution hatte.[60]
Vor diesem Hintergrund wird das Verhalten der römischen Beamten in Philippi verständlicher. Sie tragen der auch unter der Bevölkerung von Philippi offenbar verbreiteten Abneigung gegen die Juden Rechnung, wenn sie Paulus und Silas auspeitschen und ins Gefängnis werfen lassen, ohne daß überhaupt eine Schuld festgestellt worden wäre oder die beiden Gelegenheit gehabt hätten, sich zu verteidigen.[61] Denkt man an die Haltung, die Gallio in Korinth oder die Prokuratoren in Jerusalem Paulus gegenüber einnehmen, überhaupt an die geradezu zuvorkommende Art, in der römische Beamte in der Apostelgeschichte geschildert werden, muß das Verhalten der Behörden in Philippi befremden. Sicher trifft dieser Bericht die historische Realität genauer. Der Grund dürfte darin zu suchen sein, daß Lukas diesmal ohne apologetische Tendenz auskam. Denn bei der Schilderung der Ereignisse in Philippi war ihm nicht darum zu tun, das Christentum als eine auch für den Römer akzeptable und keineswegs staatsgefährdende Religion darzustellen: Paulus wird in Philippi als Jude, nicht als Christ behandelt.

---

[60] Vgl. die Belege bei *van Unnik*, Anklage 371f.

[61] Zur Modifizierung der *lex Iulia* in der Kaiserzeit und zur Rechtmäßigkeit des Verhaltens der Beamten vgl. auch *Sherwin-White*, Roman Society 72–76. – Die vieldiskutierte Frage, warum sich Paulus erst nach der Einkerkerung auf sein römisches Bürgerrecht beruft, hat noch keine befriedigende Antwort gefunden. Weder psychologische (Paulus wollte Silas, der ja kein römischer Bürger war, nicht allein lassen) noch situationsbedingte (im allgemeinen Durcheinander hatte Paulus gar nicht die Gelegenheit, auf seinen Sonderstatus hinzuweisen) Gründe vermögen dieses aller Vernunft widersprechende Verhalten hinreichend zu erklären. Wahrscheinlich ist die Antwort auf diese Frage, ähnlich wie bei der zweiten Berufung des Apostels auf sein römisches Bürgerrecht Apg 22,25ff, gar nicht im Biographischen, sondern im Literarischen zu suchen: Hätte sich Paulus zu dem von der Vernunft diktierten Zeitpunkt als römischer Bürger zu erkennen gegeben, wäre es nicht zur Kerkerszene gekommen. Sie ist jedoch unbestritten der Höhepunkt, auf den der ganze Bericht zusteuert.

10. Das Forum

Vom Ort dieser Geschehnisse kann sich der heutige Besucher von Philippi eine recht gute Vorstellung machen, obwohl das Forum, öffentliches und topographisches Zentrum der Stadt, in den heute sichtbaren Resten fast ausschließlich aus späterer Zeit stammt. Die Gesamtkonzeption dieses Komplexes dürfte erst unter Marc Aurel, also in der zweiten Hälfte des zweiten Jahrhunderts, ausgeführt worden sein *(Abb. 7)*.

Das Forum bildet ein Rechteck von 100 × 50 m. Auf den beiden Schmalseiten und der südlichen Längsseite war es von Säulen umstanden, hinter denen sich Gebäude verschiedener Zweckbestimmung öffneten. Da sie alle am hinteren Ende auf einer einheitlich durchlaufenden Grundmauer aufruhen, ergibt sich für die architektonische Gesamtanlage eine Fläche von 148 × 70 m. Das sind gewaltige Ausmaße, wenn man bedenkt, daß der Abstand zwischen den beiden Stadttoren in der Längsrichtung, also zwischen Ost- und Westtor, nicht mehr als etwa 800 m betrug – ein Hinweis darauf, daß sich hier der politische Mittelpunkt nicht nur der Stadt Philippi im engeren Sinn, sondern der ganzen Kolonie befand. Im Norden grenzt das Forum direkt an den auf einem höheren Niveau verlaufenden Decumanus, also an die Hauptstraße, die im Stadtbereich mit der Via Egnatia identisch und in ihrem Verlauf durch den im Norden steil ansteigenden Burghügel und das Sumpfgelände im Süden bestimmt war; die nördliche Begrenzungsmauer des Forums diente in diesem Abschnitt zugleich als Unterbau für die Via Egnatia. Der mit rechteckigen Platten aus einheimischem Marmor sorgfältig gepflasterte Platz hatte vier Zugänge, je zwei auf jeder Längsseite. Für die Entwässerung sorgte ein Abflußkanal, der an der untersten der insgesamt zwei bis fünf Stufen, die die Säulenhallen trugen, entlanglief (die unterschiedliche Stufenzahl ist durch das nicht ganz ebene Gelände bedingt).

Genau die Mitte der Nordseite nimmt ein in den Umrissen noch deutlich erkennbarer podiumartiger Bau mit zwei seitlichen Treppenzugängen ein. Die Vermutung, daß es sich dabei um eine Rednerbühne handelt, die in diesem Fall ähnlich wie die *rostra* in Rom einer Abschlußmauer vorgelagert ist, wird bekräftigt durch die genau den Umriß der Tribüne begleitenden Einlassungen in der Pflasterung. Mit Sicherheit waren sie für die Aufnahme eines Gitters bestimmt, das zum – offenbar notwendigen – Schutz des Redners diente. Auch in späterer Zeit scheinen sich also noch ähnlich dramatische Ereignisse auf dem Forum von Philippi abgespielt zu haben, wie die Apostelgeschichte sie schildert.

Die schwachen Reste zweier kleinerer Gebäude, symmetrisch links und rechts von der Rednertribüne gelegen, verdienen insofern Beachtung, als sie aus voraurelischer Zeit stammen. Eine fragmentarisch erhaltene Inschrift auf dem Architrav des rechten Gebäudes, die mehrere Stationen aus der Karriere eines römischen Reiters nennt, ermöglicht eine Datierung in das 1. Jahrhundert n. Chr. Die Fundamente lassen eine vorzügliche Steinmetzarbeit erkennen, und die aufgefundenen Reste der Oberbauten, vor allem Kapitell- und Architravfragmente, weisen die Bauten als ionisch aus. Daß sie zu sakralen Zwecken gedient haben, ist wahrscheinlich, aber nicht nachzuweisen. Interessant ist die Lage der beiden Gebäude. Sie weichen zwar auf der Vorderseite von der Flucht der angrenzenden Bauten ab, mit der Rückseite jedoch stoßen sie direkt an die Terrassenmauer des Decumanus. Dieser Befund läßt den Schluß zu, daß bei der Neugestaltung des Forums unter Marc Aurel die Vorgängerbauten in den Gesamtplan miteinbezogen wurden. Dann aber dürfen wir auch annehmen, daß das Forum, das Paulus sah, wenigstens im nördlichen Bereich der späteren Ausführung, wenn auch in bescheideneneren Formen, entsprach.

Links und rechts an die beiden älteren Gebäude schließen sich zwei Brunnenanlagen an, deren rechteckige, ein Meter tiefe Becken von über 70 m Länge weitaus den größten Teil der nördlichen Begrenzungsmauer begleiten. In der Mitte eines jeden Beckens stand ein Pfeiler für die Zuleitung des Wassers, das aus einem Löwenkopf – beide hat man in den Becken gefunden – hervorsprudelte. Die Brunnen sind nach den Inschriften Stiftungen zweier vornehmer Familien; der westliche ist für 30 000 Sesterzen von L. Decimius Bassus, einem Ädil von Philippi, zur Erinnerung an ihn selbst, an seinen Vater und seinen Bruder gebaut worden. Neben den Brunnen befanden sich die beiden nördlichen Zugänge zum Forum: zwei Rampen mit geriffeltem Pflaster, überspannt von einem gewaltigen Bogen (im Osten noch gut erkennbar).

Die Nordost- und Nordwestecke nahmen zwei etwa gleich große Tempel ein, die deutlich als Pendants gedacht waren und die beiden markantesten Akzente im architektonischen Ensemble des Forums setzten. Die gefundenen Bruchstücke gestatten eine genaue Rekonstruktion; zudem sind die Mauern des östlichen und die Fassade des westlichen Tempels recht gut erhalten. Mit der einen Längsseite an die nördliche Begrenzungsmauer angelehnt, gaben sie von dem der Cella vorgelagerten Pronaos (mit zwei korinthischen Säulen) Zutritt zum Decumanus und den südlich sich anschließenden Säulenhallen. Das Giebelfeld des westlichen Tempels zierte die Darstellung eines Rundschildes und einer Lanze, eine recht grobe Arbeit wie auch die als Akrotere dienenden Niken und die auf den Gorgonenschild gestützte Athena vom Dachfirst. Die stark verstümmelte Inschrift vom Architrav nennt den *divus Antoninus*. Damit kann nur Antoninus Pius gemeint sein, nach dessen Tod (deshalb der Zusatz *divus*) der Tempel also gebaut worden ist, das heißt nach 161. Das wird durch eine in der Cella des östlichen Tempels gefundene Inschrift mit dem Namen der Faustina, der Gattin Marc Aurels, bestätigt,[62] so daß sich für die Datierung der beiden Tempel die Zeit zwischen 161 (Antoninus Pius †) und 175 (Faustina die Jüngere †: es fehlt der Zusatz *diva*) zwingend ergibt (Collart 344f).

Zu den wichtigsten Bauten der Schmalseiten gehörte im Osten die Bibliothek mit vier nebeneinanderliegenden Räumen, dem Lesesaal und den Magazinen, sowie die eigentlichen Verwaltungsgebäude im Westen. Eine halbkreisförmige Apside mit einem Durchmesser von 5 m, die etwa in der Mitte über die äußere Begrenzungslinie vorspringt, läßt vermuten, daß sich hier die Curie befand, also der Sitz der beiden Duumvirn – ob auch schon zu Paulus' Zeiten, ist natürlich zweifelhaft. Immerhin hat man am Forum keine anderen Gebäudereste gefunden, die als Sitz der Stadtverwaltung in Frage kämen.

Diente der nördliche Teil des Marktplatzes mit seinen Kultbauten,

[62] Die ältere Faustina, die Gattin des Antoninus Pius, kommt aus chronologischen Gründen nicht in Frage.

Brunnenanlagen und der Rednertribüne vorwiegend repräsentativen Zwecken – in dieser Region fand man auch die meisten Basen und Bruchstücke von Ehrenmonumenten –, so der südliche Teil dem geselligen und geschäftlichen Leben. Unter den Säulenhallen, die über 2 m tiefer liegenden Bauten aus augusteischer Zeit errichtet wurden und eine alte Ladenstraße überdecken, konnte man, vor Sonne und Regen geschützt, bequem flanieren, Besorgungen machen und Geschäfte abschließen. Lebendige Zeugen dieses bunten Treibens sind mehrfach erhalten. Zum Beispiel der trapezförmige Maßtisch in der Südwestecke des Forums, der noch heute an seinem ursprünglichen Platz steht. Er weist fünf halbkugelförmige Höhlungen von unterschiedlicher Größe auf, die keinen Abfluß haben; der Tisch diente offenbar zur Kontrolle der Maße, eine Einrichtung, die auch aus anderen römischen Städten bekannt ist. Wiederholt stößt man auch auf in den Boden geritzte Spielfelder. In die in acht oder neun Segmente geteilten Kreisfiguren setzte man offenbar die Spielsteine nach dem Würfeln. Daneben gibt es Spiele, bei denen mehrere Löcher in unregelmäßigen Abständen, aber auf einer Linie angeordnet sind: ein Vorläufer unseres Murmelspiels.

Von der Stadt, die sich rings um das Forum in engen, von Sumpf und Berg diktierten Grenzen ausbreitete, ist nur wenig ausgegraben. Unter der Basilika B (vergleiche II 13) entdeckte man die Spuren zweier römischer Straßen, die vom Forum aus in südlicher Richtung verliefen. Noch weiter südlich lagen die Thermen (heute wieder überwachsen), eine komplizierte, technisch hochentwickelte Anlage, die aber erst aus der Mitte des dritten Jahrhunderts stammt. Jenseits des Decumanus, der Philippi in eine Ober- und eine Unterstadt teilte, befanden sich, meist schon in steiler Hanglage, zahlreiche Heiligtümer (vergleiche II 11). Die Spuren von Privathäusern sind außerordentlich gering. Das einzige schon von der Straße her auffallende antike Monument dieser Region ist neben dem Theater der Aquädukt, der den Abhang des Burgbergs von Westen her entlangläuft und bei einem großen Reservoir endet. Er diente offenbar der Wasserversorgung für die höhergelegenen Wohnquartiere der Stadt, dem Prominentenviertel von Philippi.

11. Kulte

Neben den politischen Verhältnissen in Philippi muß uns im Zusammenhang mit dem Bericht der Apostelgeschichte vor allem das religiöse Leben der Stadt interessieren. Von den in Philippi verehrten Gottheiten und ihren Kulten können wir uns dank der zahlreichen Inschriften, Reliefs und baulichen Reste, die bei den Ausgrabungen zutage kamen, ein gutes Bild machen. Wegen der beachtlichen Vielgestaltigkeit dieser Kulte darf Philippi sogar als besonders illustratives Beispiel für den Synkretismus der beiden ersten nachchristlichen Jahrhunderte gelten. Neben der römischen Religion, die natürlich seit der Ankunft der römischen Siedler in Philippi offizielle Staatsreligion war, hielten sich mit erstaunlicher Zähigkeit die einheimischen Kulte der thrakischen Urbevölkerung. Dazu kommt eine Anzahl orientalischer Kulte, die um diese Zeit eine besondere Ausstrahlungskraft ausübten. Die griechischen Götter dagegen scheinen in Philippi nur eine bescheidene Rolle gespielt zu haben. Dem Zug der Zeit entsprechend, existierten die verschiedenen Kulte nicht nur nebeneinander, sondern beeinflußten und durchdrangen sich wechselseitig in mannigfacher Form.

Daß unter den römischen Göttern Jupiter auch in Philippi besondere Verehrung genoß, ist selbstverständlich. Ebenso erstaunt es nicht, Juno, Minerva, Mercur und Mars – diesen weniger in seiner Eigenschaft als Kriegsgott denn als Gott der Landwirtschaft – in den Weihinschriften, zum Teil auch auf bildlichen Darstellungen anzutreffen. Mit Sicherheit hat der Kaiserkult eine zentrale Rolle gespielt. Das beweisen die Denkmäler der Victoria Augusta und der Quies Augusta ebenso wie die inschriftlich erwähnten *flamines* und *sacerdotes* des Divus Iulius Augustus. Neben den offiziellen Staatsgottheiten waren jedoch, dem ländlichen Charakter der Kolonie entsprechend, die alten italischen Land- und Fruchtbarkeitsgötter von besonderer Bedeutung: Liber, der in etwa Dionysos entspricht, Hercules, Vetumnus und vor allem Silvanus, wie Pan, mit dem er oft verglichen wird, ein Gott des Waldes und des Feldes, der vor allem in der Kaiserzeit von den sozial niederen Schichten verehrt wurde.

Befanden sich die Kultstätten der olympischen Götter vorwiegend auf dem Forum und in der Unterstadt, so die der ländlichen Gottheiten am Fuß des Akropolisfelsens, wo die glatten Flächen eines Steinbruchs, aus dem das Material für die meisten Bauten von Philippi gewonnen wurde, einen geeigneten Ort für Inschriften und primitive Kultstätten abgaben. Gleich oberhalb des Forums sind vier Inschriften dicht beieinander in den Fels gemeißelt, die meisten aus dem zweiten Jahrhundert n. Chr. Auf der linken hat ein P. Hostilius Philadelphus die Namen von 69 Mitgliedern des Kollegiums der Silvanusverehrer in vier Kolumnen einmeißeln lassen (rechts daneben eine spätere Ergänzung: 25 stark verstümmelte Namen in drei Kolumnen). Von demselben Mann stammt auch die rechte Inschrift mit einem Verzeichnis der Stifter und ihrer Gaben (*munera*) für die Ausschmückung des Heiligtums; unter anderem werden genannt eine bronzene Silvanstatue, 400 Dachziegel, Marmorstatuetten von Hercules und Mercur und ein *opus cementicum* vor dem Tempel. Eine vierte Inschrift darüber nennt die *Cul[tores colleg]i Silbani sub sacerdot[e] Magio Bictore.*

Die auf den Inschriften genannten Bezeichnungen lassen gewisse Rückschlüsse auf die Organisation dieser Kollegien zu. Die Mitglieder hießen *cultores* oder *sodales* und waren, wenigstens in späterer Zeit, in *decuriae* eingeteilt. An ihrer Spitze standen ein *sacerdos* und ein *aedilis.*

Ob das etwa 30 m weiter westlich gelegene Felsheiligtum die in den Inschriften erwähnte Kultstätte des Silvanus ist, muß bezweifelt werden. Jedoch vermittelt es einen guten Eindruck von der Primitivität dieser Treffpunkte der Kultgemeinschaften: eine rechteckige, in den Fels gehauene Cella mit drei großen Nischen an der Rückwand und einer niederen Bank.

Deutlicher als Silvanus trägt der in Philippi als Liber Pater verehrte Gott synkretistische Züge. Häufig mit Libera und Hercules zusammen genannt, trat dieser Gott von Thrakien aus seinen Siegeszug durch Italien an und verschmolz dabei immer mehr mit Dionysos-Bacchus.[63] In Philippi bietet er ein gutes Beispiel für die *interpretatio romana* barbarischer Lokalgottheiten, wenn auch sein Kult in erster Linie von (latinisierten) Thrakern getragen wurde und einen stark mystischen, orientalischen Einschlag aufwies. Die in

[63] Zum thrakischen Dionysos vgl. *Perdrizet,* Cultes 83–103.

θίασοι zusammengeschlossenen Anhänger dieses Kultes, die μύσται, trafen sich zu feierlichen Zeremonien, in deren Mittelpunkt das Gedächtnis an einen Verstorbenen stand; insofern berühren sich diese μύσται mit den *cultores* des Silvanuskultes. Zugleich aber waren ihre Feiern geprägt durch die Hoffnung auf ein ewiges Leben. Charakteristischer Ausdruck dafür ist die in der Nähe von Philippi gefundene Grabinschrift eines Kindes, in der es heißt:

... et reparatus item vivis in Elysiis.
Sic placitum est divis aeterna vivere forma
qui bene de supero numine sit meritus.

Dieses Fortleben im Elysium „in ewiger Gestalt" als Lohn für die Verdienste um die Gottheit malt das Epigramm in freundlichen Farben aus: Der Tote kann sich als Satyr in den Festzug des Dionysos einreihen und sich an der nächtlichen Feier beteiligen, vielleicht fordern ihn aber auch die Nymphen für sich als Spielgesellen. Wenn man so will, ein lebensvolles heidnisches Pendant zu Lk 18,17, daß ins Reich Gottes nur kommt, wer es „wie ein Kind" aufnimmt.

Zwei spezifisch thrakische Ausformungen des Unsterblichkeitsglaubens dürfen wir im Kult der Bendis und des sogenannten thrakischen Reiters sehen. Bendis war eine thrakische Göttin, die seit dem 5. Jahrhundert auch in Attika verehrt und von den Griechen mit Artemis identifiziert wurde. Allein die Tatsache, daß man am Akropolisfelsen mindestens sechzig Reliefs von ihr gefunden hat, beweist die außerordentliche Beliebtheit dieser Göttin in Philippi. Entsprechend ihren unterschiedlichen Funktionen zeigt auch ihre Ikonographie einen auffallenden Variantenreichtum.[64] Neben einem mehr griechischen Typ, der die Göttin als Jägerin mit geschürztem Kleid, den Bogen in der Linken, von Hund und Hirschkuh begleitet vorführt, gibt es einen anderen, der die originalen thrakischen Züge der Göttin stärker bewahrt haben dürfte, allerdings auch seltener ist: Die Göttin schwingt in der Rechten eine Lanze, während sie mit der Linken die von einem Hund verfolgte Hirschkuh bei den Hörnern packt, um sie zu töten. Auf anderen Darstellungen hält Bendis in der linken Hand einen Zweig, dessen Bedeutung als Symbol der

[64] Vgl. dazu *Collart*, Philippes 430ff; *Collart/Ducrey*, Reliefs; *Picard*, Dieux 159–172; *ders.*, Bendis 25–34.

Unsterblichkeit oder als Abwehrzauber gegen die Todesmächte aus anderen Mysterienkulten bekannt ist.[65] In diesem Fall fungiert Bendis als Göttin der Unterwelt, ist also der griechischen Persephone angenähert. Und wie in den Eleusinischen Mysterien die Vereinigung von Dionysos-Hades mit Persephone gefeiert wurde, so ist auch die Verbindung von Bendis und Dionysos mehrfach bezeugt; die Frage scheint daher nicht abwegig, ob der in Eleusis zelebrierte Ritus, daß die Göttin den Mysten als Versprechen der Unsterblichkeit einen Lebenszweig vorhielt, letztlich nicht thrakischen Ursprungs ist. – Seltener erscheint Bendis als Mondgöttin mit einem zunehmenden Mond oder – als weibliches Pendant zum Thrakischen Reiter – mit einer Schlange in der Hand vor einem baumüberragten Altar (siehe unten). Welcher Aspekt auch für die einzelne Darstellung gewählt wird, der gemeinsame Nenner ist der in der thrakischen Religion fest verwurzelte Glaube an ein Weiterleben nach dem Tod.

Noch eindeutiger ist diese Beziehung beim Thrakischen Reiter, auch wenn Einzelheiten seiner Darstellung für die Forschung immer noch ungelöste Rätsel sind. Wegen der strengen Begrenzung seiner Fundorte auf Bulgarien und die Gegend zwischen Nestos und Strymon darf er als die genuinste Ausformung thrakischen Unsterblichkeitsglaubens gelten.[66] Der Reiter sprengt, meistens von links, daher, mit eingelegter Lanze, bekleidet mit einem kurzen Mantel, der sich im Wind bauscht; rechts im Bild windet sich eine Schlange um einen Baum. Der einem Eber nachsetzende Hund ist auf einem (jüngeren?) Teil der Darstellungen durch einen Altar und einen Baum ersetzt, der Jäger trägt bisweilen einen Kranz auf dem Kopf: Aus dem heroischen Jäger ist eine Art Priester oder Halbgott geworden, der an einer Kultzeremonie teilnimmt. Von diesen Bildern sind über dreißig in der Gegend von Philippi gefunden worden, öfters kombiniert mit einer Bankettszene, sicher dem Totenmahl für den Verstorbenen, der auch mit dem dargestellten Reiter gemeint sein dürfte. Noch stärker als bei Bendis lassen die ikonographischen Details den Einfluß der Nachbarvölker erkennen. Das Pferd weist zu den Skythen, der Baum auf eine primitive Form der keltischen Religion (oder gar auf

[65] Zu diesem wichtigen Detail der Bendis-Reliefs *Seyrig*, Thasos 201–210.
[66] Dazu *Kazarow*, Thrakischer Reitergott.

den orientalischen Mythos vom Garten Eden?), und manche Reliefs tragen Weihungen an Asklepios, wie der thrakische Reiterheros bisweilen auch den Beinamen Σωτήρ bekommt. Bei allen Unterschieden im einzelnen legen die Reliefs des Thrakischen Reiters, im Ganzen wie in den Details, ein beredtes Zeugnis für den Jenseitsglauben jenes Volkes ab, das bereits vor der Ankunft der Griechen und Römer zwischen Strymon und Nestos siedelte und seine eigenen religiösen Vorstellungen gegen ganz anders geartete Strömungen zäh behauptet hat.

Das Spektrum der philippischen Kultgemeinschaften wird noch reicher durch das auf halber Höhe des Burgbergs ausgegrabene Heiligtum der ä g y p t i s c h e n G ö t t e r. In seinen fünf nebeneinanderliegenden, durch einen Korridor verbundenen Räumen fand man Inschriften, die sich auf Isis (Regina) und Serapis beziehen, aber auch eine Statuette des göttlichen Knaben Telesphoros, des „Vollendung bringenden" Begleiters des Asklepios. Die Verbindung dieses Gottes, dessen Kult in Thrakien und Makedonien mehrfach bezeugt ist, mit den ägyptischen Göttern gibt einen Hinweis auf deren wichtigste Funktion in den ersten nachchristlichen Jahrhunderten, die zugleich den gewaltigen Aufschwung ihres Kultes in dieser Zeit erklärt. Man versprach sich von ihnen Hilfe vor allem bei Krankheit. Das beweisen auch die beiden Prädikationen, die ihnen am häufigsten beigelegt wurden: θεοὶ σωτῆρες und ἐπήκοοι („rettende" und „erhörende" Götter).

Auch wenn das Nebeneinander ursprünglich-lokaler, griechischer, römischer und orientalischer Kulte und deren wechselseitige Durchdringung ein allgemeines Zeichen dieser Zeit ist, so zeigen die Ausgrabungsfunde von Philippi doch ein Bild, das von dem anderer Städte des griechischen Raums erheblich abweicht. Gefördert durch die bunte Mischung der Bevölkerung und die günstige Lage an einem der Haupthandelswege, bietet Philippi nicht nur eine überraschend große Vielzahl und Vielfalt religiöser Dokumente. Erstaunlich ist auch die Affinität zu christlichen Vorstellungen, vor allem in der durchgängigen Ausrichtung auf ein Weiterleben des Menschen (nicht nur der Seele) nach dem Tod.

12. ὕψιστος θεός

Vor dem Hintergrund dieses bemerkenswert reichen Götter- und Kultpluralismus fällt auf eine Stelle im Bericht der Apostelgeschichte ein besonderes Licht. Die von einem Wahrsagegeist besessene Sklavin nennt Paulus und seine Begleiter „Diener des höchsten Gottes“ (δοῦλοι τοῦ θεοῦ τοῦ ὑψίστου), die den „Weg des Heils“ (ὁδὸν σωτηρίας) verkünden (V. 17).

Die Formel ὕψιστος θεός oder auch nur ὁ Ὕψιστος war in hellenistischer Zeit die gängige Bezeichnung für den Gott des Alten Testaments. Besonders häufig begegnet sie in den späten Schriften des Kanons und in den Apokryphen,[67] wird aber auch noch im Neuen Testament verwendet. Auch in den jüdischen Diasporagemeinden wurde der θεὸς ὕψιστος verehrt, wie zahlreiche Inschriften vor allem aus dem kleinasiatischen Raum beweisen.[68] So liegt es nahe, auch Apg 16,17 in diesem Sinn zu verstehen, als habe die Sklavin Paulus und seine Begleiter als Anhänger des jüdischen Gottes bezeichnen wollen. Nun ist aber zu bedenken, daß die griechische Religion einen Ζεὺς ὕψιστος kannte, der später, als sich in der griechisch-römischen Welt eine monotheistische Tendenz stärker bemerkbar machte, zum Ὕψιστος oder ὕψιστος θεός wurde.[69] Gewiß sind diese Belege, gemessen an der Fülle von Inschriften für andere Götter, nicht besonders zahlreich, aber sie zeigen doch, wie der ὕψιστος θεός zum Nachfolger recht unterschiedlicher Gottheiten, etwa des thrakischen Sabazios, werden konnte; auch die durch eine Inschrift in Lydien bekannt gewordene Existenz einer θεὰ ὑψίστη paßt in dieses Bild.[70]

Wenn nun auch die Bezeichnung ὕψιστος θεός für den Gott der Juden den Griechen geläufig war, könnte Apg 16,17 mit dieser Formel trotzdem eine nicht genau definierte synkretistische Gottheit

[67] Eine Aufstellung gibt *Schürer,* Juden im bosporanischen Reiche 215.

[68] Vgl. die Liste bei *Cumont,* ὕψιστος 447f; ferner *Plassart,* Synagogue, besonders die Inschriften auf Seite 205f.

[69] Belege für alle drei Formeln bei *Schürer,* Juden im bosporanischen Reiche 209–213. Zwei Inschriften für Ζεὺς ὕψιστος wurden in Edessa, also im westlichen Makedonien, gefunden (ebd. 210).

[70] Sicher ist damit die kleinasiatische Göttermutter gemeint; vgl. *Plassart,* Synagogue 207 mit Anm. 2.

gemeint sein. So eindeutig, wie Haenchen glaubt, ist der Ausdruck jedenfalls nicht.[71]

Wie dicht Heidnisches und Christliches beieinander liegen konnten, zeigt eine ins Jahr 41 n. Chr. zu datierende Inschrift aus Gorgippia.[72] Die beiden Prädikate, die dem θεὸς ὕψιστος auf dieser Freilassungsurkunde beigelegt werden, παντοκράτωρ und εὐλόγητος (Allherrscher und der Gepriesene), entsprechen ganz biblischem Sprachgebrauch. Das schließt jedoch die Ewähnung von Zeus, Erde und Helios in der heidnischen, im Grunde noch polytheistisch empfundenen Schlußformel nicht aus: die Sklavin solle frei sein ὑπὸ Δία, Γῆν, Ἥλιον. In eigenartiger Weise mischt sich hier jüdische und heidnische religiöse Terminologie.

Einen Doppelsinn wird man den Worten der Sklavin also kaum absprechen können. Christlich interpretiert, könnten mit den δοῦλοι τοῦ θεοῦ τοῦ ὑψίστου die Apostel gemeint sein.[73] Die synkretistische Interpretation dagegen – und die besonderen religionsgeschichtlichen Bedingungen Philippis legen sie durchaus nahe – würde die Apostel als Verkünder einer neuen Mysterienreligion erscheinen lassen.[74]

Ähnlich doppeldeutig in einer synkretistischen Welt ist die Wendung ὁδὸς σωτηρίας. Der fehlende Artikel läßt zunächst an die Übersetzung „einen Weg des Heils" und damit an ein heidnisches Verständnis der Wendung denken. War der Begriff σωτηρία schon in vorhellenistischer Zeit keineswegs auf den materiellen Bereich beschränkt (als Rettung aus Not und Gefahr oder Heilung von Krankheit), so nahm er in den Mysterienkulten, in denen er eine zentrale Rolle spielte, durch die Verbindung mit Vorstellungen wie Wiedergeburt und zukünftiges Leben eine stärker spirituelle Bedeutung an.[75] Und hier bot sich für den christlichen Missionar ganz natürlich ein

---

[71] „Mit der synkretistischen Gottheit des θεὸς ὕψιστος hat unsere Stelle nichts zu tun" (434 Anm. 5).

[72] *Schürer,* Juden im bosporanischen Reiche 204 = *Lake/Cadbury* V 91 (III).

[73] Eine Parallele zu diesem Sprachgebrauch böte Mk 5,7, wo der Besessene Jesus „Sohn des höchsten Gottes" nennt. So auch Lk 8,28, der hier Markus folgt. In Zusammenhang mit der jüdischen Religion dagegen gebraucht Lukas den einfachen Ausdruck ὁ ὕψιστος (ohne θεός: Lk 1,32.35.76; 6,35; Apg 7,48; vgl. *Lake/Cadbury* IV 193 z. St.).

[74] Vgl. *van Unnik,* Anklage 373 und *Lake/Cadbury* V 94f.

[75] Vgl. u. a. *Ramsay,* Trustworthiness 172–190.

Anknüpfungspunkt. Der christliche Leser mußte aus den Worten des Heidenmädchens einen Hinweis auf d e n[76] (einzigen) Weg des Heils heraushören, den Paulus zu verkündigen hatte.
Beide Formeln, die vom „höchsten Gott" und die vom „Weg des Heils", lassen sich also je nachdem, ob sie im heidnischen oder im jüdisch-christlichen Kontext gesehen werden, unterschiedlich interpretieren. Sie konnten der christlichen Botschaft im griechisch-römischen Raum sehr wohl als Brücke der Verständigung dienen. Zugleich machen sie aber auch deutlich, wie leicht es, gerade durch die scheinbare Nähe bedingt, zu Mißverständnissen kommen konnte.

13. Frühchristliche Basiliken

Über die Geschichte der jungen Kirche in Philippi sind unsere Nachrichten außerordentlich dürftig. Die Apostelgeschichte selbst erwähnt zwei weitere Besuche des Paulus in Makedonien, den ersten auf der Durchreise von Ephesos nach Korinth, den zweiten drei Monate später auf der Rückreise nach Troas, die entgegen der ursprünglichen Absicht ebenfalls auf dem Landweg erfolgte (Apg 20,1–6). Zwar ist Philippi als Reisestation nur auf dem Rückweg genannt, jedoch ist ein Aufenthalt bei der philippischen Gemeinde, der Paulus besonders zugetan war, auch für den Hinweg anzunehmen.[77] Über die Gründe dieser Reisen sind nur Vermutungen möglich. Die allgemeine Angabe Apg 20,2: „Er mahnte sie (die Gemeinden in Makedonien) mit vielen Predigten" gewinnt durch einige Hinweise im 2. Korintherbrief an Substanz. Hier ist in Bezug auf die makedonischen Gemeinden von der „großen Bewährung in Drangsal" die Rede (8,2); und von seinem Aufenthalt dort bekennt der Apostel, daß es für ihn keine Ruhe, sondern viel Bedrängnis gegeben habe: „außen Kämpfe, innen Ängste" (7,5). Offenbar hatten die Gemeinden in Makedonien einen schweren Stand. Trotzdem hören wir über die

---

[76] Ein solches Verständnis läßt auch die artikellose Ausdrucksweise zu; vgl. *Lake/Cadbury* IV 193 z. St.

[77] Sicher handelt es sich dabei um die von Ephesos aus den Korinthern angekündigte Reise, wobei auch Makedonien als Ziel genannt ist (1 Kor 16,5).

Gemeinde in Philippi fast nur Erfreuliches. Es gibt keinen Tadel für die Gemeinde, nur eine Warnung vor Uneinigkeit; und auch die Gefährdung durch Irrlehren scheint für sie keine Rolle gespielt zu haben.

Die beiden eben erwähnten Besuche des Paulus in Makedonien fallen ins Jahr 56. Etwa sechzig Jahre später kam der Bischof vom syrischen Antiocheia, Ignatius, nach Philippi. Zwar war er im Gewahrsam römischer Soldaten, die ihn nach Rom zu bringen hatten. Das hinderte ihn aber nicht daran, mit der Gemeinde von Philippi Kontakt aufzunehmen. In dem Brief, den Polykarp, der Bischof von Smyrna, wenig später an die Philipper schrieb und in dem er auf diese Ereignisse Bezug nimmt, ist auch vom Alter der philippischen Kirche und ihrem hohen Ansehen die Rede (Phil. 9.11.13).

Die archäologischen Zeugnisse aus dieser Frühzeit der philippischen Gemeinde sind allerdings recht bescheiden: zwei lateinische Kreuze am Akropolisberg sowie Kreuz und Taube auf einer der Isis Regina geweihten Stele. Erst nach der offiziellen Anerkennung des Christentums durch die Römer wurde Philippi Sitz eines Bischofs. Drei im Stadtgebiet von Philippi ausgegrabene Kirchenbauten dokumentieren sowohl durch ihre Größe als auch durch ihre architektonische Konzeption den besonderen Rang der philippischen Gemeinde im 5. und 6. Jahrhundert.

Auf einer künstlich verbreiterten Terrasse zwischen der modernen Fahrstraße und dem Fuß des Akropolisfelsen liegt eine der größten frühchristlichen Kirchenanlagen Griechenlands überhaupt; an Ausdehnung – allein der Naos mißt über 40 m – ist sie nur mit der Demetriosbasilika in Thessaloniki und der Lechaionbasilika bei Korinth vergleichbar (B a s i l i k a A).[78] Von der Nordwestecke des Forums führt eine (heute teilweise verschüttete oder überbaute) monumentale Treppenanlage von 26 Stufen, eine Art Propylaion, zum Atrium der Kirche hinauf. Links und rechts der Treppe liegen zwei Bauten, die unser besonderes Interesse beanspruchen. Zunächst auf halber Höhe östlich der Treppe, durch einen knieförmig gebogenen Korridor zugänglich, eine römische Zisterne mit zwei gewölbten

---

[78] Zu den frühchristlichen Basiliken in Makedonien sei grundsätzlich auf das vorzügliche Werk von *Hoddinott*, Byzantine Churches verwiesen. Eine eingehende Darstellung der Basilika A gibt *Lemerle*, Philippes 283–412.

Kammern und einem Mittelpfeiler. Dieser Raum wurde 1876 durch Zufall von einem griechischen Arzt entdeckt. Da man bei den Ausgrabungen sehr unvorsichtig zu Werke ging, ist heute von den ursprünglich recht farbkräftigen Fresken so gut wie nichts mehr zu sehen. Dargestellt waren Szenen aus der Apostelgeschichte: die Heilung des Besessenen, Auspeitschung und Einkerkerung von Paulus und Silas, die Taufe des Kerkermeisters und die Waschung der Gefangenen. Nach der Überlieferung soll hier das Gefängnis von Paulus und Silas gewesen sein – eine nach dem archäologischen Befund und auch nach dem Bericht der Apostelgeschichte, der das Vorhandensein mehrerer Zellen voraussetzt (16,24), unmögliche Annahme. Jedoch ist der Wunsch späterer Jahrhunderte verständlich, das zentrale Ereignis aus den Anfängen der Gemeinde an einem halbwegs dafür geeigneten Ort zu lokalisieren und eine Art Wallfahrtsstätte aus ihm zu machen.

Das andere Bauwerk liegt westlich der Treppe oben auf der Terrasse. In der Spätantike war es von Säulen umgeben und diente als Zisterne. Aber die Mauern dieser Zisterne waren ursprünglich die Grundmauern eines kleinen makedonischen Tempels, der in römischer Zeit noch stand und erst von den christlichen Architekten bis auf das Terrassenniveau abgetragen wurde. Paulus dürfte den sehr bescheidenen Bau, höchstwahrscheinlich ein Heroon, in seiner ursprünglichen Gestalt noch gesehen haben.

Durch Atrium[79] und Narthex gelangte man in den eigentlichen Naos: einen langgestreckten Raum, dessen drei Schiffe durch gittertragende Stylobate voneinander getrennt waren *(Abb. 8)*. Die Reste einer Treppe in der Nordwestecke der Basilika lassen auf die Existenz von Emporen schließen, so daß man für den Gottesdienst folgende Anordnung der einzelnen Gemeindegruppen annehmen darf. Die Seitenschiffe waren wahrscheinlich für das Volk bestimmt, während das Hauptschiff besonders ausgezeichneten Gemeindegliedern wie Lehrern und Diakonen vorbehalten blieb; die Katechumenen, die dem Gottesdienst nur mit den Ohren folgen durften, nahmen im Narthex Platz, der durch drei Türen mit den drei Schiffen des Naos verbun-

[79] Die Westseite des säulenumstandenen Atriums bildete eine zweigeschossige Säulenfassade mit einer apsidenförmigen Exedra in der Mitte und vier seitlichen Brunnennischen für die rituellen Waschungen.

den war. Die durch die Emporen ermöglichte horizontale Gliederung trennte die Männer von den Frauen, die auf den Emporen Platz fanden.

Der Altarraum im vorspringenden Querschiff nahm die unmittelbar mit dem Gottesdienst Befaßten auf. In der Basilika A war er nicht wie sonst üblich um eine Stufe erhöht, sondern lediglich durch eine Schranke vom Hauptschiff getrennt. Bischof und Klerus nahmen auf einer (nur schlecht erhaltenen) Bank[80] in der Apsis Platz. Als Besonderheit weist der Altarraum ein 1,20 m tiefes Reliquiendepot (Enkainion) auf (1 × 0,5 m). Es war über drei Stufen von Osten her zugänglich und auf den drei übrigen Seiten mit Marmor verkleidet: ein Zwischending zwischen einem gewöhnlichen Reliquienschrein und einem Märtyrergrab, wenn man so will, eine Vorstufe der späteren Confessio.

Erwähnung verdient noch das guterhaltene[81], erstaunlich große Baptisterium in der Nordwestecke der Basilika. Der 9 × 8 m große fensterlose Raum war nur vom Narthex aus durch ein kleines Vestibül zu erreichen. Da nicht wie sonst üblich ein Taufbecken in den Boden eingelassen ist, dürfte dem Täufling das Wasser über den Kopf gegossen worden sein (vergleiche das älteste Taufzeugnis der Didache, das als letzten Ausweg, wenn weder fließendes noch kaltes noch warmes Wasser zum Eintauchen vorhanden war, die Möglichkeit offen ließ, „dreimal über dem Kopf [des Täuflings] Wasser auszuschütten"). In der Mitte des Baptisteriums standen vier Pfeiler oder Säulen, zwischen denen man sich diese Zeremonie zu denken hat. Sie trugen eine Laterne oder kleine Kuppel, durch deren Arkaden Licht in den Raum fiel. Der östlich angrenzende schmale Raum wurde erst später angefügt: wohl ein Chrismarium für die Salbung des Täuflings, den – nach Exorzismus und eigentlicher Taufe – dritten Taufritus.

---

[80] Auch der auffallend lange (8 m) Ambon für die Wortverkündigung ist in geringen Resten am ursprünglichen Platz erhalten.

[81] Der sehr unterschiedliche Erhaltungszustand der Basilika ist terrainbedingt. Die nördlichen, direkt unter dem Hang gelegenen Teile wurden, nachdem man die Basilika aufgegeben hatte (s. u.), schnell verschüttet und auf diese Weise erhalten, während die südlichen zum Teil abgerutscht, zum Teil abgetragen worden sind.

Allzu lange kann die Kirche in all ihrer Pracht nicht gestanden haben, denn schon wenige Jahrzehnte später begann man mit dem Bau einer neuen, nicht minder großartigen Kirche, diesmal an der Südseite des Forums (Basilika B, *Abb. 9 und 10*). Wie es zur Zerstörung der älteren Basilika kam, läßt sich nicht mit Sicherheit sagen, jedoch spricht manches für die Annahme, daß sie einem Erdbeben, vielleicht sogar schon dem für das Jahr 518 bezeugten, zum Opfer gefallen ist. Daß die philippische Gemeinde sich schon kurz danach einen weiteren, nicht weniger aufwendigen Kirchenbau leisten konnte, spricht für ihre Prosperität in dieser Zeit. Um Platz für das neue Gotteshaus zu gewinnen, mußte man einen großen Teil der südlichen Erweiterungsbauten des römischen Forums bis auf die Grundmauern abreißen. Noch heute sind zwei schmale, vom Ladentrakt südlich unter den Grundmauern der Basilika hindurchlaufende römische Straßen zu erkennen. Im Westen mußte eine Palästra dem – allerdings nur geplanten und nie gebauten – Atrium weichen: ein rechteckiger Peristylbau mit einer runden Sitzanlage (Schola) und einer vorzüglich erhaltenen Latrine mit annähernd fünfzig Plätzen.

Der neue Baumeister dürfte aus Konstantinopel gekommen sein. Zumindest weist der Schmuck der Pfeiler und Kapitelle mit ihren tiefeingeschnittenen, ein lebhaftes Lichtspiel hervorrufenden Akanthusblättern auf das Vorbild der Hagia Sophia, die 537 vollendet war. Die griechische Basilikalform ist nun zugunsten eines Kuppelbaus aufgegeben. Zwar lassen sich noch drei Längsschiffe erkennen, aber sie sind ausgesprochen kurz und münden nicht auf einen Querarm. Verschiedene Anbauten im östlichen Teil (Baptisterium und vielleicht ein Diakonikon) tragen das ihre dazu bei, den im Ansatz noch vorhandenen basilikalen Grundriß zu verunklaren. Architektonisches Zentrum war eindeutig die von vier mächtigen Pfeilern getragene Kuppel, die den Raum des Allerheiligsten überspannte; dementsprechend bekamen auch Narthex und Seitenschiffe keine flachen Holzdecken mehr, sondern Gewölbe. Trotzdem blieb das Ganze ein merkwürdiger Zwitter mit allen inneren Widersprüchen der sogenannten Kuppelbasilika. Wohl wurden die einzelnen Elemente des basilikalen Typs im wesentlichen beibehalten (Narthex, Hauptschiff, Seitenschiffe mit Emporen, Hieron, Synthronon), aber sie traten architektonisch nur noch schwach in Erscheinung, da die Kuppel eine

quadratische, also unbasilikale Raumeinheit voraussetzt. Zudem waren für einen Kuppelbau stärkere Mauern und Stützen erforderlich, was die Ersetzung der Säulen durch Pfeiler bedingte. Damit entfiel ein für die griechische Architektur konstitutives Element: die Säule, die als Träger entbehrlich geworden war. Andererseits verhinderte die Beibehaltung der basilikalen Funktionen, daß die Kuppel die Bedeutung erlangte, die sie sonst im byzantinischen Kirchenbau innehat. Weder repräsentierte sie die obere, göttliche Region des Universums, als dessen Abbild die ganze Kirche verstanden werden sollte, noch sorgte sie für größere Helligkeit im Altarbereich; sie hatte also weder symbolische noch liturgische Funktion. Dem Architekten dieser Kuppelbasilika ist der offensichtlich angestrebte Ausgleich zwischen Ost und West nicht gelungen – vordergründig wegen der nicht gelösten statischen Probleme: Noch vor ihrer Vollendung stürzte die nur aus Ziegeln gemauerte Kuppel ein. Weder von einer Klerusbank noch vom Altar noch von der Pflasterung im Altarraum hat man Spuren gefunden; zur Zeit des Unglücks war der Ostteil der Kirche offenbar noch nicht vollendet. Im Unterschied zur Hagia Sophia in Konstantinopel, die das gleiche Schicksal ereilte (558), wurde in Philippi nichts wieder aufgebaut. Die wirtschaftlichen Verhältnisse hatten sich rapide verschlechtert. Der Bauschutt blieb durch Jahrhunderte hindurch liegen. Lediglich eine Apsis wurde im 10. Jahrhundert im Narthex eingebaut, zur Verkleinerung des Gotteshauses auf bescheidenste Dimensionen – ein Spiegelbild der folgenden „dunklen", kulturell und wirtschaftlich armseligen Jahrhunderte.
Noch interessanter als die beiden Basiliken ist der achteckige Zentralbau, den man bei den jüngsten, noch nicht abgeschlossenen Ausgrabungen freigelegt hat.[82] Er liegt im Süden eines nördlich durch die Via Egnatia, westlich durch das Forum begrenzten Ausgrabungsfeldes, das heute zu den bedeutendsten in Griechenland zählt. Wenn auch eine endgültige Datierung im Augenblick noch nicht möglich ist, darf man vorläufig das Ende des 4. Jahrhunderts als Entstehungszeit ansetzen, womit das Oktogon das älteste bisher in Philippi gefundene christliche Bauwerk wäre *(Abb. 11)*.[83] Ein fast quadratischer

[82] Zum folgenden vgl. die Anm. 24 genannten Ausgrabungsberichte über das Oktogon.

[83] Unter dem Boden des Oktogons stieß man allerdings auf einen Mosaik-

Außenbau (30 × 33 m) umschließt das durch 20 Säulen auf einem Stylobat gebildete Oktogon, das später im Osten durch eine Chorschranke abgeschlossen wurde. Der 4,50 m breite Umgang, im 6. Jahrhundert durch eine geräumige Apsis mit dem Synthronon erweitert, bildete in den Ecken jeweils eine Nische mit diagonal vorgezogenen Seitenwänden aus, so daß er sich der Achteckform des Innenbaus ziemlich genau anschloß. Die großen Marmorplatten vom Boden des Oktogons, die reiche musivische Arbeit im Boden von Umgang und Nischen, die aufgefundenen Bruchstücke von Säulen, Kapitellen und sonstigen Architekturteilen lassen vermuten, daß die Ausgestaltung schon dieser Kirche nicht weniger prächtig war als die der beiden späteren Basiliken. Die unterschiedliche Stärke der Säulen weist darauf hin, daß die Kolonnaden des Oktogons zweigeschossig waren, wobei man für das obere Stockwerk den feineren Säulentyp verwendete. Besonders aufwendig war der Zugang gestaltet. Durch ein großes Propylon ganz in der Nähe der Via Egnatia trat der Besucher in eine fast 40 m lange und 14 m breite dreischiffige Säulenhalle ein, die ihn an die nördliche Schmalseite des Narthex führte.

Auch beim Oktogon gibt es wieder einige Räumlichkeiten, die die Aufmerksamkeit in besonderem Maß auf sich lenken. Da ist zunächst der nicht überdachte quadratische Raum in der Nordwestecke des Gebäudes mit einem Reinigungsbrunnen (Phiale). Der Stylobat, der ein inneres Quadrat aussonderte, trug an den Ecken jeweils eine Säule, über die ein Architrav lief. Das Wasser wurde zunächst in ein großes rundes Becken und von hier aus unterirdisch zum pyramidenförmig gestalteten Springbrunnen mit horizontal eingekerbten Seitenflächen geleitet – ein ungewohntes, fast arabisch anmutendes Element in der frühchristlichen Architektur.

Von den ostwärts auf einem höheren Niveau anschließenden Räumen dürfte der erste der interessanteste sein. Unter ihm befindet sich nämlich ein nach makedonischer Art gewölbtes Kammergrab, das den Sarkophag eines hier in hellenistischer Zeit verehrten Heroen enthielt. Die Christen behielten die Kultstätte bei, ersetzten aber vermutlich den heidnischen Heroen durch einen Heiligen. Der auf-

---

boden, der zu einer noch älteren, in ihren Umrissen noch unklaren, auf jeden Fall aber kleineren Kirche gehört haben dürfte.

sehenerregendste Fund dieses Bezirks waren etwa 1500 Münzen, die ältesten aus dem vorchristlichen 4. Jahrhundert, die jüngsten aus der Zeit Justinians. Die beiden nächsten Räume, das Diakonikon und die Prothesis, beide mit einem für die Opfergaben bestimmten Steintisch versehen, ermöglichten einen durchlaufenden Zugang vom Brunnenraum bis zum Altarraum.

An den genannten Trakt grenzte im Norden das Baptisterium. Mit Vorraum (Prothalamos), Umkleideraum (Apodyterium), einem Raum für die Katechumenen mit Sitzbänken (Photisterium), dem Taufraum und Chrismarium wies es eine reiche Gliederung auf, die allen äußeren Erfordernissen des Taufritus gerecht wurde. Auf drei Seiten führten je zwei Stufen in das in Form eines Malteserkreuzes angelegte Taufbecken hinunter. Die Versorgung mit warmem Wasser erfolgte aus dem Caldarium der angrenzenden, ganz nach römischem Muster angelegten Thermen, die zum Gesamtkomplex offenbar dazugehörten. Zumindest hatten sie eine Wand mit den kirchlichen Gebäuden gemeinsam und waren auch durch Eingänge mit ihnen verbunden; auch die östlich aufgedeckte, auf den Decumanus zulaufende gepflasterte Straße weist auf die Zusammengehörigkeit der gesamten Anlage mit Propyläen, Säulenhalle, Thermen und Kirche – in dieser Ausdehnung und Geschlossenheit wohl ein singulärer Fall. Vor allem aber muß das Oktogon selbst, auch wenn seine Erforschung noch nicht abgeschlossen und seine Deutung als Märtyrergedächtnisstätte nicht unbestritten ist, als für den griechischen Raum einzigartiges Monument gelten.[84]

---

[84] Eine vierte Basilika wurde beim heutigen Dorf Krenides, etwa 1,5 km von Philippi entfernt, nördlich der Staatsstraße ausgegraben. Münzfunde gestatten eine Datierung in die Mitte, mindestens aber in die zweite Hälfte des 4. Jahrhunderts. Diese Kirche ist also eine der ältesten auf griechischem Boden überhaupt. Fundamente aus Flußkieseln und Ziegeln trugen die einfache, ebenfalls aus Ziegeln aufgeführte dreischiffige Basilika, von der das Synthronon in der Apsis, das Enkainion für die Reliquien und im Narthex Fußbodenmosaiken mit Delphinen und Vögeln, blauumrandeten Kreuzen, Sternen und Mäanderbändern erhalten geblieben sind. Wie die zahlreichen in den Boden eingelassenen Gräber zeigen, diente die Kirche als Friedhofskirche. Nach ihrer Zerstörung (vielleicht 473 durch die Ostgoten) wurde sie unter Justinian nach einem veränderten Plan wieder aufgebaut.

Eine blühende Gemeinde ist in Philippi für die ersten nachchristlichen Jahrhunderte also auf vielfältige Weise bezeugt. Wenn Paulus nach dem Bericht der Apostelgeschichte in Philippi, etwa im Gegensatz zu Athen, mit seinem Evangelium von Auferstehung und zukünftigem Leben nicht auf taube Ohren stieß, dürfte ein Grund hierfür auch darin zu suchen sein, daß in Philippi der Boden für solche Vorstellungen besonders gut bereitet war, nicht zuletzt wegen der unmittelbaren Nachbarschaft zu Thrakien, der Heimat des Dionysos und des Orpheus sowie der auf sie zurückgehenden Mysterien.

III. Thessaloniki

Ganz im Gegensatz zu Philippi, das nur für wenige Augenblicke Weltgeschichte gemacht hat, war Thessaloniki über Jahrhunderte ein politisches, wirtschaftliches, kulturelles und religiöses Zentrum, dessen Bedeutung kaum hoch genug veranschlagt werden kann. Begünstigt durch die geographische Lage am Schnittpunkt zweier besonders wichtiger Handelsstraßen und ausgestattet mit einem der besten Naturhäfen der Ägäis, bot sich die Stadt als idealer mitteleuropäischer Zugang zum Mittelmeer an und war naturgemäß im Lauf ihrer wechselvollen Geschichte immer wieder begehrtes Eroberungsobjekt verschiedener Völker. Im 3. Jahrhundert konnte sie mehrere Angriffe der Goten abwehren, im 6. und 7. widersetzte sie sich mit Erfolg den Awaren und Slawen, 904 fiel sie in die Hand der Sarazenen, behauptete sich im 10. und 11. Jahrhundert siegreich gegen die Bulgaren, wurde 1185 von den Normannen unter Robert Guiskard erobert und geplündert, war nach dem 4. Kreuzzug von 1204 bis 1224 fränkisches Herzogtum und mußte sich schließlich 1430, nach einer außerordentlichen Blütezeit im 13. und 14. Jahrhundert und einem kurzen Zwischenspiel der Venezianer (1423–1430), den Türken ergeben.

Aber trotz dieser reichen Geschichte und trotz der gewaltigen Bedeutung der Stadt vor allem in byzantinischer Zeit, in der Thessaloniki nach Konstantinopel die wichtigste Stadt des byzantinischen Reichs war, dürfte es wenig europäische Städte vergleichbaren Ranges geben, deren Vergangenheit so wenig erforscht ist wie die von Thessaloniki. Eine umfassende monographische Darstellung wie die von Collart über Philippi gibt es nicht. Das Inschriftenmaterial ist jetzt zwar in vorbildlicher Weise gesammelt und veröffentlicht, aber noch kaum ausgewertet.[1] Da zudem die literarischen Quellen, zumindest für den uns interessierenden Zeitraum, nur spärlich fließen, bewegen wir uns auf weithin unerforschtem Terrain.

---

[1] An allgemeiner Literatur sei genannt: G e s c h i c h t e : *Diehl*, Salonique (ein knapper Überblick auf 20 Seiten, wegen der atmosphärischen Schilderung vor allem des türkischen Thessaloniki und der zahlreichen historischen Aufnahmen immer noch lesenswert); *Kolias*, Vorbyzantinisches Thes-

1. Die Gründung der Stadt

Schon die Gründung der Stadt wirft etliche Probleme auf. Fest steht, daß sie im Jahr 315 v. Chr. durch Kassandros erfolgte, was insofern bemerkenswert ist, als der Makedonenkönig bereits kurz vorher auf der Chalkidike an der Stelle des alten Poteidaia eine Stadt gegründet hatte, das nach ihm benannte Kassandreia. Aber diese Aktivität in der Neugründung oder Neubesiedlung von Städten entsprach dem politischen und zugleich auf Selbstdarstellung bedachten Tatendrang der Alexanderzeit. Außerdem war die Lage der Neugründung am Nordende des Thermäischen Golfs unvergleichlich viel günstiger. Hier kreuzte sich die uralte Ost-West-Verbindung zwischen Adria und Kleinasien mit der aus dem Donauraum über den Balkan führenden Handelsstraße, was Reichtum und wirtschaftliche Geltung versprach. Außerdem war das vierzig Kilometer nordwestlich gelegene Pella, seit etwa 400 v. Chr. Hauptstadt Makedoniens und königliche Residenz, immer noch ohne Hafen. Sicher spielte auch dies bei der Gründung von Thessaloniki eine Rolle. Das Sumpfgebiet, von dem Pella umgeben war, durchzogen im Altertum Gräben, die es gestatteten, zu Schiff von der Residenz zum Thermäischen Golf zu gelangen.

Für den Namen der neugegründeten Stadt wählte Kassandros den Namen seiner Gattin Thessalonike[2], einer Schwester Alexanders des

saloniki (ohne Berücksichtigung des archäologischen Materials); *Tafrali*, Thessalonique; *Bakalopoulos*, Thessaloniki (ohne wissenschaftlichen Apparat, Abriß der hellenistisch-römischen Epoche der Stadt besonders knapp); *Oberhummer*, Thessalonike. Topographie: *Tafrali*, Topographie (in manchem heute überholt). Archäologie: *Diehl/Le Tourneau/Saladin*, Monuments chrétiens; *Papahadzis*, Denkmäler (ein sehr brauchbarer kleiner Führer); *Kirsten/Kraiker*, Griechenlandkunde II, 670–691; *Hoddinott*, Byzantine Churches; schließlich die außerordentlich sorgfältig dokumentierten Ausgrabungsberichte im Arch. Delt. Chron. (bes. die Jahrgänge 1963ff). Inschriften: *Edson*, Inscriptiones.

[2] Vgl. Strabon VII fr. 21 und 24. Wenig glaubwürdig ist die andere Version, daß bereits Philipp II. die Stadt gegründet habe zur Erinnerung an einen Sieg über die Thessalier. Abgesehen davon, daß von einer derartigen kriegerischen Auseinandersetzung zwischen Philipp und Thessalien nichts bekannt ist, würde Θεσσαλῶν νίκη eher einen „Sieg der Thessalier" als einen „Sieg über die Thessalier" bedeuten.

Großen, dessen nächste Verwandte er kurz zuvor bei erbitterten Thronstreitigkeiten hatte hinrichten oder einkerkern lassen. Über die Art und Weise der Gründung macht Strabon (fr. 21) einige Angaben: Kassandros habe in dem Gebiet rings um den Thermäischen Golf 26 kleine Städte aufgelassen (καϑελών) und zu einer einzigen zusammengelegt (συνοικίσας εἰς ἕν). Wie das Beispiel anderer derartiger Synoikismoi zeigt, war damit in der Regel nicht die Zerstörung der alten Städte verbunden, sondern zunächst einmal nur die Zentralisierung der Verwaltung und der politischen Organe. Auch an eine Zwangsumsiedlung ist wahrscheinlich nicht zu denken, obwohl zumindest ein Teil der kleinen Städte im Schatten der schnell aufblühenden Neugründung bald verödet sein dürfte.[3] Sicher gehörte zu den vom Synoikismos betroffenen Städten auch Therme, von dem der Golf seinen Namen hat. Ob jedoch, wie Strabon zu verstehen gibt (fr. 24), Thessaloniki an der Stelle des alten Therme liegt, läßt sich nicht eindeutig entscheiden.[4] Allerdings ist das alte Argument für eine Lokalisierung Thermes an anderer Stelle, nämlich daß man in Thessaloniki keine über das 4. Jahrhundert zurückreichenden Funde gemacht habe, hinfällig geworden, seit man im westlichen Teil der Stadt Bruchstücke eines oder mehrerer ionischer Gebäude zutage förderte, die in das 5. oder 6. Jahrhundert zu datieren sind und beweisen, daß das Gebiet um den alten Hafen schon vor Kassandros' Neugründung besiedelt war.

Auch wenn die Quellen über die frühe Phase der Stadt so gut wie nichts berichten, gehen wir sicher nicht fehl in der Annahme, daß Thessaloniki wegen seiner günstigen wirtschaftlichen Lage schnell aufblühte und Pella an Größe und Bedeutung bald überflügelt haben dürfte; trotzdem scheint Pella auch weiterhin Residenzstadt geblieben zu sein.

Die archäologischen Funde geben uns ebenfalls kaum Aufschluß über die vorrömische Stadt. Eins der wenigen Bauwerke dieser Zeit, von

[3] Immerhin hat etwa das von Strabon genannte Aineia auch weiterhin eine nicht unbedeutende Rolle gespielt und wird noch von Livius als feste Stadt erwähnt (XL 4).

[4] Dazu *Edson*, Phoros 100–104; *Oberhummer*, Thessalonike 145 und *Tafrali*, Topographie 6f. – Auch Herodot bezeugt die Stadt Therme in dieser Gegend (VII 128).

dem wir etwas genauere Kenntnis besitzen, ist das 1920 bei der Festlegung des neuen Straßennetzes im Vardarbezirk entdeckte Serapeion: ein kleiner Tempel in antis, in dem zahlreiche Inschriften (siehe unten) und Skulpturen, darunter eine Sphinx aus schwarzem Stein, gefunden wurden. Heute sind die Reste dieses Bauwerks ebensowenig sichtbar wie das erst 1939 in seinen Fundamenten aufgedeckte Gebäude im südöstlich angrenzenden Bezirk (11 × 8 m). Es muß ebenfalls zum Heiligtum der ägyptischen Götter gehört haben, wie unter anderem die hier gefundene Inschrift Ἴσιδι Νύμφῃ (Edson, Inscriptiones Nr. 105) und eine lebensgroße Statue des efeubekränzten, an einen Baumstamm gelehnten Harpokrates zeigen. Die Anlage bestand aus einem Hauptraum mit einer kleinen Vorhalle und einer unterirdischen Krypta, die sicher auch als Versammlungsort gedient hat. Die Ostseite der Krypta wies eine Apsis auf, in der man den steinernen Hermenpfeiler eines bärtigen Gottes in situ fand. Der kleine Serapistempel läßt sich mit Sicherheit ins 3. Jahrhundert datieren, ist allerdings in christlicher Zeit offenbar ausgebessert worden.

Lange vor der römischen Epoche wurden also in Thessaloniki die ägyptischen Götter verehrt, was keineswegs selbstverständlich ist, da die bisher bekannten griechischen Kultzentren ägyptischer Götter um diese Zeit auf der Peloponnes und an der kleinasiatischen Küste, in geringerem Umfang auch auf Delos und in Athen zu finden sind.

2. Drei Inschriften ägyptischer Kulte

Aufschlußreicher als die spärlichen Reste des Serapeions selbst sind die zahlreichen am Ort gefundenen Inschriften auf Isis, Serapis und Osiris. Größtenteils handelt es sich um Weihinschriften (Edson Nr. 75–123). In ihnen wird zwar der Name des betreffenden Priesters öfters angegeben, aber von den Kultgemeinschaften ist merkwürdigerweise nicht die Rede. Daß jedoch auch in Thessaloniki die sonst für den Isiskult bezeugten Diener mit ihren unterschiedlichen Funktionen eine Rolle gespielt haben, ist mit Sicherheit anzunehmen, etwa die nach dem schwarzen Gewand der Göttin genannten μελανηφόροι, die στολισταί, die für die Toilette der Göttin zuständig waren, oder die κανηφόροι und ἁγνοφόροι, die Träger der heiligen Geräte. Drei

Inschriften, die für die Verbreitung der ägyptischen Kulte und gleichzeitig für die Geschichte der Stadt von besonderer Bedeutung sind, wollen wir aus der Fülle des Materials herausgreifen.
Die erste ist eine der sogenannten Isis-Aretalogien (Edson Nr. 254). Der Text[5], der frühestens aus dem ersten vorchristlichen Jahrhundert stammt, ist zwar stark verstümmelt, läßt sich jedoch leicht ergänzen, da eine ganze Anzahl anderer, zum Teil wörtlich übereinstimmender Fassungen erhalten ist.[6] Offenbar haben wir es mit einem festen liturgischen Formular zu tun, das bei der Kultfeier vorgetragen wurde. Mit Recht hat man diese Aretalogien als „res gestae der Königin Isis" bezeichnet. In kurzen, der Volkssprache angenäherten, asyndetisch gereihten Sätzen[7] spricht Isis vor allem von ihren Wohltaten, die sie den Menschen erwiesen hat: Sie hat die gesamte menschliche Kultur und Gesittung geschaffen, indem sie Ackerbau, Schiffahrt, Schrift und Sprache erfand, indem sie Mann und Frau zusammenführte, auf der Grundlage des Rechts die Gründung von Städten ermöglichte und die Menschen den Bau von Tempeln und die Ehrfurcht vor den Göttern lehrte. Die Leistungen der „Erfinderin" sind also deutlich herausgearbeitet, dagegen spielen Genealogie und Wesen der Göttin – Isis als Herrin der Natur und der Gestirne – nur eine untergeordnete Rolle. Mit dieser Verteilung der Gewichte wollte der Verfasser wohl griechischem religiösem Empfinden Rechnung tragen. Denn bei aller Faszination, die die ägyptische Religion wegen ihres hohen Alters und exotischen Reizes ausübte, bot sie doch auch viele Elemente, die bei den Griechen Anstoß erregen mußten. Auch der Text der Isis-Aretalogie dürfte trotz der genannten Konzessionen dem griechischen Verständnis Schwierigkeiten bereitet haben. Allein schon die zum Prinzip erhobene, jede logische Gedan-

---

[5] Er wurde zuerst veröffentlicht von *Pelekidis,* Thessaloniki 4f. Zu den griechischen Isis-Aretalogien *Harder,* Karpokrates; *Müller,* Isis-Aretalogien; *Schefold,* Theologie Alexandrias. Die Texte der meisten Aretalogien sind abgedruckt bei *Peek,* Isishymnus.

[6] Vgl. die Aufstellung der Vers- und Prosafassungen bei *Müller,* Isis-Aretalogien 11. Den vollständigen Text bietet nur eine Inschrift aus dem kleinasiatischen Kyrene (1. oder 2. Jh. n. Chr.).

[7] Für die auffällige Stilisierung der Texte (Reihung im Ich-Stil) dürften die (griechisch-)orientalischen Königsinschriften als Vorbild gedient haben; vgl. *Müller,* Isis-Aretalogien 16f.

kenabfolge ausschließende Formlosigkeit widersprach dem Gebot der Rationalität, die der Grieche auch im Bereich der Religion zu fordern pflegte; um die umfassende Macht eines Gottes auszudrücken, hatte er andere Mittel. Auch die monotone Kurzatmigkeit der Sätze mit der ständig wiederholten Einleitungsformel ἐγώ εἰμι (ich bin . . .)[8] war nicht die Art, in der ein griechischer Gott seine Leistungen darstellte – wenn er es überhaupt tat. Um so dringlicher mußte das ursprüngliche Isisbild gräzisiert werden. Wenn sich Isis in den Aretalogien etwa als „Erfinderin" der θαλάσσια ἔργα, also der Schiffahrt, oder als Zerstörerin der Tyrannien preist, so sind das spezifisch griechische Züge, die die Göttin akzeptabler erscheinen lassen sollten.[9] Bezeichnenderweise haben ja nur zwei ägyptische Götter im griechischen Raum allgemeine Gültigkeit erlangt: Isis und Serapis, also zwei Götter, die bei entsprechender Auswahl und Adaptation ihrer spezifischen Funktionen verhältnismäßig einfach mit griechischen Gottheiten, mit Demeter und Dionysos, identifiziert werden konnten. Zudem standen beide in enger Beziehung zu Mysterienkulten, einem unverzichtbaren Bestandteil der neuen Mischreligion. So ist es nur folgerichtig, daß Isis in den Aretalogien auch als Stifterin der μυήσεις, der Einweihung in die Mysterien, gefeiert wird. Entscheidend ist auch hier, daß die Götter zu Garanten einer tröstlichen Jenseitsvorstellung geworden sind und damit die homerische Konzeption der Götter als Spiegelbild erfahrener Wirklichkeit endgültig aufgegeben ist.

Die zweite Inschrift, die hier zur Sprache kommen soll (Edson Nr.

[8] Treffend *Peek,* Isishymnus 84: „Nicht qualitative Merkmale sollen entsprechend differenzierte Vorstellungen und Empfindungen erregen, sondern der Nachdruck der Versicherung will unterschiedslos von der Wahrheit des Geoffenbarten ... überzeugen: das Wie ist ganz gleichgültig, nur das Daß, die sachliche Manifestation soll wirken." — Zum sakralen Ich-Stil dieser Aretalogien und seinen christlichen, besonders johanneischen Parallelen *Deissmann,* Licht von Osten 108–115.

[9] Auch der von der bildenden Kunst neugeschaffene Typus der Isis „mit ihren holden und sinnenden, anmutigen und mütterlichen Zügen", gleichsam die Kombination von Hera und Aphrodite, läßt sich als Zugeständnis an griechische Bedürfnisse verstehen; vgl. *Cumont,* Orientalische Religionen 71. Zur hellenistischen und kaiserzeitlichen Isisrezeption allgemein *Morenz,* Begegnung 92–96.

255), handelt von der Aufnahme des Isis- und Serapiskults in Opus und bekundet auf eindrückliche Weise, wie der neue Gott durch Wunderzeichen seine Macht offenbart und gleichzeitig die Ausdehnung seines Kults propagiert. Dem Opuntier Xenainetos, so berichtet die Inschrift, erschien der Gott im Traum, als er sich – offenbar im Serapistempel von Thessaloniki – zum Schlaf niedergelegt hatte, und gab ihm den Auftrag, dem Eurynomos in Opus zu sagen, er solle ihn, Serapis, und seine Schwester Isis aufnehmen und ihm den Brief, den er unter seinem Kopfkissen finden werde, übergeben. Tatsächlich findet Xenainetos den Brief beim Aufwachen und führt den Befehl des Gottes aus, obwohl er, wie zweimal betont wird, mit Eurynomos politische Meinungsverschiedenheiten hatte. Auch dieser ist zunächst skeptisch, nimmt dann aber nach der Lektüre des Briefs Serapis und Isis in das Haus der Sosineike auf.

Nach Edson handelt es sich bei unserem Text um eine spätere Nacherzählung eines wahrscheinlich aus dem 3. vorchristlichen Jahrhundert, also aus einer Blütezeit des Serapiskults stammenden Berichts über die Wundertaten des Gottes. Wie in anderen Zeugnissen, etwa einer delischen Inschrift (IG XI 4,1299), geht es auch hier zunächst um die Einrichtung eines Hauskults für den Gott in der Erwartung, daß – möglicherweise durch die Intervention des Gottes wie in Delos – der Bau eines Tempels später möglich wird.

Zu den meistbehandelten Inschriftenfunden des Serapeions zählt das „Edikt“ (διάγραμμα), das Philipp V. im Mai 187 v. Chr. bezüglich der Tempelschätze erlassen hat (Edson Nr. 3).[10] Es gewährt uns nicht nur Einblick in die Organisation der makedonischen Städte in hellenistischer Zeit, es ist selbst ein Stück dieses öffentlichen Lebens.

Zunächst der Inhalt des Erlasses: Es ist verboten, von dem Tempelschatz oder den Weihegaben etwas zu veräußern oder eine Hypothek darauf aufzunehmen, ebenso, einen diesbezüglichen Beschluß zu fassen. Wer gegen das Verbot verstößt, verfällt der gegen (Tempel-) Diebstahl festgesetzten Strafe und hat das veräußerte Gut aus eigenen Mitteln zurückzukaufen und dem Tempel zurückzuerstatten. Ferner

[10] Ausführlich hat *Pelikidis,* Thessaloniki 7–23 über die Inschrift gehandelt. Vgl. ferner *Welles,* Diagramma 249–251; *Makaronas,* Brief 119f; *Walbank,* Philip V 267f.

dürfen die „Schatzkammern“ (θησαυροί) des Gottes nur im Beisein des ἐπιστάτης und der δικασταί geöffnet, der Inhalt nur mit ihrer Einwilligung ausgegeben werden. Zuwiderhandlungen werden mit denselben Strafen (wie bei Diebstahl) belegt.

Dieser Erlaß wurde, wie dem Anfang der Inschrift zu entnehmen ist, vom König einem gewissen Andronikos zugesandt, der ihn an eine nicht näher bestimmte Personengruppe (ὑμᾶς) weiterleitete mit der Bitte, den Wortlaut auf eine steinerne Säule zu schreiben und sie in dem Heiligtum aufzustellen, damit die dafür Zuständigen (οἱ πρὸς τούτοις ὄντες) den Erlaß zur Kenntnis nehmen könnten.

Die Inschrift wirft ein Schlaglicht auf die politischen Verhältnisse der makedonischen Städte und der hellenistischen Staaten überhaupt. In der Regel waren sie „autonom“, wählten also ihre Beamten selbst und besaßen eine demokratische Verfassung mit Rat (βουλή) und Volksversammlung (ἐκκλησία) als wichtigsten Organen. Jedoch erschöpfte sich diese Autonomie weitgehend in der Selbstverwaltung. In einem politischen Sinn bestand sie nicht oder war zumindest empfindlich eingeschränkt durch die Rechte des Königs, der sich jederzeit selbst oder durch seinen Bevollmächtigten in das politische Geschehen einschalten konnte. Anlässe dazu konnten sein die Rückführung von Verbannten, die Einbürgerung von neuen Siedlern, die Auflage eines Synoikismos (s. o. S. 80), eine Verfassungsänderung – für alle genannten Fälle gibt es Belege. Das Wort des Königs hatte Gesetzeskraft, und so standen neben den πάτριοι (τῆς πόλεως) νόμοι, den Gesetzen der Stadt, die βασιλικὰ διαγράμματα, die königlichen Erlasse, wie es auch neben den von der Stadt gewählten Beamten vom König eingesetzte Beamte gab. Der ersten Kategorie von ἄρχοντες sind die im Begleitschreiben genannten Personen (οἱ πρὸς τούτοις ὄντες) zuzurechnen: städtische Beamte, die auch den Tempelbesitz verwalteten; hier erscheinen sie allerdings in untergeordneter Position als Befehlsempfänger. Die Kontrollgewalt lag in den Händen des ἐπιστάτης und der δικασταί. Mit dem ἐπιστάτης ist sicher der Vertreter des Königs gemeint;[11] wahrscheinlich ist er in unserem Fall identisch mit dem Absender des Briefs, dem zu Beginn erwähnten

[11] Eine auf Delos gefundene Inschrift (IG XI 4,1053) erwähnt für Thessaloniki einen ὑπεπιστάτης und bezeugt damit indirekt die Existenz eines ἐπιστάτης in dieser Stadt.

Andronikos, der eher königlicher Beamter in Thessaloniki als am Hof von Pella gewesen sein dürfte. Die „Richter“, auf dieser Inschrift zum ersten Mal für Makedonien bezeugt, entsprechen ohne Zweifel den aus Ägypten und dem pergamenischen Reich bekannten βασιλικοὶ δικασταί (vergleiche Athenaios 697d). Eine Abgrenzung der Funktionen dieser Beamtengruppe ist nicht möglich, jedoch geht aus der Inschrift hervor, daß sie, wenigstens im konkreten Fall, den städtischen Beamten übergeordnet war.

Man könnte aus der Sorge Philipps um das Serapisheiligtum eine besondere Zuneigung des Königs zum Kult der ägyptischen Götter herauslesen wollen, zumal auf einer Inschrift von Amphipolis die Verehrung Philipps mit der Verehrung der ägyptischen Götter verbunden wird.[12] Aber dieser Schluß ist kaum berechtigt. Es ist durchaus möglich, daß sich die Priester des Heiligtums von sich aus an den König gewandt haben.[13] Dabei ist jedoch zu bedenken, daß nach griechischem Recht, selbst wenn der Besitz der Götter als unantastbar galt und Tempelraub schwer geahndet wurde, durch einen Beschluß der Stadt die Aufnahme von Hypotheken auf den Tempelschatz oder sogar dessen Verkauf gestattet war – eine Möglichkeit, die das Dekret nunmehr ausschließt. Wenn aber Philipp sich gegen herrschendes griechisches Recht wendet – und einiges spricht sogar dafür, daß von diesem Verbot alle Serapisheiligtümer seines Herrschaftsbereiches betroffen waren –, möchte man in diesem Verbot eher eine politische als eine religiöse Schutzmaßnahme sehen. Daß nach den unmittelbar vorausgegangenen verlustreichen Kriegen die Städte dringend Geld benötigten und dabei auch vor den Tempelschätzen nicht haltmachten, ist mehr als wahrscheinlich. Und dieser Praxis will Philipp mit seinem Dekret Einhalt gebieten: Die Tempelschätze sollten dem Zugriff der Städte entzogen und der Kontrolle königlicher Beamter unterstellt werden. Ein gutes Beispiel dafür, wie sich auch die Religion als Instrument der Politik vortrefflich gebrauchen läßt.

[12] Vgl. BCH 18 (1894) 416–419.

[13] Von einem solchen Fall spricht eine Inschrift in Beroia, wo sich die Heraklespriester an Demetrios, den Sohn des Antigonos Gonatas, wandten, er möchte dafür sorgen, daß die für Angelegenheiten der Stadt verwendeten Einkünfte dem Gott zurückerstattet würden (s. *Pelekidis*, Thessaloniki 12).

3. Die Stadt unter den Römern

Schon Philipp V. hatte sich in zunehmendem Maße mit den von Illyrien aus nach Süden drängenden Römern auseinandersetzen müssen und durch eine unkluge Politik – unter anderem schloß er im 2. Punischen Krieg ein Bündnis mit Hannibal – die Chancen für eine günstige Lösung des Konflikts verspielt. Sein Sohn und Nachfolger Perseus (179–168 v. Chr.), auf sorgfältige Vorbereitungen und eine umfassende Bündnispolitik bauend, brach endgültig mit Rom und konnte zunächst auch beachtliche Erfolge für sich verbuchen. Als jedoch im Jahr 168 der Konsul L. Aemilius Paullus den Oberbefehl übernahm, mußte der Makedonenkönig noch im selben Jahr bei Pydna eine vernichtende Niederlage einstecken. Und sie bedeutete das Ende der Unabhängigkeit Makedoniens. Das Land wurde in vier Bezirke (μερίδες, *regiones, partes*) geteilt. Der erste umfaßte das Gebiet zwischen Strymon und Nestos; seine Hauptstadt war Amphipolis. Thessaloniki wurde Hauptstadt des zweiten Distrikts zwischen Strymon und Axios. Die beiden restlichen Bezirke mit den Hauptstädten Pella und Pelagonia schlossen sich südwestlich beziehungsweise nordwestlich an.

Diese Teilung des Landes richtete sich eindeutig gegen die Einheit Makedoniens, die allein es hätte wieder stark machen können, und dementsprechend war sie begleitet von flankierenden Maßnahmen. Jeder Handel, jede Eheschließung zwischen den Bezirken war verboten, die vornehmsten und einflußreichsten Familien mußten das Land verlassen, Ausbeutung oder Verpachtung der Bergwerke war, wenigstens in den ersten zehn Jahren, nicht gestattet. Zwar behielten die Städte ihre kommunale Freiheit, und an sie denkt wohl Livius, wenn er XLV 29 schreibt, Aemilius Paullus habe nach der Schlacht von Pydna befohlen, alle Makedonen sollten frei sein, ihre Städte und Ländereien behalten, nach ihren eigenen Gesetzen leben und jährlich ihre Beamten wählen. Und solange Makedonien noch nicht römische Provinz war, blieb es auch frei von Abgaben.[14] Jedoch hatten

[14] Wie drückend sie später wurden, geht aus der Tatsache hervor, daß die beiden Provinzen Achaia und Macedonia um Ermäßigung der Abgaben baten. Tiberius entzog sie daraufhin der prokonsularischen Verwaltung und unterstellte sie seiner eigenen (Tac. Ann. I 76). Erst unter Claudius

die makedonischen Städte nun zum Bezirkskongreß (συνέδριον), der in der betreffenden Bezirkshauptstadt tagte, ihre Vertreter zu entsenden – eine parlamentarische Form, die den nicht an Kooperation gewöhnten Makedonen wenig behagte. Zudem führte die Beschränkung der Freiheiten zu ständigen Unruhen und Zwistigkeiten, die von verschiedenen Thronprätendenten, an denen Makedonien um diese Zeit keinen Mangel hatte, ebenso wie die Unbotmäßigkeit der Thraker im Osten geschickt für eigene Zwecke ausgenutzt wurden.

Nach dem Aufstand des Andriskos, der die Römer in ernste Schwierigkeiten brachte, schaffte der Prätor Caecilius Metellus von neuem Ordnung. Makedonien wurde mit Epirus und einem Teil Illyriens zusammengefaßt und zur römischen Provinz, der ersten im Osten, gemacht. Das war im Jahr 148 v. Chr. Metellus, der als erster Prokonsul Makedoniens das Land verwaltete, residierte in Thessaloniki, der Hauptstadt der neugeschaffenen Provinz. So hatte Makedonien seine Einheit zwar wiedergewonnen, dafür aber einen weiteren Teil seiner freiheitlichen Rechte eingebüßt, auch wenn den Städten ihre Selbstverwaltung belassen wurde und einige Städte als sogenannte „freie" Städte aus dem Provinzialstatus ausgenommen waren.

Jedoch kehrten Frieden und Ruhe auch jetzt noch nicht ein. Schlimmer als die privaten Fehden vornehmer Makedonen, die ihre ruhmreiche Vergangenheit nicht vergessen konnten, waren die außenpolitischen Ereignisse, in die das Land ohne sein Zutun hineingerissen wurde: die Angriffe der nördlichen Grenznachbarn, die Besetzung großer Teile Griechenlands, darunter auch Makedoniens, durch pontische Truppen im 1. Mithridatischen Krieg und vor allem die römischen Bürgerkriege, die Makedonien vom ersten Augenblick an in Mitleidenschaft zogen. In Thessaloniki sammelte Pompeius seine Truppen gegen Caesar; zahlreiche Städte und Dörfer wurden bei den Kämpfen zwischen Caesar und den Optimaten verwüstet, und Schauplatz der letzten großen Auseinandersetzung war wiederum eine makedonische Stadt: Philippi. So hatte Makedonien einen sehr hohen Preis für die römischen Bürgerkriege zu zahlen.

Eine neue Ära begann für die Provinz mit dem Regierungsantritt

---

wurde Makedonien zusammen mit Achaia wieder senatorische Provinz (44 n. Chr.).

des Augustus. Nicht nur, daß Makedonien von der Friedenspolitik des neuen Kaisers im allgemeinen profitierte, ganz konkret erfuhr es dessen Hilfe in der Anlegung mehrerer Kolonien, die den Bedürfnissen beider Seiten entgegenkam, trug sie doch zum wirtschaftlichen Wiederaufschwung des Landes nicht unerheblich bei. Durch die Neuorganisation der Balkanländer – Dalmatien, Moesien und Thrakien wurden jetzt eigene Provinzen – und die Neugliederung der Provinz Macedonia – die Gebiete südlich des Olymps wurden zusammen mit dem restlichen Griechenland zur neuen Provinz Achaia vereinigt – war Makedonien fortan den Gefahren und Nachteilen, denen die Randgebiete eines Imperiums ausgesetzt zu sein pflegen, enthoben.

Wie wir den Inschriften und sonstigen Quellen entnehmen können, strömte aus Griechenland, Kleinasien und Italien ein buntes Heer von Handwerkern, Händlern, Rednern und anderen Berufsgruppen in der Provinz zusammen, wobei Thessaloniki wegen seiner Größe und günstigen Lage den ersten Rang einnahm. Noch wenige Jahrzehnte zuvor, in einer 55 v. Chr. gehaltenen Rede (De prov. consul. 2,4), hatte Cicero beklagen müssen, daß Makedonien derart von den Barbaren heimgesucht werde, daß die Einwohner von Thessaloniki „im Schoß unseres Reichs“ (*positi in gremio imperii nostri*) gezwungen seien, ihre Wohnungen zu verlassen und die Burg zu befestigen, daß die durch Makedonien führende Militärstraße (*via illa nostra*) durch die kriegerischen Unternehmungen der Barbaren bedroht sei. Diese Zeiten waren nun vorbei. Schon um die Zeitenwende kann Strabon Thessaloniki die volkreichste Stadt Makedoniens nennen (VII 7,4), und an anderer Stelle spricht er von der μητρόπολις τῆς νῦν Μακεδονίας (Mutterstadt des heutigen Makedonien, VII fr. 21). Der Epigrammdichter Antipatros, ein Sohn der Stadt, äußert sich um dieselbe Zeit noch panegyrischer, wenn er seine Vaterstadt zur „Mutter von ganz Makedonien“ erhebt (Anthol. Palat. IX 428) – eine Formulierung, die sich noch im Mittelalter großer Beliebtheit erfreute.

Wie in anderen römischen Provinzen gab es nun auch in Makedonien drei Kategorien von Städten mit unterschiedlichen Rechten und Verpflichtungen: die unfreien Städte, die mit Abgaben belegt waren (*civitates stipendiariae*), die freien Städte (*civitates liberae*) und die römischen Städte, also die Kolonien und Munizipien. Zur ersten

Gruppe gehörten die meisten makedonischen Städte, zur zweiten unter anderem Thessaloniki[15] und Amphipolis (ob sie tatsächlich ganz frei von Abgaben waren, läßt sich nicht mit Sicherheit sagen), zur letzten neben Philippi Pella, Dion und Kassandreia.

Aufs Ganze gesehen jedoch änderten sich die Verhältnisse bei der Umwandlung Makedoniens zur Provinz nicht grundlegend. Auch die unfreien Städte behielten ihre Selbstverwaltung. Ebenso blieben die vier Bezirke mitsamt ihren Synedrien bestehen, hatten jetzt allerdings im Rahmen der Provinzialverwaltung keine politische, sondern nur noch organisatorische Bedeutung: als eine Art Steuerbezirk, für dessen Abgaben die Synedrien verantwortlich gewesen zu sein scheinen. An die Stelle der mit erheblichen Vollmachten ausgestatteten königlichen Beamten der griechischen Zeit waren nun römische Beamte getreten, die den – auch jetzt noch oft in Briefform bekundeten – kaiserlischen Willen in den Städten durchzusetzen hatten. In diesen Briefen[16] werden zwar regelmäßig die ἄρχοντες, die βουλή und die ἐκκλησία (δῆμος), also die wichtigsten Organe einer demokratischen Verfassung apostrophiert, aber wer hier letztlich das Sagen hatte, war ebensowenig zweifelhaft wie zur Zeit der makedonischen Könige.

4. Die Politarchen

Die wichtigsten Aufgaben der Selbstverwaltung lagen nach wie vor in den Händen der ἄρχοντες, die in der Regel jährlich gewählt wurden. Je nach ihrer Funktion hatten sie eine eigene Bezeichnung. Allein aus den in Thessaloniki gefundenen Inschriften sind folgende Titel bekannt: die ἀγορανόμοι, die ähnlich wie die römischen *aediles* die Marktaufsicht führten; der ταμίας τῆς πόλεως, der immer nur im Singular und meistens in Verbindung mit den πολιτάρχαι (siehe unten) genannt wird, also deren rechte Hand auf dem Verwaltungssektor gewesen sein dürfte; der οἰκονόμος τῆς πόλεως, offenbar der für die Finanzen zuständige Beamte; der γυμνασίαρχος, der als Vorsteher des Gymnasions sich um die Jugend zu kümmern hatte,

[15] Plin. Nat. hist. IV 36: *Thessalonice liberae conditionis.*

[16] Beispiele bei *Kanatsoulis,* Makedonien 112.

und, mit einem ähnlichen Aufgabenbereich, der ἐφήβαρχος; die ἀρχιτέκτονες und ἀρχίατροι, also die Stadtbaumeister und sozusagen das staatliche Gesundheitsamt mit der Aufsichtspflicht über die frei praktizierenden Ärzte; die ἀρχιερεῖς, die obersten Priester und – nur zu diesem Amt waren auch Frauen zugelassen – Priesterinnen, die die Aufsicht über den Kult führten; und schließlich die πολιτάρχαι.[17]

Als die obersten städtischen Beamten hätten sie eigentlich an erster Stelle erwähnt werden müssen. Wir haben uns mit ihnen ausführlicher zu beschäftigen, weil sie im Bericht der Apostelgeschichte eine wichtige Rolle spielen (17,6.8). Die Juden, über die Missionserfolge des Paulus und Silas aufgebracht, mobilisieren den Straßenmob und schleppen, da sie die eigentlich Verantwortlichen im Moment nicht antreffen, Iason, deren Gastgeber, und einige „Brüder" vor die Politarchen, um sich bei ihnen über die aufrührerischen und kaiserfeindlichen Reden der beiden zu beschweren. Gegen eine Bürgschaft werden Iason und seine Begleiter von den erschrockenen Beamten wieder freigelassen (17,5–9).

Zunächst eine allgemeine Vorbemerkung. Über Stärke und Beschaffenheit der jüdischen Kolonien in den Städten Makedoniens wissen wir außerordentlich wenig und sind weitgehend auf Analogieschlüsse angewiesen. Immerhin bezeugt die Apostelgeschichte neben Philippi auch für Thessaloniki und Beroia jüdische Gemeinden, also für drei Städte, die an der Via Egnatia, der wichtigsten Handelsstraße dieses Raumes, lagen. Daß die Juden in Thessaloniki nicht erst seit ihrer Vertreibung aus Spanien, also seit dem 15. Jahrhundert, in dem sie die Hauptstadt Makedoniens zu einer der größten jüdischen Städte der Welt machten,[18] eine dominierende Rolle in Wirtschaft und Handel gespielt haben, ist mit Sicherheit anzunehmen. Wahrscheinlich existierte in Thessaloniki eine kleine Gruppe von Juden schon seit der Gründung der Stadt. Unter Augustus dürfte sie im Zeichen des allgemeinen Aufschwungs erheblichen Zuwachs bekommen haben. Die älteste jüdische Inschrift, die bislang in Thessaloniki gefunden wurde und die etwa in die Zeit des Paulus datiert werden kann

[17] Einen vollständigen Überblick über die städtischen Ämter bietet *Kanatsoulis* 120–129.

[18] 1913 zählte man unter den 158 000 Einwohnern der Stadt 61 000 Juden.

(Edson Nr. 72), gibt über Zahl, Organisation und Zusammensetzung der jüdischen Kolonie leider keinerlei Aufschluß, sondern höchstens Anlaß zum Streit darüber, ob mit dem in ihr erwähnten θεὸς ὕψιστος tatsächlich Jahwe gemeint ist.[19] Eine in Stoboi nordwestlich von Thessaloniki gefundene Inschrift nennt einen Patriarchen, an den 25 000 Denare zu zahlen sind für den Fall, daß jemand gegen den letzten Willen des Stifters handelt. Der offensichtlich in Stoboi residierende Patriarch dürfte die Oberaufsicht über alle Synagogen in der Provinz Makedonien geführt haben. Abgesehen von dieser Ausnahme ist kein höherer jüdischer Titel in den Inschriften Makedoniens überliefert.

Natürlich gehörten die Juden, wie auch die Römer in griechischen Städten, zur Gruppe der ξένοι (Fremde). Sie waren also vom eigentlichen politischen Leben der Stadt ausgeschlossen, das heißt, sie nahmen an der Volksversammlung nicht teil und durften bei der Wahl der Ratsmitglieder und der Archonten nicht mitwirken. Grundsätzlich wird kein Unterschied bestanden haben zwischen den Juden und anderen Fremdengruppen der Stadt. Wie diese – allein für Thessaloniki sind Bithynier, Thyatirener, Kassandreer, Spartaner und Kreter inschriftlich belegt – werden sie die verschiedensten Berufe ausgeübt haben, wenn auch mit besonderer Berücksichtigung von Handel und Handwerk. Und auch für Zusammenschlüsse solcher Gruppen zu Interessengemeinschaften (συνήθεια) gibt es genügend Beispiele. Eine direkte Parallele zur Kultgemeinschaft der Juden liefert der θίασος der Asianer, ein Zusammenschluß von Leuten aus Kleinasien zur Verehrung des Dionysos (Edson Nr. 309). Daß die jüdischen Gemeinschaften in Makedonien wie in anderen Provinzen des römischen Imperiums auch das Recht auf Selbstverwaltung und in gewissem Umfang auf eigene Gerichtsbarkeit hatten, dürfen wir annehmen, ebenso, daß das Verhältnis zwischen den einheimischen Bürgern und den „Ausländern", die nur das Wohnrecht (*domicilium*) in der betreffenden Stadt besaßen, nicht immer das beste war.[20]

---

[19] So *Kanatsoulis,* Makedonische Stadt 262 Anm. 1 unter Berufung auf die ersten Herausgeber des (heute verschollenen) Fragments; *Edson,* Inscriptiones meldet gegen die Identifizierung mit Jahwe Bedenken an (vgl. II 12 zu Apg 16,17).

[20] Vgl. *Kanatsoulis,* Makedonische Stadt 261.

Die Politarchen, an die sich im Bericht der Apostelgeschichte die Juden wenden, sind uns als die höchsten städtischen Beamten aus zahlreichen Inschriften bekannt. Da diese Inschriften fast ausschließlich aus dem makedonischen Raum stammen,[21] hat man vermutet, daß dieses Amt eine spezielle Einrichtung des vorrömischen Makedonien gewesen sei. Das ist jedoch wenig wahrscheinlich, unter anderem deswegen, weil alle Inschriften, die diese Gruppe von Beamten erwähnen, auf die römische Zeit zurückgehen, das Amt also erst bei der Neuorganisation Makedoniens als römischer Provinz geschaffen worden sein dürfte.[22] Über die Zahl der Politarchen, die mit einer Ausnahme stets im Plural genannt werden, also ein Gremium gebildet haben, machen die Quellen recht unterschiedliche Angaben. Sie schwankt je nach Größe der Stadt zwischen zwei und sechs; für Thessaloniki werden in den Inschriften fünf oder sechs Politarchen genannt.[23]

Die wichtigste Aufgabe dieser Beamten war die Rechtsprechung. Darüber hinaus hatten sie den Rat der Stadt einzuberufen, in dem sie den Vorsitz führten, ebenso die Volksversammlung, der sie die im Rat ausgearbeiteten Vorlagen zur Abstimmung vortrugen. Die Sonderstellung des Amtes geht auch daraus hervor, daß das Jahr nach einem Politarchen, dem ἄρχων ἐπώνυμος (dem „Namen gebenden" Beamten), genannt wurde und die Politarchen auch noch nach Beendigung ihrer Amtszeit großes Ansehen genossen.

Zu dem hier geschilderten Bild der politischen Verhältnisse in der Hauptstadt paßt der Bericht der Apostelgeschichte vorzüglich. Zum

---

[21] Die Ausnahmen sind verzeichnet bei *Kanatsoulis*, Politarchen 171f. Hier 159—161 auch ein Verzeichnis der Politarcheninschriften nach Fundorten (von knapp 30 stammen 17 aus Thessaloniki, 2 aus Beroia und 1 aus Amphipolis); vgl. auch *Pelikidis*, Thessaloniki 24 Anm. 1.

[22] *Pelikidis*, Thessaloniki 23–28 glaubt anhand zweier von ihm erstmals veröffentlichter Inschriften die vorrömische Herkunft des Titels nachweisen zu können. Jedoch ist weder die Form der Buchstaben noch das Fehlen römischer Namen auf beiden Inschriften beweiskräftig; vgl. *Edson*, HThR 41 (1948) 161 Anm. 7 und die Erörterung des Problems bei *Kanatsoulis*, Politarchen 167ff. – An Titeln aus vorrömischer Zeit in Makedonien sind bekannt: ἐπιστάτης (ὑπεπιστάτης), δικαστής, στρατηγός, νομοφύλαξ.

[23] Vgl. den Überblick bei *Pelikidis*, Thessaloniki 23 Anm. 3 und *Kanatsoulis*, Politarchen 164.

einen stellt er deutlich die juridische Funktion der Politarchen als der obersten nichtrömischen Beamten der Stadt heraus, zum anderen trägt er auch deren nicht unproblematischen Stellung gegenüber den Römern Rechnung, wenn er sie „in Aufregung geraten" läßt (ἐτάραξαν) – doch wohl wegen der scheinbar antirömischen Propaganda, die in der Stadt betrieben wird: Bei derart revolutionären Vorgängen war der Verlust der Freiheiten, die Thessaloniki genoß, nicht auszuschließen. Auf die grundsätzliche Gefahr einer Maßregelung durch die römischen Behörden weist in einer vergleichbaren Situation ein offizieller Beamter (γραμματεύς) einer anderen griechischen Stadt ausdrücklich hin: Die Geschehnisse im Theater von Ephesos könnten zu einer Anklage des Volkes seitens der römischen Behörden wegen Aufruhr führen (στάσις, συστροφή Apg 19,40; ähnlich ἀναστατώσαντες 17,6 bei den Ereignissen in Thessaloniki).

Der Verweis auf die Parallele von Ephesos kann zugleich auch die Frage klären, wer mit dem δῆμος von Thessaloniki (17,9) gemeint ist, die offizielle Volksversammlung, der Paulus und seine Gefährten vorgeführt werden sollen, oder die von den Juden eigens zu diesem Zweck zusammengetrommelte Volksmenge, zu der die vermeintlichen Revolutionäre aus Iasons Haus herausgebracht werden sollen. Beide Möglichkeiten haben ihre Verfechter gefunden, und die in diesem Punkt nicht eindeutige Terminologie der Apostelgeschichte läßt zunächst auch beide Deutungen zu. Zwar könnte man aus dem Bericht den Eindruck gewinnen, als ob Lukas zwischen dem Volk als Menge und dem Volk als demokratischer Körperschaft begrifflich habe unterscheiden wollen. Er läßt die Juden einen Volksauflauf erregen (ὀχλοποιήσαντες 17,5) und neben den Politarchen auch die Volksmenge (τὸν ὄχλον V. 8) in Unruhe geraten, andererseits aber spricht er vom δῆμος, dem Paulus und seine Leute vorgeführt[24] werden sollen (V. 5). Aber wenn auch in alten Inschriften der Stadt δῆμος immer wieder – und weit häufiger als der sonst geläufige Begriff ἐκκλησία – im verfassungsrechtlichen Sinn gebraucht wird, sprechen doch mehrere Gründe dafür, daß Lukas nicht speziell an die Volksversammlung gedacht hat (die zudem auch erst hätte einberufen

[24] προάγειν als Terminus technicus für das Vorführen vor Gericht Jos. Bel. Iud. I 539; Ant. Iud. XVI 393.

werden müssen). Zum einen wird diese Vermutung durch den lukanischen Sprachgebrauch nahegelegt. Apg 12,22 bezeichnet δῆμος einfach das Volk, und auch Apg 19,30.33, wo die damit verbundenen Verben εἰσελθεῖν (auftreten vor) und ἀπολογεῖσθαι (sich verteidigen) sehr gut zu einer speziellen Bedeutung von δῆμος passen würden,[25] verbietet sich ein solches Verständnis, weil das im Theater von Ephesos aus Neugier zusammengeströmte Volk bald mit δῆμος (30.33), bald mit ἐκκλησία (32), bald mit ὄχλος (33.35) bezeichnet wird, ohne daß damit verschiedene Personengruppen angesprochen wären. Erst im Vorschlag des γραμματεύς, der die Menge beruhigen will, ist von der ἔννομος ἐκκλησία, also der offiziell einberufenen Volksversammlung, vor der der Streitfall geschlichtet werden könnte, die Rede.

Zum anderen muß man sich fragen, was für eine Absicht die Juden mit der Vorführung des Paulus vor der Volksversammlung hätten verfolgen sollen. Als Tribunal kam sie nicht in Betracht, und das für gerichtliche Fragen zuständige Gremium wird im Bericht ja auch deutlich herausgestellt. Dagegen ist das Volk für die Juden, ähnlich wie in Philippi für die Eigentümer des wahrsagenden Mädchens (16,22), als Mittel ihrer Agitationen vor der Rechtsbehörde der Stadt fast unerläßlich, da es den Vorwürfen den nötigen Nachdruck verleiht und die Gefahr öffentlichen Aufruhrs ad oculos demonstriert. So wird denn auch in beiden Fällen an erster Stelle auf diese Gefahr hingewiesen, in Thessaloniki, wohl wegen der mulitplikatorischen Wirkung angesichts der Größe und Bedeutung der Stadt, in globaler Formulierung: Sie bringen alle Welt in Aufruhr.[26] Und auch die Substantialisierung der Anklage fällt in der Landeshauptstadt wesentlich schärfer und grundsätzlicher aus als in der politisch unbedeutenden römischen Kolonie. Waren es dort die neuverkündeten ἔθη, an denen man als Römer Anstoß nehmen mußte (vergleiche II 9), so wird jetzt der von Paulus verkündigte neue König zu einer Art

---

[25] So u. a. im Wörterbuch von *Bauer*, ferner *Bruce* zu Apg 17,5 und *Sherwin-White*, Roman Society 96.

[26] τὴν οἰκουμένην ἀναστατώσαντες 17,6 gegenüber dem bescheideneren Vorwurf von Philippi 16,20: ἐκταράσσουσι ἡμῶν τὴν πόλιν (sie verwirren unsere Stadt).

Gegenkönig (βασιλέα ἕτερον) emporstilisiert und damit die Gefahr einer weltweiten Revolution auf drastische Weise beschworen.[27] Natürlich ist der von den Juden gegen Paulus erhobene Vorwurf absurd, denn die Tätigkeit des Apostels war nicht gegen den Kaiser in Rom gerichtet. Jedoch gewinnt er an Aktualität, wenn man bedenkt, daß zu den εἴδωλα, von denen Paulus die Thessalonicher abwenden wollte (1 Thess 1,9), auch der römische Kaiser zählte, soweit er kultische Ehren genoß.

5. Kulte

Gerade der Kaiserkult scheint in Thessaloniki eine bedeutende Rolle gespielt zu haben. Immerhin konnten sich die römischen Kaiser auf einen erlauchten makedonischen Vorgänger berufen: auf Philipp II., der nach Diodor XVI 92.95 zum σύνθρονος der Zwölf Götter erhoben worden sein soll.

Die älteste Inschrift, die den Kaiserkult für Thessaloniki bezeugt und aus der frühen Kaiserzeit stammen dürfte, wurde 1874 zwischen den Fundamentresten eines römischen, offenbar für den Kaiserkult bestimmten Gebäudes im Westen der Stadt gefunden (Edson Nr. 31).[28] Die ersten Zeilen erinnern nicht nur an die Erbauung des Tempels für den Kaiser durch den Prokonsul, sie enthalten auch eine Angabe über den Standort: ἀνθύπατος ... λατομίας ἐποίησεν τὸν Καίσαρος ναόν (der Prokonsul ließ den Tempel des Kaisers im Steinbruch bauen). Es ist nicht auszuschließen, daß die Ortsbezeichnung „im

[27] βασιλεύς war im Osten die offizielle Bezeichnung für den römischen Kaiser (vgl. Joh 19,12; 1 Petr 2,13.17; 1 Clem 61,1).

[28] Von dem Bau ist heute nichts mehr zu sehen, und auch die Inschrift ist verlorengegangen. Einen Hinweis auf die Datierung gibt die Erwähnung eines ἀνθύπατος, also eines Prokonsuls, dessen Name allerdings nicht erhalten ist. Da Makedonien in den Jahren zwischen 15 und 44 n. Chr. kaiserliche, nicht senatorische Provinz war, also keinen Prokonsul, sondern einen Proprätor an der Spitze hatte, kann die Inschrift nicht aus diesen Jahren stammen. Wegen des Fehlens römischer Namen empfiehlt sich eine Datierung vor den genannten Zeitraum, etwa in die Anfänge der Kaiserzeit. Vgl. *Gaebler*, Münzen I 7f und *Edson*, Macedonica 129, der auch für die folgenden Ausführungen heranzuziehen ist.

Steinbruch" sich bis ins Mittelalter erhalten hat. Jedenfalls ist ein altes Kloster mit dem Namen τοῦ Λατόμου (τῶν Λατόμων) im Norden der Stadt mehrfach bezeugt. Wie der für den Kaiserkult bestimmte Tempel lag auch dieses Kloster offenbar in einem Stadtteil, der seinen Namen von einem nahen Steinbruch bekommen hatte.

Besonders aufschlußreich ist die Liste von Priestern, die die Inschrift, nach Funktionen getrennt, aufführt. Unter ihnen befindet sich ein ἱερεὺς καὶ ἀγωνοθέτης Αὐτοκράτορος Καίσαρος, Θεοῦ υἱοῦ Σεβαστοῦ und ein ἱερεὺς Ῥώμης δὲ καὶ Ῥωμαίων εὐεργετῶν, also ein Priester des Kaisers Augustus, der auch für die Ausrichtung der Provinzkampfspiele zuständig war, sowie ein Priester der Stadt Rom und der römischen Wohltäter. Beide Titel weisen in die letzten Jahre des Bürgerkriegs. Der erste ist ziemlich sicher mit Actium zu verbinden, der zweite, wie aus Münzfunden hervorgeht, mit Philippi. Thessaloniki bekräftigte nach der Schlacht von Philippi nicht nur seine *concordia* mit Rom, es hatte auch allen Grund, den Siegern von Philippi dankbar zu sein;[29] hatten sie doch die Stadt vor der Plünderung bewahrt, die Brutus seinen Truppen für den Fall eines Sieges versprochen hatte.

Auch in Thessaloniki gefundene Münzen aus römischer Zeit bezeugen den Kaiserkult auf mannigfache Weise. Besonders wichtig ist ein Exemplar mit dem Kopf des Iulius Caesar samt Diadem und Lorbeerkranz und der Aufschrift ΘΕΟΣ auf der Vorderseite, mit dem Kopf des Augustus und der Aufschrift ΘΕΣΣΑLΟΝΙΚΕΩΝ auf der Rückseite (Gaebler II 125 Nr. 43).

Bei dem Versuch, die εἴδωλα der Thessalonicher aus 1 Thess 1,9 weiterhin zu konkretisieren, stößt man auf zwei Kulte, die in der Stadt offenbar besonders verbreitet waren, den Kult des Dionysos und den der Kabiren.[30] Von der Beliebtheit des Dionysoskultes zeugen nicht nur die drei im oder beim Serapeion gefundenen Weihinschriften des Gottes, von denen die älteste (Edson Nr. 28) aus dem

---

[29] So wird auf einer Münze mit der Aufschrift ΘΕΣΣΑLΟΝΙΚΕΩΝ ΕLΕΥΘΕΡΙΑΣ auf den von Antonius der Stadt zugesicherten Status einer *civitas libera* Bezug genommen (s. o. Anm. 15), und eine andere Münze trägt auf der Vorderseite die Legende ΟΜΟΝΟΙΑ (Eintracht), auf der Rückseite ΘΕΣΣΑΛΩΝ· und ΡΩΜ (*Gaebler,* Münzen II 121, 24).

[30] Zum folgenden vgl. vor allem *Edson,* Cults.

2. oder 1. vorchristlichen, die beiden anderen (Edson Nr. 59 und 258) aus dem 1. und 2. nachchristlichen Jahrhundert stammen, sondern auch die drei Altäre, die man dicht nebeneinander bei der Acheiropoietoskirche (vergleiche III 8) ausgegraben hat (Edson Nr. 260.503.506). Daß an dieser Stelle in römischer Zeit der Dionysostempel gestanden haben könnte, läßt sich um so eher vermuten, als mindestens einer der drei Altäre in situ gefunden worden zu sein scheint. Ob freilich die Mosaikreste unter dem Boden der Kirche zu diesem Tempel gehören, was Edson nicht für ausgeschlossen hält, wird fürs erste Vermutung bleiben müssen. Ein Staatskult des Dionysos ist für das römische Thessaloniki der Vorkaiserzeit inschriftlich bezeugt (Edson Nr. 28), jedoch dürfte es ihn seit der Gründung der Stadt durch Kassandros gegeben haben.[31] Mehr Bedeutung indes scheinen im Lauf der Zeit die privaten Kultgemeinschaften gewonnen zu haben, die ϑίασοι, von denen vor allem die späteren Inschriften sprechen. Daß sie mit dem Staatskult in irgendeiner Weise verbunden waren, ist wahrscheinlich, aber mit Hilfe des uns zur Verfügung stehenden Materials nicht beweisbar.

Mit Abstand die charakteristischste Erscheinung in den Kulten von Thessaloniki sind die K a b i r e n. Ursprünglich Fruchtbarkeitsgötter chthonischen Charakters, als deren Heimat wohl Phrygien anzunehmen ist, fanden sie schon bald Aufnahme in Griechenland. In Samothrake, wo man ihre Mysterien feierte, hatten sie ihr eigentliches Kultzentrum. Seit der Zeit Philipps II. und Alexanders gewann ihr Kult jedoch panhellenische Bedeutung. Für das römische Thessaloniki ist er vor allem durch Münzen bezeugt, die erkennen lassen, daß Kabeiros[32] zumindest seit den Flaviern zum Hauptgott der Stadt geworden war. Um so erstaunlicher ist der Umstand, daß der Gott in den Inschriften der Stadt nur ein einziges Mal erwähnt wird (Edson Nr. 199B). Er ist hier ὁ ἁγιώτατος πάτριος ϑεός, „der heiligste von den Vätern überkommene Gott", eine Formulierung, die die Sonderstellung des Gottes deutlich erkennen läßt. Beachtung

[31] Die ältesten Münzen der Stadt mit Darstellungen des Dionysos stammen aus dem 2. Jh. v. Chr. (*Gaebler*, Münzen II 117,1; 119,9; 120,15).

[32] Im Unterschied zur sonst meist anzutreffenden Zweier- oder Dreiergruppe wurde in Thessaloniki nur e i n Kabeiros verehrt; vgl. *R. E. Witt*, The Kabeiroi in Ancient Macedonia, in: Ancient Macedonia II 67—80.

verdient in diesem Zusammenhang auch der hohe politische Rang des Aufsehers über das Kabeirosheiligtum, des νεωκόρος, der in der Inschrift als Ratsmitglied, Ephebarch und Politarch[33] eingeführt wird. Und wenn die beiden Jünglingsgestalten an zwei Pfeilern des römischen Westtores (dem byzantinischen „Goldenen Tor"), wie man vermutet hat, die Dioskuren darstellen, hätten wir damit ein zusätzliches Indiz für die überragende Bedeutung dieses Kultes in Thessaloniki, und zwar mit großer Wahrscheinlichkeit schon aus dem Ende des 1. oder dem Anfang des 2. nachchristlichen Jahrhunderts. Die Kabiren verschmolzen nämlich in zunehmendem Maß mit dem römischen Zwillingspaar – beide Göttergruppen fungierten als Patrone der Seefahrer –, und ihre Plazierung am prächtigsten Tor von Thessaloniki würde ihre Rolle als Schutzgottheiten der Stadt unterstreichen.

Die Sonderstellung des Kabirenkultes in Thessaloniki veranlaßte H. Gelzer in seiner Darstellung des heiligen Demetrius zu der Behauptung, der Heilige sei an die Stelle des alten Stadtgottes von Thessaloniki getreten und habe dessen Funktionen „mit der größten Gewissenhaftigkeit verrichtet".[34] Aber wenn auch bei der Belagerung der Stadt durch die Goten im Jahr 268 Kabeiros als Stadtpatron Thessaloniki vor der Eroberung gerettet haben soll, also eine ähnliche Rolle wie Demetrios in späterer Zeit gespielt hat, so läßt sich die Gestalt des christlichen Heiligen doch nicht aus der des heidnischen Gottes „ableiten". Unbestreitbar ist lediglich, daß Demetrios bestimmte Funktionen des Kabeiros übernommen hat.

6. Zur Archäologie der Stadt

Die Ausdehnung der antiken Stadt in hellenistischer und römischer Zeit wird durch die im nördlichen Teil fast vollständig erhaltene Stadtmauer[35] bezeichnet *(Abb. 12)*. Südlich der heutigen Egnatiastraße muß man sie sich etwa geradlinig bis zum Meer hin verlängert

---

[33] Zu den beiden letzten Titeln s. o. III 4.

[34] Themenverfassung 55.

[35] Eine genaue Beschreibung gibt *Tafrali,* Topographie 30–95; ferner *Gounaris,* Mauern.

vorstellen. Zusammen mit der im letzten Jahrhundert abgerissenen Hafenmauer am Meer entlang ergibt sich damit für den Verteidigungsgürtel eine Gesamtlänge von knapp acht Kilometern, von denen gut die Hälfte heute noch steht. Zwar stammt diese Mauer größtenteils erst aus dem 4. Jahrhundert n. Chr., und noch Kaiser Justinian hat sie gegen die Slawen verstärken, zum Teil auch neu aufbauen lassen. Und auch im Mittelalter wurden die Befestigungsanlagen mehrfach ausgebessert und verändert: Die Türme der Nordmauer etwa sind Zutaten der Paläologen aus dem 14. Jahrhundert. Trotzdem dürfen wir annehmen, daß der Verlauf der byzantinischen Mauer dem der antiken aus der Zeit um 300 v. Chr. im wesentlichen entspricht. Das zeigen Spuren der alten Mauer im heute erhaltenen Mauerwerk, wobei sich allerdings nicht immer mit Sicherheit sagen läßt, ob die Reste in die Gründungszeit der Stadt, in die hellenistische oder in die römische Epoche gehören. Deutlich heben sich die sorgfältig behauenen und eingepaßten Quader von den späteren Techniken des Mauerbaus ab, ob man nun wie beim größten Teil der Mauer zwischen die kleinen vermörtelten Bruchsteine zur Konsolidierung Schichten aus Ziegeln einzog oder die Mauer ganz aus Ziegeln aufführte. Ältere Abbildungen vom Goldenen Tor, dem späteren Vardartor und westlichen Haupttor der Stadt, das dem modernen Straßenbau zum Opfer gefallen ist, können noch einen Eindruck der römischen Mauer vermitteln. Das Tor war als eine Art Triumphbogen in die Mauer eingelassen, die aus regelmäßig geschnittenen, aber unterschiedlich dicken Quadern bestand, so daß hohe und flache Quaderschichten miteinander wechselten.[36]

Unsere besondere Aufmerksamkeit beansprucht das zweite, weiter nördlich gelegene Westtor der Stadt, durch das aller Wahrscheinlichkeit nach Paulus und seine Begleiter Thessaloniki betreten haben. Die Byzantiner nannten es Litéa, weil hier die Straße nach dem nördlich (an der modernen Fahrstraße nach Sérres) gelegenen Liti (daher der jetzt übliche Name „Letetor“) die Stadt verließ. Heute ist auch von diesem Tor so gut wie nichts mehr zu sehen, da es bei der Verbreiterung der Demetriosstraße, einer der Hauptverkehrsadern der modernen Stadt, abgerissen wurde. Ältere Aufnahmen (Tafrali

[36] Abbildung *Tafrali*, Topographie 105.

Top. XXI) zeigen eine Doppeltoranlage mit sechseckigem, von allen Seiten gut zu verteidigendem Innenhof. Das innere Tor, von einer dreifachen Ziegelschicht überwölbt, stammte trotz verschiedener Umbauten in seiner Substanz aus römischer Zeit; ein angrenzendes Mauerstück mit abwechselnd flachen und hohen Quadern zeigte dieselbe Bauweise wie die alte Stadtmauer am Goldenen Tor. (Die drei stadtauswärts gelegenen Seiten des Sechsecks mit geringerer Mauerhöhe waren eine Konstruktion aus türkischer Zeit.)

Daß an diesem Tor, also im Nordwesten, die alte Via Egnatia das Stadtgebiet erreichte und nicht, wie man lange vermutete, auf der Linie der heutigen Egnatiastraße die Stadt in ihrer ganzen Länge von Osten nach Westen durchzog, ist in letzter Zeit sehr wahrscheinlich gemacht worden. Im Jahr 1949 wurde an der Langadastraße, der nördlichen Ausfallstraße der Stadt, ein Meilenstein gefunden, der die Namen von insgesamt sechs Kaisern und Tetrarchen, darunter die von Diokletian und Galerius, trägt.[37] Mit Recht fragt Makaronas, warum die Baumeister der Via Egnatia die unebene Route durch das unwegsame Bergland im Nordosten der Stadt hätten wählen sollen, wenn sich im Norden eine Möglichkeit bot, die Berge zu umgehen und auf einer Trasse mit mäßigen Steigungen den See von Langada, an dem die Via Egnatia vorbeiführte, zu erreichen.[38] Dann aber müßte die Via Egnatia im Nordwesten, also an der Stelle des Letetores, und nicht im Osten durch das Kassandreiator (kurz hinter dem Galeriusbogen an der modernen Egnatiastraße) das Stadtgebiet erreicht haben. Für die nördliche Route, der übrigens auch die moderne Fahrstraße nach Kavalla folgt, spricht ebenfalls der erwähnte Meilenstein. Das eingemeißelte A definiert ihn als den ersten Meilenstein auf der bei Thessaloniki beginnenden östlichen Hälfte der Via Egnatia. Die Entfernung von einer Meile stimmt mit dem Fundort überein, wenn man als Bezugspunkt das Letetor ansetzt. Ein anderer Meilenstein, der etwa sechs Kilometer nördlich von

---

[37] Die Inschriften sind also nacheinander in der Zeit zwischen 284 n. Chr., dem Regierungsantritt Diokletians, und 306 n. Chr., der nach dem Verzicht von Diokletian und Maximian neugebildeten Tetrarchie mit Severus, Maximinus Daia, Constantius und Galerius, angebracht worden; vgl. *Makaronas,* Via Egnatia.

[38] Vgl. die Skizze ebd. 387.

Thessaloniki ebenfalls an der Langadastraße gefunden wurde und die Entfernungsangabe „5 Meilen" trägt, erhärtet die Annahme eines nördlichen Verlaufs der Via Egnatia, auch wenn die angegebene Entfernung gewisse Schwierigkeiten macht. – Der dritte im Gebiet von Thessaloniki aufgefundene Meilenstein stammt von einer Brücke über den Gallikos nordwestlich der Stadt. Die Entfernung von elf Kilometern zwischen dieser Brücke (an der Straße nach Pella) und dem Vardarplatz in der Nähe des Goldenen Tores entspricht etwa den auf dem Meilenstein eingetragenen „9 Meilen".

Damit dürfte über den Verlauf der Via Egnatia in der Gegend von Thessaloniki hinreichend Klarheit bestehen. Die Straße durchschnitt nicht wie in Philippi die ganze Stadt in ost-westlicher Richtung, sondern erreichte sie im Nordwesten, eben an jenem Letetor, durch das Paulus wahrscheinlich Thessaloniki betrat, und verließ sie bald danach wieder im Westen durch eines der Haupttore.[39]

Es ist ein zweifelhaftes Unternehmen, aus dem modernen Plan einer Stadt ihre ursprüngliche Anlage erschließen zu wollen, solange keine Möglichkeit besteht, die Rückschlüsse wenigstens punktuell nachzuprüfen. Im Fall von Thessaloniki sind wir dazu in der Lage, zumindest was die römische Zeit betrifft; über die griechische Epoche indes haben wir so gut wie keine Informationen. Die modernen Stadtplaner haben beim Wiederaufbau von Thessaloniki nach dem verheerenden Brand von 1917, dem fast die gesamte Unterstadt zum Opfer fiel, und bei der Sanierung einzelner Stadtviertel nach dem Zweiten Weltkrieg das Rektangulärsystem noch stärker betont. Trotzdem kann kaum ein Zweifel daran bestehen, daß bereits die römische Stadt rechtwinklig angelegt war, wie der Plan *(Abb. 13)* zeigt.[40] Deutlich hebt sich die Mittelachse ab, die heutige Egnatiastraße, die auch im Mittelalter die wichtigste Straße der Stadt war; in byzanti-

[39] Von der Gleichsetzung der modernen Egnatiastraße mit der antiken Via Egnatia ist in keiner Quelle die Rede. Auch die Erwähnung der Straße bei Cicero (s. o. S. 89) berechtigt nicht zu der Annahme, daß sie mitten durch die Stadt geführt habe.

[40] Er ist dem Aufsatz von *Vickers,* Town Planning entnommen und geht zurück auf *v. Schoenebeck,* Stadtplanung. – In den Plan sind drei Aufnahmen des Straßennetzes der Stadt eingearbeitet, die erste aus den Jahren 1685/87, die zweite (türkische) aus der Mitte des 19. Jh., die dritte (griechische) aus der Zeit vor dem Stadtbrand von 1917.

nischer Zeit hieß sie „Leophoros“ (Boulevard, wörtlich „Volksträger“). Ihren westlichen Endpunkt stellte das Goldene Tor dar, ihren östlichen das Kassandreiator (beide Tore existieren heute nicht mehr). Die zweite Transversale befand sich weiter nördlich: die heutige Demetriosstraße, auch sie in ihrer Bedeutung hervorgehoben durch zwei gewaltige Stadttore, das Letetor im Westen und das Archangelostor im Osten. Rechtwinklig dazu verliefen zwei Hauptstraßen, die am Meer beziehungsweise an der parallel zur Küste verlaufenden Südmauer endeten. Ziemlich genau in der Mitte des durch die vier genannten Straßen gebildeten Rechtecks lag das römische Forum, ein Areal, das zu den jüngsten und wegen der dichten Bebauung im Stadtzentrum besonders schwierigen Ausgrabungsfeldern Griechenlands rechnet (siehe unten). Auch die frühchristlichen Kirchenbauten (vergleiche III 8), vor allem die über den Ruinen einer Thermenanlage erbaute Demetrioskirche, die Acheiropoietoskirche mit römischen Fußbodenmosaiken und die Sophienkirche, ebenfalls mit Spuren römischer Vorgängerbauten, fügen sich dem Rektangulärmuster des Stadtplans ohne Schwierigkeiten ein. Lediglich der gewaltige Komplex des Galeriuspalastes im Osten (vergleiche III 7) sprengt den alten Plan. Wie die neuesten Ausgrabungen gezeigt haben, wurde er auf vorher nicht bebautem Gelände errichtet (was auch den in der Planskizze deutlich erkennbaren Knick der Ostmauer an dieser Stelle erklärt).

Das Forum der römischen Stadt wurde bei Planierungsarbeiten an der für das neue Gerichtsgebäude vorgesehenen Stelle in der Region zwischen der heutigen Olympos- (im Norden) und Philipposstraße (im Süden) entdeckt. Die 1962 begonnenen und bis in die letzten sechziger Jahre fortgeführten Ausgrabungen legten ein Areal von bedeutenden Ausmaßen frei. Wenn auch wegen der modernen Überbauung eine vollständige Ausgrabung nicht möglich ist, läßt der freigelegte Teil des Forums doch auf einen Kern von mindestens hundert Metern in der Ost-West-Erstreckung und von 65 m in nordsüdlicher Richtung schließen. Ihre endgültige Form dürfte die Platzanlage in der Zeit zwischen Augustus und Hadrian bekommen haben (das östlich angrenzende Odeion stammt allerdings aus späterer Zeit, wohl dem 4. Jahrhundert). Daß an dieser Stelle auch die Agora der griechischen Stadt gelegen hat, ist anzunehmen, archäologisch aber noch nicht nachgewiesen trotz einiger älterer Funde, vor allem von Fundamenten und Scherben, die mindestens in hellenistische Zeit zurückreichen; auch die in eine Wand eingemauert gefundene Atlasfigur aus vorrömischer Zeit beweist nichts.

Die römische Anlage war im Süden durch eine doppelte Säulenhalle begrenzt. Sie ist auf einer Länge von siebzig Metern ausgegraben. Teile des Mosaikfußbodens aus schwarzen, weißen, roten und violetten Kieseln haben sich gut erhalten und verblüffen durch ihren Formenreichtum: Neben Schachbrett-, Mäander- und Schuppenmustern finden sich Spiralen und Sterne in mannigfachen Kombinationen. Unter der Stoa liegt ein Kryptoportikus, dessen Interpretation, nicht zuletzt wegen späterer Veränderungen und Anbauten, erhebliche Schwierigkeiten macht. So fand man den Bau mit zugemauerten Durchgängen; offenbar war die Anlage zu einer Riesenzisterne umfunktioniert worden. Ursprünglich sorgten flache Öffnungen zum Forum hin für Licht und Luft in den unterirdischen Gängen. In einem der südlich angrenzenden Räume fand man eine erstaunlich gut erhaltene frühchristliche Wandmalerei. Eingefügt in einen architektonischen Rahmen, stehen zwei männliche Gestalten in Gebetshaltung zu beiden Seiten eines Kreuzes.[41]

Das Odeion mit seinen sechs erhaltenen Zuschauerreihen, seiner marmorgepflasterten ellipsenförmigen Orchestra (16 × 9 m), der hohen Skene und der reichgegliederten Proskenienwand, in die abwechselnd elf quadratische und halbkreisförmige Nischen eingelassen sind, stellt den eindrucksvollsten Teil des Ausgrabungsfeldes dar. Auch hier hat man Spuren eines Vorgängerbaus gefunden. Der Mosaikboden an der Rückwand der Skene, die Säulengänge und die älteren Marmorteile, die mehrfach im Odeion verbaut worden sind, lassen es nicht ausgeschlossen erscheinen, daß es sich bei dem älteren Bauwerk ebenfalls um ein Theater oder Odeion gehandelt hat.[42]

---

[41] Von der oberen Zone, die wohl einen thronenden Christus und eine stehende Figur zu seiner Linken zeigte, ist nur der untere Streifen erhalten (Abbildung Arch. Delt. Chron. 23,1968, Tafel 278).

[42] Die bedeutendsten Architekturreste der römischen Stadt befinden sich heute im Louvre: Teile einer unter dem Namen „Las Incantadas" bekannten Stoa, wohl aus nachhadrianischer Zeit (150–160 n. Chr.; vgl. *Guerrini*, Las Incantadas). Erhalten blieb eine Reihe von fünf monolithenen Säulen,

Bemerkenswert ist die Tatsache, daß der Platz, abgesehen von einigen türkischen Gebäuden und Gräbern im Südosten, durch Jahrhunderte hindurch niemals bebaut worden ist. Auch aus byzantinischer Zeit hat man keinerlei Funde gemacht. Offenbar blieb man sich der Bedeutung des Platzes, die in vorrömische Zeit zurückreichen dürfte, bewußt.

7. Der Galeriuspalast

Eine einschneidende Veränderung erfuhr das Stadtbild um 300 n. Chr., als Galerius am Ostrand der Stadt beiderseits der Hauptverkehrsader, der heutigen Egnatiastraße, eine prunkvolle Palastanlage errichten ließ. Durch neuere, noch nicht abgeschlossene Ausgrabungen[43] konnte nachgewiesen werden, daß alle Gebäudereste, die man in dieser Region fand, zum Galeriuspalast gehören und eine einheitliche Orientierung an einer senkrecht zur Egnatiastraße verlaufenden Achse aufweisen *(Abb. 14).*

Genau im Schnittpunkt beider Linien steht der Galeriusbogen, heute das bedeutendste antike Monument der Stadt. In zwei parallelen Reihen von je drei Bogen überspannte er die Hauptstraße; über den beiden mittleren, höheren Bogen wölbte sich eine auf vier quadratischen Pfeilern ruhende Kuppel, so daß der ganze Bau über zwanzig Meter hoch gewesen sein dürfte. Im Unterschied zu anderen Triumphbogen jedoch weist der Galeriusbogen eine doppelte Orientierung auf, wie schon die parallele Bogenführung vermuten läßt. Nördlich führte eine auf beiden Seiten von Säulenhallen flankierte Prachtstraße zu einem Rundbau (der späteren St.-Georgs-Rotunde) inmitten eines

---

über deren reichgegliedertem Gebälk sich eine Reihe von Pilastern erhob; diese trugen auf den beiden Frontseiten fast vollplastisch herausgearbeitete männliche und weibliche Gestalten (*Guerrini* Tafel XIII). Der Fundort in der Nähe des türkischen Bades an der heutigen Egnatiastraße läßt vermuten, daß das Monument in architektonischem Zusammenhang mit dem römischen Forum stand.

[43] Neben den jährlichen Ausgrabungsberichten in den Fachzeitschriften seien an zusammenfassenden Überblicken genannt: *Dyggve*, Vorläufiger Bericht; *ders.*, Palais impérial; *ders.*, Région palatiale; *Makaronas*, Oktagon; *Vickers*, Observationes.

Temenos (heiliger Bezirk), der in der Querachse mit großen Konchenanlagen geschmückt war. Die ganz ähnliche Anlage des Diokletianpalastes in Split berechtigt zu der Annahme, daß der Kaiser hier schon zu Lebzeiten sein Mausoleum errichten ließ (was nicht ausschließt, daß die Rotunde zugleich auch als Stätte des Kaiserkults gedient haben könnte). In südlicher Richtung gelangte man vom Bogen aus durch ein großes rechteckiges Vestibül (43 × 18 m mit schönem Mosaikboden) über breite Marmortreppen hinunter zum eigentlichen Palastbezirk, der hier, gegenüber dem seit längerem bekannten und durch gewaltige Gewölbekonstruktionen in den Kellern der anliegenden Häuser nachgewiesenen Hippodrom, zwar mehrfach vermutet worden war, aber erst durch Grabungen in den fünfziger und sechziger Jahren in bedeutenden Resten ans Licht kam.

Eine kleine Sensation war die Entdeckung eines achteckigen Baus (Oktogon) mit einem Durchmesser von fast dreißig Metern innerhalb der Palastregion, der durch seine Form und seine kostbare Ausgestaltung auffiel *(Abb. 15)*. Das abwechselnd aus unbehauenen Steinen und Ziegelbändern aufgeführte und mit Marmor sowie rotem und grünem Porphyr verkleidete Mauerwerk umschloß sieben Nischen. Der Eingang war wie bei der Rotunde in südlicher Richtung, also zum Meer hin orientiert. Aus den beiden Nischen links und rechts von der etwas größeren Hauptnische gegenüber dem Eingang führten Durchgänge in zwei kreuzförmige Räume, die ihrerseits wieder mit anderen Baulichkeiten des Palastes in Verbindung standen. Der vor dem Eingang liegende Raum mit halbkreisförmigen seitlichen Abschlüssen darf wohl als besonders prächtig angelegter Vorraum gedeutet werden.

Die Frage nach der Funktion des Gebäudes ist schwer zu beantworten. Von den drei Lösungen, die man vorgeschlagen hat, scheiden zwei mit großer Wahrscheinlichkeit aus. Ein Mausoleum kann das Oktogon kaum gewesen sein wegen der halbkreisförmigen, für die Aufnahme eines Sarkophags schlecht geeigneten Nischen. Vergleichbare Bauten, etwa in Split oder Rom, haben rechteckige Nischen oder rechteckige und runde im Wechsel. Zudem müßte man sich bei dieser Annahme zu einer anderen Deutung des Rundbaus (mit rechteckigen Nischen) nördlich vom Galeriusbogen entschließen, was man nur ungern wird tun wollen. Auch die Interpretation als christliche Kirche ist auszuschließen, einmal weil das Oktogon in Anlage (Südorientierung) und Mauerwerk mit dem ganzen Komplex eine Einheit bildet, zum andern, weil die fast unversehrt erhaltenen vier Pfeilerkapitelle mit Darstellungen heidnischer Gottheiten (Jupiter, ein Kabire, ein Dioskure, Hygieia) sicher den Unwillen der christlichen Besucher erregt hätten und entfernt worden wären. Es bleibt die Deutung als Thronsaal, wozu die monumentale Ausgestaltung des Baus mit dem überdimensionalen Vorraum vorzüglich passen würde: Mittelpunkt einer Palastanlage, die vom Meer bis zur Rotunde die stattliche Fläche von 800 × 250 m bedeckt hat.

An den drei markantesten Bauwerken des Palastkomplexes, dem Galeriusbogen, der Rotunde und dem Oktogon, sei je ein Merkmal hervorgehoben, das für die enge Verflechtung von Christlichem und Heidnischem zu Beginn des 4. Jahrhunderts und damit für die Verhältnisse der frühen Christengemeinde in Thessaloniki von besonderer Bedeutung sein dürfte.

Der Galeriusbogen[44], kurz nach 300 zur Erinnerung an die Siege des Kaisers über die Perser in Armenien und Mesopotamien errichtet, trug auf seinen vier Mittelpfeilern – nur die beiden westlichen sind erhalten – in vier übereinander angeordneten umlaufenden Bändern Darstellungen dieser Kämpfe. Wenn auch der handwerkliche Wert der Reliefs nicht allzu hoch zu veranschlagen ist, so ist die Gestaltung der einzelnen Szenen mit ihrem für die späte Kaiserzeit charakteristischen Figurenreichtum auf engstem Raum doch recht eindrucksvoll. Für das Verständnis der Anordnung der Szenen auf den einzelnen Pfeilern hat H. v. Schoenebeck das Entscheidende geleistet.[45] Die Kampf-, Unterwerfungs- und Huldigungsszenen, die Darstellungen von Gesandtschaften, Friedensverhandlungen und Tributzahlungen sowie die Siegesbilder vereinigen Elemente der monumentalen Kriegschroniken, wie sie auf den römischen Bildsäulen vorgeführt werden, mit Elementen der von den herkömmlichen römischen Triumphbogen her bekannten panegyrischen Dar-

---

44 *Makaronas* hat diesem Monument eine kleine Monographie gewidmet (Triumphbogen). Die besten Detaildarstellungen bei *Graeber*, Frühes Christentum, Abb. 9.152f.226–228.

45 Galeriusbogen; eine schematische Übersicht über die erhaltenen, allerdings nicht immer eindeutigen Szenen S. 362.

stellungen. Dieses doppelte Programm bedingt nun auch eine Abweichung vom sonst üblichen Typus des Fassadenbaus, der die wichtigen Darstellungen auf der Außenseite trägt. Beim Galeriusbogen sind sie in den Innenraum verlegt, und zwar so, daß die Nordsüdrichtung, also der Durchgang vom Palast zur Rotunde, und nicht, wie bei einem Triumphbogen eigentlich zu erwarten, der Straßendurchgang besonders akzentuiert ist.

Die Opferszene auf der Ostseite des inneren erhaltenen Pfeilers gehört nicht nur zu den besterhaltenen Reliefs, sie gibt auch ein lebendiges Bild von der Bedeutung des Kaiserkults in dieser Zeit. Rechts von einem diagonal ins Bildzentrum gerückten Opferaltar steht Galerius in Militäruniform, die Rechte über den Altar gestreckt und offenbar mit dem Siegesopfer beschäftigt. Auf der linken Seite assistiert ihm Diokletian im kaiserlichen Ornat. Auf den beiden dem Betrachter zugewandten Seiten des Altars finden sich Darstellungen des Zeus (links) und des Hercules (rechts) – zwei deutliche Hinweise auf den Kaiserkult. Diokletian, zu dieser Zeit Augustus der Ostprovinzen, ließ sich als Iovius verehren. Von einer Beziehung zwischen Galerius und Hercules ist meines Wissens zwar nichts bekannt, aber immerhin nannte sich Maximinian, der Mitregent Diokletians und 286 n. Chr. zum Augustus ernannt, Herculius. Die beiden Frauengestalten, die zwischen den Kaisern hinter dem Altar stehen – die eine hat der anderen die Hand auf die Schulter gelegt –, sind durch die zum Teil noch erkennbaren Inschriften OIK]OYMEN[H und E]IPHN[H als Verkörperungen des römischen Weltreichs und des Friedens gekennzeichnet: stolzer Ausdruck der Befriedung der Welt im Imperium Romanum.

Wie ein heidnischer Bau mit kultischen Funktionen von den Christen in ihren eigenen Dienst übernommen werden konnte, zeigt das Galeriusmausoleum in exemplarischer Deutlichkeit. War schon der Bau des Galerius mit seiner auf acht Pfeilern zwischen überwölbten Nischen ruhenden Kuppel (Durchmesser annähernd 25 m) und seinem wahrscheinlich im Stile einer Scheinarchitektur mit Marmor verkleideten Innenraum ein kaum zu überbietender Ausdruck kaiserlichen Repräsentationsbedürfnisses, so haben wir uns die Georgskirche, zu der die Christen den Bau wohl um 400 umwandelten, noch weit prächtiger vorzustellen *(Abb. 14)*. Die östliche Nische wurde zur Apsis erweitert, der Eingang vom Süden auf die westliche Seite verlegt und der Innenraum auf den doppelten Durchmesser vergrößert. Man entfernte die rückseitigen Nischenwände, so daß eine Abfolge von Pfeilern und Durchgängen entstand, und zog eine neue Außenmauer hoch, die sich als Umgang oder Seitenschiff um den Zentralraum herumlegte. (Im ausgehenden Mittelalter wurde diese Mauer wieder abgerissen und die Nischen geschlossen, so daß sich heute, abgesehen von Ostapsis und Westeingang, wieder der ursprüngliche Zustand dem Auge darbietet.) Von der Marmorverkleidung der unteren Region ist so gut wie nichts mehr zu sehen. Dagegen hat sich der Mosaikschmuck der Kuppel wenigstens in der unteren Hälfte fast vollständig erhalten. Dem Pfeilerrhythmus entsprechend, ist die Rundzone in acht Felder eingeteilt. In jedem stehen zwei, seltener drei durch Namen und Datum des Festes gekennzeichnete Heilige mit zum Gebet ausgestreckten Händen *(Abb. 16)*. Die mit reicher Erfindungsgabe sehr unterschiedlich gestalteten Gewänder fallen auf, ebenso die ganz individuell behandelten Gesichter, kleine psychologische Studien, noch stark aus der Tradition der hellenistisch-römischen Porträtmalerei empfunden. Den Gesamteindruck des Mosaikbandes bestimmt allerdings der phantastische architektonische Rahmen, in den die Figuren hineingestellt sind: von Halbkuppeln überwölbte Nischen, Toreingänge, über denen sich eine luftige Säulenarchitektur öffnet, Arkaden, Bogen und Balustraden, alles in einer eher spielerischen als naturalistischen Perspektive angeordnet, dazu an den Eingängen aufgehängte Öllämpchen und auf den Simsen thronende Pfauen. Mag diese Architektur auch den Palastfassaden an der Agora von Milet oder der Bibliothek von Ephesos nachgebildet sein, so deuten die an Apsis, Kanzel und Ciborium erinnernden architektonischen Formen doch auf den kultischen Charakter dieser prächtigen Szenerie, die wohl als eine Art Vorhof des Himmels verstanden werden sollte. Ergänzt man in seiner Phantasie das Kuppelmosaik mit dem thronenden, von vier Engeln getragenen Christus und die marmorne Wandverkleidung, kann man sich eine Vorstellung machen von dem überirdischen Glanz und der Farbenpracht dieser ältesten erhaltenen christlichen Kirche Thessalonikis.

Ein Problem besonderer Art stellt das Kreuz in der Hauptapsis des Oktogons dar *(Abb. 17)*. Mit gleichlangen Armen, ist es von einem Strahlenkranz umgeben und auf beiden Seiten von zweigartigen Gebilden flankiert, die man wegen ihrer Schrägstellung wohl am ehesten als Palmzweige, nicht als Bäume zu verstehen hat. Mehrere Deutungen dieses faszinierenden Ensembles sind versucht worden, aber keine vermag restlos zu überzeugen. Tatsache ist jedenfalls, daß das christliche Emblem – wenn es sich überhaupt um ein solches handelt – zum ursprünglichen Bau gehört und nicht erst später, als die Christen ihn usurpierten,[46] in die Wand eingelassen wurde. Weil das Kreuz hinter der Marmorverblendung verborgen war, vermutete der Ausgräber, Ch. I. Makaronas, daß die Handwerker Christen gewesen seien und das Kreuz heimlich angebracht hätten. Diese Deutung ist ebenso unwahrscheinlich wie die rein heidnische, die in der Darstellung ein Symbol des Sonnengotts und seines Feuerwagens sieht (Hoddinott 123f). Der Wahrheit am nächsten dürfte die Erklärung von M. Vickers kommen.[47] Palmenzweige waren im heidnischen wie im christlichen Bereich Zeichen des Sieges. Also wäre in unserem Fall der Sieg des Kreuzes dargestellt. Der historische Kontext wäre gegeben durch das Toleranzedikt, das Galerius im Jahr 311 n. Chr., wenige Tage vor seinem Tod, von Serdica aus erließ. Das Oktogon müßte demnach zur Zeit von Galerius' Tod noch unvollendet gewesen sein, eine Annahme, die bei den immensen Ausmaßen der Palastanlage nicht von der Hand zu weisen ist.

8. Frühchristliche Basiliken

Zu den ältesten Kirchen der Stadt gehören die beiden Basiliken Hagios Dimitrios und Hagia Paraskevi. Beide vermitteln heute im Bereich des griechischen Mutterlandes den besten Eindruck einer frühchristlichen Basilika.

Die „Freitagsmoschee" (P a r a s k e v i)[48] verdient deswegen besonderes Interesse, weil sie als einzige frühchristliche Basilika in Grie-

---

[46] Aus dieser Zeit blieb ein Ambo mit einem Fries von Kreuzen in rhombenförmigen Feldern erhalten.

[47] Octagon 115f.

[48] Seit dem 13. Jh. ist auch der Name „Acheiropoietos" belegt: nach einem „nicht von Menschenhand geschaffenen" Bild der Muttergottes.

chenland fast unversehrt erhalten geblieben ist. Der Bau der Kirche, die der Gottesmutter geweiht ist, dürfte mit dem Konzil von Ephesos (431) in Zusammenhang zu bringen sein, auf dem die vom Patriarchen in Konstantinopel vertretene Lehre von den zwei Naturen Christi – noch – abgelehnt worden war. Damit war Maria in ihrem Rang als Theotokos, als Gottesmutter, bestätigt, und ihr zu Ehren dürfte die Kirche mit ihren gewaltigen Ausmaßen gebaut worden sein. Daß man in der Anlage des Sanktuariums zugunsten einer durchgehenden Anordnung auf eine Dreiteilung (wie im Neubau der Demetrioskirche) verzichtete, also hellenistischen und nicht östlichen Vorbildern folgte, ist ebenfalls als Ausdruck der Romtreue und als Absage an Konstantinopel zu verstehen.

Das Innere, von den türkischen Zutaten befreit und in seinem ursprünglichen Zustand weitgehend wiederhergestellt, wirkt trotz der prächtigen Arkadenreihen mit je zwölf Marmorsäulen, die die beiden Seitenschiffe abtrennen, dem großenteils erhaltenen Marmorboden und dem offenen, der alten Konzeption genau entsprechenden Dachstuhl merkwürdig nüchtern und kalt. Wahrscheinlich liegt es an dem verlorengegangenen Mosaikschmuck, der nur an der Unterseite der Arkadenbögen erhalten ist, sich hier aber auf kleinem Raum um so üppiger und farbenfroher in Girlanden, Kantharoi (Becher mit hochgezogenen Henkeln), Kandelabern und Kreuzen entfaltet. Im südlichen Seitenschiff stieß man auf ein Fußbodenmosaik eines römischen Hauses. Ob es sich um ein öffentliches Gebäude, um eine Villa oder gar um den von Edson an dieser Stelle vermuteten Dionysostempel (s. o. S. 98) handelt, läßt sich im Augenblick noch nicht sagen. Vielleicht bringen die zur Zeit neu eingeleiteten Untersuchungen, in deren Verlauf man auf einen noch älteren Mosaikboden direkt unter dem bekannten stieß, weitere Aufschlüsse. Daß sich in dieser Gegend römische Bauten befanden, läßt nicht nur die zentrale Lage in unmittelbarer Nähe der wichtigsten Straßen der Stadt vermuten, sondern wird zusätzlich bestätigt durch die römische Zisterne neben dem durch eine Vorhalle besonders ausgestalteten Südeingang der Kirche (jetzt unter dem Garten).

Die Demetrioskirche ist dem Stadtheiligen von Thessaloniki geweiht. In jungen Jahren war Demetrios als Sproß einer alteingesessenen Familie in das kaiserliche Heer eingetreten und hatte schon bald durch seine beachtlichen Erfolge die Aufmerksamkeit des Kaisers erregt. Das bewahrte ihn jedoch nicht davor, ein Opfer der von Galerius und Diokletian angeordneten Christenverfolgung zu werden. Wie die Chronik berichtet, wurde Demetrios, der sich auch nach seiner Festnahme weigerte, seinem Glauben abzusagen, kurzerhand in einem nahegelegenen Baderaum untergebracht. Galerius hatte im Augenblick keine Zeit, sich mit dem Gefangenen zu befassen; die wegen eines siegreichen Feldzugs angesetzten Spiele riefen ihn ins Stadion. Als Champion unter den Gladiatoren galt unbestritten ein gewisser Lyaios; entsprechend groß waren die Summen, die für einen Sieg über ihn ausgesetzt wurden. Trotzdem wagte niemand, mit ihm zu kämpfen. Schließlich stellte sich Nestor, der Freund des Demetrios, zum Kampf und bestand ihn siegreich. Als Galerius erfuhr, daß der Sieger ein Freund des Demetrios und wie dieser Christ war, verurteilte er ihn zum Tod. Demetrios selbst wurde in dem Thermenraum von Soldaten erstochen, sein Leichnam noch während der Nacht von Mitchristen gefunden.

Diese legendenhaft ausgeschmückten Ereignisse fanden im Jahr 303 statt. Kurz danach, vielleicht schon gegen 311, nach dem Toleranzedikt Konstantins, das den Christen Religionsfreiheit zusicherte, soll an der Stelle, an der Demetrios den Märtyrertod erlitt, eine kleine Kirche gebaut worden sein. Die Nachricht ist durchaus glaubwürdig, denn Grabungen haben mehrfach bestätigt, daß die Demetrioskirche über einer römischen Thermenanlage des 2./3. Jahrhunderts errichtet worden ist. Zudem fand man in der Krypta, direkt unter dem späteren Altarraum, eine durch Stufen zugängliche kreuzförmige Einlassung für das Enkainion, das die Reliquien, eine kleine Glasflasche mit Resten menschlichen Bluts, enthielt. Die nahe an dieser Stelle vorbeilaufende Rundung der Apsis, deren Fundamente erhalten blieben, dürfte zum ursprünglichen Bau gehört haben.[49]

Im 5. Jahrhundert trat an die Stelle der alten Märtyrerkirche eine

[49] Bisweilen wird auch der unmittelbar südlich an die Krypta anschließende, ebenfalls in den Fundamenten erhaltene rechteckige Bau mit Apsis als die erste Märtyrerkirche ausgegeben, was aber wegen seiner aus der Mittelachse gerückten Lage wenig wahrscheinlich ist. Zudem zeigen die beiden Durchlässe an der Nordwand, daß dieser Raum zur Anlage des 5. Jh. gehört haben muß (s. u.).

gewaltige fünfschiffige Anlage mit Querschiff, die auch im heutigen, nach dem Stadtbrand von 1917 neu errichteten Bau noch gut zu erkennen ist. Das hat seinen Grund unter anderem darin, daß das Mauerwerk der Thermen den Kern der Anlage bildet. Die Säulen, die die Schiffe voneinander trennen, ruhen auf den Wänden des Thermenuntergeschosses. Von dieser Badanlage wurden sogar zwei Räume fast unverändert übernommen und sind noch heute in der Nordwestecke der Kirche als vorspringende Annexbauten zu sehen: ein auffallend hoher, halbkreisförmig mit Ziegeln eingewölbter Raum und dahinter eine rechteckige Kammer, die später das Grab des Heiligen aufnahm. Die Länge der christlichen Anlage scheint ebenfalls durch die römischen Bauten bedingt gewesen zu sein. Im Osten fand man auf dem Niveau der Krypta die Reste einer römischen Straße mit unregelmäßigen Marmorplatten.[50] Im Westen lag das mit der Thermenanlage verbundene Stadion[51], das den asymmetrischen Verlauf der Westfront verursacht haben dürfte.

Baugeschichtlich der interessanteste Teil der gesamten Kirchenanlage ist die Krypta *(Abb. 18)*. Ursprünglich ein Nymphäum, das von der östlich verlaufenden Straße her durch mehrere Durchlässe zugänglich war, wurde der Bezirk in den Bau des 5. Jahrhunderts miteinbezogen. Eine halbkreisförmige Stellung von massiven Pfeilern, die der Apsiswand der neuen Kirche als Substruktion dienen, grenzten den Raum nach Osten ab. So entstand um den Portikus herum eine Art Umgang, der die Pilger aufnehmen konnte. Vom apsisartigen Innenraum aus gewährte ein Durchgang im Süden durch den bereits erwähnten (siehe oben Anmerkung 49) Apsidialraum Zutritt zum Sanktuarium. Weitere Umbauten folgten. Der Nischenwand, die die Krypta im Westen abschloß, wurde ein von sieben Säulen getragener Baldachin (Ädicula) aus Marmor zwischen zwei langgestreckten Becken vorgelegt. An der Rückwand der mittleren Nische ist noch das Ende des Rohrs zu sehen, durch das wahrscheinlich das geweihte Öl in die Becken geleitet wurde. Denn sicher diente der Raum um diese Zeit als Chrismarium; das geweihte Öl galt als zuverlässiges Heilmittel gegen alle möglichen Krankheiten.

[50] Heute ist die Straße in den zu einem kleinen Museum ausgestalteten Kryptabezirk miteinbezogen.

[51] Noch im 9. Jh. hieß die Demetriusbasilika „Kirche im Stadion".

Demetrios, dessen Fest jährlich am 26. Oktober mit einem unwahrscheinlichen Aufwand im Stile eines Volksfestes gefeiert wurde, war nicht nur, wie unzählige Legenden berichten, der tapfere Streiter im Kampf gegen alle Feinde, der Retter von Pest und Hungersnot, der Erreger und Besänftiger von Wind und Wellen, er war auch der große Arzt, der auf ähnliche Weise wie Asklepios seine Wundertaten vollbrachte. Daher nimmt es nicht wunder, daß die Pilgerzahlen weiter zunahmen – die Erweiterung der Brunnenanlage im 10./11. Jahrhundert und das hinzugefügte runde Becken zwischen Ädicula und Pfeilern legen davon ein beredtes Zeugnis ab. Wie Athen seine Athena Polias, Venedig seinen Markus, so hatte Thessaloniki seinen Demetrios.

Anhang: Beroia

Über die nächste Station, die Paulus und Silas von Thessaloniki erreichen, ist nicht viel zu berichten. Beroia (Verria), heute eine mittlere Provinzstadt und reizvoll am Rand eines Hochplateaus gelegen, zeigt in seinem durch moderne Bauten geprägten Straßenbild nur wenig von seiner Vergangenheit. Die zahlreichen kleinen Kirchen verstecken sich meist in irgendwelchen Hinterhöfen; wie man sagt, sollten die Türken nicht auf sie aufmerksam werden. In ihrem größtenteils desolaten Zustand unterscheiden sie sich kaum von ihrer ärmlichen Umgebung, und selbst die alte Metropolis macht es dem Besucher nicht leicht, die Spuren der frühchristlichen Basilika, über deren Resten aus dem 5. Jahrhundert sie erbaut wurde, ausfindig zu machen: eine mit Kymatien und Akanthusblättern prächtig verzierte Türfassung.

Auch die antiken Reste nehmen sich recht bescheiden aus. 1960 wurden die Fundamente eines der Stadttore ausgegraben, und ganz in der Nähe, an der Straße nach Thessaloniki, finden sich die Reste zweier Türme, die zur Stadtbefestigung gehörten. Daß man auf historischem Boden steht, merkt man eigentlich erst, wenn man unter die Erde geht. So fand man außerhalb des antiken Stadtgebiets 15 Gräber einer römischen Nekropole. Und unter den modernen Straßenzügen entdecken Bauarbeiter oder Kabelleger immer wieder

Mauerreste von hellenistischen und römischen Bauwerken oder Teile einer alten Römerstraße: Sie war 4 m breit und von 20–30 cm breiten und 20 cm hohen Bordsteinen eingefaßt.

Nur ungenaue Kenntnis haben wir auch von der Rolle, die Beroia während seiner Blütezeit unter den römischen Kaisern gespielt hat. Mehrfach erwähnen Inschriften und Münzen (Gaebler II 47f,1–4) in der Zeit zwischen dem 1. und 3. nachchristlichen Jahrhundert ein κοινὸν Μακεδόνων, also einen Zusammenschluß der Makedonen, und Sitz dieser Organisation war Beroia.[52] Was nach einem politischen Bündnis aussieht, dürfte wohl eher ein Zusammenschluß mit kultischen Aufgaben gewesen sein, vorwiegend für die Organisierung des Kaiserkults, wie der Titel ἀρχιερεὺς (τῶν Σεβαστῶν) καὶ ἀγωνοθέτης für den Vorsteher der Gemeinschaft nahelegt. Dieser führte offenbar die Aufsicht über die Kaisertempel und war auch für die Ausrichtung der zum Kaiserkult gehörigen Spiele zuständig. Seit wann diese Gemeinschaft bestand, läßt sich nicht mit Sicherheit sagen. Der älteste Beleg stammt aus der Flavierzeit, jedoch ist eine Gründung schon unter Augustus wahrscheinlich, wobei das jetzt in Beroia tagende συνέδριον aus den entsprechenden Gremien der vier Bezirke zur Zeit der Teilung zusammengefaßt worden sein könnte. Warum die Wahl ausgerechnet auf Beroia fiel, kann man nur vermuten. Zum einen lag es zentral, zum anderen kamen Städte wie Pella, Thessaloniki oder Amphipolis nicht in Betracht, da sie als römische Kolonien oder *civitates liberae* nicht zum Koinon gehörten. Auch wenn die – jährlich neu zu wählenden – Ratsmitglieder nicht das ganze Jahr über in Beroia anwesend waren, trug die Ansässigkeit des Synedrions der Stadt doch so schmeichelhafte Titel ein wie πόλις τῆς Μακεδονίας μεγάλη καὶ πολυάνθρωπος (große, volkreiche Stadt Makedoniens) oder ζαθέη μητρόπολις (göttliche Mutterstadt).

Beroia, das Paulus und Silas über Pella in etwa zwei Tagen erreicht haben dürften, lag abseits der Via Egnatia (Gesamtentfernung von Thessaloniki 70–80 km), und das war vielleicht auch der Grund, weshalb diese Stadt als Zufluchtstätte gewählt wurde.[53] Die Vorgänge in der Stadt im Zusammenhang mit der Tätigkeit der Apostel

[52] Dazu ausführlich *Kanatsoulis*, Koinon.

[53] Vgl. Cic. Pis. 89, der Beroia ein *oppidum devium* (abseits gelegen) nennt.

erinnern stark an die Ereignisse in Thessaloniki. Auffallend ist, daß Paulus auch in Beroia gerade Frauen aus den vornehmen griechischen Kreisen für seine Sache gewinnen kann.[54] Nun gibt es Hinweise darauf, daß Frauen in Beroia eine größere Rolle gespielt haben als andernorts. Aus Inschriften sind zwei μακεδονιάρχισσαι bekannt, die – beide als Gattinnen von Makedoniarchen – wahrscheinlich von den Mitgliedern des Synedrions in dieses hohe Amt[55] gewählt wurden. Frauen in einer derart hervorragenden Stellung sind auch um diese Zeit in Griechenland eine seltene Ausnahme.

[54] Zu γυναικῶν τῶν εὐσχημόνων V. 12 vgl. γυναικῶν τῶν πρώτων V. 4 und Apg 13,50, wo beide Begriffe miteinander kombiniert werden. εὐσχήμων bezeichnet also die gesellschaftliche Stellung der Betreffenden, nicht ihre Verhaltensweise („anständig").

[55] Der Titel μακεδονιάρχης, wie ἀσιάρχης oder βιθυνάρχης gebildet, ist in seiner Funktion und in seiner Beziehung zum ἀρχιερεύς nicht geklärt; vgl. *Cormack*, High Priests. Daß er mit dem makedonischen Koinon in Beziehung stand, ist anzunehmen, daß er keine grundsätzlich andere Beamtengruppe als die ἀρχιερεῖς bezeichnete, wahrscheinlich.

IV. Athen

Der Bericht über Paulus' Besuch in Athen mit der berühmten Areopagrede ist nicht nur ein Höhepunkt innerhalb der Apostelgeschichte; in seiner präzisen und farbenreichen Erfassung des Lokalkolorits stellt er für das gesamte Neue Testament etwas Einmaliges dar. Der Gang des Apostels durch die Straßen der Stadt mit den zahllosen Tempeln, Altären und geweihten Statuen, seine Auftritte in der Synagoge und auf der Agora vor einem großen Publikum, die Neugier der diskutierfreudigen Athener, aber auch ihre Ehrfurcht vor den Göttern, die Debatten, die das den Griechen angeborene agonale Element nicht verbergen, und nicht zuletzt der altehrwürdige Name des Ortes, an dem Paulus seine Rede hält, fügen sich zu einem Bild von atmosphärischer Dichte zusammen, das die Erinnerung an jene Zeiten wachruft, als Athen noch der geistige Mittelpunkt der westlichen Welt war. Über dem prächtigen Bericht des Lukas vergißt der Leser, daß die Stadt, in die Paulus damals kam, nach Größe und wirtschaftlichem Potential kaum mehr als eine Provinzstadt war. Rund 500 Jahre liegen zwischen dem Athen der perikleischen Blütezeit und jener Stadt, die Paulus besuchte, fünf Jahrhunderte, in denen Athen auf allen Gebieten, der Politik, Kultur und Wirtschaft, einschneidenden Veränderungen unterworfen war. Sie auch nur im Abriß darzustellen ist auf wenigen Seiten nicht möglich. Wir müssen uns damit begnügen, einige uns besonders wichtig scheinende Daten herauszugreifen.[1]

1. Der Niedergang der Polis

Das 4. Jahrhundert wurde, je weiter es vorrückte, in immer stärkerem Maße zum Krisenjahrhundert für die griechische Polis, also für jene Institution, ohne die die kulturellen Sonderleistungen

---

[1] Solange eine umfassende Darstellung der Geschichte Athens fehlt, sind für die spätere Zeit immer noch die Einzeluntersuchungen von *Graindor* unentbehrlich: Athènes sous Auguste; Athènes de Tibère à Trajan; Athènes sous Hadrian. Ferner für die hellenistische Zeit: *Ferguson*, Hellenistic Athens. Zur Wirtschaftsgeschichte: *Day*, Economic History.

der Griechen undenkbar wären, die aber auch den Keim des griechischen Grundübels, der Uneinigkeit und der Rivalitätssucht, in sich trug. Diese Unfähigkeit zu gemeinsamem Handeln mußte sich in Zeiten, in denen die Bedrohung von außen immer stärker wurde, besonders nachteilig auswirken. So hatten sich die Griechen im Frieden des Antalkidas, dem sogenannten Königsfrieden (387/6), zwar die Autonomie ihrer Städte vom Perserkönig garantieren lassen, aber mit dieser Freiheit wußten sie nichts anzufangen. Man proklamierte des öfteren einen allgemeinen Landfrieden, jedoch blieb es beim Lippenbekenntnis. Weder hinderte es Athen, im Blick auf die Erzrivalin Sparta einen neuen Attischen Seebund zu gründen (377), noch hielt es Theben davon zurück, durch die Ausschaltung Spartas wenigstens für ein Jahrzehnt sich im Ruhme der Vorherrschaft in Griechenland zu sonnen (371–362).

Was sich im Friedensschluß mit den Persern angebahnt hatte, setzte Philipp von Makedonien fort: In der Schlacht von Chaironeia (338 v. Chr.) verlor Griechenland seine Unabhängigkeit. Zwar erfreute sich Athen noch längere Zeit der besonderen Gunst des Königs und war in seiner politischen Freiheit kaum eingeengt. Trotzdem gehört es zur Ironie der Geschichte, daß Demosthenes, der wortgewaltige Redner und energischste Verfechter der griechischen Polis, in seinen Tiraden gegen Philipp für eine bereits verlorene Sache kämpfte. Der Beschluß der athenischen Volksversammlung bei der Nachricht vom Tod Alexanders, den Krieg gegen Makedonien zu proklamieren, mag das Herz des überzeugten Demokraten, der mittlerweile auf Ägina in der Verbannung lebte, noch einmal enflammt haben. Aber der Aufstand wurde schnell niedergeschlagen. Die Folge war eine drastische Reduzierung der Bürgerzahl Athens durch Neufestsetzung des Zensus sowie eine makedonische Besatzung in der athenischen Hafenfeste Munychia. Der Freitod des Demosthenes, der im Poseidonheiligtum von Kalaureia, der heutigen Insel Poros, Gift nahm, bekräftigte symbolisch das Ende der altgriechischen Polis. Darüber hinaus war mit dem mißglückten Aufstand die Vorherrschaft Athens zur See endgültig dahin; seine Rolle als politische Großmacht hatte Athen für immer ausgespielt.

Das Verhältnis von Philipp und Alexander zu Griechenland war nicht das von Despoten gegenüber einem unterworfenen Land, vielmehr versuchten beide, in einem vernünftigen Ausgleich zwischen Erhaltung der bürgerlichen Freiheit und Autonomie einerseits und einer maßvollen Kontrolle andererseits neue Formen des politischen Zusammenlebens in geographisch erheblich vergrößerten Räumen zu erproben. Trotzdem waren die Makedonen in ihrer urtümlichen, an alten Einrichtungen wie Heeresversammlung und Königswahl festhaltenden, dabei für griechische Verhältnisse ungeistigen Art den Griechen eher unheimlich als sympathisch. Vollends widersprach die ihnen befohlene Vergöttlichung Alexanders ihrem religiösen Empfinden, mochte sie auch für die neue Zeit symptomatisch sein.

Auch unter den Diadochen (bis 280 v. Chr.), den Nachfolgern Alexanders, blieb Athen im Unterschied zum übrigen Griechenland vor größeren Schäden bewahrt, nicht zuletzt wegen der klugen Politik des Demetrios von Phaleron, der 317 von Kassandros (s. o. S. 79 f) als Regent über seine eigenen Landsleute eingesetzt worden war. Selbst ein Schüler des Aristoteles, versuchte er, ein Philosophenregiment im Sinne Platons zu führen. Bedeutende Persönlichkeiten wie Theophrast, das Haupt der peripatetischen Schule, und der Komödiendichter Menander gehörten zu seinem Freundeskreis. Aber alle wirtschaftlichen und kulturellen Leistungen, die er vorzuweisen hatte, konnten die Athener nicht daran hindern, jenen anderen Demetrios, der später den Beinamen Poliorketes bekam, stürmisch als Befreier zu begrüßen, als er die makedonische Besatzung aus der Hafenfestung vertrieb und die Demokratie in Athen wiederherstellte (307 v. Chr.).

In den beiden folgenden Jahrhunderten ging die Geschichte eher an Athen vorüber, das sich mit dem Verlust seiner politischen Führungsrolle abgefunden hatte. Der Versuch, die makedonische Herrschaft mit der ptolemäischen zu vertauschen (267–261 v. Chr.), wurde mit verstärktem politischem Druck beantwortet; wenigstens vorübergehend sank Athen auf das Niveau einer makedonischen Provinzstadt herab. Die wichtigen historischen Ereignisse dieser Zeit fanden fern von Athen statt; selbst die Kelten zogen an Attika vorüber wie seinerzeit die Dorer. Bis zu jener Katastrophe, die mit dem Namen Sullas verknüpft ist und deren verheerende Auswirkungen für die Stadt nur mit dem Perserbrand von 480 v. Chr. zu vergleichen sind. Mithridates VI. (120–63 v. Chr.), der Schöpfer des Pontischen Reiches und gefährlichste Gegner der Römer im 1. Jahrhundert v. Chr., hatte es verstanden, nach der Vertreibung der Römer aus Kleinasien sich die Sympathien der dortigen Griechen zu erwerben, die ihn als „Retter von Asien" und „Neuen Dionysos" verehrten. Aber erst der – vom politischen Standpunkt höchst unkluge – Anschluß Athens an Mithridates vollendete dessen Triumph als Vorkämpfer der hellenischen Sache gegen Rom. Mit einem Heer von 30 000 Mann wurde Sulla nach Griechenland geschickt. Er belagerte Athen und den Piräus, den Mithridates zum Hauptstützpunkt seiner Flotte gemacht hatte. Am 1. März 86 v. Chr. fiel die Stadt und wurde geplündert, der Hafen auf Sullas Befehl in Brand gesteckt. Damit beginnt die römische Epoche in der Geschichte Athens.

Die bedeutsamsten Ereignisse der Folgezeit, die parteipolitischen Auseinandersetzungen während des römischen Bürgerkrieges, der fast zwanzig Jahre währte und Griechenland außerordentlich stark in Mitleidenschaft zog, weil die wichtigsten Entscheidungsschlachten auf griechischem Boden stattfanden (Pharsalos, Philippi, Actium), wirkten sich für Athen insofern nachteilig aus, als es meistens auf der falschen Seite stand. Weil sich die Stadt für Pompeius erklärt hatte, ließ Caesar sie nach seinem Sieg über den Kontrahenten bei Pharsalos in Thessalien (48 v. Chr.) verwüsten. Verständlich, daß nach Caesars Tod die Statuen von Brutus und Cassius auf der Agora neben denen der berühmten athenischen Tyrannenmörder Harmodios und Aristogeiton aufgestellt wurden (44 v. Chr.), freilich nur für kurze Zeit, denn schon wenig später, nach seinem Sieg über die Caesarmörder bei Philippi, überwinterte Antonius in der Stadt (42 v. Chr.). Die Parteinahme für ihn wiederum trübte später das Verhältnis des Augustus zu Athen, als dieser seinen Widersacher bei Actium (31 v. Chr.) aus dem Felde geschlagen hatte. Trotzdem beginnt mit Augustus auch für Athen eine Zeit der Ruhe und Erholung, wenn auch unter bescheidenen wirtschaftlichen Verhältnissen.

2. Wirtschaftliche und soziale Spannungen

Der Verfall Athens von der führenden See- und Handelsmacht der Ägäis zur politisch und wirtschaftlich unbedeutenden Provinzstadt vollzog sich nicht schlagartig, aber auch nicht in Form einer stetigen

Abwärtsentwicklung, vielmehr in mehreren Intervallen, die durch Zeiten relativer Prosperität unterbrochen waren.
Nachhaltiger als der Verlust der Vorherrschaft zur See nach der endgültigen Niederlage im Peloponnesischen Krieg (404 v. Chr.) dürfte die zunehmende Einbuße von Absatzmärkten im Osten die Wirtschaft Athens beeinträchtigt haben. Hier waren in Rhodos, Antiocheia und Alexandreia mächtige Rivalen entstanden, die den Bedarf an Konsumgütern durch den Auf- und Ausbau eigener Industrien zu decken suchten, zumal wichtige athenische Exportartikel, allen voran die Keramik, ihre Monopolstellung mehr und mehr verloren. Im Westen machte Syrakus von sich reden, das unter Hieron II. (269–215 v. Chr.) eine Zeit außerordentlichen Wohlstands erlebte und Athen im westlichen Mittelmeer Konkurrenz machte. Da Athen andererseits auf Importe, vor allem von Getreide aus Ägypten, angewiesen war – es konnte nur etwa die Hälfte des Bedarfs aus eigenen Erträgen decken –, gestaltete sich die Handelsbilanz immer negativer, auch wenn der Export von Agrargütern wie Öl, Honig und Feigen nach wie vor nicht schlecht lief. Auch die Tatsache, daß sich bereits im 3. und 2. Jahrhundert v. Chr. viele Ausländer, an erster Stelle wohl Geschäftsleute, in Athen aufhielten,[2] spricht dafür, daß die Stadt immer noch lohnende Geschäfte versprach. Aber der Gegensatz zwischen arm und reich, der den meisten griechischen Städten von Anfang an zu schaffen gemacht hatte, nahm in Athen vor allem unter der Herrschaft der Makedonen (322–229 v. Chr. mit kurzen Unterbrechungen) beängstigende Formen an. In der Stadt konzentrierte sich der Wohlstand bei einer kleinen Schicht, das Land war in der Hand einiger weniger Großgrundbesitzer. Und dieses Mißverhältnis in der Verteilung der wirtschaftlichen Kräfte wurde dadurch noch verschärft, daß als Folge der Abhängigkeit von einer fremden Macht die Fähigkeit der Polis, die politischen, sozialen und ökonomischen Bereiche miteinander zu integrieren und auszugleichen, immer schwächer wurde – eine Entwicklung, die durch die Bevorzugung oligarchischer Regierungsformen durch Makedonen und Römer noch

[2] In der Aufstellung bei *Day*, Economic History 82 sind als Heimatländer neben Nordgriechenland und Süditalien (mit Sizilien) genannt: Bithynien, Pontus, Propontis, Ägäische Inseln, Kleinasien, Kreta, Zypern, Rhodos, Syrien, Phönikien, Alexandreia.

gefördert wurde. Auch wenn wir kaum über direkte Quellen verfügen, müssen wir annehmen, daß der Lebensstandard sowohl des Land- als auch des Stadtarbeiters außerordentlich bescheiden war. Die Arbeitsverhältnisse auf Delos, über die wir dank aufgefundener Tempelrechnungen gut informiert sind, dürften in den Haupttendenzen auch für das Festland gültig sein: sinkende, dann auf dem niederen Niveau verharrende Löhne bei steigenden Preisen und Lebenshaltungskosten. Mag das Urteil des Geographen Herakleides Kritikos, Athen gewähre den angenehmsten Aufenthalt – vorausgesetzt, man bringe sein Essen mit,[3] auch übertrieben sein, Tatsache ist jedenfalls, daß viele Athener sich im Ausland ein besseres Fortkommen erhofften; der Bevölkerungsrückgang war um diese Zeit besonders groß.

Daß unter solchen Umständen die in der Regel ohnehin schon vorhandenen sozialen Spannungen noch zunahmen und durch verschärfte Proletarisierungstendenzen neuen Aufwind bekamen, war die zwangsläufige Folge. Und nicht immer gelang es den Machthabern, aufflammende revolutionäre Unruhen im Keim zu ersticken. Einen spürbaren wirtschaftlichen Aufschwung gab es erst, nachdem die Römer die Verwaltung der Insel Delos an Athen zurückgegeben hatten (166 v. Chr.). Wenn damit auch keine direkten zusätzlichen Einkünfte verbunden waren, da die Römer Delos zum Freihafen erklärt hatten, war Athen jetzt wenigstens am internationalen Handel wieder beteiligt. Auch die Zerstörung Korinths (146 v. Chr.) wirkte sich für den athenischen Handel positiv aus, zumal Athen weit mehr als die alte Rivalin die Sympathien Roms genoß. Aber dieser Aufwärtstrend war nicht von langer Dauer. Schon einige Jahre vor der sullanischen Katastrophe mit ihren langfristigen Auswirkungen machten sich neue Anzeichen eines Verfalls bemerkbar. In erster Linie war er die Folge einer Wertminderung von Delos als wichtigem Umschlagplatz der Ägäis. Einerseits hatten die Römer das für den Osthandel günstige Puteoli entdeckt, andererseits war der Sklavenhandel, bislang eine der lukrativsten delischen Quellen, in die Hand von Seeräubern übergegangen. Nach der Eroberung durch

[3] In seinem Werk über die Städte Griechenlands (GGM I 97ff) zeichnet Herakleides (2. Hälfte 3. Jh. v. Chr.) ein ungeschminktes Bild vom Athen seiner Zeit; vgl. *Pfister*, Reisebilder 75.

Sulla schließlich war die Stadt der Ausbeutung durch römische Beamte (Verres) ausgesetzt. Wie schlecht es um die Staatsfinanzen bestellt war, mag man daraus entnehmen, daß sich die Stadt gezwungen sah, die Insel Salamis zu verkaufen.
So kann es nicht wundernehmen, daß bis in die augusteische Zeit hinein in den Klagen von Dichtern und Schriftstellern über den Verfall Griechenlands Athen an erster Stelle rangiert; vor dem Hintergrund seiner ruhmreichen Vergangenheit mußte der Niedergang um so schrecklicher erscheinen. „Was blieb von Pandions Athen außer dem Namen!“, klagt Ovid in den Metamorphosen (XV 430). Strabon spricht mehrfach von der Verwüstung des Piräus (IX 1,15; XIV 2,9), und noch Pausanias erweckt den Eindruck, als ob das von den Römern verwüstete Athen erst unter Hadrian wiederaufgeblüht sei (I 20,7). Jedoch widersprechen die epigraphischen und archäologischen Zeugnisse dem in der Literatur gezeichneten Bild zum Teil erheblich. Manche literarischen Äußerungen sind rhetorische Übertreibungen (Seneca) oder persönliche, aus der Situation des Autors erklärbare Stellungnahmen (Cicero).[4] Jedenfalls übersieht der Topos vom Verfall Athens eine ganze Reihe von Möglichkeiten, die die Stadt zur Aufbesserung ihrer wirtschaftlichen Lage nutzte, sowie die bemerkenswerten Leistungen ausländischer Herrscher für die Stadt.

3. Im Auftrieb des Philhellenismus

An erster Stelle sind die Feste zu nennen, die alten wie die Dionysien, Panathenäen und Eleusinien, die auch in hellenistischer Zeit noch gefeiert wurden, und die neuen wie die Ptolemäen zu Ehren eines Angehörigen des ägyptischen Königshauses oder die Demetriäen für die Makedonenkönige Antigonos und dessen Sohn Demetrios

---

[4] Zu Cicero ad fam. IV 5,4 s. 210 Anm. 16, zu Seneca epist. XIV 3,10 s. 248. Ein in diesem Zusammenhang gern zitierter Horazvers gehört nicht in diese Reihe, da die Wendung *vacuas ... Athenas* (epist. II 2,81), wie der Kontext lehrt, das „ruhige“ und damit den Studien zuträgliche, nicht das nach der Zerstörung öde daliegende Athen meint. – Eine Sammlung der wichtigsten einschlägigen Stellen mit einer kurzen Würdigung bei *Day*, Economic History 120ff.

Poliorketes. Da mit den Festen auch – mit Ausnahme der Dionysien, an denen man traditionsgemäß Tragödien aufführte – sportliche Wettkämpfe verbunden waren und die Teilnehmer aus aller Herren Länder zusammenströmten, gewannen diese Feierlichkeiten immer mehr den Charakter internationaler Festivals, an denen teilzunehmen auch Könige aus Ost und West sich zur Ehre anrechneten. Die Einnahmen, die der lokale Handel bei diesen Festen – in jedes Jahr fielen deren zwei – zu verzeichnen hatte, dürften die staatlichen Ausgaben weit übertroffen haben, zumal die Kosten zum Teil von den mit der Ausrichtung der Spiele Beauftragten aufzubringen waren. Auch die Eleusinischen Mysterien erfreuten sich eines weltweiten Zuspruchs. Nach dem Zeugnis Philostrats war Athen die volkreichste Stadt des Imperiums, wenn die Mysterien in Eleusis gefeiert wurden.

Eine Mischung von Philhellenismus und merkantilem Interesse dürfte es gewesen sein, die manchen König des Ostens veranlaßte, Athen mit seinen Wohltaten zu überschütten und sich dafür von den Athenern ehren zu lassen.[5] Vor allem die Könige von Pergamon ließen sich ihre Freundschaft mit Athen eine Unmenge kosten. Eumenes II. (197–159) stiftete eine großartige Stoa für das Dionysostheater, sein Bruder Attalos II. (159–138) die riesige, von den amerikanischen Archäologen wieder aufgebaute Markthalle als östlichen Abschluß der Agora (s. u. S. 154 f). Die Förderung eines anderen, allerdings erst später vollendeten Prunkgebäudes der Stadt geht ebenfalls auf einen König des Ostens zurück: der schon von den Peisistratiden begonnene, dann aber liegengelassene Monumentaltempel des Olympischen Zeus, mit dessen Weiterbau Antiochos IV. von Syrien einen römischen Architekten beauftragte (s. u. S. 155 ff).

Die Funktion der östlichen Wohltäter übernahmen später, wenn auch in unterschiedlicher Intensität und aus anderen Gründen, die römischen Kaiser. Sicher erreichte der römische Philhellenismus erst unter Hadrian seinen Höhepunkt, aber auch schon die Vorgänger ließen es an Gunstbezeugungen nicht fehlen. Augustus besuchte die Stadt unmittelbar nach seinem Sieg bei Actium (31 v. Chr.), und mindestens

[5] Besonders eindrücklich ist der Bericht, den Polybios XVI 25 vom Einzug Attalos' I. in Athen gibt; nach diesem König wurde sogar eine Phyle benannt.

ein weiterer Aufenthalt des Kaisers in Athen ist gesichert. Zu Ehren des Augustus errichteten die Athener auf der Akropolis einen kleinen Rundtempel.[6]
Von den Nachfolgern des Augustus war vor allem der hochgebildete Claudius der Provinz Achaia und ganz besonders Athen zugetan. Nero setzte seinen Ehrgeiz darein, auch in Athen als bedeutender Sänger anerkannt zu werden. Immerhin trugen ihm seine Auftritte den Titel „Neuer Apollon“ ein – zu schmeicheln hatten die Griechen und allen voran die Athener in den vergangenen Jahrhunderten der Fremdherrschaft vorzüglich gelernt.
Sicher gehörte Athen unter Augustus und seinen Nachfolgern als *civitas foederata et libera* zu den privilegierten Städten des römischen Imperiums. Jedoch war es um diese Freiheit allein schon wegen der jederzeit möglichen Übergriffe von römischen Beamten nicht gut bestellt. Erst unter Traian wurden Kommissare im Rang eines Prätors in die griechischen Städte geschickt, um derartige Ungerechtigkeiten zu verhindern. Einer von ihnen ist höchstwahrscheinlich jener Maximus, den der jüngere Plinius bei dessen Aufbruch in die Provinz Achaia an das hohe Alter und die kulturellen Leistungen Griechenlands erinnert, die ihm bei der Wahrnehmung seiner Verwaltungsaufgaben eine hohe Verpflichtung auferlegen. Städten wie Athen und Sparta den letzten Rest Freiheit zu rauben (*reliquam umbram et residuum libertatis nomen*, epist. VIII 24,4) wäre hart und barbarisch. Mit Recht schätzt Plinius die Freiheit der griechischen Städte nicht allzu hoch ein. Zwar ließen die Römer die alte Verfassung Athens nominell bestehen; es gab noch die wichtigsten demokratischen Institutionen: Volksversammlung, Rat und die Regierungsämter. Aber eine Tendenz zu oligarchischen Formen ist unübersehbar. Wurden früher die meisten Beschlüsse von Volk, Rat und Areopag (s. u. S. 175 ff) gemeinsam gefaßt, so konnte der Areopag jetzt in vielen Fällen auch allein beschließen, während das Vorschlagsrecht

---

[6] Der von Pausanias nicht erwähnte Tempel mit einem Durchmesser von 7,50 m stand, wie die aufgefundenen Fundamente zeigen, östlich vom Parthenon. Die neun ionischen Säulen waren offenbar denen des Erechtheions nachgebildet. Wie aus der in den Architrav eingelassenen Inschrift hervorgeht, war der Tempel Augustus und Roma, also Kaiser und Stadt, geweiht.

des Volkes bei Gesetzen und Dekreten beschnitten wurde. Die in den Urkunden dieser Zeit eingehaltene Reihenfolge Areopag – Rat – Volk entspricht jedenfalls den Machtpositionen der drei Gremien. Und was die höchsten Staatsämter anbetrifft, so existierten sie zwar weiterhin: der ἄρχων ἐπώνυμος, nach dem das Jahr benannt wurde, der ἄρχων βασιλεύς, der den Vorsitz im Areopag führte, der ἄρχων πολέμαρχος als oberster Kriegsherr. Aber eine selbständige Politik hatte Athen nicht mehr zu führen, die Strategen (στρατηγοί), in deren Händen früher die militärischen Geschicke der Stadt lagen, waren zu höheren Polizeibeamten herabgesunken. Da zudem die hohen Ämter vom Los- auf das Wahlverfahren umgestellt wurden, blieben sie wegen der mit ihnen verbundenen beträchtlichen Ausgaben den wohlhabenden Athenern vorbehalten. Athen hatte – nach dem Verlust seiner politischen und wirtschaftlichen Führungsrolle – aufgehört, als demokratisch organisierte Polis zu existieren.

4. Das kulturelle Erbe

Wenn man trotzdem in hellenistischer und in römischer Zeit immer noch von Athen sprach, dann deswegen, weil Athen als Stadt der Künste und der Wissenschaften nach wie vor in hohem Ansehen stand und auf alle Welt eine magnetische Anziehungskraft ausübte. In dem bereits erwähnten Brief ruft Plinius seinem Freund ins Gedächtnis, daß Griechenland die Geburtsstätte der Menschlichkeit (*humanitas*) und der Wissenschaften (*litterae*) sei, und Recht und Gesetz seien den Römern nicht wie Besiegten von den Griechen aufgezwungen, sondern auf eigene Bitten gegeben worden (VIII 24,2.4). Wenn auch nicht jeder Ausländer wie der notorische Griechenverehrer Plinius gedacht haben wird, Tatsache ist jedenfalls, daß Athen auch noch unter den römischen Kaisern und bereits vor den panhellenischen Bestrebungen Hadrians eine der meistbesuchten Städte der westlichen Welt war, und zwar nicht nur als Touristenattraktion, sondern als Ort des Studiums und der Bildung. So haben die bedeutendsten Dichter der augusteischen Zeit – nach dem Vorgang von Cicero –, Horaz, Vergil (wahrscheinlich 19 v. Chr.), Properz und Ovid (Trist. I 2,77), Athen besucht, und für viele römische Beamte scheint die Stadt eine beliebte Zwischenstation gewesen zu sein auf ihrem Weg von Italien in die östlichen Provinzen; einer der höchsten von ihnen war Germanicus, der Adoptivsohn des Tiberius (Tac. Ann. II 53). Wie weit der Ruf der Stadt gedrungen war, beweist der indische Weise Zarmaros, der, als Gesandter zu Augustus nach Samos geschickt, sich in die Eleusinischen Mysterien einweihen ließ und sich dann in Athen verbrannte (Dio Cass. LIV 9,10); offenbar konnte er für diesen spektakulären Selbstmord keinen besseren Platz auf der Weltbühne finden.

Man war auch bereit, sich seine Griechenbegeisterung etwas kosten zu lassen. Einer der bekanntesten Gönner Athens ist der Redner Herodes Atticus (2. Jahrhundet n. Chr.), der als der reichste Mann der Antike gilt und neben bedeutenden Stiftungen in Korinth, Delphi und Olympia unter anderem in Athen ein Stadion und ein Odeion, das berühmte Herodes-Atticus-Theater am Südhang der Akropolis, bauen ließ. Aber schon unter Augustus besaß Athen private Gönner, die mit einer erstaunlichen Großzügigkeit der verarmten Stadt halfen und dafür mit Ehren überhäuft wurden. So feierte man Iulius Nikanor, einen sonst unbekannten epischen Dichter, als „Neuen Themistokles“ und „Neuen Homer“, weil er Salamis den Athenern zurückgekauft und ihnen damit neue Einkünfte gesichert hatte. Zahlreiche Statuen, das athenische Bürgerrecht und sogar das Strategenamt waren der überschwengliche Lohn für diese generöse Tat.

Daß Athen dabei mehr von seiner ruhmreichen Vergangenheit als von seinen gegenwärtigen Leistungen lebte, ist eine Vermutung, die sich nicht von der Hand weisen läßt. Denn bekannte Namen von Künstlern, Dichtern, Philosophen oder Wissenschaftlern sind in den Quellen der Kaiserzeit bis in die hadrianische Epoche kaum zu entdecken.[7] Zwar gibt es zum Beispiel eine neo-attische Bildhauerkunst, deren Werke zum großen Teil in die augusteische Zeit gehören. Handwerkliches Können läßt sich ihr ebensowenig absprechen wie eine große Breitenwirkung, besonders in Italien, wo Häuser und Gärten mit diesen Werken geschmückt wurden und sich römische Bildhauer von griechischer Kunst inspirieren ließen. Aber diese Kunst

[7] Vgl. z. B. die Listen der inschriftlich belegten Bildhauer dieser Zeit bei *Graindor*, Athènes I 208 und II 174.

lebte fast ausschließlich von der Vergangenheit, deren Hauptwerke zu kopieren sie nicht müde wurde, ohne eigene Phantasie und schöpferische Kraft. Lediglich in der Porträtkunst gelangen den attischen Meistern selbständige Leistungen.

Auch auf literarischem Gebiet hat Athen um diese Zeit nichts zu bieten, was mit den Werken eines Seneca, Plinius, Petron oder Tacitus konkurrieren könnte.[8] Weshalb die Jugend trotzdem immer noch in Athen zusammenströmte, war die Tatsache, daß der Ruhm Athens als bedeutender Universitätsstadt seit Ciceros Zeiten nicht verblaßt war und sich Athen gegenüber den neuen Bildungszentren wie Rom, Massilia (Marseille) und Antiocheia siegreich behaupten konnte. Wie unsere spärlichen Quellen vermuten lassen, studierte man in Athen in erster Linie Philosophie, später, wohl seit dem 2. Jahrhundert v. Chr., auch Rhetorik. So muß der Peripatetiker Boethos zu Beginn des augusteischen Primats einen gewaltigen Zulauf gehabt haben, obwohl er sich im wesentlichen auf eine mehr philologische als philosophische Auslegung der Werke seines Meisters Aristoteles beschränkte und kein eigenes philosophisches System gehabt zu haben scheint. Aus dem Anfang des 2. Jahrhunderts n. Chr. sind uns zwei weitere Namen bekannt, T. Coponius Maximus, ein Stoiker, und der Epikureer Popillius Theotimos. Ferner wissen wir, daß Plutarch in Athen mit einem epikureischen Philosophen Boethos (der nicht identisch ist mit dem eben erwähnten Peripatetiker) verkehrt hat. Aber das alles sind für uns nur Namen, mit denen sich keine konkreten Vorstellungen verbinden lassen. Deshalb fällt es auch so schwer, zeitgenössische Urteile nachzuvollziehen, etwa das des älteren Plinius: „Diese Stadt ist frei, und sie bedarf keiner weiteren Verherrlichung mehr“ (Nat. hist. IV 7,24) oder den Vergleich Philons: was die Pupille für das Auge, sei Athen für Griechenland.

Ein anschauliches Bild vom philosophischen Treiben in Athen vermittelt Philostrat in seiner Biographie des Apollonios von Tyana, eines Zeitgenossen des Paulus (IV 17–19). Zwar ist es um die Glaubwürdigkeit dieses Gewährsmanns schlecht bestellt, denn so wichtig seine Sophisten-Viten für uns sind, so fabelhaft ist die Vita des wun-

[8] Plutarch studierte zwar zur Zeit, als Nero seine Griechenlandreise antrat (66 n. Chr.), in Athen bei dem Akademiker Ammonios, aber seine schriftstellerische Tätigkeit dürfte er erst etliche Jahre später aufgenommen haben.

dertätigen Wanderpredigers und Asketen aus Kappadokien ausgestaltet.[9] Daß Apollonios jedoch auf seinen ausgedehnten Reisen Griechenland besucht und sich in Athen länger aufgehalten hat, ist nicht zu bezweifeln. Mag Philostrats Athen-Skizze in den Einzelheiten erfunden sein, in der Gesamtcharakteristik der Athener und im Atmosphärischen wird sie der Wahrheit nahekommen.

Nach der Landung im Piräus, so erzählt Philostrat, traf Apollonios auf dem Wege nach Athen eine Gruppe von jungen Leuten, die zum Phaleron, dem anderen Hafen der Stadt, wollten. Einige sonnten sich nackt in der warmen Herbstsonne, andere studierten in Büchern, lernten auswendig oder diskutierten. Und keiner ging an Apollonios vorüber, vielmehr drehten sie sich um in der Annahme, daß er wohl der bekannte Apollonios sei, und begrüßten ihn mit großem Hallo. Ja, man ist sogar bereit, die Epidaurien, die gerade an diesem Tag zu Ehren des Asklepios gefeiert werden, zu versäumen, nur um mit dem berühmten Gast philosophische Gespräche führen zu können.

Von den zahlreichen Vorträgen, die Apollonios in Athen gehalten haben soll, wird nur das Thema des ersten, über das richtige Opfern und Beten, genannt und die Wahl des Themas mit der Opferfreudigkeit der Athener erklärt – eine auffällige formale und inhaltliche Parallele zum Paulus der Apostelgeschichte, der bei seinen Ausführungen über die rechte Gotteserkenntnis an die Gottesfürchtigkeit (δεισιδαιμονία) der Athener anknüpft (17,22). Was Philostrat ausdrücklich sagt, daß nämlich Apollonios bei den Athenern für dieses Thema eine besondere Aufgeschlossenheit erwarten konnte, gilt sicher auch für die paulinische Wahl des Anknüpfungspunktes, selbst wenn Lukas dazu keine Angaben macht. Und auch die Neugier des Publikums ist ein beiden Berichten gemeinsames Motiv. Jedoch gilt sie bei Philostrat mehr der Person als der von ihr vertretenen Sache, und deshalb artikuliert sie sich primär in einer allgemeinen Begeisterung. In der Apostelgeschichte hingegen interessieren sich die Athener in erster Linie für die „neue Lehre“ (καινὴ διδαχή V. 19), die Paulus vorzutragen hat. Das entspricht dem offenbar höheren Niveau des fachmännischen Auditoriums: Angehörigen der stoischen und epi-

[9] Zur Quellenfrage und zur Glaubwürdigkeit von Philostrats Apollonios-Vita *Meyer,* Apollonios.

kureischen Schule, nicht eine undifferenzierte Gruppe, die sich neben manchem anderen auch mit Philosophie beschäftigt (Vit. Apoll. IV 17: „viele Philosophen", Apg 17,18: „einige Epikureer und Stoiker").

5. Epikureer und Stoiker

Beide Philosophenschulen erfreuten sich in der Kaiserzeit außerordentlich großer Beliebtheit. Der um diese Zeit auch in der östlichen Welt weitverbreitete Epikureismus[10] bewies seine Lebenskraft bis in die ausgehende Spätantike hinein. Wie aktuell er war, zeigt die Tatsache, daß er fast ununterbrochen irgendwelchen Angriffen ausgesetzt war. Zunächst wurden sie von den Platonikern und Peripatetikern geführt, dann, im 2. und 1. vorchristlichen Jahrhundert, von den Stoikern. Wie beide Richtungen sich allmählich annäherten und immer mehr miteinander verschmolzen, wird an Gestalten wie Seneca, Epiktet und Marc Aurel deutlich. In der Folgezeit wurden die Epikureer schließlich zur bevorzugten Zielscheibe der christlichen Apologeten, die in den Anhängern Epikurs den *homo carnalis,* den unerleuchteten Menschen schlechthin, erblickten. Für sie war Epikur der Bahnbrecher der Gottlosigkeit, der ἀθεότητος κατάρχων (Clemens Alex. Strom. 1,1), der in seinem Materialismus und Agnostizismus die Gegenposition zum Christentum verkörperte. Hauptpunkt der Kritik war natürlich Epikurs Lehre von der Lust (ἡδονή), sicher ein Hauptstück seiner Philosophie, das aber aus dem System herausgebrochen und grob mißdeutet wurde. Vor allem übersah man den Zusammenhang, der bei Epikur zwischen ἡδονή und ἀταραξία besteht, also jenem erstrebten Seelenzustand, den Epikur selbst mit einer Windstille (γαλήνη, zum Beispiel fr. 425) verglichen hat.[11]
Bei aller Polemik der Apologeten gegen Epikur sollte man andererseits die Berührungspunkte zwischen Epikureismus und Christentum

[10] Zu Epikur und seiner Lehre seien an allgemeinen Darstellungen genannt: *Mewaldt,* Geistige Einheit; *Schwartz,* Epikur; *Festugière,* Epicure; *Gigon,* Epikur; *de Witt,* Epicurus; *Schmid,* Epikur (mit reichen Quellen- und Literaturangaben); *Otto,* Lust und Einsicht.

[11] Treffend charakterisiert *Schmid,* Epikur, die hedonistische Position als einen „nüchternen Kalkül des Lustlebens" (722).

nicht übersehen. Zwar wird man sich der neuerdings von de Witt wieder vertretenen These, daß der Epikureismus als Vorstufe der christlichen Heilslehre und damit als Brücke zwischen der altgriechischen Philosophie und dem Christentum zu betrachten sei, nicht anschließen können.[12] Eine solche Affinität zwischen epikureischer Lehre und Christentum gibt es nicht. Wohl aber lassen sich Vergleiche anstellen im Bereich des praktischen Lebens. Auch im Mittelpunkt der epikureischen Lebensgemeinschaft stand die Seelsorge in ihren verschiedenen Ausformungen: als mündliche Aussprache – die Beichte war im Garten (Kepos) Epikurs eine feste Einrichtung –, aber auch in Briefform, in der man einen Vorläufer der neutestamentlichen Briefliteratur sehen könnte. Auch wenn die Epikureer keine Gemeinde im strengen Sinn bildeten und Gütergemeinschaft nicht kannten, führte die starke Betonung der Freundschaft doch zu einem verinnerlichten Zusammenleben, wie wir es auch für viele junge christliche Gemeinden anzunehmen haben. Vor allem aber ist es der religiöse Enthusiasmus, mit dem die Epikureer ihrem Meister anhingen, der an christliche Verhältnisse denken läßt. Schon für die unmittelbaren Schüler Epikurs war das Leben ihres Lehrers, dessen hervorstechende Merkmale Güte und Selbstgenügsamkeit waren, zum Mythos geworden. Später verehrte man ihn als σωτήρ[13], als Bringer einer Heilsbotschaft, und aus dem Kultmahl, das im Kepos mit gemeinsamen Opfern gefeiert wurde, scheint sich im Lauf der Zeit ein Gedächtnismahl zu Ehren des Stifters entwickelt zu haben (Diog. Laert. 10,18). Wenn die Lehre Epikurs im Lauf der Jahrhunderte keine einschneidenden Veränderungen erfahren hat, so ist das in erster Linie auf die Anhänglichkeit der Schüler an den Gründer zurückzuführen.

Die Anziehungskraft der Lehre Epikurs hatte auch in der Kaiserzeit nichts an Stärke eingebüßt. Im Gegensatz etwa zum theoretisch orientierten, recht esoterischen Platonismus konnte die Philosophie

---

[12] *De Witt,* St. Paul and Epicurus. Die von *de Witt* festgestellten Ähnlichkeiten im Vokabular sind größtenteils hellenistisches Gemeingut und bedeuten keineswegs einen direkten Einfluß epikureischer Terminologie auf das Neue Testament.

[13] So wird Epikur genannt in einem Brief der Plotina, der Witwe Traians, an die Freunde der epikureischen Schule in Athen aus dem Jahr 121 n. Chr. (W. Dittenberger, Sylloge inscriptionum graecarum [3]II 834,21).

Epikurs unmittelbar bei der Bewältigung des schwierig gewordenen, an Orientierungslosigkeit leidenden Lebens eingesetzt werden. „Keinen Schmerz im Körper und keine Unruhe in der Seele zu empfinden", wie Epikur im Menoikeus-Brief (131) sein höchstes Ziel, die Eudämonie, umschreibt, war ein Programm mit erheblicher Stoßkraft, und wenn eine Richtung der griechischen Philosophie das Beiwort „missionarisch" verdient, dann der Epikureismus. Man wird ihn trotz der religiösen Ausdrucksmittel, deren er sich bediente, nicht als Religion bezeichnen können; dafür waren große Teile seiner Lehre, darunter auch die Theologie, zu rationalistisch angelegt. Aber immerhin sah Epikur die höchste Form der Eudämonie in der auf der Gotteserkenntnis basierenden *imitatio dei:* Der Weise ist in der theologischen Terminologie Epikurs zugleich der Fromme, der von den Göttern angenommen wird.

Und dieser Weise steht im Mittelpunkt epikureischen Denkens, nicht Gott, der von Epikur außerhalb aller denkbaren Welten angesiedelt wird. Ein Wirkzusammenhang zwischen ihm und unserer Welt besteht nicht – er darf nicht bestehen, da nur so die erstrebte Freiheit von Ängsten ermöglicht wird. Aus demselben Grund lehnt Epikur auch die Bindung an den Staat ab und sucht den Tod aus dem menschlichen Leben zu extrapolieren. An die Stelle einer Jenseitshoffnung setzt er die illusionslose Lebensbewältigung aus eigener Kraft. Deswegen seine Forderung, sich den Blick durch die Orientierung an unerforschlichen Mächten nicht trüben zu lassen, deswegen aber auch der Versuch, durch eine ausgeklügelte Theorie des Schmerzes den Hauptgegner des menschlichen Lebens zu erledigen. So wurde die Philosophie bei Epikur und seinen Anhängern in ganz besonderem Maß zur Lebenskunst. Mit der christlichen Lehre freilich weist sie kaum Berührungspunkte auf.

Anders bei den S t o i k e r n, der zweiten im Areopagbericht genannten Philosophengruppe. Das ursprüngliche Anliegen der Stoa, in Auseinandersetzung mit der Akademie und dem Peripatos das Erbe des Sokrates in Anlehnung an den Kynismus möglichst rein zu bewahren, war im Lauf der wechselreichen Geschichte dieser Schule allmählich abgeflacht. In der Zeit der ausgehenden Republik und in der frühen Kaiserzeit war sie zu einer Art Modephilosophie geworden. Ihre namhaftesten Vertreter sind nicht unter den Griechen, sondern unter den Römern zu suchen, deren Ideal des *vir bonus* immer mehr Züge des stoischen Weisen in sich aufnahm (der jüngere Cato, Musonius Rufus, Seneca, der ältere Plinius, Marc Aurel; auch Epiktet war bis zu seiner Verbannung unter Domitian im Jahr 89 n. Chr. in Rom tätig).[14] Zwar sind aus dieser Zeit auch die Namen etlicher griechischer Stoiker überliefert, aber schöpferische Persönlichkeiten scheint es unter ihnen nicht mehr gegeben zu haben.

Allein wichtig war auch hier die Nutzbarmachung der Philosophie für die Lebensbewältigung. Der einzelne mit seinen persönlichen Bedürfnissen stand im Mittelpunkt des Interesses. Diese Konzentrierung auf eine Individualethik ging zwar auf Kosten der – in der Stoa von Anfang an nicht besonders stark ausgebauten – Systematik des philosophischen Lehrgebäudes, sicherte ihr andererseits aber eine ungeheure Breitenwirkung, mit der sich auch das Christentum auseinanderzusetzen hatte. Zu der Neuorientierung der Stoa an der Praxis des Alltags gehörte auch eine gesteigerte Rücksichtnahme auf die religiösen Bedürfnisse des Menschen, was der Theologie neben der „Pflichtenlehre“ einen festen Platz in der zeitgenössischen Stoa sicherte.

Es ist klar, daß von den beiden Philosophenschulen vom christlichen Standpunkt aus nur die Stoa für eine Auseinandersetzung, die mehr als radikale Ablehnung der heidnischen Position sein sollte, in Frage kam. Selbst wenn sich Stoiker und Epikureer längst nicht mehr mit der früheren Selbstverständlichkeit als Antipoden befehdeten, gewinnt man aus der Areopagrede doch den Eindruck, daß Paulus sich hier ausschließlich mit den Stoikern befaßt. Jedoch gerade an diesem Punkt beginnen die Schwierigkeiten.

Im Rahmen dieser Studie ist es weder möglich noch erforderlich, auf die vielschichtigen, in zahlreichen Untersuchungen immer wieder neu angegangenen Probleme der Areopagrede einzugehen. Einer entscheidenden Frage jedoch können auch wir uns nicht entziehen, nämlich jener nach dem Anteil stoischen Gedankengutes in den Ausführungen des Paulus. Überspitzt formuliert: Ist die Areopagrede letztlich ein

[14] Selbst unter den athenischen Schulhäuptern der Kaiserzeit wird ein Römer genannt: T. Coponius Maximus, der neben verschiedenen Priesterämtern 117/118 n. Chr. auch das Archontat innehatte. – Zur Geschichte der Stoa *Pohlenz*, Stoa.

stoischer Traktat über die rechte Gotteserkenntnis mit einer christlichen Schlußwendung, oder stellt sie den Musterfall einer heidenchristlichen Missionspredigt dar, die ihren Motivvorrat vorwiegend aus dem Alten Testament schöpft? Darüber hinaus stellt sich die Frage, ob dem Verfasser das aus der Rede eventuell herauszulösende stoische Gedankengut direkt aus der heidnischen Popularphilosophie zugeflossen ist oder ob die wichtigsten Motive nicht vielmehr in der jüdisch-hellenistischen Missionsliteratur bereits vorgeprägt waren. Es leuchtet ein, daß von der Beantwortung dieser Fragen das Urteil über die Stellung der Areopagrede nicht nur innerhalb der Apostelgeschichte, sondern im ganzen Neuen Testament entscheidend abhängt. Im ersten Fall läge in der Areopagrede der erste Versuch eines christlichen Schriftstellers vor, heidnische Philosophie und Theologie für die eigene Missionsarbeit fruchtbar zu machen; die Bewertung der Rede als „nicht-paulinisch" und als „Fremdkörper" im Neuen Testament wäre dabei in Kauf zu nehmen. Im zweiten Fall könnte die Rede durchaus für Paulus in Anspruch genommen werden; die lukanische Fassung wäre dann die verkürzte Wiedergabe einer Rede, die Paulus in Athen tatsächlich gehalten hat.

Für beide hier nur summarisch wiedergegebenen Positionen hat man aufgrund diffiziler Einzeluntersuchungen[15] und unter Berufung auf zahlreiche Parallelen zu den einzelnen Topoi in der griechisch-römi-

---

[15] Die wichtigste neuere Literatur: Für eine „philosophische" Interpretation tritt im Anschluß an die bahnbrechende Untersuchung von *Norden*, Areopagrede vor allem *Dibelius*, Paulus auf dem Areopag ein. Allerdings setzt D. die Akzente genau umgekehrt wie N., der von einem „jüdisch-christlichen Grundmotiv" und einem „stoischen Begleitmotiv" gesprochen hatte. Vgl. ferner *Pohlenz*, Paulus und die Stoa 82ff und *Hommel*, Areopagrede. Eine Erklärung der Rede aus dem alttestamentlich-jüdischen Bereich versuchen u. a. *Schrenk*, Missionspredigt 56ff; *Gärtner*, Areopagus Speach; *Nauck*, Areopagrede (aufschlußreich wegen der Parallelen aus jüdisch-hellenistischen Missionstexten); *Stonehouse*, Areopagus Address. *Schmid*, Rede des Apostels Paulus glaubt sogar, aus den Trümmern des Lukasberichts den ursprünglichen Inhalt der Paulusrede in etwa rekonstruieren zu können (zu den scheinbaren Widersprüchen des Berichts mit daraus abgeleiteten quellenkritischen Spekulationen *O'Neill*, Theology of Acts 160–171). Zwischen den beiden Lagern, aber mit der Betonung der literarischen Machart des Berichts eher Dibelius zuneigend, *Conzelmann*, Areopag. Über strukturelle Parallelen zu anderen Reden der Apg *Schweizer*, Reden.

schen sowie in der jüdisch-hellenistischen Literatur plausible Gründe beigebracht. Nachteilig wirkt sich dabei häufig die immer wieder praktizierte Methode aus, das Einzelmotiv zu isolieren und nach seiner Herkunft zu befragen. Ein solches Vorgehen kümmert sich naturgemäß wenig um die Möglichkeit einer bewußten literarischen Gestaltung der Rede durch Lukas, eine Möglichkeit, die allein schon wegen der programmatischen Einleitungsverse des Lukasevangeliums ernsthaft in Betracht gezogen werden sollte. Aber auch eine die Motivzusammenhänge innerhalb der Rede berücksichtigende Interpretation wäre unvollkommen und zudem der Gefahr ausgesetzt, in eine falsche Richtung zu laufen, wenn sie ihr Augenmerk nicht auch auf die von Lukas auffallend reich ausgestaltete Szenerie lenken würde. Die Beziehungen zwischen ihr und der eigentlichen Rede sind so zahlreich, daß man um die Annahme einer bewußten Motivverschränkung und damit möglicherweise auch einer Interpretationshilfe von seiten des Autors nicht herumkommt. (Von „Rahmen" sollte man in diesem Zusammenhang lieber nicht sprechen, denn der Begriff impliziert immer noch die in Wahrheit nicht gegebene Möglichkeit, das „Bild", in diesem Fall die Rede, aus dem Rahmen herauszulösen.)

6. Das Bild Athens in der Areopagrede (Apg 17,22—31)

Die Einleitung der Rede knüpft an das bereits in V. 16 anklingende Periegesemotiv an und führt es weiter aus: das Betrachten der σεβάσματα, also der Tempel, Statuen, Altäre, kurz: von allem, was einer Gottheit geweiht ist, beim Gang des Apostels durch die Straßen der Stadt. Dabei stößt Paulus auch auf den Altar mit der berühmten Inschrift, die er als Anknüpfungspunkt für seine Ausführungen wählt. Jedoch hat die Altarinschrift im Gesamt der Rede eine weit wichtigere Funktion als lediglich die eines „Aufhängers". Der Altar ist einem unbekannten Gott geweiht. Das bedeutet zunächst einmal, einem Gott, dessen Namen man nicht kennt (s. u. S. 195). Paulus macht aus dieser punktuellen Unkenntnis eine umfassendere Unwissenheit, wenn er den Athenern das verkünden will, was sie bislang verehrten, ohne es zu kennen (ἀγνοοῦντες; man beachte auch die allgemeine, neutrale Weiterführung in V. 23b). In der Tat geht es im ersten Teil der Rede um das Wesen Gottes, das sich in seinen Werken manifestiert. Und nachdem sich in der Mitte der Rede die Möglichkeit einer Konkretisierung dieses Wissens im Betasten und Ausfindigmachen Gottes (V. 27) angedeutet hat, spricht Paulus in deutlichem Rückgriff auf den Beginn seiner Rede von den „Zeiten der Unwissenheit" (τοὺς χρόνους τῆς ἀγνοίας – ἀγνώστῳ θεῷ), die Gott übersieht. In beiden Fällen wird der heidnischen Unwissenheit die Verkündigung des Evangeliums gegenübergestellt, zunächst in persönlicher, auf die konkrete Situation bezogener Form („ich verkündige euch" V. 23), dann objektiv und allgemeingültig („Gott verkündet den Menschen" V. 30).[16] Anfang und Ende jenes Teils der Rede, der einen starken Einschlag zeitgenössischer Philosophie aufweist, sind also durch das akzentuierte Motiv der Unwissenheit geprägt.

Eben dieses Motiv spielt nun aber auch bereits in der Charakteristik der Athener eine beherrschende Rolle: Sie wollen wissen (zweimal γνῶναι, V. 19f), was für eine neue Lehre Paulus zu bieten hat (καταγγελεύς V. 18 nimmt das ἐγὼ καταγγέλλω ὑμῖν V. 23 vorweg). Gewiß ist das zunächst Ausdruck der typisch athenischen Neugierde. Aber betrachtet man den ganzen lukanischen Bericht, so könnte man in diesem Wissensdurst das unfreiwillige Eingeständnis der eigenen Unwissenheit sehen. Diese Deutung würde der Grundtendenz der Rede entsprechen, wenn man sie nicht von vornherein auf eine Konfrontation mit der heidnischen Philosophie festlegt.

Eine ähnliche Parallele zwischen Bericht und Rede bildet das Motiv der Gottesfürchtigkeit der Athener. Auch dieses Motiv ist auf den Kontrast angelegt. Zunächst erscheint es mit negativem Vorzeichen im Bericht, wo κατείδωλον („mit vielen Götterbildern" V. 16) den Beigeschmack von Aberglauben hat, weshalb Paulus auch „ergrimmt", dann, in der Rede, im Ton lobender Anerkennung: die Vielzahl von Tempeln und Altären als Zeichen der Religiosität (δεισιδαιμονεστέρους V. 22). Der vermeintliche Widerspruch ist nicht mit dem Hinweis auf die Benutzung verschiedener Quellen zu erklä-

[16] Zur Bedeutung von κατ(απ)αγγέλλω *Gärtner*, Areopagus Speach 152; *Conzelmann*, Areopag 22; *Schniewind*, ἀγγελία etc., in: ThWNT I 64–66. 68.71.

ren, sondern bezeichnet denselben Tatbestand gleichsam aus zwei Perspektiven: einmal aus der Sicht des Christen, für den jede heidnische Religion Aberglaube sein muß, dann aus der Sicht des Missionars, der seine Botschaft den jeweiligen historischen Gegebenheiten anpassen muß, nicht in der Substanz, wohl aber in der Form der Aussage und in einer zurückhaltenden Beurteilung des Vorgefundenen.[17] Die wohlmeinende Bewertung der Gottesfurcht der Athener ist also eher ein programmatischer Hinweis des Autors, der ein Beispiel einer sich an gebildete Heiden wendenden Missionspredigt geben will. Oder anders ausgedrückt: Sollte das Christentum bei den Intellektuellen eine Chance haben, war ein totaler Konfrontationskurs sicher nicht der richtige Weg.

Eine weitere Klammer zwischen Bericht und Rede bildet schließlich das Stichwort „Auferstehung" (ἀνάστασιν V. 18 und 32, ἀναστήσας V. 31), in das die Areopagrede den wesentlichen Inhalt der christlichen Botschaft zusammenfaßt. In formaler Hinsicht fällt dabei wieder auf, daß der einfache Hinweis auf den zentralen theologischen Begriff im Bericht in der Rede erweitert und erläutert wird (Aufforderung zur Buße, Jüngstes Gericht). Auch in dieser Hinsicht ist also das Thema bereits vorgestellt, bevor es in der Rede durchgeführt wird.

Von hier aus fällt nun auch Licht auf den Spitznamen, den die Athener Paulus geben. Gewiß kann σπερμολόγος (V. 18) die allgemeine Bedeutung „Schwätzer" haben. Aber es leuchtet nicht recht ein, warum die Zuhörer den Apostel derart abfällig beurteilt haben sollten, wo sie doch mehr von ihm hören wollen. Näher bei der ursprünglichen Bedeutung „Samenpicker"[18] liegt die Bezeichnung für einen Menschen, der sich mit fremden Federn schmückt, der die Gedanken anderer aufgreift und als seine eigenen ausgibt. Dann aber

[17] Wenn Kol 4,5 („führt euren Wandel in kluger Rücksicht auf die Außenstehenden") im missionarischen Sinn aufzufassen ist, wie ein Teil der Kommentatoren will, läge hier eine sachliche Parallele zum Verfahren des Paulus bei Lukas vor (Rücksichtnahme auf die besonderen Bedingungen der Heiden); vgl. *van Unnik*, Paränese, bes. 228.

[18] Von Vögeln („Saatkrähe"), aber auch von Menschen, die auf dem Markt liegengelassene Brocken aufsammeln; vgl. *Schmid*, Rede des Apostels Paulus 82f.

hätten wir hier bereits im berichtenden Teil einen Hinweis auf ein besonderes Merkmal der Areopagrede, für das gerade das athenische Publikum ein feines Gespür haben mußte, eben jenes Durchsetztsein der Rede mit Gedanken der zeitgenössischen, vorwiegend stoisch geprägten Philosophie. Daß Paulus auf der Agora grundsätzlich anders gesprochen haben sollte als später auf dem Areopag, ist wenig wahrscheinlich. Dem gleichen Inhalt (Jesus und die Auferstehung, V. 18∼31f) dürfte die gleiche Form (Aufnahme und Umbiegung zeitgenössischer Philosopheme) entsprochen haben.

Die aus Unwissenheit geborene Neugier der Athener, ihre Religiosität und der auf die Formel „Jesus und Auferstehung" gebrachte Inhalt der Predigt sind also, wie sich gezeigt hat, in literarischer Hinsicht drei Klammern, die Bericht und Rede in ein enges Bezugssystem rücken. Die Charakteristik Athens jedoch ist ihrerseits wieder so typisch ausgefallen, daß es fast an ein Wunder grenzen würde, wenn sich der lukanische Paulus in seiner Rede dieser Atmosphäre hätte entziehen können.

Da ist zunächst die in der antiken Literatur vielfältig bezeugte Frömmigkeit der Athener, die in der Fülle von Tempeln, Götterbildern, Altären und dergleichen ihren sichtbaren Ausdruck gefunden hat. Schon Sophokles spricht vom „besonders gottesfürchtigen Athen" (Ἀϑήνας . . . ϑεοσεβεστάτας OK 260). Und um auch das Zeugnis eines Zeitgenossen des Paulus zu nennen: Für Josephus sind die Athener „die Frömmsten unter den Griechen" (C. Ap. II 11).[19] Aber auch das zweite hervorstechende Merkmal in der lukanischen Charakteristik der Athener, ihre Wißbegier, hat nicht nur bei Thukydides eine leichte Parallele (III 38,5)[20], es stellt, wie Norden 333ff nachgewiesen hat, in der Formulierung von V. 21 mit dem komparativischen Gebrauch von καινός und der Alternative λέγειν ἤ ἀκούειν einen auch für die Apostelgeschichte erstaunlichen Attizismus dar.

Am originellsten ist freilich die unüberhörbare Reminiszenz an Sokrates, der sich mehr als jeder andere Landsmann zeit seines Lebens als

[19] Vgl. ferner Plat. Alk. II 148e; Paus. I 17,1; Liv. XLV 27.

[20] Dazu ein Scholion mit fast wörtlicher Übereinstimmung zu Apg 17,21: τοὺς Ἀϑηναίους . . . οὐδέν τι μελετῶντας πλὴν λέγειν τε καὶ ἀκούειν καινόν (*Norden,* Agnostos Theos 335).

Athener gefühlt hat. Nach dem Wortlaut der Anklage, wie er bei Xenophon überliefert ist, warf man ihm unter anderem vor, daß er neue Gottheiten einführe (καινὰ δαιμόνια εἰσφέρων, Mem. I 1,1; ähnlich spricht Plat. Apol. 24b von ἕτερα δαιμόνια καινά). In auffälliger Parallele dazu sehen die Athener in Paulus den Verkünder fremder Gottheiten (V. 18), wobei vor allem die Wahl des Terminus δαιμόνια bemerkenswert ist. Im Sprachgebrauch des Neuen Testaments bedeutet δαιμόνιον den bösen Geist, eine Einengung des Begriffs, die das Griechische sonst nicht kennt. Unsere Stelle ist die einzige im Neuen Testament, an der δαιμόνιον nicht im pejorativen Sinn steht, also dem griechischen Sprachgebrauch entsprechend verwendet ist. Diente der Begriff δαιμόνια in der Anklage gegen Sokrates zur Abgrenzung der vermeintlichen neuen Gottheiten gegenüber den Göttern der offiziellen Staatsreligion, so wird in der Apostelgeschichte den ξένα δαιμόνια, von denen Paulus nach Meinung der Athener spricht, der ϑεός, den Paulus tatsächlich zu verkündigen hat, gegenübergestellt. Und dort wie hier weist die Verwendung des Begriffs im Plural auf ein Mißverständnis bei der Rezeption des ursprünglich Gemeinten. Ob nun die Athener tatsächlich Jesus und Anastasis nach orientalischem Muster für ein Götterpaar hielten, wie Chrysostomos als erster die Stelle verstanden hat, oder ob der Plural δαιμόνια auf andere Weise zu erklären ist, jedenfalls impliziert die polytheistische Formulierung ein Mißverständnis, das den Gegensatz zum christlichen Monotheismus deutlich markiert. Ähnlich resultierte der Plural δαιμόνια in der Anklage gegen Sokrates aus einem Mißverständnis. Sokrates pflegte sich auf sein δαιμόνιον als Richtschnur seines Handelns zu berufen. Im Plural hat er von dieser inneren Stimme niemals gesprochen. Genausowenig wäre ihm eingefallen, sein Daimonion gegen die Götter der offiziellen Staatsreligion auszuspielen. Ein Mißverständnis also dort wie hier, und beide Male findet es seinen prägnanten Ausdruck in dem sachlich nicht gerechtfertigten Pluralgebrauch des Terminus δαιμόνιον.

Daß Lukas bei der Gestaltung seines Athenberichts an den berühmtesten Athener gedacht hat, scheint auch die Veränderung des „Ankunftsschemas" zu beweisen. Während Paulus sonst nach seiner Ankunft in einer neuen Stadt die Missionsarbeit in der Synagoge bei Juden und Gottesfürchtigen (σεβόμενοι) beginnt, nennt Apg 17,17 gleich die Agora als zweiten Schauplatz. Hier hat Paulus sich jeden Tag mit den „gerade Anwesenden“ unterhalten (παρατυγχάνοντες V. 17). Die Agora, auf der das Volk sich tummelte, das breite, nicht durch die Zugehörigkeit zu einer bestimmten Gruppe gekennzeichnete Publikum, die Wahl des platonischen Terminus διαλέγεσθαι für das sokratische Gespräch – das alles paßt vorzüglich zur Gestalt des Sokrates, aber kaum zur gewohnten Arbeit des Paulus in der Synagoge. Jedoch hat Lukas diesen Widerspruch, der sich aus der Zusammenarbeitung des gewöhnlichen Ankunftsschemas mit den besonderen Bedingungen in Athen ergab, in Kauf genommen. So sehr war ihm offensichtlich an der Herausarbeitung des genius loci gelegen.

Bei der engen Verflechtung von Bericht und Rede sowie der durch und durch griechischen Färbung der Charakteristik von Stadt und Einwohnern Athens scheint es von vornherein einigermaßen wagemutig, die griechisch-philosophische Komponente der Areopagrede zu leugnen oder auf das unerläßliche Minimum zu reduzieren, um die in ihr vorgetragenen Gedanken mit der Theologie der Paulusbriefe zu harmonisieren und damit die Historizität der Rede retten zu können. Sicher hat Dibelius den Anteil des Alten Testaments unterschätzt, aber ebenso sicher sind zentrale Gedanken der Areopagrede wie die Bedürfnislosigkeit Gottes, die Verwandtschaft des Menschen mit Gott und seine Unwissenheit keine genuin biblischen Themen. Wenn schon nicht das einzelne Motiv, so garantiert doch ihre Summierung und wechselseitige Verknüpfung der Areopagrede eine Ausnahmestellung. Nur sollte man damit aufhören, das Alte Testament gegen die Stoa (und umgekehrt) auszuspielen, und statt dessen lieber folgende Tatsachen berücksichtigen.

1. Die alttestamentlichen und stoischen Elemente sind in den einzelnen Teilen der Rede unterschiedlich stark vertreten. Von einer durchgängigen Verwendung biblischer oder philosophischer Motive kann also nicht die Rede sein.

2. Die philosophischen Aussagen der Rede einschließlich des Aratzitats (V. 28: „denn wir sind von seinem Geschlecht“) sind von der hellenistisch-jüdischen Missionsliteratur bereits fast ausnahmslos rezipiert worden, so daß die Alternative von (1) an Schärfe verliert.

3. Der Verfasser macht sich vor allem im ersten Teil der Rede Übereinstimmungen zwischen Bibel und griechischer Philosophie zu-

nutze und kommt durch entsprechende Formulierungen den Verständnismöglichkeiten seines Publikums entgegen.

4. Unbeschadet der Herkunft des einzelnen Motivs kann der athenische Hörer die Rede nur mit seinen eigenen Verstehenskategorien aufgenommen haben, und darauf nimmt der Verfasser Rücksicht. Die Rede ließe sich – auch ohne Nennung des Areopags – eben nicht in eine beliebige andere Stadt verlegen, wo die Ausführungen des Paulus über die Gottesverwandtschaft oder die Aufgabe des Menschen, Gott zu suchen, vielleicht auf Verständnislosigkeit gestoßen wären, dafür aber Jesus und die Auferstehung beim Publikum keine Heiterkeit ausgelöst hätten.

Die Parallelen zu den einzelnen Topoi der Areopagrede aus dem Alten Testament und der antiken Literatur sind in den Kommentaren und den auf Seite 134 Anmerkung 15 genannten Untersuchungen aufgeführt.[21] Wie wenig jedoch mit diesen Parallelen für das Verständnis der Rede gewonnen ist, zeigt V. 26, der auch nach den scharfsinnigen Überlegungen von W. Eltester[22] die crux interpretum geblieben ist. Der Streit um die „philosophische" oder „histori-

---

[21] Die wichtigsten Belege sind:

Für die Bedürfnislosigkeit Gottes: Eur. Her. 1345f (δεῖται γὰρ ὁ θεός, εἴπερ ἔστ᾽ ὀρθῶς θεός, οὐδενός); Plat. Tim. 34b (οὐδενὸς ἑτέρου προσδεόμενον); Sen. epist. 95,47.50 (rechter Gottesdienst in Zusammenhang mit Gottes Bedürfnislosigkeit); weitere Stellen bei *Dibelius,* Aufsätze 43 Anm. 2 und *Norden,* Agnostos Theos 13f.

Für die Gottesverwandtschaft: Dion Chry. 12,28 (die Menschen können Gottes Wesen mit dem Verstand erfassen, ἅτε γὰρ οὐ μακρὰν οὐδ᾽ ἔξω τοῦ θείου διῳκισμένοι καθ᾽ αὑτούς, ἀλλ᾽ ἐν αὐτῷ μέσῳ πεφυκότες, μᾶλλον δὲ συμπεφυκότες ἐκείνῳ: Wie so manches andere in Dions Olympiakos dürfte auch dieser Satz aus Poseidonios genommen sein); Sen. epist. 41,1 *(prope est a te deus, tecum est, intus est;* ähnlich epist. 120,14); Jos. Ant. Iud. VIII 108.

Für die (möglicherweise stoische) Trias Leben–Bewegen–Sein (V. 28) und das Aratzitat: Aristobul. fr. 4 bei Euseb. praep. ev. XIII 12,3ff (dazu *Nauck,* Areopagrede 34f); *Norden,* Agnostos Theos 19–24; *Hommel,* Platonisches bei Lukas. – Die Anklänge der Areopagrede an die griechische Literatur hat *Delage,* Resonances gesammelt. Für die Parallelen der jüdisch-hellenistischen Literatur ist die Textbeilage bei *Nauck,* Areopagrede 46–52 wertvoll; für die Konvergenzen zwischen Altem Testament und Griechentum *ders.,* 20ff.

[22] Gott und Natur; *ders.,* Schöpfungsoffenbarung.

sche" Interpretation der Begriffe καιροί (Jahreszeiten oder Geschichtsphasen) und ὁροθεσίαι (Grenzen des bewohnbaren Raumes auf der Erde oder Völkergrenzen) und damit um die Herkunft dieser Vorstellungen aus griechisch-philosophischen oder biblisch-jüdischen Quellen ist symptomatisch für die schmale Grenzscheide, die in der Areopagrede beide Bereiche trennt. Auch die unbestreitbar alttestamentlichen Gedanken werden dem Athener Publikum in einer Form nahegebracht, die sie gedanklich nachvollziehbar macht. So ist den Griechen ein Gott, der Himmel und Erde geschaffen hat, unbekannt. Demgemäß wandelt Lukas die Jesajastelle, die ihm bei V. 24 als Vorlage gedient hat (42,5), ab und setzt statt „Himmel und Erde" den den griechischen kosmogonischen Spekulationen schon früh vertrauten Begriff κόσμος ein. Zwar werden im folgenden Himmel und Erde noch genannt, aber in einer Verbindung, die für griechische Ohren nichts Anstößiges hat: Gott kann sehr wohl Herr des Himmels und der Erde sein; eine solche polare Ausdrucksweise gebraucht der Grieche gern zur Bezeichnung von etwas Umfassendem, Totalem; hier steht sie für die Allmacht Gottes.[23] Auch die Erschaffung des Menschengeschlechts aus dem einen Adam (V. 26) mußte für griechisches Verständnis eine Zumutung sein. Lukas „entpersonalisiert" den Zusammenhang, indem er ἐξ ἑνός absolut setzt und damit ein neutrales Verständnis der Stelle, etwa im Sinne der griechischen Formel ἓν καὶ πᾶν (auch bei Lukas stehen beide Wörter direkt nebeneinander), zuläßt.

Aber auch einzelne Begriffe gewinnen in der spezifischen geistigen Atmosphäre Athens andere Valeurs. So ist διαλέγεσθαι zwar auch der Terminus für die Lehrtätigkeit des Paulus in den Synagogen (Apg 17,2 in Thessaloniki, 18,4 in Korinth). Aber in Zusammenhang mit der Athener Agora und dem beschworenen Schatten des Sokrates gewinnt das Verb doch eine besondere Nuance, die an eine andere als die gewohnte Form der Lehrtätigkeit denken läßt. Für die Wendung ζητεῖν τὸν θεόν (V. 27) hat Dibelius auf den Unterschied zum alttestamentlichen Motiv der Gottsuche hingewiesen. Für den Griechen bestand sie zu keiner Zeit in der Unterordnung unter das göttliche

[23] Ähnlich werden die beiden Begriffe πνοή und πνεῦμα, womit der Grieche nichts hätte anfangen können, durch ζωή und πνοή ersetzt (V. 25), wobei πνοή in Verbindung mit ζωή den Lebensodem bedeutet.

Gebot, in der Erfüllung der göttlichen Gesetze, sondern in der Erkenntnis göttlichen Wesens (ζητεῖν ist fast ein Terminus technicus für wissenschaftliches Untersuchen). In dieselbe Richtung weist auch die singuläre Bedeutung von πίστις in V. 31: die Auferstehung Jesu als „Beweis" oder „Bürgschaft" (πίστιν παρασχών) für die Festsetzung des Gerichtstages.

Das in unserem Zusammenhang wesentliche Fazit: Ungeachtet der unterschiedlichen Herkunft der einzelnen Motive zeigt der lukanische Bericht von Paulus' Aufenthalt in Athen eine auffallend starke Anpassung an die besonderen Athener Verhältnisse.[24] Deutlich ist der Literat Lukas am Werk, dem es kaum darum zu tun gewesen sein dürfte, eine in welcher Form auch immer gehaltene Rede des Paulus in verkürzter Fassung wiederzugeben. Treffend wertet Eltester die Areopagrede als erstes Zeugnis am Anfang einer „Verbindung biblischen Schöpfungsglaubens und griechischer Weltfrömmigkeit im Bereich des Christentums" (Gott und Natur 226).

7. Zur Archäologie der Stadt

Für den heutigen Besucher Athens ist es nicht ganz einfach, die ins Uferlose gewachsene moderne Zweimillionenstadt in der Vorstellung auf ihre antiken Ausmaße zu reduzieren.[25] Am ehesten wird ein solcher Versuch von der Akropolis aus gelingen, von wo man den – allerdings noch nicht in allen Punkten geklärten – Verlauf der antiken Stadtmauer mit etwas Phantasie verfolgen kann *(Abb. 19).* Die markanteste Linie bildet im Westen die von Nymphenhügel (mit dem neuen Observatorium), Pnyx (s. u. S. 194) und Musenhügel (mit dem Philopapposdenkmal) gebildete Bergkette, an deren

[24] Ein indirektes Indiz dafür ist der Schluß der Rede. Er führt spezifisch christliche Gedanken ein, und schon kommt es zum Bruch mit dem Athener Publikum.

[25] Zur Topographie und Archäologie Athens seien genannt: *Judeich,* Topographie; *Travlos,* Bildlexikon; *Zschietzschmann,* Athen; *Kirsten/Kraiker,* Griechenlandkunde I 49–144; *Hill,* Athens; *Broneer,* Athens; *Kahrstedt,* Stadt Athen; *Giuliano,* Cultura artistica 13–27. Von den modernen Reiseführern ist in archäologischer Hinsicht besonders zu empfehlen *Wiesel/Speich,* Athen.

westlichen Abhängen sich die Stadtmauer in unregelmäßiger, dem hügeligen Gelände angepaßter Linie hinzog. Hinter dem Philopapposdenkmal bog sie in scharfem Knick nach Osten ab und erreichte nach etwa 1200 m das Gelände des Olympieions (s. u. S. 155 ff). Von hier wandte sie sich nach einem abermaligen rechtwinkligen Knick in gerader Richtung ziemlich genau nach Norden, schloß also die heute von Zappeionpark, Schloß und Syntagmaplatz eingenommene Region aus. Der weitere Verlauf der Mauer, zunächst im Nordosten etwa parallel zur Stadionstraße, dann auf der Nordseite in einem leichten Bogen zwischen Sophokles- und Euripidesstraße zum Dipylontor im Nordwesten zurückführend, läßt sich von oben mehr erahnen als mit dem Auge nachvollziehen. Die Länge des gesamten Mauerrings betrug etwa 6 Kilometer. Themistokles hatte ihn, im Jahr 479 v. Chr., als nach der Schlacht von Plataiai die Persergefahr fürs erste gebannt war, in aller Eile bauen lassen – wie eilig, sieht man noch heute an dem ausgegrabenen Mauerstück am Dipylon: Was greifbar war an Baumaterial, auch Grabstelen, wurde in die Mauer hineingesteckt. Mindestens 15 Tore führten durch den Ring, das wichtigste von ihnen das Dipylon im Nordwesten, wo die Straßen zum Piräus, zur Akademie und nach Eleusis (Hauptverbindung zur Peloponnes) das Stadtgebiet verließen. Zur Zeit des Paulus war allerdings weder von der Themistoklesmauer noch von den wenig später erbauten sogenannten „Langen Mauern“, die den Zugang zu den beiden Häfen Piräus und Phaleron sichern sollten, viel zu sehen. Nach ihrer ersten Zerstörung am Ende des Peloponnesischen Krieges (404 v. Chr.) waren sie zwar von Konon wiederaufgebaut und im Verlauf des 4. Jahrhunderts auch mehrfach verstärkt worden. Aber nach ihrer neuerlichen Zerstörung bei der Eroberung der Stadt durch Sulla (86 v. Chr.) blieb Athen für dreieinhalb Jahrhunderte unbefestigt, bis die drohende Heruler- und Gotengefahr zum Bau der Valeriansmauer zwang (267 n. Chr.).

Die alte Stadt mit einer Gesamtfläche von ungefähr 200 ha lag also recht klein beieinander, zumal sich die Wohngebiete nicht überall bis zur Stadtmauer erstreckten. Die Bevölkerungsdichte muß demnach sehr hoch gewesen sein, vor allem während der Blütezeit der Stadt zwischen 480 und 430, also zwischen dem Perserkrieg und dem Peloponnesischen Krieg, als die Einwohnerzahl von 150 000 auf 300 000 anstieg.[26] Aber schon im Bruderkrieg gegen Sparta wurde die Bevölkerung drastisch reduziert; die Zahl der freien Bürger sank von 170 000 auf 100 000. Gegen Ende des 4. Jahrhunderts dürfte die Stadt nur noch wenig über 200 000 Einwohner gezählt haben (84 000 Bürger, 35 000 Metöken, 100 000 Sklaven), und für die Folgezeit ist ein weiterer erheblicher Rückgang anzunehmen. Beloch rechnet für die frühe Kaiserzeit lediglich noch mit 4000 Bürgern, was jedoch etwas tief gegriffen sein dürfte.[27] Einen indirekten Beweis für den Bevölkerungsrückgang liefert die Tatsache, daß jetzt auch mitten im Stadtgebiet öffentliche Anlagen wie Gymnasien und dergleichen errichtet werden konnten, die vorher wegen der erforderlichen Ausmaße außerhalb der Mauern lagen; für Wohnzwecke war dieser Raum offenbar entbehrlich geworden.

Naturgemäß sind wir, abgesehen von glücklichen Ausnahmen wie Pompei oder Herculaneum, über die Wohnquartiere antiker Städte viel schlechter informiert als über die öffentlichen Gebäude. Eine schwache Vorstellung davon, wie man im alten Athen gewohnt hat, kann man jedoch auch heute noch gewinnen in dem Geländestreifen, der sich östlich der modernen Apostel-Paulus-Straße zum Hügel des Areopag hinzieht. Wir befinden uns hier im alten Demos Melite, in einem S t a d t v i e r t e l, das zu den beliebtesten des alten Athen gehört haben dürfte. Im südlichen, von Dörpfeld und Judeich zwischen 1892 und 1897 ausgegrabenen Bezirk lag das Heiligtum des Heilheros Amynos, eines Vorgängers und späteren Gehilfen des Asklepios, und jenseits einer Straßengabelung das älteste Dionysosheiligtum der Stadt mit Altar und heiliger Kelter, wo in alten Zeiten regelmäßig im Februar die Mysterien gefeiert wurden. Beide Komplexe lagen an der Ostseite einer von der Agora her führenden 4 m

---

[26] Die *Kirsten/Kraiker,* Griechenlandkunde 86f.89 und *Krefeld,* Hellenika 22 entnommenen Zahlen beziehen sich allerdings auf das ganze attische Gebiet, das politisch zu Athen gehörte. Von den 150 000 Einwohnern mögen 30 000 (mit Familie 100 000) freie Bürger, 5000 (mit Familie 12 000) Metöken (freie, aber vom politischen Leben Athens ausgeschlossene Bürger einer anderen griechischen Stadt) und 40 000 Sklaven gewesen sein. Die geschätzten Vergleichszahlen vor Ausbruch des Peloponnesischen Krieges: 45 000 (150 000) – 15 000 (35 000) – 110 000.

[27] *Beloch,* Bevölkerung 71. Kritisch dazu *Graindor,* Athènes I 98, der die Zahl der Familienoberhäupter im augusteischen Athen auf 6000 schätzt.

breiten Straße, die mit Prellsteinen für den Wagenverkehr und mit Wasserrinnen ausgestattet war. An dieses 250 m lange Straßenstück schloß sich nördlich nach einer Wegbiegung ein weiteres, erst nach dem Krieg ausgegrabenes Areal an *(Abb. 20)*.[28] Östlich durch den Areopag-, westlich durch den Nymphenhügel begrenzt, lag es ebenfalls an der von der Agora ausgehenden Straße, die sich zwischen Pnyx und Areopag durch einen tiefen Einschnitt im Gelände hindurchzwängen mußte und eine der wichtigsten Verbindungen zwischen den nordwestlichen und den südwestlichen Stadtteilen darstellte. Im Norden grenzte dieses Quartier an die Ost-West-Arterie der Nordstadt, die in westlicher Richtung zum Piräustor führte.

Am eindrücklichsten in diesem Bezirk ist heute der Abwasserkanal, der das Quartier in seiner ganzen Länge durchzieht. Die Ausmaße der alten Anlage sind imposant (Breite 1,50 m, Tiefe 3,50 m), und die Verlegung des Kanals um 10 m nach Osten in römischer Zeit (vielleicht in der Wiederaufbauphase nach der sullanischen Zerstörung) beweist das auch später noch vorhandene Interesse an dieser Anlage. Sie war allein schon wegen des V-förmigen Geländezuschnitts notwendig. Sicher spielten dabei aber auch die zahlreichen Werkstätten eine Rolle, die man in diesem Viertel ausgegraben hat. In der Talsenke wohnten in erster Linie Handwerker. Silberschmiede, Bronzegießer und, wie die überreichen Reste bearbeiteten Marmors zeigen, vor allem Steinmetzen hatten hier ihre Werkstätten, und es ist nicht abwegig anzunehmen, daß die für die perikleische Neugestaltung der Akropolis in großer Menge erforderlichen Werkstücke zum Teil hier gefertigt worden sind.

Einige griechische Häuser sind in der „Marble Workers Street", wie die amerikanischen Ausgräber die nordwestliche Begrenzung des Ausgrabungsgeländes genannt haben, im Grundriß gut erhalten (*Abb. 21*). Auffällig ist die Unregelmäßigkeit der Anlage. Mehrere Räume, von denen kaum einer einen rechten Winkel aufweist, gruppieren sich ohne festes System um einen trapezförmigen Hof, der über einen langgestreckten Korridor zugänglich ist. Dieser in den Quellen als παστάς bezeichnete Gang muß im Leben der Familie eine beachtliche Rolle gespielt haben. Jedenfalls blieb er ein eigentümlicher Bestand-

[28] Einen erschöpfenden Ausgrabungsbericht bietet *Young*, Industrial District.

teil des griechischen und teilweise auch des römischen Hauses bis in die Spätantike. Die meisten Räume öffneten sich auf den Hof, andere waren nur durch ein angrenzendes Zimmer (4), vom Korridor (10. 11) oder direkt von der Straße aus zu erreichen. Der größte Raum (3) dürfte der sogenannte Andron, also der Aufenthaltsraum der Männer und wohl auch das Eßzimmer, gewesen sein. In (6) vermutet man wegen der beiden hier aufgedeckten Wasserrinnen das Bad; nebenan (7) wird die Küche gelegen haben. Im zweitgrößten Raum (9) fand man 20 Webgewichte und einen Wirtel; hier saßen also die Frauen beim Weben. Der direkt von der Straße aus zugängliche Raum könnte als Laden gedient haben, in dem man die eigenen Erzeugnisse verkaufte.[29]

Bei der Anlage des angrenzenden, nur aus drei Räumen bestehenden Hauses ist bemerkenswert, daß es zwar für die beiden Eingänge und den Hof die Mauern des Nachbarhauses benutzt, trotzdem aber an keiner Stelle mit ihm zusammengebaut ist. Durch eine hier gefundene Inschrift kennen wir sogar die Namen der Männer, die in der im Hof installierten Schmiede oder Gießerei gearbeitet haben: Die beiden Schmiede Aristaichmos und Pyrrhias zusammen mit Sosias aus Lamia (wohl ein „Geselle") suchen die Unterirdischen gnädig zu stimmen. Im Unterschied zum Wohnhaus C war D also eine Werkstatt, was die geringe Zahl seiner Räume erklärt.

Den Komfort dieser Häuser haben wir uns recht bescheiden vorzustellen. Bei den Mauern bestand nur der Sockel aus Stein; darüber wurde mit Lehmziegeln weitergebaut. Die Wände waren verputzt, jedoch hatten die meisten Räume lediglich einen Lehmboden; Kieselpflaster oder gar Mosaikschmuck gab es, wenn überhaupt, im Andron. Der oft nur eingeschossige, höchstens zweigeschossige Bau trug einen hölzernen Dachstuhl und war mit Tonziegeln gedeckt. – Erst die römischen Häuser weisen eine bessere Konstruktion, eine größere Weiträumigkeit und in der Regel auch eine komfortablere Ausstattung auf.

---

[29] Damit ist der althergebrachte Megarontyp, also das rechteckige Haus mit Herdraum und vorgezogenen, eine Vorhalle bildenden Längswänden, aufgegeben zugunsten einer den klimatischen Verhältnissen des Mittelmeerraums entsprechenden Hausform mit einem schattigen Hof als Mittelpunkt. Ähnliche Häuser wie C wurden in Olynthos ausgegraben.

Auch in römischer Zeit war das Viertel zwischen Areopag, Nymphenhügel und Pnyx dicht besiedelt. Überall liegen über den Resten des 5. und 4. Jahrhunderts römische Mauern, teils aus der frühen, teils aus der späteren Kaiserzeit. Wie sich aus den bescheidenen Funden an Plastik und Hausrat schließen läßt, hat die Gegend ihren kleinbürgerlichen Charakter behalten. Eine repräsentative Straße gab es in ihr nach wie vor nicht; statt dessen bestimmten immer noch kleine Werkstätten und Handwerkerwohnungen das architektonische Erscheinungsbild. Lediglich in den oberen Hangregionen von Pnyx und Areopag verraten Mosaikböden, bemalte Stuckwände und reiche Wasserversorgung eine gewisse Wohlhabenheit der Bewohner.
Besonders gut erhalten sind zwei römische Häuser aus dem 1. und 2. Jahrhundert n. Chr. Sie haben im Unterschied zu den griechischen Vorgängerbauten einen regelmäßigen Grundriß mit einer etwa symmetrischen Raumanordnung *(Abb. 22);* lediglich die Eingangsseite weist einige Unregelmäßigkeiten auf, wie sie für entsprechende griechische Wohnhäuser bezeichnend sind. Ob es sich bei den aufgedeckten Grundrissen um Ausnahmen oder für dieses Viertel typische Hausformen handelt, läßt sich bei der Dürftigkeit des uns zur Verfügung stehenden Materials nicht entscheiden.
In hellenistischer und besonders in römischer Zeit entwickelte sich die Stadt in zunehmendem Maß vom Meer weg. Das heißt, im Norden und Osten entstanden neue Stadtviertel,[30] während im Süden und Westen Wohngebiete aufgegeben wurden und verfielen, unter ihnen das in klassischer Zeit dicht besiedelte Koile-Viertel im Südwesten der Pnyx und zeitweilig auch der oben beschriebene Melite-Bezirk, der nur wenig hellenistische Spuren aufweist. So gerieten Akropolis und Agora, vorher etwa in der Mitte der Stadt gelegen, etwas an die Peripherie der neuen Zentren, die durch neuangelegte, dem modernen Verkehr angepaßte Straßen erschlossen wurden. Besondere Bedeutung kam dem Straßendurchbruch zum Augustusforum zu *(Abb. 23).* Dieser römische Markt wurde östlich

[30] Reste großer römischer Privathäuser sind in der Mittel- und Nordstadt an mehreren Stellen, z. B. nordwestlich und östlich der Metropolis, gefunden worden. Auch die Gegend am Kerameikos bis hin zur Akademie, in der in der frühen Kaiserzeit Thermen eingebaut wurden, war in dieser Zeit besiedelt.

der alten Agora modernen Bedürfnissen entsprechend angelegt: nicht nach griechischem Muster als lose gruppierte, jederzeit erweiterungsfähige Gebäudeansammlung, sondern als geschlossenes Rechteck (112 m × 96 m) mit ringsumlaufenden ionischen Säulenhallen, in deren rückwärts gelegenen Zonen kleine Läden installiert waren. Bei einigen waren die Namen der Besitzer auf eine Säule oder Bodenplatte eingemeißelt. Die hier und da in den Boden eingehauenen Hohlmaßreihen sind heute noch vorhanden.

Diese Anlage diente vorwiegend, wenn auch nicht ausschließlich, kommerziellen Zwecken. Zugänglich war sie durch zwei Prunktore, ein besonders prächtig ausgestattetes dorisches im Westen und ein ionisches im Osten. Wie die Inschrift auf dem Architrav besagt, wurde das westliche Tor vom Volk errichtet aus Spenden des Caesar und (nach 27 v. Chr.) des Augustus; die ganze Marktanlage jedoch ist erst später unter Traian fertiggestellt worden. Von besonderem Interesse ist das von Hadrian erlassene Dekret am mittleren Durchgang des westlichen Propylons über den Verkauf von Öl und Salz, deren Preise und die jährlich vom Produzenten an die Stadt abzuliefernden Ölmengen. Kunstgeschichtlich verdient die dorische Toranlage insofern Beachtung, als sie in einer gewissen Spannung steht zu den nichtkanellierten ionischen Säulen der Markthallen: eine vielleicht den Propyläen der Akropolis nachempfundene klassische Reminiszenz in einer nach pergamenischem oder hellenistischem Muster konzipierten Peristylagora.

Ein weiteres Indiz für die Zentrumsverlagerung der Stadt in römischer Zeit ist das als „T u r m d e r W i n d e" bekannte Horologion des Andronikos von Kyrrhos.[31] Denn sicher hätte man diesen für die Öffentlichkeit bestimmten Zeitmesser nicht in dieser Gegend an der Ostseite des römischen Kaufmarktes errichtet, wenn sich hier nicht die Bevölkerung der Stadt in Scharen ein Stelldichein gegeben hätte. Auf dem achteckigen Turm war an jeder Seite eine Sonnenuhr angebracht, so daß sich jedermann die Uhrzeit besorgen konnte. Aber was tun bei Nacht oder wenn die Sonne einmal nicht scheinen wollte?

---

[31] Das Horologion entstand etwa gleichzeitig mit dem römischen Markt in der 2. Hälfte des 1. Jh. v. Chr. Varro erwähnt es bereits in seiner 37 v. Chr. erschienenen Schrift De re rustica (III 5,17). Weitere Mitteilungen bei Vitruv I 6,4.

Dann gab der Wasserstand in einem ausgeklügelten Röhrensystem im Turminneren Auskunft. Das Wasserreservoir in Form eines Anbaus auf der den beiden Eingängen abgekehrten Seite ist ebensogut erhalten wie der Turm insgesamt mit dem Relieffries am oberen Rand unter dem kegelförmigen Dach: Darstellungen der Winde in Männergestalt mit charakteristischen Attributen (Früchte und Ähren, Blumen, Schiffsheck, Holzkohlengefäß und anderes). Die Wasseruhr, etwa mit unseren Planetarien vergleichbar, stellt dem wissenschaftlichen Erfindungsgeist der damaligen Zeit ein vorzügliches Zeugnis aus. Architektonisch jedoch wird man den Bau eher als Fremdkörper empfinden. In der Tat erinnert der Turm an Grabbauten (Mausoleen), wie sie für Syrien typisch sind und auch in Kyrrhos, also der Heimatstadt des Erbauers, gefunden wurden: polygonal und auffallend hoch. Also ein später Nachklang der im 3. und 2. Jahrhundert praktizierten Gewohnheit, die von hellenistischen Herrschern der Stadt gestifteten Prunkgebäude im Stil des eigenen Landes zu errichten.

Auch unter Hadrian hielt die rege Bautätigkeit in diesem Bezirk an. Unmittelbar nördlich vom römischen Markt, nur durch die große, zum Dipylon führende Ost-West-Ader der Stadt von ihm getrennt, entstand die heute so genannte „Hadriansbibliothek" *(Abb. 24)*, in Anlage, Größe und Funktion dem Römischen Markt etwa entsprechend und wie dieser nur teilweise ausgegraben und längst noch nicht genügend erforscht. Genau hundert Säulen aus phrygischem Marmor umstanden ein großes Rechteck von 122 × 82 m, das auf den beiden Längsseiten je drei Nischen (Exedren) ausbildete, die mittlere rechteckig, die seitlichen halbkreisförmig. Der Eingang, ein Propylon, das einer vorgeblendeten Fassade aus weißem pentelischem Marmor mit je sieben prächtigen korinthischen Säulen zur Rechten und zur Linken vorgebaut war, lag auf der Westseite, so daß wie beim Römischen Markt eine bewußte Orientierung auf die alte Agora hin anzunehmen ist. Auf der gegenüberliegenden Seite befanden sich die wichtigsten Räumlichkeiten, die dem Ganzen seinen Namen gegeben haben: im Zentrum ein großer Bibliothekssaal mit zahlreichen, vielleicht für die Aufbewahrung der Papyrusrollen bestimmten Nischen in der Rückwand und seitlich anschließenden Räumen, die man gewöhnlich als Hör- oder Lesesäle bezeichnet, die aber nach dem Vorbild der Hadriansbibliothek in Alexandreia auch als Aufbewahrungsort der Archive gedient haben könnten.[32] In der Längsachse des Komplexes erstreckte sich ursprünglich ein Wasserbecken, und Grünanlagen dürften den Säulenhof zu einem zum Verweilen einladenden Ort gemacht haben. Auch nach dem Herulereinfall 267 n. Chr., der in der Baugeschichte Athens eine der wichtigsten Zäsuren setzt, blieb die Hadriansbibliothek ein wichtiges Zentrum der Stadt mit kommerziellen und administrativen Funktionen. Im 5. Jahrhundert wurde über dem Ostende des Bassins ein Vierkonchenbau errichtet, dessen Grundriß heute noch gut erkennbar ist. Ob es sich um ein Nymphäum, um einen Vortragssaal oder gar schon um eine frühchristliche Kirche handelt, läßt sich nicht entscheiden. Sicher ist nur, daß im 6. oder 7. Jahrhundert der Bau zu einer dreischiffigen Basilika umgestaltet wurde; zu ihr gehören die drei heute wieder aufgerichteten Säulen. Insgesamt zählt die Hadriansbibliothek mit den zum Teil in originaler Höhe noch stehenden Mauern, der prunkvollen Westfassade und den mächtigen Strebepfeilern der Ostseite zu den eindrucksvollsten Monumenten des römischen Athen.

Von den übrigen Bauten, die Hadrian in seiner Griechenbegeisterung der Stadt gestiftet hat – ein Heratempel, ein Pantheon, ein Gymnasion, das Panhellenion und vor allem das Olympieion, das erst unter seiner Regierung vollendet wurde (s. u. S. 155 ff) – ist hier nicht zu handeln, zum einen, weil die teilweise sehr bescheidenen Reste nur den Archäologen zu interessieren vermögen, zum anderen, weil alle diese Bauten aus nachpaulinischer Zeit stammen. Auch die Hadrianstadt mit ihren Villen und Grünanlagen, die das alte Stadtgebiet im Osten um etwa ein Viertel der vorherigen Fläche erweiterte[33] und durch das Hadrianstor von der alten „Theseusstadt" abgegrenzt war, existierte zur Zeit von Paulus' Aufenthalt in Athen noch nicht. Wohl aber war die allmähliche Verlagerung der Stadt von den früheren Zentren nach Norden und Osten in vollem Gang.

Von dieser Entwicklung wurde auch die alte Agora in mehrfacher Hinsicht betroffen *(Abb. 25)*. Schon seit längerem war sie ihrer ur-

---

[32] Vgl. *Hill*, Athens 210.

[33] Es ist ungefähr die Gegend, die heute von den Gärten des Zappeions und des Schlosses eingenommen wird. Hier hat man die Reste zahlreicher römischer Villen und Bäder gefunden.

sprünglichen Funktionen mehr und mehr beraubt und im hellenistischen Sinn mit repräsentativen Aufgaben bedacht worden. Unter Augustus waren nicht nur die Schäden der sullanischen Eroberung beseitigt worden, man füllte auch die ehemals freien Flächen mit neuen Gebäuden. Bezeichnend für die – im strengen Sinne – „konservative“ Grundhaltung dieser Zeit ist die Verlegung mehrerer klassischer Bauwerke in das Gebiet der Agora. So wurde ein Altar des Zeus Agoraios aus dem 4. Jahrhundert (vielleicht von der Pnyx) an eine Stelle gegenüber dem Metroon verlegt. Und noch beachtlicher: Der Arestempel, dessen Fundamente jetzt einen Großteil der nördlichen Agorahälfte an der Heiligen Straße einnehmen und der in Größe und Ausführung dem etwa gleichzeitigen Hephaisteion (Mitte 5. Jahrhundert) entsprochen zu haben scheint, wurde erst in augusteischer Zeit an diese Stelle verlegt, vielleicht vom Augustusforum, wo er den neuen Bauplanungen hinderlich gewesen sein könnte.

Überragt wurden die alten Bauten der Agora vom Agrippeion, einem für Vorträge und Konzerte (Liedrezitationen) bestimmten Gebäude (Odeion), das gegen 15 v. Chr. errichtet und nach dem Freund und Schwiegersohn des Augustus benannt wurde.[34] Der in der Längsachse nord-südlich orientierte Gebäudekomplex umschloß ein 51 × 43 m großes Areal und bot im hochgezogenen Mittelteil mit flachem Proskenion und 20 halbkreisförmig angeordneten Sitzreihen Platz für etwa 1000 Besucher. Zutritt zum Konzertsaal gewährten auf drei Seiten zweigeschossige Portikus, deren Obergeschosse wahrscheinlich verandaartig ausgebildet waren und einen freien Blick auf Agora und Panathenäenstraße gewährten. Die überdimensionalen Skulpturen eines Giganten und zweier in einen Fischschwanz auslaufenden Tritonen, die heute die Aufmerksamkeit des Besuchers auf sich lenken, stammen von einem Neubau, der das alte, durch Brand oder Erdbeben vernichtete Odeion um die Mitte des 2. Jahrhunderts n. Chr. ersetzte. Die genannten Kolossalfiguren, insgesamt sechs an der Zahl, ersetzten die Säulen der aufwendigen Eingangshalle; die Tritonen waren dem Poseidon im Westgiebel des Parthenon, die Giganten dem Hephaistos im Ostgiebel nachgebildet. Einige dieser

[34] Von den ursprünglich hier befindlichen alten Marktbauten hat man so gut wie nichts gefunden.

Figuren wurden im 4. Jahrhundert beim Bau eines Gymnasions an der Stelle des Odeions wiederverwendet. Die Reste von Palästren, Thermen, apsidial geschlossenen Hörsälen und Verwaltungsräumen, die man über das ganze Gebiet verstreut fand, lassen den Schluß zu, daß hier die weltbekannte Universität stand, die Justinian 529 n. Chr. schließen ließ.

8. Die hellenistische Zeit

Die bis jetzt behandelten Gebäude und Gebiete könnten den Eindruck erwecken, als ob das Athen des ersten nachchristlichen Jahrhunderts in seinem äußeren Erscheinungsbild vorwiegend eine römische Stadt gewesen wäre. Aber dieser Eindruck ist falsch. Nicht nur deswegen, weil Akropolis und Agora, von denen wir bislang nur beiläufig gesprochen haben, nach wie vor die markanten Akzente im Stadtbild setzten, sondern weil auch das Zeitalter des Hellenismus die Stadt wesentlich geprägt hat und in mehrfacher Hinsicht einen Übergang schuf zwischen den alten griechischen und den neuen römischen, bisweilen allerdings klassizistisch nachempfundenen Bauten.
War es vorher der Staat gewesen, der die Bauaufträge vergab und seine eigenen Bürger als Bauleiter einsetzte, so gingen diese Aufgaben nach dem politischen Niedergang Athens in die Hände auswärtiger Gönner über. Dem Staat blieb in den meisten Fällen nicht viel mehr übrig, als den Stifter mit einer Statue oder sonstigen hohen Auszeichnungen zu ehren. Da sich die neuen Bauherren mehr ihrem eigenen Land als griechischen Traditionen verpflichtet fühlten, war es unausweichlich, daß seit dem 3. Jahrhundert auch in Athen neue Bauformen auftauchten und das Stadtbild einschneidend veränderten. Neben Säulenhallen bisher unbekannten Ausmaßes war es vor allem ein neuer Typ von Gymnasion, der um diese Zeit in Athen bekannt wurde. Das erste Gymnasion dieser Art, das Ptolemaion, war eine Stiftung der Ptolemäer, wahrscheinlich Ptolemaios' VI. Philometor (181–145 v. Chr.). Pausanias I 17,2 bezeugt es in der Nachbarschaft des Theseion, aber beide Gebäude konnten bislang nicht lokalisiert werden.[35] Eine Vorstellung vom Ptolemaion kann jedoch

[35] Sie sind östlich der römischen Agora anzunehmen. Die von *Travlos*, Topo-

eine wohl ähnlich konzipierte und nur wenig später entstandene Anlage auf der Südseite der Agora geben (Mittelstoa und Südstoa II). Die 147 m lange und über 18 m tiefe Halle, die den Komplex nach Norden von der Agora abgrenzt, war mit ihren 73 dorischen Frontsäulen ein wesentlicher Baufaktor bei der Neugestaltung der Agora in hellenistischer Zeit. Welchen Zwecken sie gedient hat, ist unbekannt, jedoch sollte sie sicher unter anderem bei Sonne und Regen dem Marktpublikum Schutz bieten. Hinter dieser auf allen vier Seiten von Säulen umgebenen, also reiche Durchblicke gewährenden Stoa lag ein langgestreckter Platz, der auf der Südseite von einer parallel laufenden kleineren Säulenhalle begrenzt war. Der östliche Verbindungstrakt hatte vier gleichgroße, links und rechts vom zentralen Durchgang symmetrisch angeordnete Räume, deren Funktion ebenso unklar ist wie die zwölf Marmorbasen, die im korridorartigen Gang vor den Räumen gefunden wurden. Der ganze Komplex scheint bei der sullanischen Eroberung stark in Mitleidenschaft gezogen worden zu sein. Jedenfalls haben sich hier im ersten nachchristlichen Jahrhundert mehrere Handwerker angesiedelt, vor allem Marmorarbeiter und Töpfer. In ihren Werkstätten fand man in den Boden eingelassene Gruben mit Schmirgelpuder zum Polieren von Marmor, aber auch Gruben für den Bronzeguß sowie Schlacken- und Aschenreste, die auf Metallbearbeitung hinweisen. Zur Zeit des Paulus, das heißt vor der Erneuerung der Hallen durch Hadrian, war von der hellenistischen Pracht nicht mehr viel übriggeblieben.

Etwa zur gleichen Zeit wird die Attalos-Stoa entstanden sein, die Stiftung eines Königs von Pergamon, Attalos II. (159–138 v. Chr.). Mit ihren zwei Geschossen und insgesamt 42 Räumen ist sie von der Amerikanischen Schule für klassische Studien in den Jahren 1953–56 nach Plänen von J. Travlos wieder aufgebaut worden und dient seither als Agora-Museum. Trotz einer Länge von über 100 m und einer Tiefe von 20 m ist sie kleiner als die sogenannte Mittelstoa.

---

graphie 233f vertretene Theorie, die Mittel- und Südstoa II (s. u.) seien mit dem Gymnasion des Ptolemaios, die westlich angrenzende und in der Regel als Heliaia gedeutete quadratische Ummauerung mit dem Theseion zu identifizieren, scheint nach den neuesten Untersuchungen von *Thompson* nicht haltbar zu sein (vgl. Travlos selbst im Nachtrag 578f).

Architektonisch war die in leuchtendem pentelischem Marmor gehaltene Fassade als markanter Abschluß der Agora auf der Ostseite gedacht. Eine Wandelhalle gewährte Zutritt zu den hinter der inneren Säulenstellung gelegenen Läden, 21 auf jedem Stockwerk. Aber kommerzielle Zwecke waren keineswegs die einzigen der Stoa. Sie war auch ein bevorzugter Platz für Statuen, die hier zu Ehren der verschiedenen Wohltäter der Stadt aufgestellt wurden. Und schließlich boten Obergeschoß und Terrasse bei Festlichkeiten einer großen Menge Schaulustiger genügend Platz. – Eine künstlerische Novität für Athen waren die ägyptischen Vorbildern nachgeahmten Palmkapitelle der Säulen des oberen Stockwerks, eine Spezialität der pergamenischen Baumeister.
Die dritte und größte Stoa, mit 163 m fast von der Länge eines griechischen Stadions, verdankt Athen ebenfalls einem pergamenischen König, dem Bruder und Vorgänger Attalos' II., Eumenes II. (197–159 v. Chr.). Diese Halle schloß sich westlich an das Dionysostheater an und verlief unterhalb des Asklepieions am Abhang entlang. Als später das Herodes-Atticus-Theater gebaut wurde, achtete man auch auf dieser Seite auf einen bequemen Anschluß an die Stoa. In ihrer Konstruktion aus unterschiedlichem Material mit zwei Geschossen, mittlerer Säulenstellung und geschlossener Rückwand – ihre gegen den Fels gebauten Arkaden sind heute die einzigen, aber immer noch imposanten Reste der Eumenes-Halle – entspricht sie genau der Attalos-Stoa, nur hat sie nicht deren Läden. Schließlich sollte sie nicht als Ladenstraße, sondern als Wandelhalle dienen, die den Besuchern des Theaters, aber auch jedem Athener die Möglichkeit einer angenehmen Promenade mit herrlichem Blick aufs Meer bieten sollte. Die Halle ist so orientiert, daß sie im Sommer den kühlenden Seewind aufnimmt, im Winter den kalten Nordwind abhält – eines der vielen Zeichen für die gehobenen Ansprüche und den verfeinerten Lebensstil dieser Zeit.
Ein ganz anderes, noch weit ehrgeizigeres Unternehmen wurde, ebenfalls um die Mitte des 2. vorchristlichen Jahrhunderts, auf einem flachen Hügel oberhalb des Westufers des Ilissos gestartet. Auf diesem schon in prähistorischer Zeit besiedelten Hügel stand seit alters ein Heiligtum des Olympischen Zeus (Thuk. II 15), dessen Gründung die Überlieferung dem Deukalion zuschreibt (Paus.

I 18,8). An seiner Stelle hatte Peisistratos mit dem Bau eines Monumentaltempels begonnen, der mit seinen Ausmaßen (30 × 60 m) alles bis dahin im griechischen Mutterland Bekannte in den Schatten stellen sollte. Die Söhne des Peisistratos hatten einen solchen Riesentempel auf Samos kennengelernt und wollten nun etwas Ähnliches auch für Athen schaffen. Was dabei herauskam, muß ein merkwürdiger Zwitter gewesen sein. Wohl nahm man sich in vielen architektonischen Einzelheiten und vor allem in der doppelten Säulenstellung rings um den Tempel das Hera-Heiligtum von Samos zum Vorbild. Aber man hielt im Unterschied zum ionischen Heraion an der massiveren dorischen Säule fest, was dem Bau eine kaum erträgliche Wucht gegeben hätte – wenn er vollendet worden wäre. Mit dem Ende der Tyrannis um 510 v. Chr. war es auch um diese stolze Selbstdarstellung mächtigen Herrschertums geschehen. In der Demokratie zeigte niemand mehr Interesse an einem Weiterbau, im Gegenteil, viele Architekturglieder, vor allem Säulentrommeln, wurden der Themistoklesmauer einverleibt, wo man sie heute noch mit ihrem Durchmesser von fast 2,50 m bewundern kann (im Norden der Tempelterrasse an der Olgastraße). An derartige Frondienste für Tyrannen wollte das Volk nicht mehr erinnert sein.[36] Darüber hinaus war es wohl auch das dem Griechen angeborene Maßgefühl, das vor einem so ungeheuren Unternehmen zurückschrecken ließ.
Erst etwa 350 Jahre später wurde der Bau wiederaufgenommen, jetzt aber nach den Plänen eines römischen Architekten und in korinthischer Ordnung. Die Finanzierung hatte Antiochos IV. Epiphanes von Syrien, ein weiterer Verehrer und Gönner Athens, übernommen. Antiochos, eine schillernde Herrscherpersönlichkeit und zugleich ein glühender Verehrer griechischer Kultur und Religion, war von der Idee besessen, den religiös zersplitterten Osten in der Verehrung des Olympischen Zeus zu vereinen. Sein Vorsatz, das Judentum zu hellenisieren, gipfelte in dem Versuch, den Kult des Olympischen Zeus in Jerusalem einzuführen. Dieses Vorhaben scheiterte jedoch am Widerstand der Makkabäer. Die Wiederaufnahme der Bautätigkeit am Olympieion im Jahr 174 v. Chr. ist in Zusammenhang zu sehen

[36] Aristot. Pol. 1313b nennt das Olympieion neben den Polykratesbauten auf Samos als Beispiel für die Methode der Tyrannen, das Volk zu beschäftigen und trotzdem arm zu halten.

mit dem Wunsch des Antiochos, Baal, Jahwe und Zeus in einem gemeinsamen Kult zu vereinen; ebenso wird die orientalische, dem Griechen fremde Vorstellung des vergöttlichten Königs dabei eine Rolle gespielt haben. Aber so gewaltig die Anstrengungen waren – den Bau mit seinen 104 riesigen korinthischen Säulen etwa in den Ausmaßen des Peisistratidentempels zu vollenden, gelang auch diesmal nicht. Zwar war das Bauwerk beim Tod des Antiochos bis zur Gebälkzone über den Säulen gediehen, aber weitere 300 Jahre vergingen, bis es unter Hadrian zwischen 125 und 132 n. Chr. endgültig vollendet wurde. So war es zu guter Letzt nicht ein syrischer, sondern ein römischer Herrscher, der sein Standbild im Tempel neben dem des Zeus aufstellen und sich als Gott verehren ließ.

Von den riesigen Ausmaßen des Tempels zeugen die heute noch sichtbaren Reste: 13 Säulen mit Architrav an der Südostecke, dazu zwei einzeln stehende an der Südseite; eine dritte liegt heute noch so, wie sie 1852 von einem Sturm umgelegt wurde. Man hat ausgerechnet, daß für die Säulen allein 15 500 t Marmor verwendet wurden, das Vierfache der Parthenonsäulen. Sicher war der Tempel einer der größten und prächtigsten der damaligen Zeit, vergleichbar mit dem Artemistempel in Ephesos und den großen Tempeln von Agrigent und Selinunt. Aber selbst im römischen Athen muß er wie ein Fremdkörper gewirkt haben, so, wie seine erheblich reduzierten Reste es heute noch tun. Anders mögen sich die von Sulla verschleppten[37] Säulen auf dem Kapitolinischen Hügel in Rom ausgenommen haben. Für eine derartig massive, jedes klassische Maß sprengende Selbstdarstellung war Athen nicht der richtige Boden.

Die Säulenhallen des Ptolemaios, des Attalos und des Eumenes, dazu das Olympieion und zahlreiche kleinere Bauwerke sorgten für eine starke hellenistische Komponente im Erscheinungsbild der Stadt. Von den meisten Bauwerken dieser Epoche kann sich der heutige Besucher noch eine recht gute Vorstellung machen. Andererseits muß er bei dem Versuch, das paulinische Athen zu rekonstruieren, einige antike Bauwerke streichen, die heute zu den markantesten Sehenswürdigkeiten der Stadt rechnen: das Theater, das Herodes Atticus um 160 n. Chr. zum Andenken an seine Gattin Regilla in der typisch

---

[37] Plin. Nat. hist. XXXVI 45.

römischen Bauweise mit hohem Bühnengebäude und steil nach oben führenden Rängen erbauen ließ, das Hadrianstor, das die neue Stadt von der alten trennte, das Grabmal des Philopappos, Enkel des 72 n. Chr. abgesetzten letzten Königs von Kommagene, das die Stadt dem Prinzen für seine Wohltaten zwischen 114 und 116 n. Chr. weithin sichtbar auf dem Musenhügel errichten ließ.

9. Die Agora

Zur Zeit, als Paulus in Athen weilte, präsentierte sich die Agora[38] in jener Form, die sie in der hellenistischen und frührömischen Zeit angenommen hatte: als ein unregelmäßiges, fast völlig bebautes Viereck, dessen Seiten größtenteils von Säulenhallen gebildet wurden. Beides widersprach dem Geist der altgriechischen Agora. Zwar war diese als geweihter Ort durch Grenzsteine[39] vom profanen Stadtgebiet abgegrenzt, aber diese Grenzlinie war baulich nur schwach realisiert. Erst die Säulenhallen der hellenistischen Zeit, die Attalos-Stoa im Osten, die Mittel- und Südstoa im Süden, der dem Metroon (siehe unten) vorgelegte Portikus im Südwesten, schnitten das Agoragebiet als eigenständigen Bereich aus der Stadt heraus. Und stellte sich die griechische Agora eher als ein lockeres Miteinander isolierter Baukörper mit viel freiem Raum dar, so hatten die Römer durch die Versetzung des Arestempels und den beherrschenden Bau des Odeions nicht nur diesen freien Raum durch massive Baukörper ausgefüllt, sondern zugleich, soweit es die vorgefundenen und noch intakten Bauten zuließen, das Ganze zu ordnen gesucht, indem sie den Altar des Arestempels (vor dessen Ostseite) in die Mittelachse des Odeions legten. So überschnitten sich bei der späteren Athener

---

[38] Zur Athener Agora grundlegend jetzt das umfassende Werk von *Thompson/Wycherley*, Agora of Athens mit reichem Bildmaterial. Zur Ergänzung, vor allem für das Agora-Museum, sei auf den Führer von *Thompson* verwiesen: Athenian Agora. Die ältere Darstellung des ersten deutschen Ausgräbers, *Dörpfeld*, Alt-Athen und seine Agora, hat nunmehr nur noch historische Bedeutung.

[39] Zwei dieser Steine mit der Aufschrift „Ich bin die Grenze (der Agora)" hat man in der Südwestecke der Agora in situ gefunden.

Agora griechische, hellenistische und römische Baugedanken und verliehen ihr eine merkwürdige architektonische Spannung: zum einen zwischen Rahmen und Füllung, die je aus verschiedenem Geist geboren waren, zum anderen zwischen den Regionen im Norden und Nordwesten, die ihren alten Charakter weitgehend gewahrt hatten, und den neugestalteten Bezirken im Osten und Süden. Aber auch die griechische Agora, ohne die hellenistischen und römischen Zutaten, bot ein recht buntes, im Laufe der Jahrhunderte stark wechselndes Bild. Bei allen Unklarheiten im einzelnen ist die Agora jener Ort, an dem sich die Geschichte der Stadt, soweit sie zu Stein geworden ist, am besten ablesen läßt: von der alten, auf den Synoikismos des Theseus zurückgehenden Agora über die durch Solon eingeleitete und von den Peisistratiden weitergeführte Neugestaltung und die Zerstörung durch die Perser bis zu den demokratiebedingten baulichen Maßnahmen eines Kleisthenes, Themistokles, Perikles, Kimon und Lykurgos.

Von der vorsolonischen Agora ist so gut wie nichts bekannt. Ihr Ort läßt sich am Westabhang des Akropolishügels vermuten, vielleicht im Sattel zwischen Akropolis und Areopag. Sicher war sie klein und ohne besonderen Aufwand gestaltet. Mehr als ein paar bescheidene Heiligtümer werden wir uns an ihr nicht denken dürfen, vielleicht noch die Gebäude für die Beamten (πρυτανεῖον) und den Rat (βουλευτήριον), deren Gründung Thukydides auf den Synoikismos des Theseus zurückführt, ohne allerdings die Agora selbst zu erwähnen (II 15). Nachdem Athen durch die Maßnahmen des Theseus zum politischen Mittelpunkt Attikas geworden war und ständig Zuzug vom Land erhielt, dehnte sich das ἄστυ (die Stadt im Gegensatz zu den ländlichen Siedlungen) immer weiter aus. Trotzdem blieb Athen zunächst noch die „radförmige“, das heißt um die Akropolis konzentrierte Stadt, als die es noch in klassischer Zeit bekannt war.[40]

Wann die Agora neu gegründet und an jene Stelle verlegt wurde, an der die Abhänge von Akropolis und Areopag in die nördlich durch den Eridanos begrenzte Ebene übergehen, läßt sich nicht mit Sicherheit sagen. Jedenfalls bot die Gegend am Kerameikos („Töpfervier-

[40] Hdt. VII 140: πόλις τροχοειδής.

tel") günstige Ausdehnungsmöglichkeiten für die wachsende Stadt und wurde seit dem Ende des 7. Jahrhunderts nicht mehr als Begräbnisplatz benutzt. Ebenso gibt es seit dieser Zeit die typischen, einfach in die Erde gegrabenen Hausbrunnen nicht mehr in dieser Gegend, so daß man mit einem gewissen Recht Solon, dessen einschneidende Verfassungsreform 594 v. Chr. durchgeführt wurde, als den Urheber der neuen Agora bezeichnen kann.

Natürlich wurde das Agoragelände erst allmählich erschlossen. Die Bautätigkeit begann an jener Stelle, wo der Kontakt zu alten Verwaltungszentren am ehesten vorhanden war, nämlich an der Südwestecke, und dieser Bereich, in dem heute die Reste von Tholos, Buleuterion und Metroon zu sehen sind, blieb fortan das demokratische Zentrum Athens *(Abb. 26)*. Der von Solon eingerichtete Rat der Vierhundert, der sich aus den waffenfähigen Männern Attikas rekrutierte, brauchte einen Versammlungsraum, denn er tagte nicht öffentlich unter freiem Himmel wie die Volksversammlung, die im 6. Jahrhundert ebenfalls auf der Agora zusammentrat.[41] Bedeutendere Reste eines überdachten Gebäudes stammen aus dem frühen 5. Jahrhundert: ein quadratischer Bau (23 × 23 m) mit Vorhalle und wahrscheinlich hölzernen Bänken, das sogenannte alte Buleuterion, in dem der von Kleisthenes auf 500 Mitglieder erweiterte Rat tagte. Gegen Ende des Jahrhunderts entstand unmittelbar dahinter ein neues Buleuterion auf einem höheren Niveau mit zwölf theaterartig in den Fels gehauenen halbkreisförmigen Sitzreihen und einer Orchestra, auf der wahrscheinlich die Rednertribüne stand.[42] Später wurde die ganze Anlage, also altes und neues Buleuterion, durch ein Propylon und einen Portikus an der Südseite bereichert. Denn der alte Bau hatte keineswegs aus-

[41] Mauerreste aus dem 6. Jh. deutet *Thompson* als das Prytanikon (Amtsgebäude) und das „primitive" Buleuterion: ein terrassierter Versammlungsort für die Ratsmitglieder.

[42] Wiederholt war das neue Buleuterion Schauplatz dramatischer Ereignisse, z. B. im Jahr 403 v. Chr., als Theramenes, der die ungerechten Praktiken der Dreißig Tyrannen getadelt hatte, als Staatsfeind diffamiert und von den Schergen des Kritias vom Altar des Buleuterions gezerrt wurde, während der Rat, eingeschüchtert durch die bewaffneten Männer, die Kritias an den Gerichtsschranken postiert hatte, schweigend dabeisaß (Xen. Hell. II 3,55).

gedient. Er nahm das Staatsarchiv auf und beherbergte das berühmte Kultbild der Göttermutter, mit der das Buleuterion von Anfang an in enger Beziehung gestanden zu haben scheint. Ob die Statue der sitzenden Göttin mit dem Tympanon in der Hand und einem Löwen zu Füßen tatsächlich ein Werk des Pheidias war, wie Pausanias (I 3,4) und Arrian (Periplus 9) meinen, oder besser seinem Schüler Agorakritos (Plin. Nat. hist. 36,17) zuzuschreiben ist, auf jeden Fall galt sie als eines der ehrwürdigsten Kultdenkmäler des alten Athen.

Paulus hat die berühmte Stätte in ihrer hellenistischen Umgestaltung gesehen. An die Stelle des Buleuterions war um die Mitte des 2. Jahrhunderts v. Chr. eine Folge von vier sich zur Marktseite auf einen 40 m langen Portikus öffnenden Räumen getreten, eine Anlage, wie sie etwa von der berühmten Bibliothek in Pergamon bekannt ist. Wozu der größte nördliche Raum mit einem unbedachten Peristylhof gedient hat, läßt sich nicht mit Sicherheit sagen. Das Kultbild der Göttermutter, das Pausanias noch gesehen hat, dürfte im tempelartig ausgebauten mittleren der drei kleinen Räume seinen neuen Ort gefunden haben. Die Bezeichnung Metroon blieb auch dem hellenistischen Bau erhalten.

Kurz nach 480 v. Chr., also in der Zeit, als man an die Behebung der von den Persern verursachten Schäden ging, entstand der zweite Kernbau des demokratischen Athen, die Tholos („Rundbau"), unmittelbar südlich vom Buleuterion an der Stelle des alten Prytanikon. Das kreisrunde Fundament mit einem Durchmesser von 8,5 m überrascht noch heute den Besucher der Agora, wenn er von der Plattform des Kolonos Agoraios, des „Markthügels" mit dem Hephaisteion, die gesamte Marktfläche überblickt. Hier im Rundbau, dessen Kegeldach von sechs Säulen gestützt wurde, tagten die Prytanen, die 50 Mitglieder des geschäftsführenden Ratsausschusses, dem alle Ratsmitglieder der betreffenden Phyle angehörten. Athen war in zehn solche Phylen (Bezirke) eingeteilt. Demgemäß führte jede Phyle für ein Zehntel des Jahres die Ratsgeschäfte der Stadt. Ein Drittel der 50 Prytanen mußte immer, bei Tag und bei Nacht, in der Tholos anwesend sein, um in Notfällen schnell entscheiden zu können. Deshalb war auch im Norden eine Küche angebaut, in der eine Menge Geschirr – übrigens auffallend einfaches – gefunden wurde.

Der Gegenantrag des zum Tode verurteilten Sokrates auf „Speisung im Prytaneion“ (Plat. Apol. 36d) gewinnt angesichts solcher Funde an Drastik; denn selbstverständlich wurden die Prytanen auf Staatskosten verpflegt. Die Prytanen, die aus ihrer Mitte jeweils für einen Tag den Obmann für Rat und Volksversammlung wählten, verwahrten auch die Siegel und die Schlüssel für Archiv und Schatzkammern. So ist es kein Wunder, daß die Tholos eine Art Symbol des öffentlichen Lebens der Stadt war. Nach der sullanischen Zerstörung wurde sie schnell im alten Stil wiederaufgebaut, bekam in augusteischer Zeit eine Viersäulenhalle als Eingang und um die Mitte des 1. Jahrhunderts n. Chr., also genau zur Zeit von Paulus' Aufenthalt in der Stadt, einen prächtigen Boden aus pentelischen Marmorsplittern. (Die heute sichtbaren Reste von Marmorplatten stammen von der hadrianischen Renovierung.)

Auf einen anderen Gebäudetyp treffen wir an der Nordwestecke der Agora, dem zweiten Bauzentrum der alten Zeit, das auch unter den Römern sein ursprüngliches Aussehen weitgehend bewahrte. Es handelt sich um mehrere Säulenhallen (στοαί), die ihrer Anlage nach unterschiedlichen Zwecken dienen konnten: als Sitz von Behörden, als Versammlungsraum bestimmter Gremien, als Gerichtsstätte, aber auch als schattiger Ort, der zum Schwätzchen einlud. Die älteste dieser Hallen, die Basileus-Stoa, die dem Archon Basileus als Amtssitz diente, stammt aus der Mitte des 6. Jahrhunderts, und ihre Entdeckung bei Grabungen im Jahr 1970 bedeutete eine archäologische Sensation ersten Ranges.[43]

Pausanias, der die Agora vom Dipylon her an der Nordwestecke betrat, erwähnt die Stoa Basileios gleich zu Beginn seines Rundgangs (I 3,1: „rechts vom Eingang“). Nun war an dieser Stelle schon in den dreißiger Jahren eine große Säulenhalle ausgegraben worden, die man bald als Halle des Zeus Eleutherios (siehe unten), bald als Königshalle bezeichnete; gelegentlich setzte man auch beide gleich. Die Bahnlinie Athen–Piräus, die das Ausgrabungsfeld im Norden begrenzt, verbot zunächst eine genaue Erforschung des Geländes. Erst nach dem Abbruch einer Häuserzeile jenseits der Bahn konnte man mit der Ausgrabung eines bislang unbekannten, vom Agorahügel

---

[43] Vgl. den Bericht des Ausgräbers *Shear* Jr., Athenian Agora 241–260.

bis zur Attalos-Stoa reichenden Agorastreifens beginnen – mühsam, denn die antiken Reste liegen, von byzantinischen Schichten dicht überlagert, zum Teil 6 m unter der modernen Straße. Dabei stieß man eben auf die Stoa Basileios im Winkel zwischen der diagonal über die Agora laufenden Panathenäenstraße und der an der Westseite der Agora entlangführenden Straße. Mit den Ausmaßen von 18 × 7 m ist die Stoa außerordentlich klein. Die östliche, der Agora zugekehrte Seite der dorischen Halle war als Schaufront mit acht Säulen zwischen Antenwänden ausgebildet. Im Inneren, an dessen drei geschlossenen Seiten Steinbänke umliefen, stützten zwei, später vier Säulen das Giebeldach. Zahlreiche Reparaturen und der spätere Anbau von zwei vorgezogenen Seitenflügeln mit je drei Frontsäulen bezeugen die Bedeutung, die der Bau auch in späteren Jahrhunderten noch besessen hat. Daß es sich um den Amtssitz des Archon Basileus, also des für Fragen des Kultes und der Religion zuständigen höchsten Beamten, handelt, ist durch mehrere unmittelbar vor der Stoa gefundene Hermen[44] erwiesen. Laut Inschrift waren diese Hermen Stiftungen von Männern, die das Amt des Archon Basileus für ein Jahr bekleidet hatten. In dieser Halle wurden nicht nur religiöse Feste wie die Eleusinien, Lenäen und die athenischen Staatsfeiern organisiert, hier tagte auch einer der wichtigsten athenischen Gerichtshöfe, der für Asebie- (Religionsfrevel) und Mordprozesse zuständig war (die Prozesse selbst allerdings fanden anderswo statt).[45] Gelegentlich trat auch der Areopag, der alte Blutgerichtshof von Athen, in der Stoa Basileios zusammen (Demosth. 25,23). Die besondere

---

[44] Hermen sind für Athen besonders charakteristische Kultmale, die gemäß der Funktion des Hermes als Bote und Geleitsmann an Wegen, Kreuzungen und Eingängen aufgestellt waren: ein Pfeiler mit dem bärtigen Kopf des Gottes, seitlich angebrachten Armstümpfen und den Genitalien. Da diese Kultmale auch in römischer Zeit noch üblich waren, trifft das κατείδωλον, mit dem Lukas Athen charakterisiert (Apg. 17,16), auf sie in besonderem Maß zu.

[45] Platon hat für das Gespräch zwischen Sokrates und dem Priester Euthyphron im gleichnamigen Dialog die Königshalle als Szenerie gewählt (2a, ebenso Theait. 210d). Beide Gesprächspartner haben es mit dem „Basileus" zu tun: Sokrates muß sich verantworten wegen der gegen ihn eingereichten Asebieklage, Euthyphron will den eigenen Vater, der einen unbotmäßigen Sklaven umkommen ließ, wegen Totschlags gerichtlich belangen.

Bedeutung des Gebäudes erhellt schließlich aus der Tatsache, daß nach Aristoteles (Ath. pol. 7,1) die alten Pfeiler und Holztafeln mit den solonischen und drakonischen Gesetzen hier aufgestellt waren. Der große flache Stein, den man auf der Stufe der Halle fand, könnte überdies jener in der antiken Literatur[46] mehrfach bezeugte Stein sein, auf dem die Archonten ihren Amtseid zu leisten hatten. Zumindest läßt der unbehauene Zustand des Steins auf seine sakrale Bedeutung schließen.

Von der Stoa Basileios an der engsten Stelle nicht mehr als 1 m entfernt, lag eine weit größere Halle, die Stoa des Zeus Eleutherios („Befreier"). Der Name ist auf die Bannung der Persergefahr zurückzuführen, jedoch wurde die Halle erst gegen 430 v. Chr., also am Ende des gewaltigen perikleischen Bauprogramms, errichtet. Ihr eigenartiger Grundriß mit vorgezogenen Seitenflügeln ist kennzeichnend für die Tendenz im klassischen Athen, den Baukörper als geschlossene Einheit zu betrachten. Allerdings hat dieser Stoatyp kaum Nachfolger gefunden; in hellenistischer und römischer Zeit hat die Säulenhalle eher die Aufgabe, mehrere Räume oder Gebäude miteinander zu verbinden.

Leider sind auch von der Zeus-Stoa nicht viel mehr als die Fundamente erhalten, und die nicht einmal vollständig, weil das Nordende der Stoa beim Bau der Piräuslinie zerstört wurde. Trotzdem ermöglichen die wenigen aufgefundenen Architekturteile eine Vorstellung vom Ganzen. Die Front zur Agora hin bildete eine Folge von 25 dorischen Säulen, während im Innern neun nichtkannelierte ionische Säulen standen. Das mit Tonziegeln gedeckte Giebeldach zierten Akrotere, von denen eine vorzüglich erhaltene marmorne Siegesgöttin (Nike) bei den Ausgrabungen gefunden wurde. Vor der Halle stand das Bild des Zeus Eleutherios, die Wände schmückten mehrere Bilder, die Pausanias dem Euphranor zuschreibt: unter anderem eine Darstellung des Theseus mit den Figuren der Demokratia und des Demos, deren „Erfindung" die Athener dem sagenhaften König zuschrieben, und eine Episode aus der Schlacht von Mantineia (362 v. Chr.), in der die Athener Seite an Seite mit den Spartanern gegen die Thebaner unter Epameinondas kämpften. Im Unterschied zur

---

[46] Vgl. Aristot. Ath. pol. 7,1; 55,5 und Plut. Solon 25,2.

kleinen Nachbarin diente die Zeushalle wohl mehr dem geselligen Verkehr der Bürger. Der platonische „Theages“ führt hier den Sokrates mit seinen Freunden vor, und auch Diogenes soll gerne in der Halle verweilt haben (Diog. Laert. VI 22). Jedoch wird die Stoa auch offiziellen Charakter gehabt haben, wie sich aus der unmittelbaren Nähe der Königshalle schließen läßt, der sie ja auch im Grundriß angeglichen wurde. Im ersten nachchristlichen Jahrhundert wurde der Rückwand im Westen ein in der Mitte geteilter Anbau hinzugefügt. Wahrscheinlich war er für den Kaiserkult bestimmt. Sowohl Augustus als auch Hadrian trugen den Beinamen Eleutherios.

Von einer weiteren Halle, deren Lage man am Nordrand der Agora vermutet, haben wir nur literarische Kunde. Es ist die berühmte Stoa Poikile, die „Bunte Halle“, wie sie nach dem jedem Athener bekannten Gemälde an ihren Wänden genannt wurde. Pausanias erwähnt vier Darstellungen in diesem für Athener Verhältnisse luxuriösen Bauwerk: den Kampf zwischen Athenern und Spartanern bei Oinoe in der Argolis (um 460 v. Chr.), den Kampf der Athener unter Theseus gegen die Amazonen, eine Heeresversammlung der Griechen nach der Einnahme von Troia mit der Seherin Kassandra unter den gefangenen Troerinnen und die Schlacht von Marathon (490 v. Chr.). Zwei historische Themen rahmten also zwei traditionelle, in der athenischen Kunst besonders beliebte ein. Im Kampf gegen jegliche Fremdherrschaft und in der Behauptung des eigenen Rechts – auf beides waren die Athener von jeher stolz – vereinigten sich Mythos und Geschichte.[47] An den Wänden aufgehängte Bronzeschilde und andere Trophäen vervollständigten den Charakter der Halle als einer Art Museum der Geschichte Athens. Nicht zuletzt wegen der Erinnerung an die ruhmreiche Vergangenheit der Stadt war die Halle ein Lieblingsplatz der Dichter und Philosophen. Hier, im prächtigsten Bau der griechischen Agora, lehrte Zenon, der Gründer der Stoa, und nach dem Ort, an dem sie sich trafen, nannten sich seine Anhänger „Stoiker“.

Wenn wir uns nun den Agoraheiligtümern im strengen Sinn zuwenden, ist an erster Stelle der Zwölfgötteraltar zu nennen,

---

[47] Über den Maler der Stoa Poikile war man sich schon in der Antike nicht einig. Genannt werden Mykon, Polygnot und Panainos, der Bruder des Pheidias.

eine der ältesten und auch in römischer Zeit noch benutzten Kultstätten. Nach Thukydides VI 54 hat ihn Peisistratos, ein Enkel des gleichnamigen Tyrannen, während seines Archontats, also wahrscheinlich 521 v. Chr., gestiftet. Nach der Zerstörung durch die Perser wurde er in aller Form mitsamt der Umfriedung wiederhergestellt. Ursprünglich wohl den olympischen Göttern geweiht, diente er später auch als Asylstätte für Flüchtige und Verfolgte, weshalb er in römischer Zeit auch den Namen „Mitleidsaltar" bekam. Pausanias, der mit diesem Altar seinen Rundgang über die griechische Agora beschließt, vergißt nicht, darauf aufmerksam zu machen, daß die Athener als einzige der Griechen dem Gott des Mitleids, der für das menschliche Leben am meisten Nutzen habe, Verehrung erwiesen. Die Tatsache, daß es in Athen sogar einen Altar der Aidos („sittliche Scheu"), der Pheme („göttliche Stimme") und der Horme („Trieb") gegeben habe, wertet er als Beweis für die besondere Frömmigkeit der Athener (I 17,1).

Bedeutung hatte der am Schnittpunkt wichtiger Straßen im Norden der Agora gelegene Altar auch als zentraler Meilenstein, sozusagen als Nullpunkt, von dem aus die Entfernungen zu anderen Städten gemessen wurden (vergleiche etwa Hdt. II 7). Ohne Zweifel war also das kleine Geviert unmittelbar an der Bahnmauer, dem heute kaum noch jemand Beachtung schenkt, der ideelle Mittelpunkt Attikas, zumal einiges dafür spricht, daß an dieser Stelle auch der Ostrakismos, das „Scherbengericht", mit dem unliebsame Bürger für zehn Jahre aus Athen verbannt werden konnten, abgehalten wurde.

Noch etwas älter als der Zwölfgötteraltar war der ebenfalls von den Persern zerstörte und heute spurlos verschwundene Tempel des Apollon Patroos (Mitte 6. Jahrhundert), an dessen Stelle im 4. Jahrhundert ein neuer Bau mit tiefer Vorhalle und vier Frontsäulen errichtet wurde (zwischen Metroon und Zeushalle). Hier wurde Apollon – nach einem späten genealogischen Mythos – als Vater des Ion[48] und damit als Stammvater der Athener verehrt. Die Kultstatue, die vor der Rückwand der Cella stand, war ein Werk des Euphranor, eines führenden Bildhauers und Malers in Athen um die Mitte des 4. Jahrhunderts. Die überlebensgroße Statue wurde

[48] Vgl. das gleichnamige Stück des Euripides und Plat. Euthyd. 302c.

1907 gefunden (Abbildung Travlos 97). Sie zeigt den Typus des Apollon Kitharoidos, des Zither spielenden Gottes, in einem tiefe Falten werfenden Peplos, mit gegürtetem Überfall und einem mantelartigen Umhang auf dem Rücken. Während das Standbein von senkrechten Röhrenfalten völlig verdeckt ist, drückt sich das Spielbein in reizvollem Gegensatz durch das Gewand durch und läßt, fast etwas geziert, den mit einer feinen Sandale bekleideten Fuß unter dem Peplos hervorsehen. Charakteristisch für diese Zeit, erscheint das Göttlich-Erhabene gemildert in der Form des Ästhetisch-Reizvollen.

Nördlich direkt neben dem Tempel und in seinen Fundamenten ebensogut erhalten liegt das winzige Heiligtum des Zeus Phratrios und der Athena Phratria (5,20 × 3,65 m), also zweier weiterer Geschlechtsgötter der Athener.[49] Die einfache Zelle beherbergte das Kultbild von Zeus und Athena. Die kultische Verwandtschaft mit dem Nachbartempel drückt sich auch in der Anlage der als Ensemble konzipierten Tempel aus: Der kleine säulenlose Tempel von Zeus und Athena steht im Winkel der nördlichen Längswand des Apollontempels und seines nordwestlichen Annexbaus, der wohl als Adyton gedient hat.[50]

Zu den ehrwürdigsten Heiligtümern der Stadt gehörte neben Parthenon und Theseion das Eleusinion, eine Art Dependence des berühmten Demeterheiligtums im 20 Kilometer entfernten Eleusis, das unter Solon politisch mit Athen vereinigt wurde. Die Athener haben es vorzüglich verstanden, den mit dem eleusinischen Königssohn Triptolemos verbundenen Glauben von der Erfindung

---

[49] φράτρα oder φρατρία, die Bezeichnung für den alten Geschlechtsverband, würde man heute vielleicht mit „Clan" wiedergeben.

[50] Im Zusammenhang mit den mythischen Vorfahren der Athener stand auch das „Denkmal der Eponymoi", ein langgestreckter, von einem Gitter umgebener rechteckiger Bau (18 × 3,60 m) aus dem 3. Jh. v. Chr. mit den Heroen der zehn attischen Phylen, unter ihnen Erechtheus, Aigeus und Kekrops. Aus Dankbarkeit fügten die Athener später die Standbilder ihrer größten Wohltäter, die die Götter ersetzten, hinzu: Ptolemaios III. Euergetes, Attalos II. und Hadrian. Auf den Wänden des Sockels wurden auf weißgetünchten Holztafeln öffentliche Anschläge angebracht: ein einfaches Mittel, die Athener Bevölkerung über die neuesten Tagesereignisse zu informieren.

des Ackerbaus als Voraussetzung jeglicher Zivilisation für ihre eigenen Zwecke nutzbar zu machen. Gelegentlich trat Triptolemos sogar in Konkurrenz zum Athener Nationalheros Theseus. Ihren konkreten Ausdruck fand diese Verbindung im Bau des Eleusinion, einem Heiligtum der Demeter und Kore, in dem die Vorfeiern der Eleusinischen Mysterien stattfanden und wohin die geweihten Gegenstände (ἱερά) aus Eleusis vor Beginn der Feierlichkeiten gebracht wurden, um dann im Festzug nach Eleusis zurückgetragen zu werden. Dieses Heiligtum, von dem die Prozession ihren Ausgang nahm, hat man in der Südostecke der Agora gefunden, genau an jener Stelle, wo der Panathenäenweg nach Westen abbiegt. Der Tempel selbst, der zu Beginn des 5. Jahrhunderts einen älteren Bau abgelöst hat, war außerordentlich schlicht gehalten und bestand lediglich aus einer Cella und einem abgetrennten Raum, wohl dem Adyton, in dem die heiligen Geräte deponiert wurden. Das Heiligtum war umgeben von einer Umfassungsmauer, die in römischer Zeit durch ein Propylon und eine Säulenhalle auf der Südseite ergänzt wurde. Die Zuschreibung des Bezirks an Demeter und Kore ist neben der klaren Lokalangabe bei Pausanias I 14,1 durch zahlreiche Inschriften, die auf beide Göttinnen Bezug nehmen, und durch eine Fülle von Kernoi, speziell im eleusinischen Demeterkult verwendeten schüsselartigen Gefäßen, gesichert.

Mehrfach war auf den letzten Seiten vom Panathenäenweg die Rede. Auch zu Paulus' Zeiten war diese Straße, die die Agora von Nordwesten nach Südosten überquerte, eine der wichtigsten Verkehrsadern der Stadt. Das beweist zum einen die erhebliche Breite von 10 m, zum anderen die Steinpflasterung, die im 1. oder 2. nachchristlichen Jahrhundert an jener Stelle, wo die Straße das Agoragebiet verläßt und die Steigung am Nordhang des Burgbergs beginnt, die alte, nur aus Erde und einer festgestampften Kiesschicht bestehende Konstruktion ersetzt hat. Ausgangspunkt des Panathenäenwegs war das Dipylon, das große Nordwesttor der Stadt. Das (noch nicht ausgegrabene) Teilstück bis zur Agora war in römischer Zeit über große Strecken von Kolonnaden gesäumt. An der Einmündung ins Agoragebiet gabelte sich die Straße in drei Arme. Einer lief nördlich an der Stoa Poikile vorbei weiter zum römischen Markt, einer in südlicher Richtung an den wichtigsten öffentlichen Gebäuden vorbei zum Nordwesthang des Areopags, der dritte, eben der Panathenäenweg, quer über die Agora; an ihrem Südosteck bog er nach Westen ab und, im letzten, steilen Stück durch Stützmauern und Aufschüttungen gesichert, erreichte er nach einer neuerlichen Spitzkehre die Propyläen auf der Westseite der Akropolis. Auf einer Gesamtlänge von einem guten Kilometer hatte er dabei einen Höhenunterschied von knapp 100 m zu überwinden.

Besondere Bedeutung erlangte diese wichtige Verkehrsader als Prozessionsweg während der Panathenäen. Dieses aufwendigste und prächtigste Fest, das die Athener zu Ehren ihrer Stadtgöttin, der Athena Polias, an deren Geburtstag im Juni/Juli feierten, brachte die ganze Bevölkerung auf die Beine. Natürlich wurde auch dieses Fest auf Theseus, die Symbolfigur der politischen Einigung Attikas, zurückgeführt, aber erst seit der Mitte des 6. Jahrhunderts v. Chr. feierte man das Fest im regelmäßigen Abstand von vier Jahren. Der Wunsch nach einer jährlichen Feier war jedoch offenbar so stark, daß man neben dem Hauptfest die Kleinen Panathenäen einführte, die nun jährlich gefeiert wurden. Höhepunkt war der Festzug, der bei Sonnenaufgang am Dipylon begann. Eine in ihrer Lebendigkeit unvergleichliche Darstellung dieses Festzugs mit Männern und Frauen, Jungen und Alten, teils Opfertiere führend, teils Opfergeräte tragend, dazwischen Ordner, die den Strom zu steuern suchen, und Reiter, die ihre feurigen Rosse bändigen müssen, haben uns Pheidias und seine Mitarbeiter hinterlassen auf dem prächtigen Fries, der um die Cellawand des Parthenon herumlief und nun größtenteils im Britischen Museum und im Akropolismuseum ausgestellt ist. An der Ostseite, an der beide Ströme des Zuges zusammentreffen, wird der Schirmherrin der Stadt im Beisein der Götter das neugewebte Gewand (Peplos) überreicht. Unbescholtene Mädchen hatten neun Monate vor den Feierlichkeiten mit der Herstellung des Gewandes begonnen. Am Festtag selbst wurde es im Prozessionszug mitgeführt, und zwar – wohl nach dem Vorbild des dionysischen Schiffskarren – auf einem Schiff, an dessen Mast es aufgehängt war.[51]

[51] Auf dem steilen Anstieg zur Burg wurde das Gewand von zwei Mädchen getragen. Wahrscheinlich aus diesem Grund ist das Schiff auf dem Parthenonfries, der sich mit der Ankunft des Zuges auf der Burg befaßt, nicht dargestellt.

Die nationale Bedeutung des Festes geht unter anderem auch daraus hervor, daß sämtliche attische Städte und die Kolonien ein Opferrind zu stellen hatten. Überdies fanden während der Panathenäen auch athletische und (seit Perikles) musische Wettbewerbe statt, die eine Ausdehnung des Festes über mehrere Tage erforderten. Schauplatz der Rennen und Wettläufe war der Panathenäenweg, der neben verkehrstechnischen und kultischen Zwecken also auch eine sportliche Funktion zu erfüllen hatte und deswegen im Agorabereich einfach als Dromos („Rennbahn") bezeichnet wurde. Bei den Kampfpreisen standen mit Öl gefüllte Amphoren an erster Stelle: eine Huldigung an die Göttin, die Attika den Ölbaum geschenkt hatte.

Die wichtigste Kultstätte dieser Göttin im Marktbereich lag auf dem Kolonos Agoraios, also auf der westlichen Grenzlinie. Es ist der berühmte Hephaistostempel[52], auch heute noch die bauliche Dominante des Agoragebiets. In seiner Cella standen, zwischen 420 und 415 v. Chr. von Alkamenes geschaffen, die Kultstatuen der Athena und des Hephaistos, sie als Schutzpatronin der Textilarbeiter, er als Gott der Schmiedekunst und deswegen als Handwerker mit Zange, Hammer und Amboß dargestellt. Der Tempel selbst ist zwischen 449 und 444 v. Chr., also etwa gleichzeitig mit dem Parthenon, entstanden, mit dem ihn auch manche bauliche Eigentümlichkeit verbindet (zum Beispiel die Gestaltung des Innenraums mit dreiseitig umlaufender Säulenreihe). Architektonisch bemerkenswert ist die Betonung der östlichen Vorhalle und damit der Verzicht auf das für den griechischen Tempel ursprünglich geltende Prinzip der Symmetrie. Nicht nur sind Umgang und Vorhalle auf der Ostseite tiefer gestaltet, in diesem Bereich konzentriert sich auch der figürliche Metopenschmuck.[53] Daß man dem Tempel eine Art Schauseite

---

[52] Die alte Bezeichnung „Theseion" geht auf die besondere Rolle des Theseus im plastischen Schmuck des Tempels zurück (s. u. Anm. 53). Jedoch ist die Zuweisung an Hephaistos durch aufgefundene Bauinschriften und die genaue Lokalangabe bei Pausanias (I 14,6: „oberhalb der Königsstoa") gesichert. Außerdem lagen zahlreiche Werkstätten von Bronzegießern und Kunstschmieden, deren besonderer Schutzgott Hephaistos war, ganz in der Nähe.

[53] Das Bildprogramm des Tempels, das sich mit den Taten des Herakles und Theseus beschäftigt, verdient besondere Erwähnung insofern, als es

zur Agora hin geben wollte, bekundet sich auch in der Tatsache, daß die Ausgräber zwischen altem Buleuterion und Königshalle, zwischen denen das Hephaisteion auf höherem Niveau liegt, keine Gebäudereste aus klassischer Zeit gefunden haben. Bis zum Bau des Apollon-Patroos-Tempel blieb der östliche Raum offenbar aus optischen Gründen frei. Dieser Baugedanke wurde später wieder aufgenommen, als man, etwa zur Zeit von Paulus' Athenbesuch, eine monumentale Freitreppe zwischen das hochgelegene Hephaisteion und die Agora legte und damit ein seit dem Hellenismus beliebtes Baumuster auch in die Athener Agora einführte.[54]

Heute gilt das Hephaisteion als der besterhaltene dorische Tempel

---

für Athener Verhältnisse keineswegs selbstverständlich ist. Zwar erscheinen beide Heroen zusammen auch auf den Metopen des Athener Schatzhauses in Delphi, aber beim Hephaistostempel liegt das Schwergewicht eindeutig bei Herakles, also dem dorischen Stammheros und Konkurrenten des Theseus. Thema des Ostgiebels war wahrscheinlich die Einführung des Herakles in den Olymp; die bescheidenen, in der Attalos-Stoa ausgestellten Fragmente – eine thronende Mittelfigur (Zeus?) zwischen stehenden Gestalten, Gespannen und liegenden Figuren – gestatten keine zuverlässige Deutung der Szene. Und von den Taten des Herakles erzählen die zehn Metopen der Ostfront (Nemeischer Löwe, Lernäische Schlange, Raub der Pferde des Diomedes und Hesperiden sind noch erkennbar). Diesen Platten korrespondieren an den Ostenden der Längsseiten je vier Metopen mit den Leistungen des Theseus: die Erlegung des Stiers von Marathon, die Bestrafung des Prokrustes („Ausrecker"), die Besiegung des Unholds Kerkyon und des Skiron (auf dem Fels als Krabbe dargestellt) sowie die Tötung eines Ebers. – Der Fries der Cellawand greift ebenfalls ein beliebtes Thema auf: der Kampf zwischen Lapithen und Kentauren bei der Hochzeit des Theseusfreundes Peirithoos. In dieser immer wieder dargestellten Szene – das berühmteste Beispiel liefert der Westgiebel des Zeustempels in Olympia – bekundet sich der griechische Nationalstolz in besonderer Weise: Sie symbolisiert den Sieg von Gesittung und Kultur über das rohe Barbarentum.

[54] In ganz anderer Hinsicht ist der Tempel interessant, insofern er das erste bekannt gewordene Beispiel für eine systematische Bepflanzung des heiligen Bezirks darstellt. Um den Tempel herum waren in gleichmäßigen Abständen, auf den Längsseiten sogar in zwei Reihen, quadratische Löcher in den Fels gearbeitet. Wie die in ihnen gefundenen Scherben von Tontöpfen beweisen, waren sie für die Anpflanzung junger Bäume bestimmt. Zur Zeit des Paulus dürfte dieser Baumkranz um das Hephaisteion noch bestanden haben.

des griechischen Festlandes. Das verdankt er zum einen dem glücklichen Umstand, daß er beim Herulereinfall 267 n. Chr. unbeschädigt blieb, zum anderen den Christen, die ihn, vielleicht schon im 5. Jahrhundert, zu einer byzantinischen Basilika umbauten. Dabei wurde der Eingang nach Westen verlegt – das Kreuz über der Tür ist heute noch sichtbar –, die Ostwand abgetragen, um den Einbau der Apsis in die Vorhalle zu ermöglichen, und die Cella mit einer Tonne eingewölbt, wodurch der ursprüngliche Raumeindruck natürlich völlig verfälscht wurde. Trotzdem darf das Hephaisteion den Rang eines dorischen Modelltempels für sich in Anspruch nehmen.[55]

Um das bunte Bild, das die Agora zur Zeit des Paulus darbot, zu vervollständigen, müßte noch eine ganze Reihe weiterer Bauwerke aufgezählt werden. So etwa die beiden besonders prächtig ausgestatteten Brunnenhäuser an der Südseite, die primitivere Anlagen ersetzten[56] und bei der notorischen Wasserarmut der Stadt von besonderer Bedeutung waren. Oder die zahllosen Statuen, die über den ganzen Platz verstreut waren, unter ihnen Demosthenes, der den Anschluß Griechenlands an Makedonien zu verhindern gesucht hatte, der glänzende Redner und Staatsmann Lykurgos, König Attalos II. von Pergamon und natürlich die beiden Symbolfiguren der athenischen Demokratie, die beiden Tyrannenmörder Harmodios und Aristogeiton. Wie hoch sie bei den Athenern in Ehren standen, geht unter

---

[55] Fast spurlos verschwunden sind heute zwei etwa gleich große Tempel (21 × 11 m bzw. 20 × 12 m). Der eine stand im Südwesten im Winkel zwischen Odeion und Mittelstoa, der andere im äußersten Südosteck. Beide Tempel wurden erst in römischer Zeit an der betreffenden Stelle errichtet, der erste wohl in Zusammenhang mit dem Bau des Odeion, der zweite im 1. Jh. n. Chr. Jedoch sind beide älteren Datums und wurden wahrscheinlich wie der Arestempel von anderen Orten hierher überführt. Beim Südwesttempel nimmt man an, daß er dem Kult eines Mitglieds der kaiserlichen Familie gedient hat, während der Südosttempel wahrscheinlich mit dem von Pausanias I 14,1 erwähnten Tempel der Demeter und Kore zu identifizieren ist. (Die hier gefundenen Statuenreste zeigen eine riesige weibliche Figur.)

[56] Das Brunnenhaus an der Südostecke ist höchstwahrscheinlich der berühmte Enneakrunos („Neunröhrenbrunnen"), der nach Thuk. II 15,5 von Peisistratos an Stelle der bis dahin offenen Quelle Kallirhoe angelegt wurde. Das Nymphäum, dessen halbkreisförmiges Becken heute z. T. noch sichtbar ist, scheint den Brunnen in hadrianischer Zeit ersetzt zu haben.

anderem daraus hervor, daß zwei Künstler, Kritios und Nesiotes, den Auftrag bekamen, die beiden von den Persern geraubten Bronzefiguren nachzubilden.[57] Harmodios und Aristogeiton waren die ersten Menschen, die auf der Agora mit Statuen geehrt wurden und denen der Archon Polemarchos, einer der höchsten Beamten der Stadt, Totenopfer darbrachte.

Wie nirgends sonst in Athen trafen auf der Agora drei Zeiten in ihren kulturellen und politischen Ausprägungen auf engstem Raum aufeinander: das klassische Athen, mit den Namen Kleisthenes, Kimon, Perikles und Lykurgos verbunden, im Westen und Norden der Agora; die Stiftungen hellenistischer Herrscher in Gestalt von prächtigen Säulenhallen, besonders auf der Süd- und Ostseite; schließlich die Bauten der Römer, die vor allem die Mitte des Platzes einnahmen und die griechische Agora ihrem ursprünglichen Zweck endgültig entfremdeten.

Kehren wir nach diesem ausgedehnten Exkurs zur Apostelgeschichte zurück. Sie nennt neben der Agora den Areopag als zweiten Schauplatz des Geschehens. Und dieser scheint für Lukas einen ähnlichen Symbolwert gehabt zu haben wie die Agora für das alte Athen.

10. Der Areopag

Die neugierig gewordenen Stoiker und Epikureer führen Paulus zum Areopag, und hier hält der Apostel seine Rede über die richtige Gotteserkenntnis. Alt ist der Streit, ob mit dem Areopag der nordwestlich der Akropolis gelegene Areshügel oder die ursprünglich auf diesem Hügel, in späterer Zeit aber auch andernorts tagende Gerichtsbehörde gemeint sei, ob wir also zu übersetzen haben „sie führten ihn a u f den Areopag" oder „sie führten ihn v o r den Areopag". Natürlich ist die Lokalisierung der Szene nicht nur eine philologische oder topographische Frage, vielmehr hängt von ihr Entscheidendes ab für die Gesamtinterpretation. Versteht man nämlich den Areopag nicht als reine Lokalangabe, nimmt die Szene

[57] Diese Nachbildungen sind unendlich oft kopiert worden. Trotzdem besteht in Fragen der Ikonographie und der Gruppierung noch erhebliche Unsicherheit.

juridischen Charakter an, gleichgültig, ob man den Areopag als Gerichtshof oder als mit besonderen Kontrollbefugnissen ausgestattete Behörde auffaßt. In diesem Fall rücken die Vorgänge in Athen in die Nähe vergleichbarer Ereignisse in Philippi, Thessaloniki und Korinth. Wie Paulus sich dort vor den Strategen, den Politarchen und dem Prokonsul zu verantworten hat, so hier vor den Areopagiten.

Grundsätzlich mag der Text beide Möglichkeiten des Verständnisses zulassen, jedoch wird der unbefangene, in die wissenschaftliche Diskussion nicht eingeweihte Leser den Areopag kaum anders denn als szenische Angabe verstehen. Wo immer Lukas den Apostel mit staatlichen Institutionen in Konflikt geraten läßt, geschieht das auf eindeutige, die Rechtspositionen klar umreißende Weise. Von einem gewaltsamen Vorgehen der Hörerschaft ist trotz ἐπιλαβόμενοι δὲ αὐτοῦ (V. 19)[58] zwingend nirgends die Rede, und der Ausdruck „inmitten des Areopags" (ἐν μέσῳ τοῦ Ἀρείου Πάγου V. 22) kann durchaus im räumlichen Sinn verstanden werden,[59] setzt also keine Körperschaft voraus. Mit keiner der beiden Wendungen läßt sich die Gerichtsthese wahrscheinlich machen. Umgekehrt gibt es jedoch zwei Stellen, die ihr energisch widersprechen. Deutlich ist die Neugier der Philosophen als Grund für den Ortswechsel von der Agora zum Areopag angegeben – man beachte vor allem die aus dem Erzählzusammenhang herausfallende allgemeine Erklärung über die Wißbegier der Athener (V. 21) –, und nichts deutet darauf hin, daß die Befragung des Paulus im Auftrag einer fremden Kommission erfolgt.

---

[58] Die Wendung erinnert zwar an die Ergreifung von Paulus und Silas in Philippi (16,19: ἐπιλαβόμενοι τὸν Παῦλον καὶ τὸν Σιλᾶν), aber näherliegender ist die Parallele Apg 9,27, wo Barnabas sich des bedrohten Saul „annimmt" und ihn zu den Aposteln führt (ἐπιλαβόμενος αὐτὸν ἤγαγεν πρὸς ...). In ἐπιλαμβάνεσθαι liegt also keineswegs von vornherein „etwas von Feindseligkeit und Gewaltanwendung", wie *Schmid*, Rede des Apostels Paulus 83 meint, vielmehr kommt die Konotation des Gewaltsamen erst durch das betreffende Verb, mit dem die Partizipialform verbunden ist, zustande (so Apg 16,19 und 21,30: εἵλκυσαν bzw. εἷλκον; 18,17: ἔτυπτον). In der Verbindung mit dem neutralen ἄγειν hingegen bedeutet ἐπιλαμβάνεσθαι eher „an die Hand nehmen" o. ä.

[59] Vgl. etwa ἐν μέσῳ τῆς αὐλῆς (mitten im Hof, Lk 22,55) oder ἐν μέσῳ τῆς θαλάσσης (mitten auf dem Meer, Mk 6,47).

So ist auch von einer Reaktion des Areopags auf die Rede des Apostels nichts gesagt. Die Leute, die am Schluß sich lustig machen oder bei späterer Gelegenheit weiter hören wollen, sind gewiß keine Mitglieder des Areopags gewesen, und ebenso – das ist die zweite Stelle – bezieht sich ἐκ μέσου αὐτῶν, womit die Szene V. 33 schließt, auf die Leute, von denen vorher die Rede war, also auf die Philosophen und Interessierten, nicht auf die Areopagiten. Ein Kontrollverfahren ohne Erwähnung des Kontrollorgans wäre ein Unding.

Wenn nun schon der Text keine Handhabe für eine Deutung der Szene als „Rechtfertigung" des Paulus bietet, wäre weiter zu fragen, in welcher Eigenschaft der Areopag über den Apostel hätte befinden sollen. Daß er nicht als Gericht im strengen Sinn angerufen wurde, wird heute auch von den Verfechtern der Behörden-These nicht bestritten; ein Prozeß läßt sich nun einmal aus dem Bericht der Apostelgeschichte nicht herauslesen. Wohl aber soll der Rat eine Kontrollfunktion innegehabt haben, die sich auf den Vortragsbetrieb auf der Agora und die Jugenderziehung erstreckte. Dabei beruft man sich auf eine Notiz bei Plutarch (Cic. 24,7), Cicero habe den Rat des Areopag bewogen, den Peripatetiker Kratippos um ein Verbleiben in der Stadt zu bitten – offenbar, weil Ciceros Sohn, der 46–44 v. Chr. in Athen studierte, den berühmten Lehrer noch hören sollte. Daß die Bitte der höchsten Athener Behörde für den Philosophen außerordentlich ehrenvoll war, leuchtet ein; daß daraus eine Kontrollfunktion des Rates zu erschließen sei, ist jedoch nicht einsichtig zu machen.

Wie es mit den Befugnissen des Areopag unter den Römern bestellt war, entzieht sich größtenteils unserer Kenntnis. Die Nachrichten sind außerordentlich lückenhaft, und viel mehr als Vermutungen lassen sich nicht äußern.[60] Eine der wenigen feststehenden Tatsachen ist die Aufwertung dieses ältesten und berühmtesten athenischen Gerichtshofes unter den Römern, nachdem er in den vorhergehenden Jahrhunderten viel von seiner ursprünglichen Bedeutung verloren hatte. In alten Zeiten trat der Rat, der nach dem Ort, an dem er tagte, benannt war, unter dem Vorsitz des Archon Basileus zusam-

[60] Wichtig ist immer noch *Keil,* Areopag, auch wenn K. gelegentlich dazu neigt, Hypothetisches als gesichert darzustellen. Vgl. ferner *Graindor,* Athènes II 120–124.

men, was darauf hinweist, daß er sich als Nachfolger des alten Königsrates verstand. Folglich hatte er neben den gerichtlichen auch politische Befugnisse. Wie weit sie reichten, wie vor allem das Verhältnis zu Rat (βουλή) und Volksversammlung war, darüber lassen uns die Quellen im unklaren, wie überhaupt schon in der Antike der Areopag von einem geheimnisvollen Dunkel umgeben war, das eher an den Nimbus von Femegerichten erinnert. Das liegt sicher daran, daß der Areopag von alters her der Blutgerichtshof der Stadt war und zudem unter Solon zum obersten Wächter über Sitte und Ordnung aufrückte (ἐπίσκοπον ἁπάντων καὶ φύλακα τῶν νόμων, Plut. Sol. 19). Da zudem nur gewesene Archonten, also Männer mit großer Erfahrung, Mitglieder des Areopags werden konnten, stand der Rat in außerordentlich hohem Ansehen.

Das wurde erst anders im demokratischen Athen des Perikles, das mit einer solchen aristokratischen Institution nur bedingt etwas anfangen konnte. Ephialtes, einem Parteifreund des Perikles, gelang es, unter dem Vorwurf der Korruption dem Areopag die meisten politischen Befugnisse zu nehmen und sie dem Rat der Fünfhundert sowie der Volksversammlung zu übertragen (462 v. Chr.). Gleichzeitig ging auch ein Teil der richterlichen Gewalt an die Geschworenengerichte über. Lediglich die Blutgerichtsbarkeit verblieb – neben einigen weniger wichtigen Aufgaben, besonders im sakralen Bereich – beim Areopag.[61]

Politische Kompetenzen bekam das Gremium erst wieder unter den Römern, die in Athen wie in anderen Städten Griechenlands auch das aristokratisch-konservative Element zu stärken suchten. Auf den

---

[61] Auf diese von Ephialtes erzwungene Verfassungsänderung nimmt Aischylos in seinen Eumeniden, dem dritten Stück der vier Jahre später (458 v. Chr.) aufgeführten Orestie, Bezug. Der zweite Teil der Eumeniden, der auf dem Areshügel spielt, stellt die gerichtliche Auseinandersetzung um den Muttermörder Orestes dar, zwischen den jedes vergossene Blut rächenden Erinyen einerseits, Apollon, der den Auftrag zum Mord gab, andererseits. Die Schlichtung des Streits durch Athena gewährt den Erinyen eine bevorzugte Kultstätte am Fuß des Areshügels, von wo aus sie fortan als Segensgöttinnen (Eumeniden = die Wohlwollenden) für die Stadt wirken werden. Für Aischylos ist der Areopag nicht nur Blutgerichtsstätte, welche Funktion ihm auch nach der Verfassungsänderung geblieben war, sondern Verkörperung des Staates als Schutzmacht des Rechts.

Inschriften der Kaiserzeit ist der Areopag eine der am häufigsten genannten Institutionen, wie er überhaupt die wichtigste Behörde im römischen Athen gewesen zu sein scheint.[62] Öfters wird er mit Bule und Ekklesia zusammen genannt (oder mit einem der beiden Organe), öfters aber auch allein.[63] In gewissen Fällen war er sogar ohne Mitwirkung der beiden demokratischen Organe beschlußfähig.[64] Seit dem ausgehenden 2. Jahrhundert v. Chr. erscheint in den Inschriften auch ein κῆρυξ τῆς ἐξ 'Αρείου πάγου βουλῆς, also ein „Sprecher" des Areopags, der als leitender Beamter diese Institution nach außen zu vertreten hatte und neben dem Eponymos und dem Strategen der höchste Beamte der Stadt in dieser Zeit gewesen zu sein scheint. Entsprechend groß muß der Aufgabenkreis des Areopags unter den Römern gewesen sein. Daß er für Fragen der Außenpolitik zuständig war, Maße und Gewichte überwachte, die athenische Münze überprüfte und die Aufsicht über Heiligtümer führte, ist bezeugt. Ebenso wuchsen seine juristischen Kompetenzen, da die Geschworenengerichte, eine urdemokratische athenische Einrichtung, sich offenbar nur noch mit Zivilprozessen zu befassen hatten, das öffentliche Recht also ebenfalls in der Hand des Areopags lag. Bei einer solchen Vielzahl von Funktionen ist es wahrscheinlich, daß die Arbeit unter mehreren Kommissionen aufgeteilt war; Sicheres läßt sich darüber jedoch nicht sagen. Deswegen sind auch jene Deutungen, die die Areopagrede als Legitimierung des Apostels vor einer solchen Kommission für Jugenderziehung oder für die Aufsicht über fremde Kulte verstehen wollen, ins Reich der Spekulation zu verweisen. Weder der Text selbst noch die uns zugänglichen historischen Quellen rechtfertigen eine solche Deutung.

Bei dieser Lage der Dinge muß man sich fragen, wie man überhaupt

[62] Vom Ansehen des Areopags in römischer Zeit zeugt neben Cicero, der ihn „Lenker des athenischen Staats" nennt (De natura deorum II 74), eine Inschrift, die vom σεμνότατον συνέδριον, dem „ehrwürdigsten Gremium", spricht (CIA 714; vgl. ferner Gellius, Noctes Atticae XII 7: die Areopagiten seien *iudices graviores exercitatoriesque*).

[63] Vgl. den Überblick bei *Graindor*, Athènes I 102f mit Anm. 1.

[64] Zu dem bekanntesten Beschluß dieser Art (ὑπομνηματισμός), die Ehrung eines frühverstorbenen jungen Mannes betreffend, *Keil*, Areopag 2ff und *Graindor*, Athènes II 62ff.

dazu kommen konnte, die ganz im athenischen Geist konzipierte philosophische Erörterung in eine Gerichtsszene, sei es auch nur in Form einer „Voruntersuchung", umzudeuten. Die Erklärung kann nur darin zu suchen sein, daß die steile, unebene und höchst unbequeme Kalksteinkuppe des Areshügels einen denkbar ungeeigneten Ort für eine Diskussion mit einem größeren Publikum abgab, ganz abgesehen davon, daß die antike Tradition von einem Treffpunkt der Philosophen oder anderer Leute – außer eben dem Rat des Areopag selbst – an dieser Stelle nichts weiß. Auch eine Verlagerung der Szene auf den flachen Sattel zwischen Areshügel und Burgberg ist unbefriedigend, da die Bezeichnung „Areopag" für diese Gegend nicht bezeugt ist.

Das zwingt dazu, die Erklärung nicht auf der historisch-archäologischen Ebene, wo sich der Widerspruch nicht lösen läßt, zu suchen, sondern mit Haenchen und Conzelmann in der literarischen Absicht des Autors. Wollte Lukas ein unverkennbares Bild Athens auch nur in Andeutungen skizzieren, so durfte der bekannteste Bürger der Stadt ebensowenig fehlen wie die berühmte Gerichtsstätte. Eine Agora und eine Akropolis gab es auch in anderen Städten, einen Areopag nur in Athen.[65] Die Erwähnung des Areopags hat also

[65] Unter dieser Voraussetzung ist auch der Ortswechsel von der Agora zum Areshügel sinnvoll. Daß es dort stiller gewesen sei als auf der turbulenten Agora, wie immer behauptet wird, ist eine These, die von falschen Voraussetzungen ausgeht. In Athen insgesamt und auf der von den Römern umfunktionierten Agora im besonderen war es zu Paulus' Zeiten merklich ruhiger geworden. – Mit der literarischen Begründung der Areopag-Erwähnung ist auch der alte und ohnehin nicht zu entscheidende Streit hinfällig, ob – unter der Voraussetzung, daß mit dem Areopag die Körperschaft gemeint ist – die Szene auf dem Areshügel selbst oder vor der Stoa Basileios (s. o. S. 162ff) zu denken sei. An welchem Ort der Areopag in welcher Sache und mit welcher Kommission zusammentrat, können wir schlechterdings nicht sagen. Auch in römischer Zeit tagte er noch auf dem Areshügel; ob nur als Blutgerichtshof, wie *Schmid,* Rede des Apostels Paulus 83 meint, läßt sich höchstens vermuten. Andererseits ist die Stoa Basileios als in dieser Zeit gewöhnliche Tagungsstätte des Rats durch nichts wahrscheinlich zu machen. Die dafür als Beweis angeführte Stelle (Pseudo-)Demosthenes 25, 23 besagt lediglich, daß der Areopag sich dort versammeln konnte, nicht daß er es regelmäßig tat (vgl. *Graindor,* Athènes II 122). Zudem heißt es an dieser Stelle, daß der Areopag in der Stoa Basileios gleichsam

einen ähnlichen Stellenwert wie die Sokrates-Reminiszenz oder die Charakteristik der Athener als gottesfürchtig und neugierig. Das heißt, sie gehört zum szenischen Inventar des historischen Rahmens, in den Lukas die Rede des Paulus eingebettet hat. Der Athenbericht der Apostelgeschichte scheint nicht auf Autopsie zu beruhen.[66] Um so eher konnte der Autor diese ideale Szenerie für die Paulusrede wählen.[67]

Die archäologischen Spuren auf dem Areshügel sind minimal – verständlicherweise, da das Gericht unter freiem Himmel tagte. Am Ende der erst aus späterer Zeit stammenden Treppe ist rechts ein freier Felsblock sichtbar, der als Altar der Athena Areia gedeutet wird. Vielleicht war es aber auch einer der beiden Steine, auf denen der Kläger oder der Beklagte Platz zu nehmen hatte, in der antiken Tradition bekannt als „Stein des Zorns" und „Stein der Schande". Am Nordwesthang befand sich der Tempel des Ares, also jenes Gottes, dem der Hügel geweiht war, daneben das Heiligtum der Erinyen, dessen Aitiologie Aischylos in seinen „Eumeniden" gegeben hat (siehe oben Anmerkung 61). An dieser Stelle entstand später eine christliche Kirche für den nach der Legende ersten Bischof von Athen, Dionysios Areopagites. In der Apostelgeschichte wird er als einer der wenigen neugewonnenen Anhänger in Athen genannt (V. 34). Vielleicht sollte der klingende Name aus der Reihe der Vornehmsten der Stadt über den bescheidenen Missionserfolg hinwegtrösten.

---

in Klausur tagte: durch Seile vom Volk abgetrennt und „in viel Ruhe für sich selbst" – ein denkbar schroffer Gegensatz zur Situation, die Lukas bei der Areopagrede voraussetzt. Das früher gern gezeichnete Bild von Paulus inmitten der auf Stühlen sitzenden Areopagiten und der lauschenden Menge darum herum muß endgültig der Vergangenheit angehören.

[66] Vgl. *A. D. Nock,* Gnomon 25 (1953) 506.

[67] Natürlich läßt sich nicht ausschließen, daß Lukas die durch den Namen Areopag gegebenen und durch die Gestalt des Sokrates verstärkten gerichtlichen Assoziationen ganz gelegen kamen. Immer wieder hat Paulus in der Apostelgeschichte die christliche Sache vor der heidnischen Welt zu „rechtfertigen".

11. Die Akropolis

Auch in römischer Zeit war die Akropolis *(Abb. 27)*[68] das überragende religiöse Zentrum der Stadt, zu dem sich der Burgberg der mykenischen Zeit im Laufe der Jahrhunderte allmählich gewandelt und das unter Perikles seine endgültige, an Großartigkeit und künstlerischer Qualität kaum zu überbietende Ausgestaltung erfahren hatte. Wie sehr sich die Römer der klassischen Zeit der Griechen verpflichtet fühlten, geht allein schon daraus hervor, daß sie sich im wesentlichen auf die Restaurierung der alten Bauwerke beschränkten. Zu den wenigen Ausnahmen zählt der kleine Rundtempel mit neun ionischen Säulen, der vor der Ostseite des Parthenon gegen 27 v. Chr. zu Ehren der Roma und des Augustus errichtet wurde.[69] In Einzelheiten der künstlerischen Ausführung ist das Vorbild des Erechtheions deutlich zu fassen.

Dieser Anlehnung an klassische Formen entspricht die Wiederverwendung älterer Monumente mit neuer Zweckbestimmung. So etwa beim sogenannten Agrippamonument, jenem überdimensional in die Höhe ragenden Pfeiler vor dem Nordflügel der Propyläen, der ursprünglich Eumenes II. von Pergamon mit seinem siegreichen Wagengespann, seit etwa 27 v. Chr. jedoch Agrippa, den Freund und Minister des Augustus, ebenfalls auf einem Viergespann, trug. In die Zeit des Claudius fällt die Umgestaltung der schlichten zickzackförmigen Rampe, die ursprünglich zu den Propyläen emporführte, in eine 12 m breite Monumentaltreppe nach dem Vorbild hellenistischer Anlagen – ein zusätzlicher Hinweis auf die Bedeutung der Akropolis noch in römischer Zeit.

Der Eindruck, den der heutige Besucher der Akropolis gewinnt, ist

[68] Literatur zur Akropolis: *Schede*, Burg von Athen; *Walter*, Akropolis; *Hege/Rodenwaldt*, Akropolis; *Kirsten/Kraiker*, Griechenlandkunde I 49–75; *Balanos*, L'Acropole; *Berve/Gruben*, Griechische Tempel; *Gruben*, Tempel der Griechen 147–199.

[69] Die Rundform knüpft an eine alte, bis ins 6. Jh. zurückreichende Tradition an und war besonders bei Heroenheiligtümern, später auch bei Bauten zu Ehren vergöttlichter Menschen beliebt. (Die gefundene Inschrift, die die Identifizierung des literarisch nicht erwähnten Tempelchens ermöglichte, führt Augustus als σωτήρ ein: 27 v. Chr. nahm Octavian den Titel Augustus an.)

in mehrfacher Hinsicht unvollkommen und irreführend. Selbst wenn man die vier wichtigsten Bauwerke, die das moderne Bild bestimmen, also Propyläen, Parthenon, Erechtheion und den kleinen Niketempel, ergänzte, Cellamauern und Säulen wieder vollständig aufrichtete, die erhaltenen Giebelfiguren an ihren alten Platz setzte, den Gebälkzonen ihre prächtige Farbigkeit mit sattem Rot und Blau wiedergäbe, es wäre immer noch nicht die alte Athener Akropolis, wie sie sich bis in die Spätantike hinein erhalten hat. Die weiten Flächen, die sich jetzt zwischen den isolierten Baukörpern ausdehnen, waren förmlich übersät mit Standbildern, Weih- oder Ehrengaben für Götter und Menschen. Und die Mauer, die das unebene Felsplateau rings umzog, bot nicht wie heute nach allen Seiten hin weite Ausblicke, sondern war über weite Strecken von Gebäuden verschiedener Zweckbestimmung verdeckt, deren bescheidene Reste heute nur dem Auge des Fachmanns wahrnehmbar sind. So nahmen den jetzt freien Raum zwischen Propyläen und Parthenon auf der Südseite zwei ausgedehnte Gebäudekomplexe ein, das Heiligtum der Artemis Brauroneia, der Schutzgöttin von Frauen und Mädchen, deren Kult Peisistratos von seiner Heimatstadt Brauron nach Athen geholt hatte: ein tempelloser, nur auf zwei Seiten von Säulenhallen umgebener Bezirk mit Altar und Kultstatue, einem Werk des Praxiteles; und die Chalkothek, ein langgestreckter rechteckiger Bau mit vorgelegter Säulenhalle, der vor allem für die Aufbewahrung erzener Weihgeschenke und Waffen bestimmt war. Aber damit nicht genug. Im Winkel zwischen Propyläen und Brauroneion hatte eine ganze Anzahl weiterer Gottheiten ihre Kultstätte, so Artemis Hekate, Hermes Propylaios, also der Gott der Eingänge und Vorhöfe, und die Athena Hygieia, deren halbrunde Statuenbasis an der Südostsäule der Propyläen gefunden wurde; Anlaß für diese Stiftung war das Ende der Pest in den ersten Jahren des Peloponnesischen Krieges (429 v. Chr.), der auch Perikles zum Opfer gefallen war. Auf der gegenüberliegenden Seite, unmittelbar vor dem Westunterbau des Parthenon, sind fast über die ganze Breite etwa zehn Stufen in den Fels gehauen. Hier waren Weihgeschenke aufgestellt in einer Fülle, die selbst die Enge eines Museums als weitläufig erscheinen lassen müßte.

Ähnlich wie hier im Südwesten muß auch der Eindruck gewesen sein, den Paulus in den übrigen Regionen der Akropolis gewonnen hat. Da gab es, etwa an der Stelle, wo heute das Museum liegt, das Heroon des Pandion, König von Athen und Vater des Erechtheus; neben dem Rundtempel der Roma und des Augustus, am höchsten Punkt des Plateaus, erhob sich der Altar des Zeus Polieus; zwischen ihm und dem Erechtheion lag der Altar der Athena; im Erechtheion selbst war eine Vielzahl von Kulten in einem verwirrenden Baukomplex vereinigt (siehe unten), und nahebei hatten die Mädchen, die das Gewand der Göttin für den Panathenäenzug weben sollten, ihre Heimstatt. Nicht zu vergessen sind schließlich die zahlreichen Kultstätten in den Höhlen am Nordabhang des Burgfelsen mit ihren vielen Nischen für Weihgaben, die für Apollon Hypoakraios, für Pan oder für Eros und Aphrodite bestimmt waren. Alles in allem eine überwältigende Fülle ganz unterschiedlicher Heiligtümer und zugleich der anschauliche Beweis für die besondere „Gottesfürchtigkeit“ der Athener.

Dazu kam die Fülle der Standbilder links und rechts der Heiligen Straße, die von den Propyläen quer über die Felskuppe bis zur Ostseite des Parthenon führte. Pausanias nennt bei seinem Rundgang über die Akropolis eine stattliche Zahl, galt ihnen doch sein Interesse in ganz besonderem Maß. Die Statue der Athena Lemnia links von der Heiligen Straße gleich hinter den Propyläen galt schon in der Antike als eines der vollkommensten Werke des Pheidias. Das von attischen Kolonisten der Insel Lemnos gestiftete Standbild zeigte die Göttin ausnahmsweise ohne Waffen, ganz im Gegensatz etwa zum nahen, 9 m hohen Standbild der Athena Promachos, einem anderen Werk des Pheidias und Wahrzeichen der Burg, das aus Beutestücken der Schlacht von Marathon gefertigt worden war.[70] Aber auch „weltliche“ Darstellungen zogen die Aufmerksamkeit auf sich, so etwa die Statue des Perikles, dem die Akropolis ihre großartige Ausgestaltung seit der Mitte des 5. Jahrhunderts v. Chr. verdankte, der Kampf zwischen Galliern und Amazonen, eine Stiftung

---

70 Die sagenhafte Lanzenspitze, die man nach der landläufigen Version vom Kap Sunion aus hat sehen können, wurde wohl erst sichtbar, wenn man sich auf der Route von Sunion her – so dürfte Paus. I 28,2 richtig zu verstehen sein – bis auf ca. 10 km genähert hatte.

des Königs Attalos von Pergamon, an der Südmauer oder die Statue des Troianischen Pferds, dessen mächtiger Höhlung griechische Helden entstiegen. Bezeichnend für das religiöse Empfinden der Griechen ist es, daß man auch bei der Darstellung des Göttlichen vor menschlich-allzumenschlichen Zügen nicht zurückschreckte. Nicht immer hatte die Burgherrin die göttliche Schönheit wie auf der Weihgabe der Lemnier. Sie konnte auch mit Spindel und Spinnrocken wie eine Arbeiterin vorgeführt werden (Athena Ergane), und eine berühmte Gruppe des Myron zeigte sie, wie sie sich angewidert von einer Flöte, die am Boden liegt, abwendet, weil sich beim Blasen das Gesicht entstellt hatte, während Marsyas auf der anderen Seite sein Interesse an dem Instrument nicht verbergen kann. Die griechischen Götter hatten mehrere Funktionen wahrzunehmen und wurden dementsprechend in Haltung, Gestik und Attributen unterschiedlich dargestellt, wobei auch die weniger erfreulichen Seiten der menschlichen Realität nicht ausgespart wurden.

Ein besonders anschauliches Beispiel für die auf engstem Raum sich drängenden Kulte und zugleich für die Genialität eines Baumeisters der klassischen Zeit bietet das Erechtheion *(Abb. 28)*. Seinen Namen, der sich übrigens erst in römischer Zeit einbürgerte,[71] bezog es von Erechtheus, einem der ältesten Könige der Stadt, dessen Palast in mykenischer Zeit etwa an dieser Stelle gestanden hat, wie die beiden runden Erhebungen, auf denen zwei Holzsäulen aufruhten, vor der Südseite zeigen. Aber auch andere Könige und Heroen der athenischen Frühzeit, etwa der Heros Butes, auf den sich eins der ältesten Priestergeschlechter Athens zurückführte, hatten hier ihre Kultstätte. Kekrops, der erste König der Stadt, halb Mensch, halb Schlange und damit Symbol für die Autochthonie der Athener, war hier begraben, und seiner Tochter Pandrosos, der ersten Priesterin der Stadt, war nebenan ein Heiligtum errichtet worden. Vor allem jedoch dachte man sich hier den Ort, an dem Athena und Poseidon

---

[71] In den antiken Quellen ist dieser Name nur zweimal belegt (einmal bei Paus. I 26,5). Sonst ist es der „Tempel der Polias“ oder der „Tempel mit der alten Statue“ (s. u.). – Die grundlegende Arbeit zum Erechtheion stammt von *Stevens* u. a., Erechtheum. Zu den in diesem Komplex untergebrachten Kulten *Kondoleon,* Erechtheion.

um den Besitz von Attika gestritten hatten, sie den Ölbaum, er das Salz als Preis versprechend. Kekrops soll den Streit zugunsten der Athena entschieden haben. Seither war ihr Ölbaum, in einem Bezirk südlich des späteren Erechtheions, eine der heiligsten Stätte Athens; wie Herodot erzählt, konnte ihm selbst die Wut der Perser, die ihn mehrfach verbrannten, nichts anhaben. Der über seine Niederlage erzürnte Meeresgott schleuderte den Dreizack in den Fels, und auch dieses Dreizackmal dürfte wie der Ölbaum der Athena ursprünglich ein offenes Heiligtum unter freiem Himmel gewesen sein. Schließlich erhob sich an der Südseite dieses Bezirks der alte Tempel der Athena Polias, der Stadtgöttin, deren hölzernes Kultbild nach der Legende vom Himmel gefallen war. Dieser altehrwürdige Tempel, dessen Fundamente vor der Südwestecke des Erechtheions noch deutlich zu sehen sind, fiel dem Persersturm zum Opfer.

Bei der Neugestaltung der Akropolis unter Perikles sah sich der uns unbekannte Architekt vor die schwierige Aufgabe gestellt, die vielen an dieser Stelle vereinigten, in ihrem Charakter jedoch recht unterschiedlichen Kulte unter einem Dach zu vereinigen. Und diese Aufgabe hat er blendend gelöst, allerdings unter Verzicht auf die herkömmliche geschlossene Tempelform. Das bauliche Ensemble, das unter seinen geschickten Händen entstand, fasziniert durch seine räumliche Disposition und die Feinheit seiner Architekturglieder. Zwar ist die Aufteilung des Inneren, das beim Umbau des Tempels in eine byzantinische Kirche (7. Jh.) völlig zerstört wurde, immer noch umstritten. Trotzdem ist es möglich, sich ein Bild von den zahlreichen Kultstätten zu machen, die in dem zwischen 421 und 406 v. Chr. – wegen des Peloponnesischen Krieges mit längeren Unterbrechungen – entstandenen Komplex untergebracht waren.

Auf den ersten Blick bietet sich das Erechtheion als Konglomerat ohne einheitliche Konzeption dar: drei selbständig behandelte Baukörper – der Cellabau in der Mitte und je eine südlich und nördlich angefügte Vorhalle – auf vier verschiedenen Niveaus, dazu vier verschiedene Säulentypen, die Gebälkträgerinnen der Korenhalle mit eingerechnet. Dieser Eindruck wird noch verstärkt durch die Asymmetrie des Cellabaus, der nur auf der Ostseite eine flache Vorhalle mit sechs ionischen Säulen aufweist, während die Westfront wegen des unterschiedlichen Bodenniveaus zweigeschossig mit vier Stützen auf einem wandartigen Sockel aufgeführt wurde.[72] In der Tat, vom Architektonischen her wird sich eine Logik nur für die einzelnen Baukörper, nicht aber für den Gesamtkomplex finden lassen. Sie waltet mehr im funktionalen Bereich, wo die konservative Haltung des Nikias, des führenden athenischen Politikers dieser Jahre, jede lokale Veränderung der althergebrachten Kultstätte verbot. So erklärt sich zum Beispiel die merkwürdige Aufteilung des Hauptbaus in zwei Räume, von denen der westliche, größere nochmals in zwei nebeneinanderliegende Kammern unterteilt war. Nach der neuesten, allerdings nicht unbestrittenen Annahme war der westliche Raum das Heiligtum der Athena Polias, während die von Pausanias bezeugten Altäre des Poseidon-Erechtheus, des Hephaistos, der auch sonst eine enge Beziehung zu Athena aufweist, sowie des Butes in den östlichen Räumen standen. Auf den chthonischen Grundcharakter der in diesem 3 m unter dem Ostniveau liegenden Teil vereinigten Kulte weist unter anderem eine runde Öffnung im Boden des Querraums, unter der das „Salzmeer" lag, das aus der Quelle Poseidons gespeist wurde. Unter dem Boden vermutet man auch das Grab des Erechtheus und die Felskluft für die heilige Schlange. Das Grab des Kekrops schließlich kam bei der Errichtung des Erechtheions unter dessen Südwestecke zu liegen, wobei das Fundament an dieser Stelle ausgespart wurde. Die Korenhalle, die einen Teil des Grabes überdeckt, ist sicher als eine Art Grabmonument zu verstehen. So rechtfertigt dieser Teil des Erechtheions mit seinen vielen Durchlässen, Altären und Kultmalen Pausanias' Charakteristik des Komplexes als „Doppelgebäude" (I 26,5). In ihm vereinigten sich die Kulte uralter chthonischer Mächte, von Todes- und Fruchtbarkeitsdämonen mit der Klarheit apollinischer Religion, wie sie uns in der Gestalt der Athena entgegentritt.

Ein eigenes Wort haben die beiden Vorhallen verdient, und zwar wegen ihrer originellen Erfindung und sorgfältigen Ausführung. Die über die Westfront vorspringende Nordhalle mit den sechs schlanken ionischen Säulen verdankt ihre besondere Ausgestaltung wohl den

---

[72] Das heutige, ganz ungriechische Aussehen bekam die Ostfront erst im 1. Jh. v. Chr., als man die Zwischenräume zwischen den Säulen zumauerte und mit Fensteröffnungen versah.

verschiedenen Funktionen, die sie zu erfüllen hatte: als Vorhalle zur Westcella, als Propylon für das von hier aus zugängliche Heiligtum der Pandrosos sowie als Baldachin über dem Dreizackmal Poseidons, das im Plattenbelag ausgespart ist; die fehlende Kassette in der Decke erinnert an die ursprüngliche Lage des Heiligtums unter freiem Himmel. Von erlesener Qualität ist das plastische Blütenband am Hals der Säulen, das die Motive des rings um die Cellawand laufenden Ornamentbandes wiederaufnimmt: Lotosblüten und Palmetten im Wechsel, darüber ein Perl- und ein Eierstab und zwischen den Voluten des Kapitells ein Wulst mit Netzmuster, das Ganze wegen der schattenwerfenden Hohlformen von höchst plastischer Wirkung. Einen Hauch von Kunstgewerblichkeit bringt der merkwürdige, griechische Traditionen außer Kraft setzende Fries in die Nordhalle. Die Figuren waren nicht aus dem Stein herausgehauen, sondern einzeln in Marmor gearbeitet und vor einen kontrastierenden Hintergrund aus blauem eleusinischem Marmor gesetzt. Dieses sich allenthalben im Erechtheion aussprechende Bedürfnis nach ausgefeilten Details[73] entspricht dem sogenannten „reichen" Stil, wie er für die letzten Jahrzehnte des 5. Jahrhunderts charakteristisch ist.

Als Schatzkästchen der Akropolis gilt allgemein die (in ihrer Funktion noch nicht endgültig geklärte) Südhalle des Erechtheions, die Korenhalle, die ihren Namen von den sechs das Gebälk tragenden Mädchen[74] bekommen hat (κόρη = Mädchen). Man weiß nicht, was man mehr bewundern soll: den architektonisch klaren Aufbau der Figuren mit dem starken vertikalen Faltenwurf, der vielleicht von der stützenden Funktion der Figuren her mit den Kanneluren einer Säule in Zusammenhang zu sehen ist; die unterschiedliche Gestaltung des Gewandes, das bald die Körperformen beinah nackt durchscheinen läßt, bald sich zu einem eigenen Körper verdichtet; das Spiel von Druck und Freiheit, das in der starken Differenzierung von

[73] Wie sorgfältig am Erechtheion gearbeitet wurde, geht aus einer der erhaltenen Bauinschriften hervor. An den Kanneluren einer Säule der östlichen Vorhalle mußten zwischen fünf und sieben Steinmetzen zwei Monate lang arbeiten.

[74] Zur Zeit werden die durch die starke Luftverschmutzung gefährdeten Originale ins Museum gebracht und durch Kopien ersetzt. Die zweite Figur von links hatte bereits Lord Elgin mit nach London genommen.

Stand- und Spielbein seinen unmittelbarsten Ausdruck gefunden hat; die bei aller Symmetrie im Detail herrschende Vielfalt, etwa in dem um die Hüfte gerafften Peplos oder den in dicken Zöpfen herabfallenden Haaren. Nicht zu Unrecht ist die Korenhalle zum touristischen Wahrzeichen Athens geworden.

Gegenüber vom Erechtheion erhebt sich der Parthenon, der zwischen 447 und 438 v. Chr. in knapp zehn Jahren als erstes Bauwerk der neuen Akropolis errichtet wurde, nicht das typischste, sicher aber das glanzvollste Stück dorischer Architektur. Besonders typisch deswegen nicht, weil die übliche Zahl der Frontsäulen um zwei auf acht (wie beim ionischen Tempel) erhöht ist und die Längsseite demgemäß (nach dem Kanon doppelte Zahl der Frontsäulen + 1) 17 Säulen aufweisen *(Abb. 29)*. Dadurch wird die Cella, für die in der Regel drei Jochweiten zur Verfügung stehen, erheblich verbreitert, zumal die Umgänge (nur eine Jochweite) auffallend schmal gehalten sind. Hierin deutet sich schon das Besondere des Parthenon an. Durch die eng an die Cellawand gerückten Säulen erhöht sich der Eindruck eines geschlossenen Baukörpers, eine Wirkung, die in dem extrem engen Abstand der Säulen und der Betonung der Ecken durch Verringerung der Abstände zu den Ecken hin (Eckkontraktion) bestätigt wird. Auch die leichte Neigung der Säulen nach innen, der Ecksäulen in die Diagonale verstärkt die plastische Körperhaftigkeit dieses Tempels. Gerade jene Durchsichtigkeit und der von Säule zu Säule wechselnde Perspektivenreichtum, die heute das Erscheinungsbild der meisten griechischen Tempel bestimmen, ist also eine Folge ihres bedauerlichen Erhaltungszustandes; dem ursprünglichen Bau waren sie fremd. Im Gegenteil, der eigentliche Kern des Tempels, die Cella, präsentierte sich als ein geschlossener, in der Regel zwar vorzüglich gemauerter, aber fensterloser Kubus, in dessen Inneres nur vom Eingang der Ostseite Licht fiel. In dieser Geschlossenheit spürt man noch am stärksten die Herkunft des griechischen Tempels vom Megaron, dem Archetypus der ägäischen Architektur: ein langgestrecktes Rechteck mit offenem Vorraum auf einer Schmalseite, ein Bautyp, der für die frühen Antentempel direkt übernommen und auch in späterer Zeit, etwa bei den Schatzhäusern, in Brauch blieb. Wie beim Wohnraum-Megaron der Herd, so war beim Tempel das vor der Rückwand postierte Götterbild heiliges Zentrum, durch das die – bei den alten Bauten besonders lange – Cella ihren Zielpunkt bekam. Jedoch wurde der Tempel von den Griechen nicht als Wohnung des Gottes empfunden. Weder opferte man dem Götterbild – der Opferaltar stand in der Regel vor der Ostfront im Freien –, noch betete man es an. Das griechische Wort für Götterbild, ἄγαλμα, gibt zu verstehen, daß das Bild ein schönes Werk war, das bewundert werden sollte.

Im 8. Jahrhundert trat zur Monumentalität ein weiteres Element hinzu, das den sakralen Charakter des Bauwerks kennzeichnen sollte: die Säule, und zwar schon sehr früh in der ausgebildeten Form eines Säulenumgangs (Peristasis). In dieser Vereinigung antithetischer Strukturen, von starrer Cella und rhythmischer Säulenabfolge, von festem Körper und aufgelockertem „Kleid", fassen wir eine Grundidee der griechischen Architektur, die in immer neuen Varianten konstruktiv ausgebildet wurde.

Das Gesetz der Autarkie brachte es mit sich, daß der dorische Tempel in strenger Symmetrie gebaut wurde. So fügte man, entsprechend der vom Megaron übernommenen Vorhalle (Prodomos), auf der hinteren Schmalseite eine gleichgroße Halle hinzu (Opisthodomos), auch wenn sie keinen praktischen Zweck zu erfüllen hatte. Dieses Prinzip der Allseitigkeit verbot einerseits jegliche Art von Annexbauten, wie sie etwa für die frühchristlichen Basiliken selbstverständlich sind, andererseits verhinderte sie die Ausbildung einer Schauseite. Eine „Fassade" gibt es bei einem griechischen Tempel höchstens andeutungsweise: in der Plazierung des kultisch wichtigsten Figurenschmucks an der Ostseite, kaum je in ihrer besonderen architektonischen Ausgestaltung.

So ist das Bauprinzip des griechischen Tempels denkbar einfach. Er weist drei Zonen auf, die funktional klar voneinander geschieden sind: die Stufen des Unterbaus, die das Ganze tragen, die aufwärtsstrebenden Säulen vor der Cellawand und das lastende Gebälk, also ein Wechsel von Horizontalen und Vertikalen, der, abgesehen vom Giebeldreieck auf den Schmalseiten, nur durch den wulstigen Unterteil des Kapitells (Echinus) gemildert wird *(Abb. 30)*. Wenn ein dorischer Tempel trotzdem niemals tot und mathematisch abgezirkelt wirkt, dann deshalb, weil die griechischen Architekten es meisterhaft verstanden haben, durch dem bloßen Auge kaum wahrnehmbare

Abweichungen vom Grundschema dem Bau organisches Leben einzuhauchen, ihn als „Körper“ spürbar werden zu lassen. So ist schon der Unterbau des Tempels bei den fortschrittlicheren Vertretern nicht plan, sondern weist eine leichte Krümmung nach oben auf (Kurvatur); beim Parthenon beträgt sie 12 cm auf den Längsseiten, 6 cm auf den Schmalseiten – eine minimale Abweichung, die jedoch ausreicht, um eine perspektivische Verzerrung der Horizontalen zu verhindern. Dasselbe Prinzip wiederholt sich in der Schwellung der Säulen (Entasis), die, ohne Basis aus dem Unterbau aufsteigend, anschwellen wie ein unter Druck gespannter Muskel und durch die Licht-Schatten-Wirkung der Kanneluren ihrerseits als vollplastischer Körper in Erscheinung treten.
Über der quadratischen Deckplatte des Kapitells (Abakus) beginnt dann die aufgelockerte, auch farblich hervorgehobene Gebälkzone: der Architrav und darüber der durch das Geison abgedeckte Fries von Triglyphen und Metopen im regelmäßigen Wechsel. Deutlich verrät die Organisation der Gebälkzone ihre Herkunft aus der Holzbauweise. Die Triglyphen, also die dreifachen Kerbschnitte, entsprechen den geschnitzten Balkenköpfen beim hölzernen Dachstuhl, die zylindrischen „Tröpfchen“ an der Unterseite einer jeden Triglyphe den Holzstiften oder Bronzenägeln für die Befestigung.[75] Die Zwischenräume, die keine konstruktive Aufgabe zu erfüllen haben, boten der künstlerischen Phantasie freie Möglichkeiten; in der Regel waren die Metopenfelder mit Reliefschmuck versehen. In den an First und Giebelseiten angebrachten Akroteren (Giebelschmuck pflanzlichen oder figürlichen Charakters) lief der sonst so massiv gebaute Tempel leichtbeschwingt in den umgebenden Luftraum aus.
Der figürliche Schmuck des Parthenon[76] beschäftigt sich ausschließlich mit Athena und der Geschichte ihrer Stadt. An erster Stelle ist natürlich das berühmte, von Pheidias selbst geschaffene Goldelfenbeinstandbild der Göttin zu nennen. Es stand an der Schmalseite

---

[75] Daß diese Architekturelemente auch an den Frontseiten angebracht wurden, wo es beim Holzbau weder Sparren noch Dachgesims gibt, spricht wieder für das Gesetz der Allseitigkeit des griechischen Tempels.

[76] Zu den Parthenonskulpturen u. a. *Schweitzer,* Prolegomena; *ders.,* Parthenon-Meister; *ders.,* Phidias; *Buschor,* Phidias; *Langlotz,* Phidiasprobleme; *Yalouris,* Klassisches Griechenland; *Brommer,* Skulpturen; *ders.,* Metopen.

einer U-förmigen Säulenstellung, die das kassettierte Holzdach trug *(Abb. 31)*. Der einzige heute noch sichtbare Rest ist das Kalksteinfundament mit dem Zapfloch, in das der Pfahl, der als Rückgrat für das Gerüst der insgesamt 12 m hohen Statue diente, eingelassen war. Die beste Vorstellung vom Original, freilich ohne Differenzierung von goldenem Gewand und elfenbeinernen Fleischpartien, vermittelt eine Marmorstatuette aus dem 2. Jahrhundert v. Chr. im Athener Nationalmuseum (Varvakionstatuette). Die Göttin steht in erhabener Ruhe da, mit der Linken den auf den Boden gestellten Schild stützend, in der ausgestreckten, auf einer Säule aufruhenden Rechten eine kleine, zum Aufbruch bereite Nike (Siegesgöttin) mit Flügeln tragend. Die strengen, senkrecht herabfallenden Gewandfalten erhöhen den Eindruck feierlicher Erhabenheit. Als Helmschmuck dienen zwei Flügelpferde auf beiden Seiten einer Sphinx. Auf der Innenseite des Schildes ringelt sich die Burgschlange, die Außenseite des Originals trug ein Relief mit einer Darstellung der Amazonenkämpfe: ein beliebtes Thema attischer Kunst, das symbolisch an die Perserkriege erinnern sollte.

Dasselbe Thema griffen die Metopen der Westseite auf. Von den 92 Metopen befinden sich 41 noch an ihrer ursprünglichen Stelle und sind dementsprechend verstümmelt und verwittert; besser steht es um die abgenommenen, größtenteils ins Britische Museum in London verbrachten Platten. Thema aller vier Seiten ist der Kampf des Menschen gegen die unkontrollierte Macht des Barbarischen in Mythos und Geschichte. Im Kampf zwischen Göttern und Giganten (Ostseite) manifestierte sich für den Griechen die Begründung der Zeusherrschaft und des Nomos. Der Sieg der Lapithen über die Kentauren, das Thema der Südseite, wurde als Sieg der menschlichen Gesittung über den ungezügelten Trieb gedeutet. Die Einnahme Troias (Nordseite) schließlich, für den Griechen selbstverständlich ein historisches Ereignis, erinnerte den Athener ähnlich wie das mythische, mit der Gestalt des Theseus verknüpfte Amazonenthema an die Bannung der Gefahr aus dem Osten.

Rein mythischen Charakter dagegen hatten die beiden Darstellungen in den Giebelfeldern, die Geburt der Athena aus dem Haupt des Zeus im Osten, der Streit zwischen Athena und Poseidon um das attische Land im Westen. Auch wenn ein Großteil dieser figurenreichen Gruppen unwiederbringlich verloren und das Erhaltene zum Teil entsetzlich verstümmelt ist, gelten die Giebelfiguren des Parthenon vielen als die Vollendung griechischer Plastik. Ungeheuer kühn ist schon die Komposition der Giebel. Die höchste Stelle des Dreiecks ist nicht, wie etwa beim Zeustempel in Olympia, durch eine die Szene beherrschende Figur ausgefüllt, sondern als Spannungsfeld des links und rechts sich vollziehenden Geschehens frei gelassen: im Westgiebel die Auseinandersetzung zwischen Athena und Poseidon, beide mit ausladenden Bewegungen nach den Seiten ausweichend, aber den Kopf zur Giebelmitte orientiert, sie mit der Lanze, er mit dem Dreizack in der Rechten; im Ostgiebel auf der einen Seite der thronende Zeus, ihm gegenüber Athena in voller Rüstung, dabei der Schmiedegott Hephaistos, der sie soeben aus dem Haupt des göttlichen Vaters geholt hat. Den Raum zu den Giebelecken hin füllte eine Vielzahl von Göttern, die das zentrale Geschehen mit mehr oder weniger Interesse oder aber auch mit Entsetzen verfolgten, teils zu Zweiergruppen zusammengefaßt, teils isoliert und durch unterschiedliche Haltungen der Giebelschräge eingepaßt. Im Unterschied zu früheren Giebelkompositionen dieser Art macht sich dabei die Tendenz bemerkbar, die Ränder des Giebeldreiecks zu transzendieren und das Geschehen in den umgebenden Luftraum auszudehnen. Am deutlichsten geschieht das in den Ecken des Ostgiebels: Links taucht das Gespann des Helios auf, rechts geht das Gespann der Selene unter (die heute sichtbaren Pferdeköpfe sind, wie auch der lässig gelagerte Dionysos, Repliken). Die Anwesenheit beider Götter, die für solche Szenen keineswegs selbstverständlich ist, mag man mit dem Hinweis erklären, daß sie die neue Zeit, die mit der Geburt der Athena angebrochen ist, symbolisieren sollen. Aber auch sonst fällt die eigenwillige Auswahl der Götter in den Giebelkompositionen auf, besonders die Gruppen der beiden eleusinischen Gottheiten Demeter und Kore sowie von Aphrodite und ihrer Mutter Dione, beide im Ostgiebel, der dem weiblichen Element überhaupt ein starkes Übergewicht einräumt und die typischen Gottheiten der Mysterienkulte dominieren läßt; dagegen fehlen Poseidon und Hermes.

Insgesamt führt der plastische Schmuck des Parthenon durch drei Bereiche, in denen sich das Göttliche für den Griechen in besonderer Weise manifestierte: in der kultischen Feier, wie sie der Panathenäenzug des Frieses darstellt, in den Heroensagen der Metopenfelder und im mythischen Geschehen der Giebeldreiecke, ohne das dem Athener ein historisches Verständnis seiner Existenz nicht möglich gewesen wäre.

Was die Genialität des Entwurfs und die künstlerische Qualität der Ausführung betrifft, steht das dritte monumentale Bauwerk der Akropolis, die Propyläen, dem Parthenon und Erechtheion nicht nach. Wo in mykenischer Zeit ein schmaler Pfad sich zur Burg hinaufschlängelte, war schon im 6. Jahrhundert eine breitere Rampe mit einem Propylon angelegt worden, um der Einmündung der Heiligen Straße in den Burgbereich ein repräsentatives Aussehen zu geben. Die Anlage, die heute den Besucher der Akropolis empfängt, entstand zwischen 437 und 432 v. Chr., also nach Vollendung des Parthenon, und gilt als Werk des Mnesikles. Zusammen mit dem kleinen, kühn auf einem vorgeschobenen Turm der mykenischen Burganlage thronenden Tempel der Athena Nike, einem Kleinod ionischer Baukunst, bilden die Propyläen den westlichen Grenzbereich. Ihre Anlage mit den tiefen, am Hauptzugang von je drei ionischen Säulen flankierten Torhallen und den auf beiden Seiten vorgezogenen Flügelbauten läßt die Funktion des Bauwerks als Art Empfangsraum deutlich erkennen. Zwar ist die ursprüngliche Aufgabe solcher Toranlagen, die natürlich in erster Linie zu Verteidigungszwecken dienten, nicht vergessen. Aber durch die Ausgestaltung des Torbaus mit tempelartigen Frontseiten mit je sechs dorischen Säulen und Giebeldach sowie den als Antentempeln konstruierten Flügelbauten waren die Propyläen architektonisch den großen Heiligtümern der Akropolis angeglichen und deshalb geeignet, den Besucher auf die besondere Atmosphäre des heiligen Bezirks vorzubereiten.

Allerdings ist das Bauwerk nie vollendet worden. Die beiden Hallen, die sich im Südosten und Nordosten anschließen sollten, wurden nie gebaut; zudem ist der südliche Seitenflügel erheblich kürzer als der nördliche – eine wohl kaum beabsichtigte Asymmetrie. Mit großer Wahrscheinlichkeit hat der Ausbruch des Peloponnesischen Krieges die Vollendung des Baus verhindert. Schwierigkeiten dürften aber auch Priester und Konservative gemacht haben. Denn wäre der Plan des Mnesikles vollständig durchgeführt worden, hätten auf der Südseite uralte heilige Bezirke, vor allem der Athena Nike und der

Artemis Brauroneia, überbaut werden müssen. Ob eine Einbeziehung dieser Kultstätten in den Bau geplant war, wissen wir nicht, jedoch ist es anzunehmen. Allerdings konnten sich die konservativ eingestellten Athener oder auch nur eine einflußreiche Partei in Athen zu dieser am Erechtheion praktizierten Lösung nicht bereitfinden. Auch läßt sich nicht ausschließen, daß persönliche Rivalitäten eine Rolle gespielt haben. Wie dem auch sei, die Propyläen blieben trotz immenser Kosten Bruchstück, wenn auch ein in architektonischer Hinsicht vollkommenes. So galt die in Spuren noch sichtbare Kassettendecke lange Zeit als die vollkommenste der Antike, und die bei den Propyläen zum ersten Mal angewandte Kombination von dorischen Außensäulen und ionischen Innensäulen war fortan ein beliebtes Baumuster. Auch die wenigstens geplante Verbindung von herkömmlichem Propylonbau und anschließenden Hallen darf als eine revolutionäre Neuerung in der griechischen Baukunst betrachtet werden. In diesem neuen Typ von Torbauten manifestiert sich die nun endgültig vollzogene Umwandlung der Akropolis von einer Befestigungsanlage zum zentralen Heiligtum der Stadt am deutlichsten.

12. Der unbekannte Gott

Auf seinen Gängen durch die Straßen Athens muß Paulus noch viele Orte besucht haben, die in der Geschichte der Stadt eine bedeutende Rolle gespielt haben und zum Teil auch noch in römischer Zeit zu den bevorzugten Plätzen zählten. So wird er zum Kerameikos-Friedhof, der außerhalb der Mauern im Nordwesten in einer Talsenke des Eridanos lag, hinausgegangen sein. Hier, auf beiden Seiten der breiten, zu Platons Akademie führenden Straße befanden sich die Gräber der berühmten Staatsmänner und im Krieg gefallenen Athener. Nach dem Bericht des Pausanias (I 29,2–16) lagen hier unter anderem Thrasybulos, der Befreier Athens von den 30 Tyrannen (403 v. Chr.), Perikles, Kleisthenes, Konon, Lykurgos, die Tyrannenmörder Harmodios und Aristogeiton, aber auch die Philosophen Zenon und Chrysippos begraben. Und hier haben die großen Redner Athens bei den feierlichen Staatsbegräbnissen ihre Gedenkreden auf die Toten gehalten: Lysias, Demosthenes und vor allem Perikles, dessen berühmte Leichenrede auf die ersten Gefallenen des Peloponnesischen Krieges eines der schönsten Preislieder auf die Stadt Athen und ihre Einwohner ist (Thuk. II 35–46). Die Familien- und Privatgräber hingegen lagen an der Heiligen Straße, die nach Eleusis führte, und an einer zum Piräus abzweigenden Straße („Gräberstraße"). Dieser Bezirk des Ausgrabungsfeldes bietet noch heute ein anschauliches Bild von den unterschiedlichen Grabformen der einzelnen Epochen[77]: tempelartige Grabbauten (Naiskoi), Grabtische, Skulpturen, oft mit Palmetten geschmückte Stelen, Salbgefäße mit engem Hals (Lekythen), schlanke Kannen für rituelle Zwecke (Lutrophoren) und Löwen.

Ein weiterer Besuch könnte der P n y x gegolten haben, jenem faustartig (πνύξ = Faust) abgeflachten Felshügel im Westen der Akropolis, der seit den Zeiten des Kleisthenes als Ort der Volksversammlung diente. Die mehrfach veränderte, einmal auch umgepolte[78] theaterartige Anlage war die Szenerie für manchen denkwürdigen Auftritt der athenischen Rhetorengarde: Antiphon, Lysias, Isokrates, Aischines, Demosthenes, Lykurgos. Aber schon in frühhellenistischer Zeit scheint die Pnyx an Bedeutung verloren zu haben. Das mittlerweile mit steinernen Sitzreihen ausgestattete Dionysostheater am Südhang der Akropolis bot mehr Bequemlichkeit, und 20 000 bis 25 000 Leute – so viel konnten im Theater Platz finden – waren selbst zur Zeit der größten Ausdehnung der Stadt für eine Volksversammlung nicht zu mobilisieren. Noch geringer dürfte das Interesse in römischer Zeit gewesen sein, da die Befugnisse dieses urdemokratischen Organs stark beschnitten worden waren.

Schließlich wird auch das D i o n y s o s t h e a t e r selbst mit dem anschließenden Asklepieion die Neugier des Apostels erregt haben. Die baugeschichtlich äußerst komplizierte und in Einzelheiten immer noch nicht restlos geklärte Anlage hängt mit der Einführung des

[77] Der Kerameikos, eine Domäne der deutschen Ausgräber, vermittelt ein lückenloses Bild der Bestattungsbräuche vom ausgehenden 12. Jh. bis ins 4. nachchristliche.

[78] Ursprünglich sprachen die Redner in Richtung zum Hang, das Publikum sah zur Stadt hin. Gegen Ende des 4. Jh. wurde eine Rednertribüne auf der Höhe errichtet, das Volk stand jetzt auf einem eigens aufgeschütteten Halbrund am Abhang mit dem Rücken zur Stadt.

Dionysoskultes in Attika unter Peisistratos (oder einem seiner Nachfolger) und der Stiftung der Großen Dionysien zusammen. In erstaunlich kurzer Zeit entwickelte sich die literarisch anspruchsvolle Tragödie aus dem für den Dionysoskult charakteristischen Dithyrambos, einem flötenbegleiteten ekstatischen Chorgesang. In auffallendem Gegensatz zu der in der Orchestra gezeigten Kunst stand jedoch die Primitivität des Theaterbaus, dessen Sitze im 5. Jahrhundert, also der Zeit des Aischylos, Sophokles und Euripides, aus Holzbänken bestanden haben dürften. Die heute sichtbaren steinernen Sitzreihen, die sich ursprünglich fast bis zum Fuß der Burgmauer hinaufzogen, wurden erst in der zweiten Hälfte des 4. Jahrhunderts angelegt. Die massive rampenartige Aufmauerung mit der Silenfigur und Reliefdarstellungen aus dem Leben des Dionysos stammt aus neronischer Zeit. Aber auch vorher schon dürfte das Theater römischen Bedürfnissen angepaßt worden sein, wenn auch der Vorwurf des Dion Chrysostomos, die Athener hätten sich nicht gescheut, im Dionysostheater Gladiatorenspiele zu veranstalten, eine gehässige Übertreibung sein wird (31,121).

An den genannten und an vielen anderen Stellen in Athen mag Paulus gewesen sein – nur wo er den Altar mit der Aufschrift „Dem unbekannten Gott" gesehen haben könnte, läßt sich nicht sagen, ja mehr noch, daß er ihn überhaupt gesehen hat, ist nicht eben wahrscheinlich. Daß ein solcher Altar in der antiken Literatur nicht erwähnt wird und bislang auch nicht gefunden worden ist, könnte ein Spiel des Zufalls sein. Aber würde er gefunden, müßten wir unsere Ansichten über griechische Gottesvorstellungen gründlich revidieren. Wer soll dieser individuell im Singular angesprochene Gott sein, dessen Name nicht bekannt ist und über den folglich auch keine Aussagen gemacht werden können? Eine Eigentümlichkeit gerade der griechischen Götter ist es, für bestimmte Daseinsbereiche zuständig zu sein, und diese Zuständigkeit findet ihren Ausdruck im Namen oder Beinamen des Gottes. So fungierte Zeus Agoraios als Aufseher über Markt und Versammlung, Athena Polias als Beschirmerin der Stadt, Athena Nike als Göttin des Sieges und dergleichen mehr. Es hat nicht an Versuchen gefehlt, nach dieser Methode das Wesen der Gottheit, der der Altar mit der merkwürdigen Aufschrift geweiht war, zu ergründen. So sollte es eine Mysterien- oder Todesgottheit sein, deren Name nicht genannt werden durfte, oder – nach der gnostischen Doktrin, nach der wir Menschen von Gott nichts wissen können – eben dieser Gott der Gnostiker.[79] Die Wahrscheinlichkeit spricht gegen beide Identifizierungsversuche, zumal sich eine plausible Lösung des Problems anbietet.

In den literarischen Quellen ist mehrfach von Altären „unbekannter Götter" (im Pural) die Rede. Nach Pausanias I 1,4 standen solche Altäre in Phaleron, dem zweiten Hafen Athens, und Philostrat, Vit. Apoll. VI 3,5 erwähnt die Tatsache, daß in Athen Altäre „unbekannter Gottheiten" (ἀγνώστων δαιμόνων) errichtet wurden. Beide Stellen sind höchst aufschlußreich.

1. Sie nennen die unbekannten Götter im Plural.[80] Der scheinbar geringfügige Unterschied hat weitreichende Konsequenzen. So schwierig es ist, „einen" oder „den" unbekannten Gott zu erklären, so leicht läßt sich die Weihung an mehrere unbekannte Götter verstehen aus der Furcht, man könnte einen Gott, nur weil man ihn nicht kennt, übergangen und damit sich schuldig gemacht haben.[81] Die Weihung an unbekannte Götter ist also nicht nur ein lebendiges Zeugnis für die immer noch vorhandene Virulenz des griechischen

---

[79] Dies ist die These von *Norden,* Agnostos Theos, bes. 87ff. N. glaubt eine literarische Abhängigkeit des Autors der Apostelgeschichte von der von Philostrat, Vit. Apoll. VI 3 wiedergegebenen Timasionerzählung bzw. von Philostrats Quelle, dem Buch eines gewissen Damis, wahrscheinlich machen zu können. Sowohl die Deutung auf den Gott der Gnostiker, die ἄγνωστος nicht als „unbekannt", sondern als „unerkennbar" faßt, als auch die reichlich gezwungene literarische Konstruktion werden heute wegen ihrer inneren Unwahrscheinlichkeit abgelehnt.

[80] Das gilt auch von dem zweiten Pausaniasbeleg V 14,8: Beim Altar des olympischen Zeus in Olympia befindet sich neben einer ganzen Anzahl anderer Altäre auch ein Altar unbekannter Götter (ἀγνώστων θεῶν βωμός).

[81] Das ist im Grund nichts anderes, als wenn der Grieche im Gebetsanruf den Gott mit einer Fülle von Namen nennt und mit einer Sicherheitsfloskel schließt (etwa: „oder welchen Namen du sonst gerne hörst"). Der Gott muß nicht nur in mehreren Funktionsbereichen angesprochen werden, damit man ihn möglichst umfassend ehrt und sich gleichzeitig seiner Hilfe versichert; man muß auch jeden Anlaß vermeiden, etwa durch Unterlassung seinen Zorn zu erregen (vgl. etwa Hdt. VI 105, wo sich Pan darüber beklagt, daß die Athener ihn trotz erwiesener Wohltaten nicht beachten).

Polytheismus, sondern ebenso für die δεισιδαιμονία der Athener im doppelten Sinn: als Frömmigkeit den Göttern gegenüber und als abergläubische Furcht.

2. Diese religionsgeschichtliche Deutung wird gestützt durch den Zusammenhang, in dem Philostrat die unbekannten Götter erwähnt: Es sei vernünftiger (σωφρονέστερον), über alle Götter Gutes zu reden, zumal in Athen, wo man auch Altäre unbekannter Gottheiten errichte. Auch hier erscheinen die Altäre als Ausdruck der besonderen Frömmigkeit der Athener.

3. Der Zusatz bei Pausanias I 1,4: der „sogenannten" (ὀνομαζομένων) unbekannten Götter läßt an eine im Bewußtsein des Volkes lebendige, wenn auch nicht genau zu definierende Gruppe von Göttern denken, also keineswegs an eine Ausnahmeerscheinung. Überdies muß die Formulierung des Pausanias allgemein Zweifel daran aufkommen lassen, ob die fraglichen Altäre überhaupt mit einer Inschrift „Den unbekannten Göttern" versehen waren.

Es ist hier nicht der Ort, dem viel behandelten Problem in allen Einzelheiten nachzugehen. Zweierlei läßt sich jedoch mit Sicherheit sagen. Der lukanische Paulus hat an einen „unbekannten", nicht an einen „unerkennbaren" Gott gedacht. Das zeigt die Anknüpfung V. 23 (ἀγνοοῦντες = „was ihr nicht kennt" nimmt ἄγνωστος direkt auf) ebenso eindeutig wie die Feststellung V. 30, über die Zeiten der Unwissenheit (ἀγνοίας) habe Gott hinweggesehen. Und das andere: Die den unbekannten Göttern geweihten Altäre müssen eine zumal in Athen verbreitete und mit der besonderen Frömmigkeit der Athener in Zusammenhang gebrachte Eigentümlichkeit gewesen sein, die in der Literatur mehrfach ihren Niederschlag gefunden hat.[82] Das Motiv kann Lukas also durchaus bekannt gewesen sein und setzt eine Ortskenntnis keineswegs voraus. Damit ergibt sich eine Parallele zum Areopagmotiv, das wir ebenfalls literarisch und nicht im strengen Sinn topographisch verstehen zu dürfen glaubten. Unter dieser Voraussetzung wäre auch die Ersetzung des sonst üblichen Plurals durch den Singular sinnvoll zu erklären: nicht als Irrtum, der dem nur ungenau Bescheid wissenden Autor unterlaufen wäre, son-

[82] Zu den angeführten Stellen kommt noch Diog. Laert. I 10,110, der, allerdings in einem anderen Kontext, von βωμοὶ ἀνώνυμοι spricht.

dern als bewußte Änderung, um über das Anknüpfungsmotiv hinaus ein zusätzliches Argument für den im Grunde einzig möglichen und in der Formel vom unbekannten Gott den Griechen bereits untergeschobenen monotheistischen Glauben zu gewinnen. Ohne es zu wissen, haben die Athener bereits eine Ahnung vom wahren Gott.

Im Motiv des unbekannten Gottes oder der unbekannten Götter kommt eine Haltung zum Ausdruck, die auch sonst für die Athener in hellenistischer und römischer Zeit charakteristisch war. Obwohl die alten Götter mit dem Zerfall der altgriechischen Polis, mit deren Leben und Einrichtungen sie weitgehend identifiziert wurden, ihre Bedeutung verloren hatten, verharrten die Athener in einer erstaunlich konservativen Haltung und öffneten sich nur zögernd östlichen Einflüssen. Eine nicht zu unterschätzende Rolle spielten dabei sicher die Eleusinischen Mysterien, die eine ungeheure Anziehungskraft ausübten. Philostrat berichtet, Athen sei während der Zeit der Mysterienfeiern die volkreichste Stadt des Imperiums gewesen (Vit. Apoll. IV 17). Zahlreiche römische Kaiser und einflußreiche Männer ließen sich einweihen. Claudius soll sogar erwogen haben, den Mysterienkult nach Rom zu überführen (Suet. Claud. 25). Für die allgemeine Beliebtheit der Mysterien in dieser Zeit spricht die Erfahrung, daß die alten Götter sich als unfähig erwiesen hatten, das Mysterium von Tod und Leben zu lösen – vielleicht deswegen, weil sie selbst zu sehr Mensch waren.

Daneben existierten natürlich die traditionellen Kulte weiter. Inschriftliche Belege aus der frühen Kaiserzeit gibt es unter anderem für die Kulte des Zeus (Bulaios und Eleutherios), des Apollon, Hermes und Ares, der Athena Polias, Artemis, Aphrodite sowie des Kekrops und der Pandrosos. Auch der Kaiserkult hat in Athen aus verständlichen Gründen eine besondere Rolle gespielt. Die Assimilationen des Claudius mit Apollon Patroos, des Nero mit Dionysos Eleutherios, des Domitian mit Zeus Eleutherios bezeugen das zur Genüge. Für den Volksglauben wichtiger als diese kraft eines Verwaltungsaktes verpflanzten Kulte waren jedoch die auf eigenem Boden gewachsenen. Dabei übernahmen Demeter, Asklepios und vor allem Dionysos, also jene Götter, die als einzige unter den griechischen mit Leben und Tod befaßt waren, eine führende Rolle. Die Prävalenz dieser Gottheiten zusammen mit dem Aufblühen der Mysterienkulte zeigt deutlich, auf welche Gebiete sich das religiöse Interesse verlagert hatte. Neben der konservativen Grundeinstellung der Athener in Fragen der Religion war dies ein weiterer Grund für die reservierte Haltung gegenüber dem Osten. Was man im eigenen Land zur Verfügung hatte oder aus eigenen Keimen entwickeln konnte, brauchte man nicht aus der Fremde zu importieren – ein merkwürdiger Widerspruch zum sonst so weltoffenen Wesen der internationalen Stadt. Zwar existierte ein Kult des Sabazios und der Magna Mater im Piräus schon im 5. Jahrhundert (Demosth. 18,258ff), aber lange Zeit scheint das Interesse nur mäßig gewesen zu sein, nicht zuletzt wegen der orgiastischen Ausschweifungen, die den Athener abstoßen mußten. Erst gegen Ende des 3. Jahrhunderts läßt sich eine vorsichtige Öffnung nach Osten feststellen, aber bezeichnenderweise auf dem Land stärker als in der Stadt. So wurde der Serapiskult erst unter Ptolemaios Philadelphos in Athen eingeführt,[83] der Kult der Magna Mater vom galatischen Pessinus, dem Hauptsitz des Kybelekultes, erst gegen 220 v. Chr. Die alten Götter, die in der Dichtung, in den Bauten und zahllosen Kunstwerken der Stadt noch lebendig und unmittelbar anzuschauen waren, verliehen den traditionellen Kulten, etwa im Unterschied zu einer Weltstadt wie Korinth, eine außerordentliche Widerstandsfähigkeit. Sie bekam, wie alle anderen Religionen des Ostens, auch das Christentum zu spüren. Der Athenbericht der Apostelgeschichte liefert dafür das beste Zeugnis.[84]

[83] Paus. I 18,4 erwähnt das Serapeion des Philadelphos in der Nähe des Olympieion.

[84] Bezeichnenderweise ist die erste Gemeindegründung für Athen erst 120 Jahre später bezeugt.

V. Korinth

„Ein banales Dorf, eine prächtige Landschaft, ein grandioser Berg, rätselhafte Ruinen" – treffender läßt sich das, was heute unter dem Namen Korinth zusammengefaßt wird, kaum charakterisieren.[1] Neukorinth, anstelle des 1858 durch ein schweres Erdbeben zerstörten alten Dorfes etwa 6 km weiter nordöstlich direkt am Golf neu angelegt, 1928 von einem weiteren Beben und 1933 durch einen verheerenden Brand heimgesucht, stellt alle Nachteile einer fehlenden Tradition deutlich zur Schau und hat außer seiner Lage am Meer nichts Reizvolles zu bieten. Reichliche Entschädigung bietet jedoch Akrokorinth, der Burgberg, ein 575 m schroff und abweisend über dem Meer sich erhebender isolierter Kalkfelsen. Mehr noch als die imposanten Befestigungsanlagen, vorwiegend aus venezianischer und türkischer Zeit, vermag der Rundblick zu fesseln, ohne Zweifel einer der schönsten, wenn nicht der schönste im gewiß nicht panoramaarmen Griechenland. Beim Gang an dem 2 km langen Mauergürtel entlang eröffnen sich immer neue Perspektiven: zu Füßen die fruchtbare, sich bis zum Meer hin erstreckende Ebene mit den beiden Terrassen, auf denen das alte Korinth angelegt war; weiter östlich die Einfahrt in den Kanal von Korinth, dessen Ausgang im Saronischen Golf ebenfalls gut sichtbar ist. Auf der gegenüberliegenden Seite des Golfs von Korinth, hinter dem Vorgebirge von Perachora mit dem berühmten Heiligtum der Hera Akraia, erheben sich die boiotischen Berge, der Kithairon und der Helikon, links dahinter der bis in den Frühsommer hinein mit Schnee bedeckte Parnaß. Im Osten begrenzen die Berge Attikas, Hymettos, Pentelikon und Parnes, das Blickfeld; davor liegen die Inseln Salamis und Ägina, und bei klarer Sicht ist sogar die Akropolis von Athen auszumachen. Faszinierend auch der Blick ins peloponnesische Bergland, ins Kyllenegebirge und zu den Bergrücken Arkadiens. – Schon im Altertum galt der Blick von Akrokorinth als etwas Besonderes. Der Geograph Strabon hat ihn ausführlich geschildert (VIII 6,21) – eine große Seltenheit in der griechischen Literatur, die den Ausblick vom Berg so gut wie nie zum poetischen Thema erhoben hat.

[1] *De Waele*, Corinthe et saint Paul 15.

Was schließlich die Trümmer von Altkorinth[2] betrifft, so stecken sie in der Tat trotz der vorzüglichen Ausgrabungsarbeit, die die American School of Classical Studies at Athens seit 1896 geleistet hat, immer noch voller Rätsel. Außer den einsam ragenden sieben Säulen des Apollontempels gibt es im Agoragebiet, dem Hauptausgrabungsfeld von Korinth, nur wenig, was dem heutigen Besucher unmittelbar einleuchten oder auch nur ohne Erklärung sein Interesse wecken könnte. Und doch war Korinth jahrhundertelang eine der reichsten und mächtigsten Städte Griechenlands.

1. Die Stadt in griechischer Zeit

Durch seine Lage am Isthmos *(Abb. 32)* war Korinth dazu prädestiniert, den gesamten Verkehr, der über diesen wichtigen Verbindungsweg lief, zu kontrollieren:[3] zunächst den Landverkehr zwischen Mittelgriechenland und der Peloponnes, dann aber auch den Seeverkehr zwischen Adria und Ägäis sowie zwischen Italien und Kleinasien. Um die beschwerliche und zudem gefährliche Umschiffung der peloponnesischen Südspitze zu vermeiden, zog man die Schiffe lieber über den etwa 6 km breiten Isthmos. Gegen Ende des 6. Jahrhunderts wurde sogar eine Art Schiffstraße angelegt, der sogenannte δίολκος,

---

[2] Neben den Ausgrabungsberichten in AJA und Hesp. ist für die Archäologie Korinths vor allem auf das monumentale, bisher in 27 Bänden vorliegende Werk der amerikanischen Ausgräber zu verweisen: Corinth, Results of Excavations conducted by the American School of Classical Studies at Athens, Cambridge Mass. 1929–75 (abgekürzt: Corinth). Vom selben Institut sind zwei kurzgefaßte Führer erschienen: Ancient Corinth, A Guide to the Excavations, Athen [6]1960 und, fast ein wenig zu knapp, Corinth, A brief History of the City and a Guide to the Excavations, Athen 1964. An weiterer Literatur seien genannt: zur Archäologie: *de Waele*, Korinthos; *McDonald*, Corinth; *Broneer*, Corinth; *Scranton*, Corinth, *de Waele*, s. o. Anm. 1. Zur Geschichte: *Byvanck/Lenschau*, Korinthos (Topographie und Geschichte); *O'Neill*, Ancient Corinth (bis 404 v. Chr.); *Dunbabin*, Early History of Corinth; *Will*, Korinthiaka (bis zu den Perserkriegen); *de Waele*, Corinthe.

[3] Vgl. Strabon VIII 6,20, der gleich zu Beginn seiner Beschreibung Korinths die besondere Bedeutung der Stadt als Durchgangsgebiet hervorhebt.

auf dem auch größere Schiffe mit Hilfe untergelegter Walzen von einer Seite zur anderen herübergeschafft werden konnten.[4] Durch die beiden Häfen, Lechaion am Korinthischen und Kenchreai am Saronischen Golf,[5] waren für Korinth zudem optimale Voraussetzungen geschaffen, auch seinerseits im Handel zwischen Ost und West eine dominierende Rolle zu spielen. Schließlich bot das Felsmassiv von Akrokorinth erhebliche strategische Vorteile. Wegen seiner Unzugänglichkeit und relativ großen Entfernung vom Meer als ständiger Wohnsitz ungeeignet, war der Berg doch wie geschaffen zur Kontrolle des Überlandverkehrs zwischen der Peloponnes, vor allem Argos, und Zentralgriechenland; wie die moderne Fahrstraße führte schon die alte Handelsstraße ins Innere der Peloponnes östlich am Burgberg vorbei.[6]

Bei derart günstigen geographischen Bedingungen ist natürlich mit einer frühen Besiedlung der Gegend am Isthmos zu rechnen. In der Tat stieß man an mehreren Stellen in der unmittelbaren Nachbarschaft der alten Stadt auf neolithische und frühhelladische Funde, die auf eine sehr alte, im einzelnen jedoch noch wenig durchschaubare Siedlungsgeschichte hinweisen.[7] Auffallend spärlich dagegen sind die Funde aus mykenischer Zeit, so spärlich, daß man sogar – allerdings kaum zu Recht – vermutet hat, die Gegend sei im Mittel- und Späthelladikum überhaupt nicht besiedelt gewesen. Als Tatsache darf jedoch gelten, daß sie um diese Zeit nur eine bescheidene Rolle im

---

[4] Ein Stück dieser Straße ist südlich von der westlichen Kanaleinfahrt heute noch sichtbar.

[5] Der Lechaion-Hafen, etwa an der Stelle gelegen, wo vor dem Bau der Autobahn die alte Fahrstraße nach Altkorinth von der Küstenstraße abzweigte, ist archäologisch noch wenig erforscht. Von Kenchreai haben Grabungen (seit 1963) bescheidene Reste von Stadt und Hafen zutage gefördert.

[6] Ephyra, der alte Name Korinths – Κόρινθος selbst ist, wie andere Bildungen mit -ινθ oder -υνθ auch, vorgriechisch — könnte eine Anspielung auf die beherrschende Lage des Burgbergs sein, wenn es als ἐφόρα (Warte, Ausguck) zu deuten ist. Daß der Name Korinth ursprünglich dem Berg oder der Gegend gehörte und dann auf die neugegründete Stadt überging, ist anzunehmen.

[7] Besonders reich waren die Funde von Korakou, einem Felsplateau zwischen Lechaion und Neukorinth unmittelbar über dem Meer, wo man auch auf Reste von Wohnanlagen stieß.

Schatten der mächtigen Herren der nahen Argolis gespielt hat.[8] Auch die Gründung der Stadt Korinth, wohl um 900 von Dorern aus Argos, dürfte zunächst zu keiner einschneidenden Änderung geführt haben. Jedenfalls zeigen die Gefäße dieser Zeit, deren Export auf die umliegende Gegend und auf Zentralitalien (Falerii, Veji) beschränkt war, eine in Technik und Erfindung gleich große Primitivität.

Um so überraschender ist der plötzliche Umschwung, der um 750 v. Chr. einsetzt und auf gewaltige politische und wirtschaftliche Umwälzungen schließen läßt. Die Gefäße, in ganz unterschiedlichen Formen aus feinem hellgelben Ton hergestellt, werden zunächst nur mit parallelen Linien verziert, dann aber auch mit Tierfriesen und Bildstreifen in einem präzisen Miniaturstil, bei dem häufig dunkle Figuren durch Umriß-Ritzung vom Hintergrund abgesetzt werden (protokorinthischer Stil).[9] Das Verbreitungsgebiet umfaßt jetzt nicht nur das griechische Mutterland, sondern den gesamten Westen mit Etrurien, Süditalien, Sizilien und Karthago sowie den Osten (Rhodos, Kleinasien). Unbestreitbar nimmt die korinthische Vasenfabrikation im 7. Jahrhundert den ersten Rang in Griechenland ein.

Dieser Aufschwung der korinthischen Keramikindustrie fällt nicht zufällig in die Zeit der beginnenden griechischen Kolonisation, die ihrerseits wiederum ohne eine ansehnliche Flotte nicht denkbar ist. Kerkyra und Syrakus sind die ersten Kolonien, die noch im 8. Jahrhundert von Korinth aus gegründet werden, zahlreiche andere wie Epidamnos, Ambrakia im Nordwesten und Poteidaia im Nordosten Griechenlands folgen im 7. Jahrhundert. Als dann die Herrschaft der Bakchiaden, eines dorischen Geschlechts, das etwa seit 750 v. Chr. in der Stadt geherrscht hatte, durch eine Volkserhebung ein Ende findet und wie in den meisten anderen Städten am Isthmos ein „Tyrann“ eingesetzt wird, beginnt für Korinth die Zeit seiner höchsten Blüte. Unter Kypselos (wohl etwa 620–590), von dem wir freilich nur wenig Gesichertes wissen, und vor allem unter dessen Sohn Periandros (etwa 590–550) entwickelt sich Korinth zu einer der führenden

---

[8] Auch die fast vollständige Ignorierung der Stadt in Homers Ilias (s. u. 207) legt einen solchen Schluß nahe.

[9] Zur korinthischen Vasenmalerei *Payne,* Necrocorinthia; *Benson,* Korinthische Vasen; Corinth VII/2.

Handelsmächte Griechenlands. Sich von diesem bedeutenden Mann ein zutreffendes Bild zu machen ist angesichts der widersprüchlichen Quellen fast unmöglich. Einerseits zählt er zu den Sieben Weisen, was wegen seiner Leistungen in der Sozialpolitik (Maßnahmen gegen den Luxus des Adels und den Sklavenkauf, Aufwertung der Arbeit von Freien) und auf dem außenpolitischen Sektor (hervorragende Beziehungen zu Milet, Delphi, Olympia) sicher gerechtfertigt ist. Andererseits wird er mit den typischen Zügen des Tyrannen, als grausam und jähzornig geschildert, was den Sturz der Tyrannis kurz nach seinem Tod – Perianders Nachfolger Psammetichos regierte nur drei Jahre – verständlich macht.

Nachdem Korinth in den Perserkriegen als Koordinierungszentrum der Abwehrmaßnahmen gegen Xerxes (Korinthischer Bund) noch einmal eine bedeutsame Rolle gespielt hatte,[10] geriet es in den folgenden Jahrzehnten zunehmend in den Schatten Athens. Je mehr Handelspositionen Athen im Westen ausbaute und damit in die korinthische Domäne einbrach, desto stärker wurde es zur Erzrivalin der Stadt am Isthmos. Auch das Ende des Peloponnesischen Krieges, der Korinth natürlich auf Seiten der Spartaner sah, brachte trotz des für Athen verhängnisvollen Ausgangs nicht die erhoffte Befreiung. Der Wechsel in der Vorherrschaft über Griechenland bestätigte lediglich, daß für eine Handelsmacht das Gleichgewicht der Kräfte die entscheidende Voraussetzung ist. Diese Voraussetzung war jedoch nach wie vor nicht erfüllt. So nimmt es nicht wunder, daß sich Korinth schon wenig später einem Bündnis von Athen, Theben und Argos gegen Sparta anschloß und zum Zentrum des Widerstands gegen Sparta wurde (Korinthischer Krieg 395–387 v. Chr.). Erst als sich nach der Auflösung des Doppelstaates Argos-Korinth eine auf Neutralität ausgerichtete Politik in Korinth durchsetzte, nahm die Stadt wieder einen wirtschaftlichen Aufschwung. Er war eng verbunden mit einem erfolgreichen Eingreifen in Sizilien, wo es dem Korinther Timoleon gelang, Syrakus Dionysios II. und den Karthagern zu entreißen und nach der Befreiung auch der übrigen Grie-

[10] Berühmt war das Epigramm des Simonides auf die in der Schlacht von Salamis gefallenen und auf der Insel bestatteten Korinther (fr. 90b D). Das erste Distichon dieser Inschrift wurde 1897 an der Begräbnisstelle gefunden.

chenstädte die korinthische Hegemonie in Sizilien wiederherzustellen.
Auch unter makedonischer Herrschaft führte die Entwicklungskurve weiter nach oben. Philipp hatte in der heimlichen Hoffnung, Griechenland für einen neuen Perserkrieg gewinnen zu können, im Jahre 338 v. Chr. eine panhellenische Vereinigung geschaffen und einen allgemeinen Frieden (κοινὴ εἰρήνη) ausrufen lassen; zum Sitz des Synedrions, des Bundesorgans, war Korinth ausgewählt worden. Nach wie vor aber zeigte sich die Stadt weniger an der Politik als an der Wirtschaft, vor allem an einem erfolgreichen Ausbau ihres Westhandels, interessiert. Und diese Entscheidung war ohne Zweifel richtig. In den hundert Jahren zwischen 350 und 250 erlebte die Stadt ihre zweite Blüte. In dieser Zeit dürfte Korinth die volkreichste Stadt Griechenlands gewesen sein. Man schätzt die Zahl der Freien für diese Periode der korinthischen Geschichte auf etwa 10 000, was einer Gesamtbevölkerung von 40 000 bis 50 000 entspricht.
Aber wieder wurde die wirtschaftliche Prosperität durch eine unkluge, zu einseitig an nationalen Interessen orientierte Politik gestoppt. Im Jahr 243 v. Chr. eroberte Aratos von Sikyon Korinth und zwang es, dem von ihm geleiteten Achäischen Bund, einem Zusammenschluß mehrerer peloponnesischer Städte, beizutreten. Bald rückte Korinth sogar zum Vorort dieses Bundes auf, dessen Ziel zunächst nur gewesen war, durch einen bundesstaatlichen Zusammenschluß mehr politisches Gewicht, vor allem gegenüber dem in Griechenland führenden Makedonien, zu bekommen. Als der Bund jedoch durch den Anschluß immer weiterer Städte, unter ihnen auch Sparta, zu einem beachtlichen Machtfaktor geworden war und nach dem Niedergang Makedoniens in der Schlacht von Pydna das politische Griechenland praktisch allein repräsentierte, war der Zusammenstoß mit den hegemonialen Bestrebungen Roms nur noch eine Frage der Zeit. Der Versuch Spartas, sich vom Bund zu lösen, führte zum Krieg und zum Untergang des Achäischen Bundes. Besonders hart wurde Korinth betroffen, dessen Beziehungen zu Rom sich schon bald nach 150 v. Chr. erheblich verschlechterten. Mehrfach hatten sich in diesen Jahren die von der herrschenden nationalen Partei eifrig geschürten antirömischen Affekte gegenüber römischen Gesandtschaften entladen. So hatte Rom einen Vorwand zur Vernichtung Korinths: Die beleidig-

ten Gesandten mußten gerächt werden. In Wahrheit jedoch sollte Korinth, das den römischen Kapitalisten schon längst ein Dorn im Auge war, als Handelsmacht ausgelöscht werden. Die Stadt wurde dem Erdboden gleichgemacht, die männlichen Einwohner getötet, Frauen und Kinder in die Sklaverei geschickt. Mehr als hundert Jahre blieb das Stadtgebiet unbewohnt.

2. Wirtschaft und Politik

Der knappe Überblick über die wichtigsten Phasen der griechischen Geschichte der Stadt dürfte gezeigt haben, auf welchem Gebiet die besondere Bedeutung Korinths von Anfang an gelegen hat: auf dem wirtschaftlichen und nicht auf dem politischen. Daß Korinth damit von der üblichen Norm abweicht, hat als erster Herodot formuliert. Entgegen der allgemeinen Geringschätzung der Handwerker bei den Griechen hätten sich die Korinther die übliche Wertung nicht zu eigen gemacht, daß nur als edel gilt, wer von körperlicher Arbeit frei ist: „Am wenigsten verachten die Korinther die Handwerker" (II 167).

Als Handelsmacht war Korinth natürlich nicht nur am Transport fremder Güter interessiert, sondern ebenso am Export der eigenen Erzeugnisse. Und deren gab es eine ganze Menge. Von den korinthischen Vasen war bereits die Rede. Bevor ihnen die athenische Töpferindustrie den Rang ablief, waren sie absolut führend in der ganzen westlichen Welt. Die Ausdehnung des im Westen der Stadt aufgedeckten Töpferviertels gestattet die Annahme einer Massenproduktion der verschiedensten Tonartikel, zu denen auch die in archaischer Zeit nur in Korinth hergestellten Großskulpturen gehörten. Die seit dem ausgehenden 7. Jahrhundert immer mehr verbreitete Eindeckung von Dächern mit flachen Tonziegeln, deren seitliche Randleisten mit halbzylindrischen oder polygonalen Fugenziegeln abgedeckt wurden, hatte ihren Namen vom Ort ihrer Erfindung. Man sprach vom „korinthischen Dach". In ausgezeichnetem Ruf standen auch die korinthischen Steinschneider und noch mehr die Bronzegießer, deren Erzeugnisse, vor allem Gefäße, Spiegel und Waffen, in aller Welt gesucht waren. Ferner gehörten zu den bevorzugten Exportartikeln wollene Teppiche und bearbeitete Holzbretter zur Herstellung von Türflügeln. Vergessen sei auch nicht das korinthische Kapitell, das der Bildhauer Kallimachos in Korinth „erfunden" haben soll, was wohl bedeutet, daß er ihm die kanonische Form gegeben hat. Darüber hinaus war Korinth einer der wichtigsten Umschlagplätze für Waren aus dem Osten. Vor allem Öle und Parfüms wurden hier für den Weitertransport nach Westen in Gefäße eigener Produktion umgefüllt.

Nach dem Gesagten ist es nur natürlich, wenn Korinth in der griechischen Literatur vorwiegend als die wegen ihres Reichtums berühmte Stadt erscheint. Schon bei der frühesten Erwähnung Korinths, im Schiffskatalog der Ilias, steht als Beiwort ἀφνειός (reich, begütert, 2,570), was natürlich erst für das Korinth der Zeit Homers, also für das ausgehende 8. Jahrhundert, zutrifft.[11] Auch Pindar spricht von der ὀλβία (begütert, gesegnet) Κόρινθος, gibt dabei aber, historisch durchaus zutreffend, zu verstehen, daß dieser Reichtum die Folge von Εὐνομία, Δίκη („dem sicheren Grund der Städte") und Εἰρήνη, also von Wohlgesetzlichkeit, Recht und Frieden sei und nicht etwa das Ergebnis einer machtvollen Eroberungspolitik (Ol.13,3ff).[12] Und wenn ein Redner des 1. nachchristlichen Jahrhunderts Korinth die „Promenade Griechenlands" (περίπατος τῆς Ἑλλάδος) und die Korinther mit einer sprichwörtlichen Wendung „Bug und Heck Griechenlands" nennt, beruft er sich dabei ebenfalls auf Prädikate wie ὄλβιος und ἀφνειός, mit denen die alten Dichter die Stadt ausgezeichnet hatten.[13]

---

[11] Die Erwähnung Korinths im Schiffskatalog, gleichgültig aus welcher Zeit dieser selbst stammt, ist mit Sicherheit eine spätere Einführung aus tendenziösen Gründen.

[12] Vgl. ferner fr. 122,2 S, wo Korinth das Beiwort ἀφνειός bekommt.

[13] Dion Chry. 37,7.36. Die Rede stammt allerdings nicht von Dion, sondern ist eher einem anderen Popularphilosophen, Favorinus von Arles, zuzuschreiben; vgl. Dion Chrysostomos, Sämtliche Reden. Eingeleitet, übersetzt und erläutert von *W. Elliger* (Bibliothek der Alten Welt), Zürich-Stuttgart 1967, 817 Anm. 1. – Im übrigen wird Korinth vor allem wegen seiner landschaftlichen Schönheit gepriesen, so vor allem in den (aus verschiedenen Zeiten stammenden) Epigrammen der Anthologia Palatina, wo Korinth u. a. ἁλίζωνος (meerumgürtet) heißt, εὐρύχορος (mit weiten Tanzplätzen), κλειτός (berühmt), φιλόξενος (gastfreundlich). Ein wehmütiger Ton mischt sich in den Preis der Stadt nach ihrer Zerstörung, etwa wenn Antipatros von Sidon sein Epigramm einleitet: „Wo blieb deine weithin sichtbare Schönheit, dorisches Korinth?" (IX 151) oder Polystratos die Stadt als „archaischen Stern von Hellas" preist (VII 297). – Fast ins

Diesen besonderen Charakter Korinths, der die Stadt in gewissem Sinn als „ungriechisch" erscheinen läßt, könnte man auch als „unpolitisch" kennzeichnen. Es ist ja merkwürdig, daß die Stadt im Laufe ihrer wechselvollen Geschichte und trotz ihrer wirtschaftlichen Macht neben Periandros kaum einen bedeutenden Staatsmann hervorgebracht hat. Aus der Zeit nach den Perserkriegen wäre einzig Timoleon zu nennen. Und gerade in dem Jahrhundert, in dem viele Griechenstädte sich erst richtig zu profilieren beginnen, dem klassischen fünften, läßt in der historischen und literarischen Tradition das Interesse an Korinth spürbar nach, so daß man den Eindruck gewinnen muß, die Stadt habe den Anschluß an die allgemeine politische Entwicklung jetzt verloren.

Diese Vermutung findet in einem merkwürdigen archäologischen Befund eine Stütze. Trotz aller Bemühungen der Archäologen ist das Inschriftenmaterial der Stadt äußerst dürftig geblieben.[14] Den größten Anteil machen Weihinschriften aus, die über die politische Verfassung der Stadt keine Auskunft geben. Und die sechs Inschriften aus der griechischen Zeit, in denen Beschlüsse von Volk oder Rat festgehalten werden, nehmen sich gegenüber den über 1000, die man in Athen gefunden hat, geradezu kümmerlich aus. Das einzige, was man aus diesen Dekreten zur Ehrung verdienter Bürger oder zur Einladung zu bestimmten Feierlichkeiten über die politische Struktur des demokratischen Korinth schließen kann, ist dies, daß die Stadt, wie viele andere Griechenstädte auch, in Phylen, also in Bezirke mit begrenzter Selbst-

---

Uferlose gerät der Preis der Stadt im Isthmikos des Aelius Aristeides, eines attizistischen Rhetors der 1. Hälfte des 2. nachchristlichen Jahrhunderts. Selbst wenn man die panegyrischen Übertreibungen abzieht, bleibt ein nachhaltiger Eindruck von der außerordentlichen Wertschätzung der Stadt, freilich im verklärenden Schimmer des Zurückblickenden. Hier eine Auswahl der Prädikate, die Aristeides der Stadt zulegt (Or. 46 Keil, 23ff): „eine Art Agora und gemeinsamer Hof der Griechen und ihre Festversammlung"; „der allen offenstehende Zufluchtsort und die gemeinsame Stadt der Griechen, geradezu ihre Mutterstadt und Mutter"; „die Schönheit Korinths könnten auch die Augen a l l e r Menschen nicht fassen; Land und Meer überschwemmen die Stadt mit ihren Gütern, wie ein schwer beladenes Lastschiff wird sie von ihnen umspült."

[14] Dazu *Dow*, Corinthiaca (mit Literatur). – Aus der Zeit vor 44 v. Chr. sind nur 49 Inschriften in Korinth gefunden worden (vgl. Corinth VIII/3).

verwaltung, eingeteilt war. Außerdem ist die Existenz einer Volksversammlung inschriftlich bezeugt.

Dieses auffällige Defizit[15] hat man auf verschiedene Weise zu erklären versucht, etwa mit dem Hinweis darauf, daß der für Inschriften geeignete Marmor in Korinth nicht vorhanden gewesen sei und erst hätte importiert werden müssen oder daß Bronze das den Korinthern sympathischere Material gewesen sei. Aber auch als seit dem Ende des 5. Jahrhunderts Marmor aus Attika eingeführt wurde, schrieb man die meisten Inschriften immer noch auf Kalkstein von Akrokorinth, und Bronzen standen gewöhnlich auf Steinbasen, die eine Inschrift hätten tragen können; aber auch davon hat man nichts gefunden. So bleibt nur der Schluß übrig, daß an öffentlichen Verlautbarungen und Dokumenten offenbar nur geringes Interesse bestand. Und das wiederum dürfte seinen Grund in der Geschichte Korinths haben, die lange Zeit durch Tyrannis und Adelsherrschaft bestimmt wurde. Demokratische Formen konnten sich erst relativ spät entwickeln, und es ist sicher kein Zufall, daß die meisten Inschriften aus der späteren, demokratischen Zeit der Stadt datieren. „Demos likes to read what Demos has done", sagt Dow 119 zutreffend. Nur daß sich die Aktivität des korinthischen Demos, verglichen etwa mit Athen, in bescheidenen Grenzen hielt – die zeitweilige Verbrüderung mit dem demokratischen Argos war trotz der blutigen Auseinandersetzungen zwischen Demokraten und spartanerfreundlichen Aristokraten mehr das Gebot der Stunde als der Zug des Herzens. Von den verschiedenen Betätigungsfeldern einer griechischen Polis standen in Korinth die wirtschaftlichen nach wie vor an erster Stelle.

[15] Es hat in der Spärlichkeit der plastischen Funde sein – durch die Raub- und Kauffreudigkeit der Römer allerdings erklärbares – Analogon. Nach *Dow,* Corinthiaca 114 sind aus der Zeit vor 146 v. Chr. nur von 8 Statuen Fragmente gefunden worden; aus ihnen ließe sich lediglich e i n e Statue zusammensetzen. Dazu kommen 10 Reliefs und 11 Grabstelen – für eine Stadt vom Rang Korinths nicht eben viel.

3. Die römische Stadt

In der Zeit, als Paulus nach Korinth kam, war von der Stadt, von der bislang die Rede war, nicht mehr viel zu sehen. Zwar übertreiben die Quellen ein wenig, wenn sie von einer totalen Zerstörung Korinths durch die Römer sprechen;[16] durch die Ausgrabungen sind ansehnliche Reste der griechischen Stadt freigelegt worden. Trotzdem haben die Soldaten des Mummius, als sie 146 v. Chr. die Stadt im Auftrag des römischen Senats zerstörten, so gründliche Arbeit geleistet, daß bei der Neugründung Korinths als römischer Kolonie durch Caesar (*Colonia Laus Iulia Corinthiensis*) mehr als 100 Jahre später (44 v. Chr.) eine völlig neue Stadt entstand, zwar in den Grenzen der alten und deren Hauptanlage im wesentlichen beibehaltend, aber in römischen Formen und an römischen Bedürfnissen orientiert. Die neue Kolonie, wegen ihrer Lage im Schnittpunkt des Ost-West-Verkehrs für Rom von besonderer Bedeutung, wurde zunächst mit italischen Siedlern, zumeist Freigelassenen, bevölkert. Schon bald aber lockte der schnell wieder aufblühende Handel viele Griechen und Ausländer in die Stadt, unter ihnen Juden und Orientalen, die die vielfältigen Spuren ägyptischer Kulte in Korinth erklären. Daß jedoch schon wenig später ein umfassender Hellenisierungsprozeß eingesetzt hat, ist wahrscheinlich.[17] Als bei der Neuordnung der Provinzen unter Augustus Griechenland mit einigen Randgebieten zur Provinz Achaia zusammengefaßt wurde (27 v. Chr.), wurde Korinth Hauptstadt der neuen Provinz und Sitz des Statthalters.

Es gibt verschiedene Möglichkeiten, das unübersichtliche Ausgrabungsgelände des alten Korinth sinnvoll zu erschließen. Wir wollen uns bei unserem Rundgang Pausanias anschließen, der zwischen 150 und 175 n. Chr., also gut hundert Jahre nach Paulus, Korinth besucht und in seiner Beschreibung Griechenlands ausführlich darüber berichtet hat

---

[16] So z. B. Sulp. Rufus in einem Beileidsschreiben zum Tod von Ciceros Tochter Tullia (ad fam. IV 5,4) am 15. März 45 auf der Rückreise von Asien: „Vor mir lag Ägina, hinter mir Megara, zur rechten der Piräus, zur linken Korinth, Städte, die einst in außerordentlicher Blüte standen, jetzt aber zerfallen und zerstört daliegen."

[17] Vgl. Dion Chry. in seiner Korinthischen Rede (37,26): ἀφηλληνίσθη ὥσπερ ἡ πατρὶς ἡ ὑμετέρα (er wurde griechisch wie eure Vaterstadt).

(II 1–5).[18] Dieser Bericht ist das zuverlässigste literarische Zeugnis, das wir über die Stadt besitzen. Fast alle von Pausanias erwähnten Bauten sind von den amerikanischen Ausgräbern aufgedeckt worden, so daß die Archäologie die Angaben des Pausanias im wesentlichen bestätigt hat, auch wenn die Identifizierung in einigen Fällen noch nicht gelungen oder umstritten ist. Bei unserem Rundgang können wir übergehen, was erst nach Paulus' Aufenthalt entstanden ist, müssen andererseits aber ergänzen, was Pausanias zwar gesehen, aber nicht erwähnt hat und was er überhaupt nicht hat sehen können, weil es unter der Erde oder unter römischen Bauten verborgen war.

Pausanias kam wahrscheinlich auf der vom Isthmos herführenden Straße nach Korinth. Zumindest beschreibt er als erste Station das 1 km südwestlich der östlichen Kanalmündung gelegene und zum Teil ausgegrabene Poseidonheiligtum mit seinen Umfassungsmauern, Tempeln, Statuen und Altären. Die berühmten Isthmischen Spiele wurden auch noch in römischer Zeit gefeiert, nachdem das neugegründete Korinth wieder mit deren Ausrichtung betraut worden war.

Auf der von Kenchreai herkommenden Straße, mit der sich der Weg von Isthmia einige Kilometer östlich von Korinth (beim heutigen Weiler Examilia, siehe *Abb. 32*) vereinigte, wird Pausanias dann das Stadtgebiet erreicht haben. Er erwähnt hier zunächst einen Zypressenhain mit Namen Kraneion. In griechischer Zeit hieß so ein Gymnasion, in dem sich die korinthische Jugend traf (Xen. Hell. IV 4,4) und das Diogenes, sofern er nicht in Athen weilte, zu seinem bevorzugten Aufenthaltsort erkoren hatte – wegen des guten Klimas, wie er selbst gesagt haben soll (Dion Chry. 6,3). Hier ist auch der Schauplatz der bekannten Szene zwischen dem sich sonnenden Diogenes und Alexander anzunehmen, in deren Verlauf der Philosoph, dessen Grab am Stadttor bei Pausanias Erwähnung findet, den Potentaten bat, ein wenig aus der Sonne zu treten (vgl. Dion Chry. 4,12ff). Zu Pausanias' Zeit war von diesem Gymnasion nichts mehr zu sehen, aber der Name war dem Stadtteil, einer Art Prominenten-Vorstadt mit vielen Villen, geblieben. Hier lag, nebenbei bemerkt, auch das Grab der Laïs, der wegen ihrer Schönheit berühmtesten Hetäre Korinths.

---

[18] Dazu *Roux*, Pausanias.

Auf der Kenchreai-Straße betrat Pausanias von Süden her die Agora *(Abb. 33)*. Die Einmündung dieser gepflasterten Straße ist heute noch sichtbar, und zwar zwischen dem Buleuterion (Curie, siehe unten) und den östlich anschließenden Baulichkeiten hinter der sogenannten Südstoa (siehe unten). Von hier aus[19] wandte er sich zunächst nach links zu den römischen Tempeln, die die Westseite begrenzten und heute zu den am wenigsten anziehenden Ruinen der Stadt gehören. Für Pausanias jedoch müssen sie von besonderem Interesse gewesen sein, denn bei ihrer Beschreibung verweilt er auffällig lange, während er die restliche Agora, abgesehen von ein paar Standbildern, übergeht. Von den insgesamt sechs Tempeln in der tpyisch römischen Podiumform – der Tempel liegt auf einem hohen, über eine breite Treppe von Osten her zugänglichen Unterbau – wurden die beiden mittleren, in Größe und Anlage genau gleichen Tempel erst unter Kaiser Commodus (180–192 n. Chr.) gebaut; sie standen also zur Zeit von Pausanias' Besuch in Korinth noch nicht. Pausanias nennt der Reihe nach einen Tempel der Tyche (Fortuna), ein Pantheon (Heiligtum für alle Götter), einen Brunnen mit einem bronzenen Poseidon über einem wasserspeienden Delphin,[20] einen Tempel des Apollon Klarios,[21] eine Statue der Aphrodite[22] und einen Hermestempel. Zwanglos ergäbe sich bei dieser Reihenfolge eine Zuordnung der beiden südlichen Tempel an Tyche und Alle Götter, des nördlichen an Hermes, des sich nach Süden öffnenden an Apollon und des von dem Duumvirn Gn. Babbius gestifteten und nach ihm benannten zierlichen Rundbaus mit acht korinthischen Säulen an Aphrodite. Allerdings muß eine solche Zuweisung wegen fehlender inschriftlicher Zeugnisse hypothetisch bleiben.[23]

[19] Der Besichtigungsplan läßt ein genaues Schema erkennen: zunächst das Zentrum, dann die von ihm ausgehenden Straßen nach Lechaion, Sikyon und Akrokorinth mit den jeweils anliegenden Bauten.

[20] Wohl an der Stelle der beiden Commodus-Tempel, unter denen man Reste einer Brunnenanlage fand.

[21] Nach der Kolonie Klaros in Kleinasien mit einer berühmten Orakelstätte des Gottes.

[22] Sie dürfte kaum unter freiem Himmel, sondern ebenfalls in einem Tempel gestanden haben.

[23] „Über dem Markt" erwähnt Pausanias einen Tempel der Octavia, der Schwester des Augustus. Dieser könnte mit dem in den Plänen als Tempel

Pausanias wendet sich nun der Lechaion-Straße zu, die von der Agora nordwärts direkt zum Hafen am Golf von Korinth führte. Mit Recht kann man sie die Prachtstraße des alten Korinth nennen. Mit der respektablen Breite von 7,50 m, Gehsteigen auf beiden Seiten, einer Pflasterung aus leicht getönten Kalksteinplatten, Rinnsteinen und Kolonnaden entlang den Gehsteigen rechnete sie zu den aufwendigsten Straßenanlagen Griechenlands. Ihr Verlauf konnte bis zum Hafen festgestellt werden. Offenbar stieg sie von der Küstenebene zu den Terrassen der Stadt nicht gleichmäßig an, sondern war an besonders steilen Stellen mit Treppen versehen, so daß der sicher recht starke Güterverkehr nur mit Tragtieren erfolgt sein kann; Wagenspuren hat man auf den ausgegrabenen Teilen der Straße nicht entdeckt. Am südlichen Ende führte die Straße auf zwei die ganze Straßenbreite einnehmende und über Stufen erreichbare Plattformen zu, an deren oberen Enden die Propyläen aufragten und den Zugang zum Markt effektvoll markierten. In ihrer ursprünglichen Form bestand die Toranlage aus einem großen Zentralbogen und zwei kleineren Seiteneingängen. Im 1. nachchristlichen Jahrhundert wurde dieser Porosbau aus der Gründungszeit der römischen Kolonie zu einem monumentalen Triumphbogen aus Marmor umgestaltet. Pausanias sah auf ihm zwei vergoldete Wagen, von denen der eine den Phaeton, den Sohn des Sonnengottes, der andere Helios selbst trug. Welches der beiden Tore Paulus gesehen hat, das ältere oder das jüngere, läßt sich nicht mit Sicherheit sagen.

Das erste Bauwerk, das Pausanias an der Lechaion-Straße erwähnt, ist die berühmte Peirenequelle *(Abb. 34)*. Korinth war bekannt wegen seiner vielen Quellhäuser, und der Wasserreichtum der Stadt, geologisch bedingt durch die Kombination von wasserdurchlässiger Nagelfluh über wasserundurchlässigem tonigem Mergelboden, der auch das Material für die Töpfer lieferte, war ein beliebter Topos bei griechischen Dichtern.[24] Als Aition für die Entstehung der Quelle

E bezeichneten Gebäude westlich der Agora identisch sein: ein breit sich öffnender Podiumtempel in beherrschender Lage, dessen vorzügliche Steinmetzarbeit eine Datierung in die frühe Kaiserzeit empfiehlt. Einige Säulen dieses Tempels sind im Hof des Museums und – mit dem Gebälk, aber mit verkürztem Schaft – auf der Tempelplattform wieder aufgebaut.

[24] Simonides spricht vom „quellreichen Ephyra" (Ἐφύρην πολυπίδακα

erzählt Pausanias die Geschichte von Peirene, die um ihren von Artemis aus Versehen getöteten Sohn so heftig weinte, daß sie sich in eine Quelle verwandelte. Von der frühen Antike bis ins späte 19. Jahrhundert war der Brunnen in Gebrauch, und die beiden nahe gelegenen Quellen, die ihn speisten, versiegen auch heute noch nicht selbst in der heißen Jahreszeit.

Die jetzt sichtbare Anlage, die zu den eindrucksvollsten Monumenten des alten Korinth zählt, geht auf Herodes Atticus zurück, den steinreichen römischen Redner und großen Mäzen Griechenlands. Er ließ den rechteckigen Vorplatz der Brunnenanlage auf drei Seiten durch mächtige Apsiden (Exedren) mit Sitzbänken und Nischen für Statuen versehen, das große Becken in der Mitte mit Marmorplatten auslegen und die vier breiten am Nordende zum Wasser hinabführenden Stufen bauen.[25] Die Anlage des 6./5. Jahrhunderts war weit primitiver. Vier tunnelartig in den Fels gehauene langgestreckte Reservoirs versorgten drei durch einen Steinrost von ihnen getrennte Brunnenbecken mit Wasser. Später wurden sechs durch Antenwände abgeteilte Brunnenkammern davorgelegt und die Brüstung zwischen ihnen und den alten Becken mit ionischen Säulen versehen. Das Wasser floß jetzt aus zwei der Kammern in abgedeckte Kanäle, die das neuangelegte Bassin in der Mitte des Vorhofs auf drei Seiten umgaben und ihren Vorrat durch mehrere Öffnungen in das Becken sprudeln ließen. Aus den ersten Zeiten der Kolonie stammen die Brüstung vor den Brunnenkammern und die Arkadenbögen mit den dorischen Säulen, die heute den Fronteindruck der Peirenequelle bestimmen. Über dem Architrav folgte eine zweite, ionische Säulenstellung. Diese zweigeschossige Wandgliederung wurde später auf die drei restlichen Seiten des Vorplatzes ausgedehnt, so daß ein abgeschlossener Brunnenhof entstand. In dieser Form dürfte Paulus die Peirenequelle gesehen haben.

Im unmittelbaren Anschluß an die Quelle erwähnt Pausanias eine

fr. 68B) und von der „wasserreichen Stadt Korinth" (εὔυδρον ... ἄστυ Κορίνθου fr. 81B). In der Medea des Euripides sitzen die Ältesten der Stadt „am heiligen Wasser der Peirene" (69). – Eine Aufzählung der korinthischen Brunnen bei *Roux,* Pausanias 119.

25 Da Pausanias Herodes Atticus weder hier noch sonst in seinem Werk erwähnt, dürfte er vor dessen Stiftungen Griechenland bereist haben.

Apollonstatue und einen ummauerten Bezirk. Ohne Zweifel meint er damit das als „Peribolos des Apollon" bekannte Geviert direkt nördlich der Peirenequelle. Die Anlage läßt sich mit Hilfe der wieder aufgerichteten Fragmente leicht ergänzen: ein offener Säulenhof ionischer Formation, etwa 35 m lang und 25 m breit, allerdings erst in späterer Zeit mit den jetzt sichtbaren Marmorplatten ausgelegt. Er dürfte aus der zweiten Hälfte des 1. nachchristlichen Jahrhunderts stammen; eine genauere Datierung läßt die Inschrift auf dem Fries, die die *gens Aemilia* als Stifterin nennt, nicht zu. Der alte Tempel aus dem 4. Jahrhundert, dessen vorzüglich gearbeitete Grundmauern an der Westseite des Peribolos direkt an der Lechaion-Straße unter den späteren Überbauungen sichtbar sind, wurde wahrscheinlich schon in griechischer Zeit abgetragen.

An letzter Stelle nennt Pausanias in der Lechaion-Straße die von dem Spartaner Eurykles gebaute Badanlage. Sie mit den nördlich vom Peribolos aufgedeckten Resten eines rechteckigen Bassins, von Hypokausten, Ziegelfußböden und Mosaiken (wahrscheinlich aus dem 2. Jahrhundert n. Chr.) zu identifizieren, ist das Nächstliegende.[26] Größere Aufmerksamkeit allerdings wird der Besucher der erstaunlich gut erhaltenen spätrömischen Latrine gleich nebenan zollen: mehrere Sitze im rechten Winkel nebeneinander angeordnet, darunter eine Rinne für die Wasserspülung.

Der zweite Abstecher führte Pausanias auf der im Nordwesten die Agora verlassenden Sikyon-Straße[27] am Apollontempel und an der Glaukequelle vorbei zum Odeion und zum Theater.

Der A p o l l o n t e m p e l, das Wahrzeichen Korinths und jahrhundertelang der einzige sichtbare Rest der alten Stadt, wurde wohl um die Mitte des 6. Jahrhunderts erbaut und ist damit einer der ältesten Tempel Griechenlands. Die Cellawände sind völlig abgetragen, aber die sieben Säulen, die von den ehemals 15 auf der Längsseite und 6 auf der Schmalseite stehengeblieben sind, vermitteln in ihrer gedrungenen Form ohne Entasis (Schwellung) bei einem unteren Durchmesser von annähernd 2 m und mit den auffallend flachen, aber

[26] Nach anderen sollen die sogenannten „Bäder der Aphrodite" etwa 170 m nördlich vom Dorfplatz die von Pausanias erwähnten Euryklesbäder sein, was jedoch wenig wahrscheinlich ist.

[27] Sikyon liegt etwa 20 km westlich am Golf von Korinth.

trotzdem kraftvollen Kapitellen eine gute Vorstellung vom Wesen früher dorischer Baukunst. Der wuchtige Gesamteindruck wird noch dadurch verstärkt, daß als Unterbau statt der früharchaischen ein oder zwei Stufen deren vier verwendet wurden. Dadurch war der Tempel vom Meer her besser sichtbar und seine Lage über der Agora noch beherrschender.[28]

Der Apollontempel von Korinth markiert den Endpunkt einer Entwicklung, die bereits im 7. Jahrhundert beginnt und an deren Anfang der Holztempel, an deren Ende der Steintempel steht. Jetzt begnügte man sich nicht mehr mit der Umsetzung dünnleibiger Holzsäulen in Stein, sondern hatte nach der Entdeckung der ganz anders gearteten statischen Eigenschaften des neuen Baumaterials die Notwendigkeit einer anderen Gestaltung eingesehen. Erst jetzt hat der monumentale Steinbau in Griechenland seinen eigenen Stil gefunden. Der korinthische Apollontempel weist auch zum ersten Mal die sogenannte Kurvatur auf, das heißt die Anhebung der Horizontalen auf den Längsseiten um wenige Zentimeter (in diesem Fall 2 cm), die dorischen Tempeln trotz ihrer wuchtigen Größe den Eindruck des Starren und Geometrischen nimmt. Demselben Zweck dient die ebenfalls bereits am Apollontempel praktizierte Eckkontraktion: Die Säulen haben nicht den gleichen Abstand, sondern stehen zu den Ecken hin enger, so daß der Tempel noch stärker als plastische, in sich geschlossene Einheit wirkt.

Der Grundriß der Cella zeichnet sich in den in den Fels gehauenen Fundamentgräben deutlich ab. Sie war durch eine Querwand in zwei ungleiche Räume geteilt, von denen der eine 2 × 4, der andere 2 × 2 Innensäulen aufwies. Die Fronten waren in Pronaos und Opisthodom (vorderer und hinterer Vorraum) mit je zwei Säulen *in antis* symmetrisch gebildet. Möglicherweise wurden in dem Tempel zwei Gottheiten verehrt. Eine kleine Merkwürdigkeit ist die in den Boden an der Südwestecke des Prodomos eingelassene wasserdicht verkleidete rechteckige Grube, vielleicht eine winzige Schatzkammer. Da der Tempel aus Kalkstein (Poros) von Akrokorinth gebaut war, haben

[28] Ursprünglich führte von der Südostecke des Tempelhügels eine breite, heute noch vorhandene Treppe zur Agora herunter. Durch die in hellenistischer Zeit angelegte „Nordweststoa“ wurde sie unbrauchbar und der Zugang auf die Westseite an die Sikyon-Straße verlegt.

ihn die Baumeister mit feinem, hellem Stuck überzogen. Dieser wurde, wenn auch in weit gröberer Manier, erneuert, als der bei der Eroberung der Stadt durch Mummius ausgebrannte Tempel bei der Gründung der Kolonie restauriert wurde.[29]

Gegenüber dem Apollontempel auf der anderen Straßenseite liegt das Quellhaus der Glauke, heute ein isolierter kubischer Klotz, nachdem infolge des Erdbebens von 1928 nur noch Teile aufrecht stehen und das Gestein der Umgebung abgetragen worden ist. Ursprünglich war die Brunnenanlage in den natürlichen Fels gehauen. Ähnlich wie bei der Peirene waren vier langgestreckten Reservoirs drei Schöpfbecken vorgelagert. Die Fassade bildeten drei Pfeiler, die ein schweres gewölbtes Dach aus Stein trugen. Den Namen hat die Quelle, wie Pausanias berichtet, von Glauke, der Tochter des Königs Kreon, die Iason nach der Verstoßung seiner ersten Frau Medea geheiratet hatte. Glauke soll sich hier voll Verzweiflung ins Wasser gestürzt haben, um nicht von dem Gewand, das Medea ihr aus Rache für Iasons Treulosigkeit als Hochzeitsgabe hatte bringen lassen, verbrannt zu werden. Nach einer Version, die nur bei Pausanias überliefert ist, steinigten die Korinther wutentbrannt die beiden Kinder Medeas, die das Kleid überbracht hatten. Deren Grabmal wurde – nach demselben Autor – neben dem Odeion gezeigt.[30]

Dieser Bau liegt nicht weit von der Glaukequelle in nordwestlicher Richtung. Mit der halbkreisförmigen, auf der geraden Seite durch Bühne und Bühnengebäude abgeschlossenen Orchestra und dem etwa 3000 Hörer fassenden Auditorium war es ein typisch römischer Theaterbau, der vorwiegend zu Musikdarbietungen diente. Durch die Initiative des Herodes Atticus erfuhr er eine umfassende Neugestaltung und wurde schließlich ein weiteres Mal umgebaut, jetzt für die Gladiatoren- und Tierkämpfe.

Ein ähnliches Schicksal hatte das nahe gelegene, aber wesentlich größere, 18 000 Zuschauer fassende Theater *(Abb. 35)*, dessen bescheidene Reste eine ausführliche Darstellung der komplizierten Baugeschichte nicht rechtfertigen. Zunächst, im ausgehenden 5. Jahrhun-

[29] An einer umgestürzten Säule auf der Südseite sind beide Stuckschichten zu erkennen.

[30] Zu den religionsgeschichtlichen Problemen dieser Sagenversion *Roux*, Pausanias 120–123.

dert, ein griechisches Theater mit in den Fels gehauenen Sitzreihen und ohne festes Bühnengebäude, am Ende eine Arena mit einer Vorrichtung für Seeschlachten.[31] Dazwischen liegen mehrfache Umbauten, unter anderem die Hinzufügung einer Szenenfront mit Säulen im frühen 1. Jahrhundert n. Chr., in welcher Gestalt Paulus das Theater gesehen haben dürfte.

Ein dritter Abstecher führte Pausanias an einer ganzen Reihe von Heiligtümern vorbei nach Akrokorinth. Auf diesem Wege wollen wir ihn nicht begleiten, da seine Angaben archäologisch größtenteils nicht bestätigt werden konnten. Wichtiger sind einige Nachträge zum Bericht des Pausanias.

Zunächst die sogenannte S ü d s t o a , die die Agora auf der Südseite abschloß. Mit einer Länge von 165 m und einer doppelten Säulenreihe – die Front beherrschten 71 dorische Säulen, das Innere gliederten 34 ionische – war sie eins der größten und prächtigsten Bauwerke des alten Griechenland (4. Jahrhundert, im 2. – kurz vor der Zerstörung – renoviert). Im Hintergrund der Halle öffneten sich 33 längliche Räume, die durch eine Querwand mit Durchgang in zwei etwa quadratische (3 × 3,30 m) Zimmer geteilt wurden. Die hinteren Zimmer, ursprünglich ohne Hinterausgang, dienten wohl als Vorratsräume. Die vorderen, zur Stoa hin gelegenen, hatten mit zwei Ausnahmen jeweils einen 12 m tiefen Brunnen. Diese Schächte waren durch eine Leitung mit einer der beiden Peirenequellen verbunden, von der sie ihr Wasser bezogen. Der Zweck dieser originellen Einrichtung läßt sich leicht erraten. Es handelt sich um eine Folge von Tavernen; in den Brunnenschächten konnten Getränke und verderbliche Speisen auf einfache Weise gekühlt werden.[32] Auf dem Boden der Brunnen fand man eine Menge Scherben von Trinkgefäßen. Viele von ihnen waren mit Aufschriften versehen wie „Prost“, „Gesundheit“, „Dionysos“, „Gegen den Schluckauf“. Treppenfragmente in

[31] Zur Theaterleidenschaft der Korinther vgl. Dion Chry. 31,121, wo von Gladiatorenkämpfen die Rede ist und möglicherweise auf das östlich der Stadt gelegene, aber nur in Spuren erhaltene Amphitheater aus späterer Zeit angespielt wird.

[32] Westlich anschließend ans Buleuterion (s. u.) sind heute noch zwei von den Römern wiederhergestellte Tavernen dieser Reihe zu sehen (eine weitere östlich neben der Kenchreai-Straße).

den beiden Ecktavernen weisen darauf hin, daß über den Läden ein zweites Stockwerk lag. Das Dach muß außerordentlich sorgfältig gearbeitet gewesen sein, wie die erhaltenen Traufleisten mit Palmetten und Wasserspeiern in Form von Löwenköpfen zeigen. Die plausibelste Erklärung für ein derart aufwendiges Bauwerk im Stadtzentrum: Nachdem Philipp Korinth zum Sitz des panhellenischen Bundes gemacht hatte, brauchte er eine Unterkunft für die Delegierten der griechischen Städte. Im Obergeschoß lagen deren Schlafzimmer, darunter befand sich das Kauf- und Vergnügungscenter.

Nachdem dieses Prunkstück griechischer Architektur bei der Anlage der Kolonie zunächst – wie es scheint, in der alten Form – wiederhergestellt worden war, erfuhr es im 1. Jahrhundert n. Chr. eine tiefgreifende Umgestaltung im südlichen Bereich, und Paulus könnte sehr wohl Zeuge dieses Umbaus gewesen sein. Die meisten der kleinen Räume wurden abgerissen oder zu größeren Einheiten zusammengefaßt, wahrscheinlich um Platz zu schaffen für Verwaltung und Behörden. So schließt man aus einem Bodenmosaik, das einen nackten Athleten mit Siegespalme und Kranz vor der sitzenden Göttin Eutychia (Fortuna) zeigt, daß dieser Raum (der dritte, überdachte von Osten) als Büro des Agonothetes, des Oberspielleiters der Isthmischen Spiele, gedient hat. In dem größten, beinahe quadratischen Raum in der westlichen Hälfte der Stoa vermutet man den Amtssitz der Duumvirn, jedoch läßt die Größe des Saales eher auf einen Versammlungssaal schließen. Am interessantesten ist der Raum mit den elliptisch gekrümmten Wänden etwa in der Mitte der Stoa, direkt westlich der nach Kenchreai führenden Straße. Von einer Vorhalle mit halbkreisförmigen seitlichen Apsiden führten drei Durchlässe in den Hauptraum, an dessen gekrümmter Rückwand eine Steinbank entlanglief. In dieser Form kann das Gebäude nur öffentlichen Zwecken gedient haben. Es war wohl das Rathaus (*curia*, βουλευτήριον) der römischen Kolonie.

Hinter der Südstoa, über einen in eine breite Treppenflucht mündenden Durchlaß zugänglich, liegt die Südbasilika mit einem von Säulen umstandenen Innenhof und drei rechteckigen Nischen in der Rückwand. In Anlage und Ausmaßen entspricht sie genau der Basilika Julia am Ostrand der Agora, die ihren Namen von den dort gefundenen Statuen des Augustus und anderer Mitglieder der julischen Familie bekommen hat und wohl in augusteischer Zeit entstanden ist. Auch in der Südbasilika, deren Wände bis zu einer Höhe von 4 m noch stehen, machte man zahlreiche Funde von allerdings sehr schlecht erhaltenen Statuen, unter ihnen auch römische Kaiser. Solche Basiliken konnten unterschiedlichen Zwecken dienen. Vitruv nennt in diesem Zusammenhang besonders die *negotiatores* und die *magistratus*, also Händler und Beamte. Ob die Basiliken an der Agora von Korinth Gerichts- oder Marktgebäude waren und welche Aufgaben sie sonst erfüllt haben, läßt sich nicht mit Sicherheit sagen. Der Brunnen im Winkel zwischen Südbasilika und Curie jedenfalls mit seinem gut erhaltenen Marmorbecken, in das das Wasser über eine Brüstung herabfloß, dürfte weniger für die Öffentlichkeit als für den rituellen Gebrauch bei administrativen Vorgängen bestimmt gewesen sein.

Der zweite Komplex, den wir zu Pausanias nachzutragen haben, liegt vor dem östlichen Ende der sogenannten Nordwestläden in der Nähe der Propyläen: die Heilige Quelle, die „Triglyphenwand" und die Fundamente eines kleinen Heiligtums. Diese zusammengehörige Sakralanlage hat Pausanias überhaupt nicht sehen können, da sie längst vor der Zerstörung Korinths zugeschüttet worden war und beim Wiederaufbau der Stadt unter das höhere Niveau des römischen Forums zu liegen kam. Diesem Umstand verdanken wir die vorzügliche Erhaltung des gesamten Komplexes. Zunächst erregt unsere Aufmerksamkeit eine scheinbar unmotiviert in der Gegend stehende niedrige Mauer, die einen flachen Winkel beschreibt und abwechselnd Triglyphen und leere Metopenfelder aufweist.[33] Auf der Mauer standen Dreifüße und Statuen, wie die Einarbeitungen in den Stein beweisen.[34] Die östliche Wand wird von einer Treppe unterbrochen, die zu einer unterirdischen Quellkammer führt. An der dem Eingang gegenüberliegenden Seite fand man in situ zwei unversehrte bronzene Löwenköpfe mit einer sorgfältig in der Rückwand verlegten Zuleitung. Da es keinerlei Becken gegeben zu haben scheint, muß das offenbar nur spärlich tröpfelnde Wasser in untergestellten Krügen

[33] Von der ursprünglich recht kräftigen Bemalung haben sich schwache Reste erhalten.

[34] Eine Basis aus dunklem eleusinischen Kalkstein trägt die Signatur Lysipps, des bedeutendsten griechischen Bronze-Plastikers der Alexanderzeit aus dem nahen Sikyon.

aufgefangen worden sein. Diese Anlage des 5. Jahrhunderts ist jedoch nicht die ursprüngliche. Wie das östlich der Quelle gelegene tief eingeschnittene Bassin mit dem dreieckigen Platz davor zeigt, lag der Brunnen früher im Freien und war für jedermann zugänglich. Als dann, wahrscheinlich im 4. Jahrhundert, das Wasser allmählich versiegte, wurde die Brunnenanlage nicht aufgelassen, sondern, wie es ihrem geweihten Charakter entsprach, sorgfältig mit Erde zugeschüttet. Daher hat kein Römer sie je zu Gesicht bekommen.

Etwa 10 m weiter nördlich, nicht ganz leicht zu erkennen wegen der darüberliegenden Reste einer römischen Ladenstraße, liegt das vorzüglich gearbeitete hufeisenförmige Fundament eines kleinen Heiligtums, das wie die Quellkammer dem 5. Jahrhundert angehört und mit ihm in enger Verbindung stand. In der Mitte des Tempelchens befand sich ein kleiner Rundaltar mit einer steinernen Einfriedung, von der ein Kanal ostwärts zur Triglyphenmauer führte. Durch eine Öffnung in einer der Metopen konnte die am Altar ausgegossene Flüssigkeit in einem Krug aufgefangen werden. Doch nun wird die Sache etwas verdächtig. Denn parallel zum Kanal läuft ein schmaler Tunnel, gerade so hoch, daß ein Mensch auf allen Vieren hindurchkriechen kann. Am unteren Ende stieß er direkt neben der Ausgußmetope auf eine um eine Achse drehbare Metope, so daß man von außen, wenn auch erst durch eine zusätzliche Tür am Anfang des Tunnels, in diesen einsteigen konnte. Um neugierige Zuschauer, die hier vielleicht ein Geheimnis hätten lüften können, abzuhalten, war an der Straße eine Säule aufgestellt, die in alten Lettern den Vorübergehenden darauf aufmerksam machte, daß dieser Platz geweiht war und unter Androhung einer erheblichen Geldstrafe nicht betreten werden durfte. Über den Zweck des Gangs dürfte ein trichterförmiges Loch an der Stelle, wo er den Boden des Heiligtums erreicht, Auskunft geben. Hier könnte der Priester gekauert haben, der dem Fragesteller oben am Altar eine Antwort zu geben hatte. Auch eine andere Lösung hat man in Erwägung gezogen: daß von dem Gang aus das oben am Altar gespendete Wasser gegen Wein ausgetauscht wurde, so daß das dionysische Weinwunder hier jederzeit reproduzierbar war. Jedoch ist die Annahme, daß es sich bei dieser komplizierten Anlage um ein gut funktionierendes Orakelheiligtum gehandelt hat, immer noch die wahrscheinlichere.

Eine dritte Gruppe von Gebäuden sei lediglich erwähnt und nicht im – teilweise recht komplizierten – Detail erläutert, auch wenn diese Bauten das Bild des römischen Forums weitgehend bestimmt haben: die aus kleinen rechteckigen Räumen bestehenden, Wand an Wand nebeneinandergelegten Läden oder besser Ladenstraßen, die zu verschiedenen Zeiten an der Lechaion-Straße und vor allem auf dem Forum angelegt wurden (die „Nordwestläden" an der Nord-, die „Westläden" an der Westseite, die „Zentralläden" mit dem berühmten „Bema" [siehe V 4] in ostwestlicher Richtung durchlaufend).

Es kann also keinen Zweifel darüber geben, daß Korinth in seinem architektonischen Erscheinungsbild zur Zeit des Paulus eine ganz und gar römische Stadt war, die zwar den Plan der griechischen Stadt in etwa beibehalten hatte, aber durch spezifisch römische Gebäudetypen geprägt wurde. Basilika, Podiumtempel, Triumphbogen, Theater mit festem Bühnengebäude, luxuriöse Badanlagen mit Caldarium, Tepidarium und Frigidarium (Heiß-, Warm- und Kaltbad) sind Bauformen, die im alten Korinth unbekannt waren. Und das alles in einem repräsentativen, auf Fassadenwirkung abzielenden Stil unter reicher Verwendung des aus Attika oder noch weiter her importierten Marmors statt des schlichten, höchstens mit Stuck überzogenen heimischen Kalksteins.

Nun unterscheidet Pausanias selbst zwischen den noch sichtbaren älteren Resten und den Bauten der späteren Blütezeit (II 2,6). Im wesentlichen reicht unsere Kenntnis der griechischen Agora nicht über die Mitte des 6. Jahrhunderts hinaus. In dieser Zeit, also am Ende der Kypselidenherrschaft, entstand der Apollontempel, und auch die Peirenequelle sowie das kleine Orakelheiligtum, beide in ihrer ursprünglichen Form, dürften in diese Jahrzehnte gehören. Soweit wir das vermuten können, lagen die wichtigsten Bauten der archaischen Stadt also zerstreut. Die Agora dürfte sich in bescheidenen Ausmaßen am Südabhang des Hügels, auf dem der Apollontempel steht, erstreckt haben.[35] In dieser Richtung dehnte sich dann auch die Stadt im Laufe der beiden folgenden Jahrhunderte aus und drängte dabei die alten Wohnhäuser über einem noch älteren archaischen Friedhof immer

[35] Ursprünglich lag der Apollontempel allerdings nicht so isoliert wie jetzt, da der Graben zwischen Tempel und Glaukequelle erst bei späteren Steinbrucharbeiten entstand.

weiter zurück. Jedoch auch nördlich und östlich vom Tempel entstanden Marktgebäude, ferner ein kleiner, möglicherweise ebenfalls dem Apollon geweihter Tempel an der Lechaion-Straße (unter dem römischen Peribolos, s. o. S. 215). Das für den heutigen Besucher vielleicht überzeugendste Detail dieser Zeit ist eine Startleiste für insgesamt 16 Läufer mit kleinen, in zwei Reihen hintereinander angeordneten Löchern für die Zehen: der sprechende Beweis dafür, daß die Agora zumindest in frühen Zeiten wie etwa in Athen und Sparta auch Schauplatz sportlicher Wettkämpfe war. Die Startleiste liegt am Ostende der Agora unmittelbar vor der Julischen Basilika.[36] Hier waren also Start und Ziel für die Läufer, die das Marktareal in der Längsrichtung zu durchlaufen hatten. Daß auf der Agora auch Wagenrennen ausgetragen wurden, zeigen die zur Zeit der Ausgrabung noch existierenden Radspuren unmittelbar vor der Startleiste, wo die Wagen wenden mußten. In Korinth dürften diese sportlichen Kämpfe in Zusammenhang gestanden haben mit den auch von Pindar Ol. 13,40) erwähnten Hellotia, einem speziellen, wahrscheinlich mit dem Totenkult verbundenen korinthischen Fest. Die etwa halbkreisförmige Terrasse in der Südostecke der Agora war wohl der Platz für das Schiedsgericht und geladene Ehrengäste.[37]

Das 2. vorchristliche Jahrhundert bescherte der Agora eine Umgestaltung nach hellenistischem Raumempfinden. Sie wurde jetzt zu einem auf drei Seiten annähernd symmetrisch geschlossenen Platz umgewandelt. Die Südstoa bekam auf der gegenüberliegenden Seite ein (kleineres) Pendant: die Nordweststoa hinter dem massiven, das heutige Bild dieser Region beherrschenden Bogen der später vor die Stoa gelegten römischen Ladenstraße. Den westlichen Abschluß bildete auf dem Hügel, den jetzt der Tempel der Octavia (?) einnimmt, eine typisch hellenistische Tempelanlage. Das Heiligtum war umgeben von einem weiten Säulenhof und über eine breite Treppenflucht, die die Terrassenmauer durchbrach, von der Agora her zugänglich.

[36] Auf einem etwas tieferen Niveau fand man eine zweite, nicht in der Flucht der (späteren) Basilika liegende Startleiste.

[37] In diesem Bereich, vor der Julischen Basilika und der Terrasse, sind auch beachtliche Reste der griechischen Steinpflasterung gefunden worden. – Der Zweck des großen zylinderförmigen Monuments am Südosteck der Terrasse ist unsicher. Über die ursprüngliche Höhe lassen sich nur Vermu-

Von den Wohnquartieren, die um das Stadtzentrum herum lagen, ist so gut wie nichts bekannt. Die äußere Grenze der Stadt verlief, wie es griechischer Gewohnheit entsprach, sehr frei, den natürlichen Gegebenheiten angepaßt und zugleich nach strategischen Gesichtspunkten. Über den Verlauf der Stadtmauer *(s. Abb. 32)* besteht in den wesentlichsten Punkten Klarheit, auch wenn sich die sichtbaren Reste eher bescheiden ausnehmen. Vom Nordosthang Akrokorinths lief sie in etwa nördlicher Richtung bis zum Rand des schmalen Felsen, der die Terrassen der Stadt von der Küstenebene trennt, bog dann scharf nach Westen ab, durchschnitt das etwa 1,5 km westlich vom Apollontempel gelegene Töpferviertel und kehrte in unregelmäßiger Linienführung zu den Toren des Burgbergs zurück. Der Lechaionhafen war zusätzlich gesichert durch zwei etwa parallel geführte Schenkelmauern, die in Kriegszeiten eine sichere Verbindung von Stadt und Hafen gewährleisten sollten. Damit umschloß der Mauerkranz, der größtenteils im 5. Jahrhundert entstand, eine Fläche von 600 Hektar und machte Korinth flächenmäßig zur größten Stadt des griechischen Festlands.[38] Zur Verdeutlichung der Ausdehnung der Stadt mag auch der Hinweis dienen, daß das heute ausgegrabene Gelände nur etwa ein Hundertstel der Gesamtfläche ausmacht.

Bei der Anlage des römischen Forums wurde das Areal in eine höhere südliche und eine tiefere nördliche Sektion geteilt; beide Bereiche bekamen nun ein Marmorpflaster. Wie es dem Wesen größerer römischer Forumanlagen entspricht, diente der obere Teil als *forum civile*, das die Verwaltung beherbergte, der untere Teil als Markt im engeren Sinn *(forum vulgare)*. Die Trennungslinie zwischen beiden Niveaus markieren die sogenannten Zentralläden, wieder, wie so oft auf dem Forum, in einer durchlaufenden Reihe angeordnet und lediglich durch drei größere Bauten unterbrochen: einen Kult- oder Versammlungsraum in der östlichen Hälfte, einen dreifach gegliederten Bau mit halbkreisförmigem Mittelraum, der gerne als Dionysosheiligtum ge-

---

tungen anstellen, jedoch dürfte der Bau für einen Altar zu hoch gewesen sein.

[38] Zum Vergleich: Athen in den Mauern des Themistokles 200 ha, Syrakus 1500 ha. Für die Berühmtheit der griechischen Mauern spricht Horazens *Laudabunt alii . . . bimarisve moenia Corinthi* (andere werden die Mauern des an zwei Meeren gelegenen Korinth preisen, carm. I 7,1ff).

deutet wird, am westlichen Ende, und, ziemlich genau in der Mitte, ein breit hingelagertes Podium, in den Plänen als „Bema" eingetragen und bekannt als der vermutliche Schauplatz der in der Apostelgeschichte geschilderten Szene zwischen Paulus und dem römischen Statthalter Gallio.

4. Das Bema

Das Bema wird gebildet von einem rechteckigen Fundament (etwa 15 × 7 m), das gut 2 m über den tieferen nördlichen Teil des Forums emporragt. Der Eingang lag auf der Südseite: drei durch Mauerpfeiler abgetrennte Durchlässe. In der Südost- und Südwestecke standen, ebenfalls von zwei Pfeilern gesäumt, Eckbänke für die Würdenträger. Rechts und links vom Hauptraum schlossen sich zwei kleinere Räume mit Mosaikfußböden an. Wie die auf drei Seiten umlaufenden Bänke vermuten lassen, könnten diese Räume als Wartesaal gedient haben. Zwischen ihnen und den angrenzenden Läden führte jeweils eine Treppe vom unteren Forum zum oberen. Die jetzt recht unansehnlichen Porosmauern des Bema waren ursprünglich mit fein bearbeitetem Marmor verkleidet; die gefundenen Fragmente weisen eine auffallend reiche Dekoration auf.
Daß es sich bei diesem Bauwerk, ähnlich der *rostra* auf dem Forum in Rom, um eine Rednertribüne unter freiem Himmel handelt, auf der auch Richter und Magistrate vor das Volk traten, wird heute von niemand mehr bestritten. Und ebensowenig sind Zweifel daran erlaubt, daß mit dem Terminus βῆμα Apg 18,12 eine solche Tribüne gemeint sein kann, wenn auch nicht gemeint sein muß.[39] βῆμα bezeichnet im klassischen Sprachgebrauch allgemein den erhöhten Ort für den Redner in einer Versammlung, und ἀναβαίνειν ἐπὶ τὸ βῆμα (die Tribüne besteigen) war geradezu ein Synonym für das Leben in der Öffentlichkeit. Daneben bedeutet βῆμα aber auch speziell den erhöhten Richterplatz im Gerichtsgebäude, etwa bei Demosthenes (48,31) und Aischines (3,207). Diese juridische Bedeutung („Richterstuhl") ist die im Neuen Testament vorherrschende, ob nun im wört-

[39] Vgl. *Dinkler*, Bema.

lichen Sinn an den Richterstuhl gedacht ist, auf dem der Richter Platz nimmt,[40] oder βῆμα in leicht metaphorischer Verwendung das Gericht Jesu Christi meint (Röm 14,10; 2 Kor 5,10). Ohne Zweifel bedeutet die Wendung ἤγαγον αὐτὸν ἐπὶ τὸ βῆμα Apg 18,12 also, daß die Juden Paulus zur Verantwortung vor Gericht brachten. Nur ob das an der von den Ausgräbern freigelegten Tribüne oder in einem nicht näher lokalisierbaren Gerichtsgebäude (Basilika) geschah, läßt der Text nicht erkennen.[41]

Aufschluß könnte vielleicht die römische Gerichtspraxis der Kaiserzeit geben. Aber auch da läßt sich keine einhellige Entscheidung treffen, weil die einschlägigen literarischen Quellen über den Gerichtsort – ein für sie uninteressanter Punkt – nichts aussagen.

Auch die bildlichen Gerichtsdarstellungen, in der hellenistischen und römischen Kunst nicht gerade häufig, erlauben in ihrer eigentümlich stilisierten Form keine präzise Lokalisierung der dargestellten Szene.[42] Zur Ikonographie dieses Bildtypus gehört lediglich der oft durch ein zusätzliches Podest erhöhte Stuhl oder Thron des Richters.

Nun gab es in großen Städten ohne Zweifel eigene Gerichtsgebäude, und die Hauptstädte der Provinzen hatten zudem ein *praetorium*, in dem der Statthalter residierte. Trotzdem läßt sich nicht ausschließen, daß die Gallio-Szene an der in der Apostelgeschichte genannten Stelle zu lokalisieren ist, und gegen die Identifizierung dieses Bema mit dem Podium in der Mitte der Zentralläden ist nichts einzuwenden. Daß Gerichtsverhandlungen nicht unbedingt in bestimmten Gebäuden stattfinden mußten, beweisen die auf dem Land und in kleinen Städten praktizierten *conventus*. Da es hier keine ständigen Gerichte gab, wurden lediglich „Termine“ abgehalten. Schließlich sollte man auch nicht vergessen, daß die in der Apostelgeschichte geschilderten turbulenten

---

[40] So Mt 27,19 und Joh 19,13 vom Richterstuhl, auf dem sich Pilatus niederläßt, Apg 25,10.17 vom Richterstuhl des Kaisers bzw. des Festus.

[41] βῆμα wie Apg 25,10 in einem weiteren Sinn, das heißt nicht lokal zu verstehen („zogen ihn vor Gericht“), verbietet der Fortgang der Erzählung. Gallio vertreibt die Juden „vom Bema“ (ἀπὸ τοῦ βήματος V. 16), und Sosthenes wird „vor dem Bema“ (ἔμπροσθεν τοῦ βήματος V. 17) verprügelt. An beiden Stellen ist mit βῆμα der Ort der Handlung bezeichnet, so daß auch V. 12 ein solches lokales Verständnis des Begriffs angenommen werden muß.

[42] Vgl. die Aufstellung bei *Dinkler*, Bema 19ff.

Ereignisse in einem Gerichtsgebäude kaum denkbar wären und der unbefangene Leser die Szene ganz von selbst im Freien lokalisieren wird. Lukas dürfte es auch hier weniger auf den historisch exakten Bericht als auf die literarische Gestaltung angekommen sein, und so setzte er das Ereignis, das den Höhepunkt von Paulus' Aufenthalt in Korinth bildete, vor der Kulisse des Bema wirkungsvoll in Szene. Möglicherweise blieb die Erinnerung an diese besonders ausgezeichnete Paulusstätte bis ins 10. Jahrhundert wach. Denn in diese Zeit datiert man die kleine dreischiffige Kirche, zu deren Unterbau das Podium verwendet wurde.[43]

5. Die Erastus-Inschrift

Der zweite, im Vergleich zum Bema freilich recht unscheinbare archäologische Fund, der den Theologen unmittelbar interessieren dürfte, ist eine Inschrift mit dem Namen Erastus: Auch im Neuen Testament ist mehrfach von einem Ἔραστος die Rede. Die Frage der Identität ist sehr kompliziert und kann hier nur im Abriß dargestellt werden.[44] Die Inschrift wurde 1929 im noch wenig erforschten Gebiet nordöstlich des Theaters von amerikanischen Archäologen entdeckt. Dort, wo die Theaterstraße in einen kleinen Platz einmündet, fanden sie einen länglichen Kalkstein, in den – offenbar für die Aufnahme von Bronzebuchstaben bestimmt – auffallend tief folgende Lettern eingemeißelt waren:

ERASTUS. PRO. AED
S. P. STRAVIT

Die Tatsache, daß Erastus auf der Inschrift ohne Vornamen und ohne *nomen gentilicium,* also nur mit dem Beinamen erscheint, weist darauf hin, daß nur ein Teil, und zwar der rechte, des ursprünglich viel längeren Steins erhalten ist, daß dieser Stein also nicht an seiner

[43] Die Fundamente der drei Schiffe mit je einer Apside im Osten haben sich erhalten, ebenso eine schön verzierte Platte der Altarschranke.

[44] Für eine ausführliche Diskussion sei verwiesen auf *Cadbury,* Erastus; *de Waele,* Erastus; *Miller,* Who was Erastus?

originalen Stelle lag, sondern bei späteren Straßenarbeiten erst hierher verlegt wurde. Dieser Umstand befreit uns zugleich von einer sonst unumgänglichen chronologischen Schwierigkeit. Die archäologischen Indizien sprechen für die Mitte des 2. Jahrhunderts n. Chr. als Datum für die Entstehung oder Erneuerung des Pflasters von Straße und Platz. Damit käme unser Erastus, wenn er mit dem neutestamentlichen identisch sein soll, genau hundert Jahre zu spät. Wenn der Stein jedoch erst später am Fundort eingebaut wurde, wird der Stifter der Inschrift seit längerem tot gewesen sein – wie lange, wissen wir natürlich nicht. Aber daß er zur Zeit des Paulus in Korinth gelebt hat, läßt sich nicht ausschließen.[45]

Neben der chronologischen ist eine weitere Vorfrage zu klären, nämlich die, ob an allen Erastos-Stellen des Neuen Testaments dieselbe Person gemeint ist. Letzte Sicherheit ist auch in diesem Punkt nicht zu gewinnen, jedoch spricht kein zwingender Grund gegen eine solche Annahme. Röm 16,23, an der für uns aufschlußreichsten Stelle, erscheint Erastos neben Timotheos und einigen anderen in einer Liste von Mitarbeitern des Paulus, die den Briefadressaten[46] ihre Grüße entsenden; Erastos trägt hier den Titel οἰκονόμος τῆς πόλεως (siehe unten). Im Schlußwort des 2. Timotheosbriefs teilt der Briefschreiber mit, daß Erastos in Korinth blieb, während er den Trophimos krank in Milet zurücklassen mußte (4,20). Apg 19,22 schließlich wird davon berichtet, daß Paulus von Ephesos „zwei seiner Mitarbeiter, Timotheos und Erastos," nach Makedonien geschickt habe. Alle drei Stellen also nennen Erastos als Mitarbeiter des Paulus, und in auffälliger Weise wird er mit Timotheos verbunden, im Römerbrief und in der Apostelgeschichte direkt, im Timotheosbrief indirekt. Auch die Verbindung zu Korinth läßt sich, wo sie nicht eigens erwähnt wird, ohne Schwierigkeiten herstellen, denn der Brief an die Römer ist in Korinth geschrieben (die im 16. Kapitel erwähnte Phoibe stammt aus Kenchreai) und die Reise nach Makedonien könnte wie die des

[45] Auch die Form der Buchstaben läßt keine sicheren Rückschlüsse auf das Alter der Inschrift zu. Immerhin spricht einiges für eine Datierung in die zweite Hälfte des 1. Jahrhunderts n. Chr.

[46] Ob damit die Gemeinde in Rom oder, wenn das 16. Kapitel als getrennter Brief (mit der Einführung der Phoibe von Kenchreai) zu verstehen ist, die Gemeinde in Ephesos gemeint ist, spielt dabei keine Rolle.

Paulus selbst auf dem Hin- oder Rückweg über Korinth geführt haben.

Es gibt also triftige Gründe, die für die Identität des neutestamentlichen Erastos sprechen. Ist diese Person nun aber auch identisch mit dem auf der Inschrift genannten Erastus?

Auch hier wieder kann die Antwort nur lauten: Es ist möglich. Entscheidendes hängt davon ab, ob mit dem AED der Inschrift das Amt des Ädilen gemeint ist und der im Römerbrief erwähnte Titel des Erastos, οἰκονόμος τῆς πόλεως, damit in Zusammenhang gebracht oder gar als griechische Wiedergabe der römischen Amtsbezeichnung verstanden werden kann.

Die plausibelste Deutung der Inschrift versteht PRO.AED als Abkürzung für *pro aedilitate*.[47] Dann hätte Erastos als Dank für die Erlangung der Ädilität „aus eigenen Mitteln" (S.P. ist eine häufige Abkürzung für *sua pecunia*) die Straße pflastern lassen (*stravit*). Daß derartige Wohltätigkeiten inschriftlich festgehalten wurden, ist keine Seltenheit, und ein neuer Straßenbelag scheint zu den bevorzugten Geschenken solcher Gönner gehört zu haben.[48] Die Frage ist nur, ob οἰκονόμος das griechische Pendant zu *aedilis* sein kann, und wenn ja, ob ein relativ hoher römischer Beamter für die Funktionen, die im Neuen Testament dem Erastos zugeschrieben werden, überhaupt in Frage kommt.

Nun bezeichnet der griechische Terminus keineswegs nur den „Verwalter" im privaten Bereich, sondern auch ein derartiges Amt bei Gruppen, seien sie religiösen oder politischen Charakters. Der οἰκονόμος als städtischer Beamter, oft mit dem Zusatz τῆς πόλεως, ist inschriftlich mehrfach belegt.[49] Seine Aufgaben allerdings lassen sich nicht klar umschreiben. Sie scheinen je nach Zeit und Ort recht unterschiedlich gewesen zu sein, abhängig auch von der Stellung des so

---

[47] Zu den anderen Deutungsversuchen (*procurator aedium* oder *pro aedile*) *Cadbury*, Erastus 53f, der auch eine schlagende griechische Parallele, und zwar aus Korinth selbst, für die hier vorgetragene Deutung bringt: Der römische Bürger P. Licinius Priscus Iuventianus hat eine Stoa gestiftet ὑπὲρ ἀγορανομίας (IG IV 203); nach Dion. Hal. VI 90,3 wurden die römischen Ädilen griechisch ἀγορανόμοι (Marktaufseher) genannt.

[48] Z. B. CIL IX 442.1143.

[49] Vgl. die Zusammenstellung bei *Cadbury*, Erastus 48f.

genannten Beamten, der in einer untergeordneten Funktion eine Art Kassierer oder Stadtrendant, aber auch ein hoher Finanzbeamter oder, im Auftrag des Kaisers, Prokurator sein konnte.[50] Für die Griechenstädte des ersten nachchristlichen Jahrhunderts ist die erste Kategorie von Beamten dieses Titels die wahrscheinlichste, denn aus Inschriften dieser Zeit geht hervor, daß auch Sklaven das Amt des Oikonomos bekleiden konnten. Für einen solchen subalternen Beamten wäre nun aber im Lateinischen *arcarius,* nicht *aedilis* die zutreffende Bezeichnung (womit in der Vulgata der οἰκονόμος von Röm 16,23 auch wiedergegeben ist). Da jedoch auch der *arcarius* häufig mit dem Zusatz *rei publicae* oder *civitatis* versehen wurde, könnte mit dem οἰκονόμος von Röm 16,23 durchaus ein solcher *arcarius* gemeint sein, zumal beide Bezeichnungen keinen höheren sozialen Status bedeuten. Es läßt sich demnach nicht ausschließen, daß der Erastos des Römerbriefs *arcarius* von Korinth war. Und diesen οἰκονόμος Erastos wiederum mit dem *aedilis* Erastus der Inschrift gleichzusetzen ist immerhin möglich. Der soziale Unterschied, der zwischen einem Ädilen und einem *arcarius* grundsätzlich natürlich angenommen werden muß, verwischt sich angesichts der Aufstiegschancen, die sich selbst dem Sklaven nach seiner Freilassung boten; außerdem kamen nicht alle *arcarii* aus dem Sklavenstand. Erastos könnte also wohl in dem Jahrzehnt zwischen 50 und 60, in dem Paulus mindestens zweimal in Korinth weilte und in das auch die Apg 19,21 erwähnte Reise durch Makedonien fällt, *arcarius* von Korinth gewesen und später zum Ädilen avanciert sein. Der Einwand, als *arcarius* habe Erastos schwerlich Zeit gehabt, für Paulus tätig zu sein, ist kaum stichhaltig, da wir über die Reisemöglichkeiten eines solchen Beamten zu wenig informiert sind.

Ergebnis: Die Gleichsetzung des biblischen Erastos mit dem inschriftlichen Erastus läßt sich historisch nicht sichern, sie gehört aber keinesfalls in den Bereich der Legende.

[50] In diesem Fall wird allerdings meist der Terminus ἐπίτροπος gebraucht.

6. Gallio Prokonsul von Achaia

Bei einem anderen im Zusammenhang mit Korinth erwähnten Namen dagegen bewegen wir uns auf historisch gesichertem Boden: dem in Korinth residierenden Prokonsul von Achaia, Iunius Annaeus Gallio, der Apg 18,12 terminologisch zutreffend als ἀνθύπατος τῆς Ἀχαίας eingeführt wird. Die tumultuarische Szene vor dem Bema der Agora mit der Anklage der Juden und ihrer Zurückweisung durch den Prokonsul bildet den Höhepunkt der in der Apostelgeschichte berichteten Ereignisse in Korinth.

Der bereits mehrfach beobachtete Episodenstil in der Berichterstattung des Lukas ist auch für den Korinth-Abschnitt kennzeichnend, nur daß die Mitteilungen allgemeinen Charakters noch spärlicher sind als sonst. So erfährt der Leser zum Beispiel über die Gemeinde von Korinth nichts außer der knappen Notiz in V. 8, daß viele, die Paulus hörten, glaubten und sich taufen ließen. Statt dessen konzentriert sich der Bericht auf zwei Ereignisse, die er allerdings mit großem Nachdruck herausarbeitet: auf den Bruch mit den Juden und die Gallio-Szene. In beiden klingen Leitmotive der lukanischen Darstellung von Paulus' Missionstätigkeit an. Ist die Motivierung der Heidenmission durch die ablehnende und feindselige Haltung der Juden fast schon als konventionell zu bezeichnen, so erstaunt doch in diesem Fall die Drastik in der Wahl der darstellerischen Mittel. Gilt die Predigt zunächst Juden u n d Griechen (V. 4), so wird im folgenden Vers die Judenschaft isoliert und zugleich der Inhalt der Predigt präzisiert: Der von den Juden erwartete Messias ist Jesus (statt des allgemeinen ἔπειθεν von V. 4). Mit der im selben Vers mitgeteilten Ankunft des Silas und Timotheos aus Makedonien hat das natürlich nichts zu tun,[51] aber Lukas muß die Voraussetzungen schaffen für den Bruch mit den Juden, der diesmal mit der Geste des Abschüttelns der Kleider und der Verfluchung besonders effektvoll dokumentiert wird. Auch der in wörtlicher Rede mitgeteilte Entschluß des Apostels, sich fortan den Heiden zuzuwenden (V. 6), verdient Beachtung. Der veränderten

[51] Sie erklärt lediglich die Intensivierung der Predigttätigkeit (συνείχετο τῷ λόγῳ V. 5), da die beiden offensichtlich eine Geldspende mitbrachten (vgl. Phil 4,15f) und Paulus damit der Notwendigkeit eines eigenen Verdienstes enthoben.

Zielrichtung entspricht der Wechsel des Lokals. Nicht mehr die Synagoge (ἐν τῇ συναγωγῇ V. 4), sondern das gleich nebenan gelegene Haus des Proselyten Titius Iustus dient nunmehr als Versammlungsort.[52] Mit einer kleinen Sensation schließt Lukas diesen Teil seines Berichts ab: Ausgerechnet der Synagogenvorsteher[53] bekehrt sich zum Glauben an den Herrn (V. 8).

Wenn Lukas die Gallio-Szene nicht direkt folgen läßt, sondern die Vision des Paulus und eine Angabe über die Dauer seines Aufenthalts in Korinth einschiebt, hält er sich damit an ein in der Apostelgeschichte mehrfach (Philippi, Thessaloniki, Ephesos) befolgtes Kompositionsschema: Anfang und Ende[54] des Aufenthalts in einer Stadt werden durch zwei herausragende Ereignisse markiert; dazwischen liegt ein meist unbestimmter und nicht durch Handlung ausgefüllter Zeitraum. Die Verknüpfung der einzelnen Episoden im Korinth-Bericht ist so locker und auf den ersten Blick so wenig folgerichtig, daß man immer wieder versucht hat, durch Umstellungen von Versen mehr Konsequenz und innere Wahrscheinlichkeit in den Abschnitt zu bringen. Natürlich wäre die Vision, wenn man sie hinter die Gallio-Szene, also hinter den Höhepunkt der Bedrohung durch die Juden setzt, in ihrer paränetischen Funktion psychologisch besser motiviert als an ihrer jetzigen Stelle, wo gerade von beträchtlichen Missionserfolgen die Rede war.[55] Die Frage ist nur, ob es Lukas um eine solche psychologische Motivierung zu tun war. Ob nicht vielmehr die Vision das in der Tat auffällig lange Verweilen des Apostels in Korinth erklären und

---

[52] Sollte V. 7 mit einem Teil der Erklärer als Wohnungswechsel des Apostels verstanden werden müssen, würde der Bruch mit den Juden noch an Schärfe gewinnen. Jedoch ist ἐκεῖθεν V. 7 am ungezwungensten auf den Ort der unmittelbar vorher geschilderten Szene, also auf die Synagoge und nicht auf Aquila und Priscilla, zu beziehen.

[53] Wenn auch ἀρχισυνάγωγος einen Titel in heidnischen Kulten bezeichnen kann, liegt doch kein Grund vor, das Wort hier in diesem allgemeinen Sinn zu verstehen. Der Text wäre dann um eine wichtige Pointe ärmer.

[54] Die „geraume Zeit", die Paulus nach der Begegnung mit Gallio noch in Korinth bleibt (προσμείνας ἡμέρας ἱκανάς V. 18), fällt als erzähltechnischer Leerraum kompositorisch nicht ins Gewicht. Sicher ist Paulus nicht unmittelbar nach der Begegnung mit Gallio nach Syrien abgereist, und dem trägt die knappe Notiz Rechnung.

[55] So etwa *Goguel*, La vision de Paul.

die Gallio-Szene als die „Erfüllung einer göttlichen Verheißung“ (Haenchen 472) verstehen lassen soll. Dann würde die Abweisung der Juden durch Gallio nicht so sehr dessen eigenem Entschluß als vielmehr göttlichem Willen entspringen, würde die Anerkennung des Christentums als einer legitimen Form des Judentums durch einen Vertreter des römischen Staates, wie sie in der Gleichgültigkeit des Gallio indirekt zum Ausdruck kommt, in einen heilsgeschichtlichen Horizont gerückt. Diese apologetische Tendenz der Apostelgeschichte hat nach der allgemeinen Auffassung in der Gallio-Szene ihre stärkste Ausprägung erfahren.

Wie paßt nun das Bild, das Lukas von dem römischen Statthalter zeichnet, zu dem, was wir über den historischen Gallio wissen?[56]

---

[56] Von der vielbehandelten Gallio-Inschrift (Ditt. Syll. II 801D) und ihrer Bedeutung für die paulinische Chronologie soll hier nicht die Rede sein. Es möge der Hinweis genügen, daß die in Delphi gefundene Inschrift Fragmente aus einem Reskript des Kaisers Claudius an die Stadt enthält. In diesem Brief ist die Rede von Streitigkeiten, über die „Iunius Gallio, mein Freund und Prokonsul (von Achaia)“ (Ιουνιος Γαλλιων ο φ[ιλος] μου κα[ι ανθυ]πατος [της Αχαιας]) nach Rom berichtet hat. (φίλος ist ein auszeichnender Titel für Beamte, die sich der besonderen Gunst des Kaisers erfreuten.) Aufgrund der in der Inschrift erwähnten 26. Akklamation des Claudius zum Imperator (in der Regel wurde sie vollzogen bei großen militärischen Erfolgen) läßt sich der Frühsommer 51 als Termin für Gallios Amtsantritt wahrscheinlich machen (wohl eher als der Frühsommer 52). Dadurch ist die ungefähre Fixierung von Paulus' Aufenthalt in Korinth möglich geworden. Trotzdem bleiben genügend Unsicherheitsfaktoren. 1. Für Gallios Prokonsulat kommt das Jahr 51/52, aber auch 52/53 in Frage. 2. Wir wissen nicht, ob Gallio sein Amt wirklich nur ein Jahr lang, was die Regel war, oder aber zwei Jahre, was nicht selten vorkam, ausgeübt hat. 3. In welche Phase von Gallios Amtszeit die Begegnung mit Paulus fällt, läßt sich höchstens vermuten. 4. In welchem Sinn die Apg 18,11 als Aufenthaltsdauer des Paulus in Korinth genannten 18 Monate zu verstehen sind, ist umstritten. Ist damit die Gesamtdauer gemeint, wie man heute allgemein annimmt, oder die Zeit bis zu Gallios Amtsantritt – eine Alternative, die an Bedeutung verliert, wenn man die Gallio-Szene ans Ende von Paulus' Aufenthalt in Korinth setzt. Nimmt man jeweils das historisch bzw. literarisch Wahrscheinlichere an, also 1. eine frühe und 2. auf ein Jahr beschränkte Amtszeit Gallios, 3. die Begegnung zwischen Paulus und Gallio kurz nach Amtsantritt des Gallio (die Juden konnten sich für ihre Sache bei dem neuen Statthalter größere Chancen ausrechnen,

Marcus Annaeus Novatus, wie Iunius Annaeus Gallio bis zu seiner Adoption durch den väterlichen Freund und Rhetor L. Iunius Gallio hieß, war ein Sohn des älteren Seneca, eines Redners, der als Anwalt oder im politischen Dienst tätig war. Im spanischen Cordoba geboren, kam er unter Tiberius mit seinem Vater nach Rom und schlug dort die Ämterlaufbahn ein. Im einzelnen wissen wir nur, daß Gallio nach seinem Prokonsulat in Achaia auch noch Konsul war. Er scheint zum engeren Freundeskreis des Claudius gehört zu haben, und auch zu Nero, dessen Nachfolger, stand er – in näher nicht definierbarer – Beziehung. Wie seine beiden jüngeren Brüder, der berühmte Philosoph und Erzieher Neros, Seneca, und M. Annaeus Mela, der Vater des Dichters Lucan, wurde auch Gallio durch Nero zum Freitod gezwungen (Dio Cass. LXII 25,3).

Nach dem Zeugnis des jüngeren Seneca muß Gallio ein außerordentlich liebenswürdiger Mensch gewesen sein. In warmen Tönen, die von einer besonders innigen Zuneigung[57] zeugen, spricht er von seinem Bruder, „den niemand hinreichend liebt, selbst wenn er mehr zu lieben nicht fähig wäre, der andere Laster nicht kennt und die Schmeichelei haßt". Gallios Intelligenz wird gepriesen, seine Enthaltsamkeit und vor allem die heitere Liebenswürdigkeit, der sich keiner zu entziehen vermag: „Kein Mensch nämlich ist einem einzelnen so freundlich gesonnen (*dulcis*) wie dieser allen." Schließlich hebt Seneca noch

---

zumal Achaia vor Gallio längere Zeit keinen Prokonsul gehabt zu haben scheint), aber 4. gegen Ende von Paulus' Aufenthalt in Korinth (was lukanischer Kompositionstechnik entspräche, vgl. die Berichte über Philippi, Thessaloniki und Ephesos, wo die Abreise jeweils nach dem großen Zusammenstoß mit den Juden erfolgt) – bei diesen vier Annahmen also ist der frühere Termin für Paulus' Ankunft in Korinth, etwa Herbst 49, der wahrscheinlichste. Dazu fügt sich gut die Angabe προσφάτως („eben erst" V. 2) für die Ankunft von Aquila und Priscilla: Die Vertreibung der Juden aus Rom durch Claudius fand wahrscheinlich im Jahr 49 statt. – Zur Gallio-Inschrift u. a. *Hennequin,* Delphes; *Deissmann,* Paulus 203—225; *Lake/Cadbury* V 460—464; *Haenchen* 58—60; *Barrett,* Umwelt 48f; *Rigaux,* Paulus 100—103; *J. Murphy-O'Connor,* St. Paul's Corinth, Wilmington 1983, 141—152.173—176 (mit den von A. Plassart veröffentlichten neuen Fragmenten); zur Anklage der Juden vor Gallio *Sherwin-White,* Roman Society 99—107.

[57] So hat Seneca seinem Bruder die Dialoge De ira (dial. III–V) und De vita beata (dial. VII) gewidmet.

die Widerstandsfähigkeit des Bruders gegen alle Schmeicheleien hervor – wahrlich ein *inexpugnabilis vir.*[58]

Freilich erfährt dieses von Bruderhand entworfene Charakterbild durch andere Quellen eine nicht unerhebliche Korrektur. Die Freundlichkeit Gallios scheint so weit gegangen zu sein, daß er niemandem nein sagen konnte, auch nicht Nero, unter dessen Hofstaat wir ihn in einer von Dio Cassius berichteten Szene wiederfinden, in der Gallio als Herold bei einem Gesangsauftritt des Kaisers im Theater fungiert (LXII 20,1). Und der Bericht, den Tacitus (Ann. XV 73) von Gallios Verhalten in einer Senatssitzung unter Nero gibt, ist nicht dazu angetan, Gallios Charakterstärke unter Beweis zu stellen. Nicht ohne Verachtung spricht der Historiker von der Unterwürfigkeit (*cunctis ... in adulationem demissis*), die sich im Senat verbreitete, als es um die Verurteilung der Teilnehmer an der pisonischen Verschwörung (65 n. Chr.) ging. Gallio, „in Angst wegen des Todes seines Bruders Seneca und um das eigene Leben flehend", muß es sich – nach der Darstellung des Tacitus – gefallen lassen, von einem anderen Senator „Staatsfeind" und „Hochverräter" genannt zu werden.[59]

Dieser mangelnden Standfestigkeit entsprach eine offenbar recht schwächliche körperliche Konstitution. In einem Brief an seinen Freund Lucilius schreibt Seneca, er sei vor einem heranschleichenden Fieber auf sein Landgut geflohen und habe sich dabei an einen Ausspruch des Gallio erinnert. Als der in Achaia Fieber bekam, habe er sofort ein Schiff bestiegen und gerufen, das sei keine Krankheit des Körpers, sondern der Gegend (epist. XVIII 1,1). Im gleichen Sinn spricht Plinius von der heilsamen Anwendung von Meerwasser bei Lungentuberkulose und Blutspucken. Als Beispiel nennt er Annaeus Gallio, der nach seinem Konsulat eine Reise nach Ägypten unternommen habe, nicht weil ihn das Land interessiert hätte, sondern „wegen

[58] Nat. quaest. IVa, praef. 10f. – Das Prädikat *dulcis* bekommt Gallio auch bei Statius, Silv. II 7,32.

[59] Weniger Witz als Sarkasmus verrät der bei Dio Cass. LXI 35,2ff überlieferte Ausspruch Gallios, der (von Nero ums Leben gebrachte) Claudius sei „mit einem großen Haken zum Himmel emporgehoben worden" (Anspielung auf die Apotheose des Kaisers). Mit solchen Haken wurden die im Gefängnis Hingerichteten von den Scharfrichtern aufs Forum gezogen und von dort in den Tiber geschafft.

der Länge der Seereise" (Nat. hist. XXXI 62f). Die erste Notiz könnte sogar die Vermutung rechtfertigen, daß Gallio sein Prokonsulat wo nicht vorzeitig abgebrochen, so doch wenigstens unterbrochen habe.
Vor diesem Hintergrund, der sich aus den säkularen Quellen ergibt, beginnt nun das Gallio-Bild der Apostelgeschichte merkwürdig zu schillern. Verkörpert dieser hohe römische Beamte in den Augen des Lukas tatsächlich das richtige Verhalten römischer Magistrate gegenüber dem Christentum, eben als einer Variante des Judentums, der man dasselbe Existenzrecht einzuräumen habe? Indem Gallio die Auseinandersetzung zwischen Paulus und Juden als innerjüdische Streitigkeit abqualifiziert, scheint der Bericht eine solche Deutung zuzulassen und damit ein wichtiges Beweisstück für die apologetische Tendenz der Apostelgeschichte zu liefern. Gallio stünde dann auf der Linie eines Festus und anderer hoher römischer Beamter, die sich nicht veranlaßt sehen, gegen die Christen vorzugehen (Apg 23,29; 24,22ff; 25,18; 26,31f).
Ganz so eindeutig scheint nun aber auch der lukanische Gallio nicht zu sein. Wenn er Paulus nach der Anklage der Juden gar nicht erst zu Wort kommen läßt (Apg 18,14), könnte man darin die zuvorkommende Geste dessen, der bereits Bescheid weiß, sehen. Und der Freispruch des Paulus von Verbrechen und Frevel (V. 14) wirkt leicht wie eine Auszeichnung des Apostels und damit der von ihm vertretenen Sache. Aber das lag wohl schwerlich in der schriftstellerischen Absicht des Lukas. Im Gegenteil, daß der Beklagte keine Gelegenheit bekommt, sich zu äußern, ist höchst befremdlich und nur bei der Annahme verständlich, daß sich Gallio von vornherein die Juden mit ihren Querelen vom Leibe halten will. Deswegen interpretiert er die Anklage der Juden möglicherweise auch in einem anderen Sinn, als sie wahrscheinlich gedacht war. Mit dem νόμος, gegen den Paulus angeblich verstößt, ist wohl, wie auch sonst, das römische Recht, nicht das jüdische Gesetz gemeint. Gallio jedoch versteht darunter das letztere, sonst könnte er nicht von vornherein den Streit als eine innerjüdische Angelegenheit abtun. So aber darf er die Sache guten Gewissens auf sich beruhen lassen. Denn sie fällt nicht in sein Ressort, da keine Gefahr für die öffentliche Sicherheit besteht. Das heißt, Gallio handelt vielleicht untadelig als Staatsmann, aber die Rückweisung der Anklage bedeutet keineswegs eine Stellungnahme für

Paulus. Der wird mit den übrigen Juden vom Bema weggetrieben (V. 16) und bleibt auch weiterhin den Anfeindungen seiner Landsleute überlassen. Nichts kann uns vor dem Verdacht bewahren, daß die antisemitischen Regungen der umstehenden Volksmenge, die sich nach Gallios Bescheid freie Bahn brechen – der Synagogenvorsteher Sosthenes wird verprügelt –, auch Gallio selbst nicht fremd waren: In Rom war er Zeuge der jüdischen Unruhen unter Claudius geworden, sein Bruder Seneca hatte von der *gens sceleratissima* gesprochen. Auch für Gallio war Paulus nur ein Jude.

7. Der Aphroditekult

Unter den in Korinth verehrten Göttern nahm Poseidon, der Gott des Meeres, natürlich eine hervorragende Stellung ein. Zu seinen Ehren wurden alle zwei Jahre im heiligen Bezirk bei Schoinus am Isthmos Wettkämpfe veranstaltet, zunächst rein sportlicher Art, seit dem 3. Jahrhundert v. Chr. auch mit musischen Agonen. Nach den Olympischen Spielen galten die Isthmischen in der Antike als die bedeutendsten.

Wie in einer Weltstadt vom Format Korinths nicht anders zu erwarten, spielten auch die ägyptischen Kulte eine besondere Rolle im religiösen Leben der Stadt. Pausanias erwähnt, zusammen mit einem Tempel des Asklepios, ein Isisheiligtum in Kenchreai (II 2,3) und zwei weitere Isistempel sowie zwei Heiligtümer des Serapis in der Stadt selbst, und zwar am Weg nach Akrokorinth (II 4,6). Bislang ist es nicht gelungen, diese Bezirke zu lokalisieren. Auch gibt es keine Inschriften, die die fehlenden archäologischen Funde ersetzen könnten. Was anhand der Quellen nachprüfbar ist, ist lediglich eine starke, wahrscheinlich durch die geographische Lage bedingte Konzentrierung ägyptischer Kulte im nordöstlichen Teil der Peloponnes. So hatte Isis einen Tempel unter anderem in Megara, Phleius und Troizen; aber auch hier lassen uns die Inschriften weitgehend im Stich. Immerhin vermittelt die ausführliche Schilderung, die Apuleius, ein Rhetor und Philosoph des 2. nachchristlichen Jahrhunderts, von einer Isisprozession in Korinth gibt, eine lebendige Anschauung vom bunten Treiben bei solchen Festlichkeiten (Met. XI 8ff). Bei diesem Frühlingsfest, das den Wiederbeginn der Seefahrt ankündigte, zog ein langer Festzug vom Isisbezirk in der Stadt zum Kenchreai-Hafen: kostümierte Karnevalisten, blumenstreuende Frauen, Frauen und Männer mit Lampen und Fackeln, Musikanten und Sänger, schließlich die Priester mit den Insignien der Göttin und die Götter selbst: Anubis und das Bild einer Kuh.[60]

Am charakteristischsten für Korinth ist freilich der Aphroditekult, für den die Stadt in der antiken Welt berühmt, zum Teil auch berüchtigt war. Auch im ersten Brief des Paulus an die Korinther spielt das in Korinth ganz besonders blühende Dirnenwesen eine auffallend große Rolle. Sicher ergab sich ein Großteil der Schwierigkeiten in der korinthischen Gemeinde durch die besonderen Bedingungen der Stadt. So durchzieht die Kapitel 5 und 6 des Briefs als Leitmotiv das Stichwort πορνεία, das mit „Unzucht" oder „Hurerei" nur unvollkommen wiedergegeben ist. Gerade in diesen Übersetzungsversuchen wird der Unterschied zwischen heidnisch-griechischer und christlicher Auffassung manifest. πορνεία (von πέρνημι = verkaufe) bezeichnet die käufliche Liebe in ihren verschiedenen Erscheinungsformen.[61] Was die Etymologie des Wortes bereits zu erkennen gibt, nämlich die Betonung des Kommerziellen und nicht eine moralische Wertung, wird durch die Praxis bestätigt. Auch wenn sich die Monogamie in Griechenland im 7. Jahrhundert bereits allgemein durchgesetzt haben dürfte, so scheinen sich doch keine Proteste erhoben zu haben, als die Prostitution etwa um die gleiche Zeit in Griechenland ihren Einzug hielt: die Folge steigenden Wohlstands und sich ausdehnender Handelsbeziehungen sowie der allmählich einsetzenden Verstädterung. Das natürliche und unbefangene Verhältnis des Griechen zur Sexualität verbot es, im Umgang mit Prostituierten etwas Anstößiges zu sehen, zumal Geschlechtsverkehr mit Nebenfrauen oder Sklavinnen in der frühen Zeit durchaus üblich war. Und wenn die Hetären in einem zweifelhaften Ruf standen, dann in erster Linie wegen ihrer Habgier und ihrer niederen Herkunft, nicht wegen ihres Gewerbes.

---

[60] Dazu *Berreth*, Apulejus; *Wittmann*, Isisbuch, der wahrscheinlich macht, daß Apuleius tatsächlich ein Fest in Korinth schildert (93f).

[61] Material in erschöpfender Fülle bieten *Hermann/Herter*, Dirne sowie *Herter*, Prostitution. Zur sakralen Prostitution (Hierodulie) *Kornfeld*, Prostitution sacrée.

Nur vor diesem Hintergrund ist zum Beispiel die gut verbürgte Nachricht zu verstehen, Solon habe in Athen ein Bordell einrichten lassen und aus dem Gewinn der Aphrodite Pandemos einen Tempel errichtet. In der Tat unterlag Prostitution kaum einer staatlichen Einschränkung, und nur der Ehebruch, die von der πορνεία streng geschiedene μοιχεία, wurde juristisch geahndet.

Kritische Stimmen werden nur selten laut. Daß für Platon etwa die Hetären zum Bild der „fiebernden", nicht der „gesunden" Stadt gehören (Pol. 373a), ergibt sich zwangsläufig aus seiner Konzeption der Wächtererziehung. Und wenn Dion Chrysostomos in seiner berühmten „Euboiischen Idylle" (7,133ff) eine erstaunlich modern anmutende Analyse der Prostitution gibt und die käufliche Liebe als mit der Menschenwürde und der Gleichberechtigung aller Menschen unvereinbar ablehnt, so ist das ein Nachhall jener philosophischen Reflexion, unter deren Einfluß sich im Hellenismus und in der Kaiserzeit die Einstellung zum Prostituiertenwesen von Grund auf geändert hatte. Wie sehr die Römer – in Rom tauchen Dirnen in größerer Zahl erst nach dem 2. Punischen Krieg (218–201 v. Chr.) auf – in der Prostitution etwas Artfremdes und Verwerfliches sahen, eben eine typisch griechische Ausschweifung, geht aus den bei Plautus mehrfach belegten Bezeichnungen für den Verkehr mit Dirnen hervor: *pergraecari* oder *congraecare.*

Das Dirnenwesen blühte natürlich in den Verkehrszentren und damit auch in den Hafenstädten besonders schnell empor. In Griechenland galten Piräus, Epidauros und Korinth als die bekanntesten Sammelpunkte. Korinth muß auf diesem Gebiet absolut führend gewesen sein. Nach einer Notiz des Eusthatios (zu Il. 2,570) war κορινθιάζεσθαι (sich wie ein Korinther benehmen) ein Fachausdruck für „kuppeln" und dergleichen.[62] Die Bordelle und entsprechenden Etablissements dürften sich in Korinth wie in anderen Städten auch vorwiegend in den mehr oder weniger anrüchigen Stadtvierteln, also am Hafen und vor den Toren, befunden haben. Jedoch hört man von derartigen Einrichtungen auch in besseren Gegenden, etwa auf der Agora, neben Regierungsgebäuden oder Tempeln. Die Spezialität

[62] Nicht zufällig wählt Platon als Beispiel für die käufliche Liebe ein „korinthisches Mädchen" (Pol. 404d).

Korinths war indes das berühmte Aphroditeheiligtum[63] auf dem höchsten Gipfel des Burgbergs. Das Erstaunliche daran ist nicht so sehr der für den Händlergeist der Korinther bezeichnende Pragmatismus, mit dem man hier von Staats wegen die Freudenmädchen zur Kasse bat – Strabon nennt neben dem Handel und den Isthmischen Spielen die Hetären als die wichtigste Einnahmequelle der Stadt (VIII 6,20).

Weit merkwürdiger ist die nach allgemeiner Auffassung im Heiligtum praktizierte sakrale Form der Prostitution, die Hierodulie, die sich sonst in Griechenland – außer gelegentlich in Randgebieten wie Zypern und Sizilien (Eryx), aber auch da nicht mit Sicherheit – nirgends nachweisen läßt. Die enge Verknüpfung von Kult und Sexualität in Form der Hierodulie ist eher ein Kennzeichen orientalischer Religionen. Zugrunde liegt ihr die Vorstellung einer kosmischen Vereinigung von Himmel und Erde, weshalb die Hierodulie auch mit den Fruchtbarkeitskulten der Erdgöttin in Zusammenhang stehen konnte (vergleiche Hdt. I 199 über die Tempelprostitution der babylonischen Fruchtbarkeitsgöttin Mylitta). Die Preisgabe der Jungfräulichkeit war als Opfer an die Göttin gedacht, sollte zugleich aber auch Fruchtbarkeit im menschlichen Bereich bewirken. – Die engsten griechischen Parallelen finden sich als literarischer Niederschlag bei Hesiod und Homer: in der mythischen Vereinigung von Himmel und Erde (Uranos und Gaia, Theog. 126ff) sowie im Beilager von Zeus und Hera (Il. 14,346ff), dem Prototyp des Hieros Gamos (Heilige Hochzeit) bei den Griechen.

Von diesen urtümlichen Vorstellungen ist die kommerzialisierte Prostitution im Aphroditeheiligtum von Korinth natürlich weit entfernt – wenn es sie überhaupt gegeben hat. Folgt man H. Conzelmann[64], so ist die in der Wissenschaft fast allgemein für Korinth angenommene Tempelprostitution aus den Quellen nicht zu erheben. In der Tat ist

[63] Von dem Tempel sind so gut wie keine Spuren mehr vorhanden; die Christen haben offenbar, als sie an dessen Stelle ihre eigene kleine Kirche errichteten, das ihnen natürlich besonders verhaßte Bauwerk restlos zerstört. Der Tempel muß auffällig klein gewesen sein. Im Heiligtum standen Statuen einer bewaffneten Aphrodite sowie ihrer Begleiter Helios und Eros mit dem Bogen (Paus. II 4,7).

[64] Mädchen der Aphrodite.

bei einem so delikaten Thema Vorsicht angebracht. Mit Recht weist Conzelmann darauf hin, daß die herangezogenen Zeugnisse meistens von Hetären allgemein sprechen und daß selbst da, wo von Hierodulen die Rede ist, nicht unbedingt an sakrale Prostitution gedacht werden muß, da der Begriff religionssoziologisch bestimmt sei. Richtig ist auch der Einwand, daß Strabon, der Hauptgewährsmann für die korinthische Hierodulie, der von tausend Hetären am Aphroditetempel spricht (VIII 6,20), an das griechische, nicht an das römische Korinth gedacht hat; immerhin muß zu denken geben, daß Pausanias von dieser Einrichtung nichts erwähnt.

Nun war sicher nicht jedes korinthische Straßenmädchen, das in der Literatur Erwähnung findet, eine Hierodule. Wenn Athenaios berichtet, in Korinth sei es seit langem üblich gewesen, bei wichtigen Angelegenheiten möglichst viele Hetären zu den Bittgebeten an Aphrodite einzuladen und sie an Gebet und Opfer zu beteiligen, so zum Beispiel vor dem Angriff der Perser auf Griechenland, als sich viele Hetären im Aphroditeheiligtum versammelten, um für die Rettung des Vaterlands zu beten (XIII 573), so beweist das lediglich die besondere Rolle der Hetären in Korinth, läßt aber keinen Schluß auf die Institution der Hierodulie zu. Und auch das Epigramm, das Simonides über dieses Bittgebet der Dirnen dichtete, läßt keineswegs an Hierodulie denken.

Andererseits bagatellisiert Conzelmann das wichtigste Zeugnis aus klassischer Zeit. In einem Enkomion (fr. 122 S)[65] preist Pindar einen korinthischen Athleten namens Xenophon, der für den Fall eines Sieges im Wettkampf gelobt hatte, Aphrodite hundert Mädchen zuzuführen. In den ersten Zeilen des Gedichts redet Pindar die Mädchen der Aphrodite in stark metaphorischer, aber deren eigentliche Funktion kaum verschleiernder Sprache an: „gastfreundliche Mädchen, Dienerinnen der Überredung". Und Xenophon hat dem Heiligtum der Göttin eine „Schar weidender[66] Mädchen" zugeführt (ἐς ἄλσος

[65] Pindar selbst nennt dieses Gedicht ein Skolion, einen „Rundgesang"; es wurde bei kultischen Handlungen der Mädchen im Tempel gesungen.

[66] φορβάς, das Beiwort der Mädchen, hat hier offenbar eine doppelte Bedeutung. In Verbindung mit einem Lebewesen kann es heißen „in der Herde weidend" (dazu ἀγέλη). Die Grundbedeutung jedoch ist „Nahrung gewährend" (so Soph. Phil. 700 als Beiwort der Erde), so daß in der pindarischen Verwendung des Wortes eine sexuelle Komponente mitschwingt.

... ἐπάγαγ'). Ob Xenophon die Mädchen tatsächlich nur zu den Siegesfeierlichkeiten engagiert hat, wie Conzelmann will, ist mehr als fraglich. Nicht nur der Terminus ἐπάγειν widerspricht einer solchen Deutung, es bestünde auch kein Zusammenhang zwischen der Siegesfeier und der für sie gewählten Szenerie, dem Aphroditeheiligtum. Zudem ist die poetische Stilisierung, in der Pindar von den Mädchen spricht, nicht nur der vom Genus geforderten gehobenen Diktion zuzuschreiben, sondern scheint eine Differenzierung der verschiedenen Ebenen von sakraler und profaner Prostitution anzudeuten. Zielten die Verse Pindars auf das korinthische Dirnenwesen allgemein, streiften sie das Lächerliche. Der Zusatz, die Göttin habe es den Mädchen ermöglicht, ἄνευϑ' ἀπαγορίας, also nicht verbotenerweise „auf lieblichem Lager die Frucht der zarten Jugend zu pflücken", bliebe unverständlich. Offensichtlich dient er dazu, die sakrale Form der Liebe über die vulgäre hinauszuheben.[67]

An der für das griechische Korinth allgemein angenommenen Tempelprostitution zu zweifeln besteht also kein Anlaß.[68] Für die römische Zeit jedoch dürften Conzelmanns Bedenken zu Recht bestehen. So bezieht sich Paulus im 1. Korintherbrief auch nicht auf eine bestimmte Form des Dirnenwesens, sondern greift es allgemein an.

---

[67] Übrigens ist auch im Bereich der profanen Prostitution ein religiöses Element nicht zu übersehen, wie die in hellenistischer Zeit aufkommende Tendenz zur Deifikation von Hetären zeigt. Daß Aphrodite in lokalen Kulten den Namen einer berühmten Hetäre annahm, war keine Seltenheit. In Abydos am Hellespont gab es sogar ein Heiligtum der 'Αφροδίτη Πόρνη.

[68] Ein weiteres Indiz liefert eine Inschrift auf einem Stein, den man im westlichen Zugang des römischen Theaters gefunden hat, der aber aus dem griechischen Bau stammt. Das eingemeißelte KORFAN („der Mädchen") kann nicht gut anders als auf die Mädchen der Aphrodite bezogen werden. Nur sie, nicht alle Hetären Korinths dürften im Theater ihre Ehrenplätze gehabt haben. Daß die im Heiligtum zu zahlenden Preise – sehr im Unterschied zur profanen Prostitution – beachtlich waren, läßt sich aus einem bei Strabon überlieferten und von Horaz (epist. I 17,36) übernommenen Sprichwort entnehmen. „Nicht jedermann kann sich eine Reise nach Korinth erlauben" (οὐ παντὸς ἀνδρὸς ἐς Κόρινϑον ἔσϑ' ὁ πλοῦς, bei Horaz: *Non cuivis homini contigit adire Corinthum*) heißt doch wohl, daß eine solche Reise für manchen zu kostspielig wäre.

8. Gemeinde und Prostitution (1 Kor 6)

Der erste Fall, den Paulus in diesem Zusammenhang aufgreift, die – auch im römischen Recht verbotene – Ehe mit der zweiten Frau des Vaters, war offensichtlich eine spektakuläre Ausnahme. Aber was die Prostitution betrifft, so scheint es in der korinthischen Gemeinde tatsächlich Leute gegeben zu haben, die sie mit der christlichen Lehre für vereinbar hielten, und gegen diese Einstellung geht Paulus mit aller Schärfe vor. Zwar ist die πορνεία keineswegs das einzige Laster, das der Apostel zu kritisieren hat; der Katalog 5,11 zählt neben ihr Habgier, Götzendienst, Lästerung, Trunkenheit und Raub auf. Jedoch ist die πορνεία an erster Stelle genannt, und das ist um so auffälliger, als sie in anderen Lasterkatalogen der paulinischen Briefe nur eine untergeordnete oder überhaupt keine Rolle spielt.[69] Im 1. Korintherbrief jedoch ist dieses Thema für den Apostel so wichtig, daß er nach der scheinbaren Erledigung dieser Frage in 5,11 im folgenden noch zweimal darauf zurückkommt. Zunächst in den Ausführungen über das Prozessieren von Christen vor heidnischen Gerichten (6,1–11), einem Abschnitt, der auf den ersten Blick aus dem Zusammenhang herauszufallen scheint, durch den zweiten, in ihn eingefügten Lasterkatalog, der wieder die πόρνοι an die Spitze stellt (V. 9), jedoch auf das zentrale Thema dieser Kapitel weist. Der zweite Rückgriff erfolgt, diesmal in thematischer Form, in der theologischen Widerlegung der These, käufliche Liebe und Christentum schlössen einander nicht aus (12–20). Die Argumentation in diesem Abschnitt erfolgt mehr in einzelnen Schüben als in stringenter Beweisführung. Darin einen Ausdruck der Schwierigkeit der Aufgabe angesichts der Verhältnisse in Korinth sehen zu wollen scheint mir keine illegitime psychologisierende Betrachtungsweise zu sein. Denn ohne Zweifel artikuliert der Text Gedanken, die von Stoikern und Kynikern vielfach vertreten wurden und sicher auch in Korinth, dem Lieblingsaufenthalt des Diogenes, Anklang gefunden haben.

Das Ziel des paulinischen Gedankengangs ist klar: Für den Christen kommt der Verkehr mit einer Prostituierten nicht in Betracht, da sein

[69] Nur Gal 5,19 eröffnet sie ebenfalls den Katalog; vgl. *Vögtle*, Tugend- und Lasterkataloge, bes. 10–13.39–43.

Körper zugleich Leib des erhöhten Herrn und damit zur Auferstehung bestimmt ist. Durch die körperliche Vereinigung mit einer Dirne würden also die „Glieder Christi“ (μέλη τοῦ Χριστοῦ) zu „Hurengliedern“ (πόρνης μέλη V. 15). Zu einem solch kühnen Oxymoron läßt sich Paulus hinreißen, um der Gemeinde die Unmöglichkeit dieses von ihr offenbar akzeptierten Standpunkts drastisch vor Augen zu führen. Dabei knüpft er wie schon in der Areopagrede an Gedanken der zeitgenössischen Philosophie an. Aber dort wie hier zeigt sich gerade bei dieser Gelegenheit, wie schwer sich das junge Christentum tat, in einer griechisch geprägten Umwelt verstanden zu werden, und wie die möglicherweise vorhandenen Parallelen eher Unsicherheit stifteten als Verständnishilfen gaben.

Daß die Speise für den Magen und der Magen für die Speise bestimmt sei (V. 13), ist ein in der kynisch-stoischen Diatribenliteratur, die gerne mit derartigen Analogien aus dem somatischen Bereich arbeitet, ein beliebter Topos. Der Zusammenhang, in den Paulus diesen Gemeinplatz rückt, weist darauf hin, daß er in der Gemeinde von Korinth offenbar dazu diente, die außereheliche Befriedigung des Geschlechtstriebes als etwas Natürliches und damit nicht Unsittliches hinzustellen. Aber diese Analogie, so sehr sie griechischem Empfinden entsprechen mochte, war für Paulus schlechterdings unannehmbar. Wegen der Zuordnung von σῶμα und κύριος (V. 13) wird der Leib qualitativ etwas anderes und ist daher mit dem Magen nicht mehr in Analogie zu setzen.

Wird hier ein heidnischer Gedanke durch die paulinische Gegenthese einfach außer Kraft gesetzt, so biegt der vorhergehende Vers 12, mit dem Paulus seine Argumentation gegen die πορνεία einleitet, einen solchen Gedanken an der entscheidenden Stelle um. Πάντα μοι ἔξεστιν („alles ist mir möglich“) mag man als Wahlspruch besonders frei gesonnener korinthischer Gnostiker verstehen. Nötig ist es indes nicht, denn derartige Formulierungen für die innere Freiheit des Menschen sind bei Kynikern und Stoikern keine Seltenheit. So kann der Satz durchaus zur Rechtfertigung der freien Befriedigung des Geschlechtstriebes dienen; die Befriedigung wäre dann den ἀδιάφορα, also den sittlich neutralen Werten, zuzurechnen, die man ohne Schaden für die eigene Freiheit genießen darf. Allerdings gibt die zeitgenössische Philosophie in dieser Frage keine einhellige Antwort. Für andere war die

Betätigung des Geschlechtstriebes gleichbedeutend mit der Unterjochung unter die sinnlichen Leidenschaften (ἀκολασία, mangelnde σωφροσύνη) und deshalb abzulehnen. Paulus neigt natürlich der zweiten Position zu, aber er begründet sie anders. Das ἔξεστιν scheint er nicht streng stoisch, sondern im libertinistischen Sinn verstanden zu haben („alles ist mir erlaubt"). Anders wäre seine Gegenthese: „Aber nicht alles ist mir zuträglich" nicht sinnvoll. συμφέρει meint in der stoischen Popularphilosophie nicht den materiellen Nutzen, sondern das dem Menschen Zuträgliche, ihn Fördernde. Und eben in diesem Sinn hat Paulus den Begriff verstanden, wie das zweite Gegenargument nach der Wiederholung der libertinistischen These zu verstehen gibt: ἀλλ' οὐκ ἐγὼ ἐξουσιασθήσομαι. Das Wortspiel mit dem vorhergehenden ἔξεστιν ist im Deutschen nicht wiederzugeben. Wichtig ist die Gegenüberstellung von Aktiv und Passiv, also die freie Möglichkeit, die ich habe (μοι ἔξεστιν), und die freie Möglichkeit, die „mich hat" (ἐξουσιάζομαι). Dahinter steht die schon von der griechischen Philosophie artikulierte Erfahrung, daß bereits der erste Versuch, seine Freiheit zu realisieren, ins Gegenteil umschlagen und zur Unfreiheit führen kann.

Bis hierher geht Paulus also durchaus konform mit einem Teil der Stoiker, eben soweit sie die πορνεία nicht als ein ἀδιάφορον ansahen und die Meinung vertraten, daß die Freiheit des Menschen unter ihr leide. Entscheidend ist für Paulus jedoch der zweite Gedankengang, die Ablehnung der Speise-Magen-Analogie unter Berufung auf die Heiligung des Leibes, der als „Tempel des heiligen Geistes" apostrophiert wird (V. 19). Eine solche religiöse Begründung für die Ablehnung der Prostitution erfolgt hier zum ersten Mal in der abendländischen Geschichte. Wie schwierig dieses Unterfangen war, glaubt man noch zu spüren am Springen der Gedanken und Vorstellungen, an der mangelnden begrifflichen Schärfe und nicht zuletzt in dem Versuch, die griechischen Theoretiker mit ihren eigenen Waffen zu schlagen.

Sicher ist es kein Zufall, daß zwei weitere Stellen, an denen Paulus auf die Sittenverderbnis der Heiden zu sprechen kommt, in Briefen stehen, die in Korinth geschrieben wurden: Röm 1,18–32 und 1 Thess 4,1–8. Beide Male wird der in den Augen des Apostels als sexuelle Verirrung zu bewertende hetero- und homosexuelle Verkehr an hervorragender Stelle genannt. Im Thessalonicherbrief konzentriert sich die Kritik sogar ausschließlich auf die Ablehnung der πορνεία, die hier als das Resultat der mangelnden Gotteserkenntnis der Heiden gedeutet und als mit der „Heiligung" (ἁγιασμός) des Leibes unvereinbar hingestellt wird.

9. Die sozialen Verhältnisse

Korinth, der Sündenpfuhl Griechenlands – diesen Eindruck muß der Leser aus den paulinischen Briefen gewinnen, und er deckt sich durchaus mit Zeugnissen antiker Schriftsteller der ersten nachchristlichen Jahrhunderte. In ihnen scheint der dorische Ursprung der Stadt vollkommen vergessen zu sein; Reichtum, Üppigkeit und Lebensgenuß sind die hervorstechenden Merkmale Korinths. So will Maximus von Tyros, ein Popularphilosoph des 2. nachchristlichen Jahrhunderts, bei der Behandlung griechischer Verfassungsformen sich die „genußsüchtigen" (φιλήδονοι) Korinther sowenig zum Vorbild nehmen wie die „verweichlichten" Syrakusaner, die „reichen" Chier, die Lesbier „mit dem besten Wein" oder die „bestgekleideten" Milesier, sondern lieber Athener und Spartaner (32,10). Da sich die griechischen Städte im allgemeinen durch ihre Schlichtheit und nicht durch ihren Luxus auszuzeichnen pflegten, unterstreicht das Epitheton gerade im Fall Korinths die Sonderstellung der Stadt in auffälliger Weise.
Einen erheblichen Schuß Sozialkritik läßt der Redner Alkiphron in sein Genrebild einfließen, das er – ebenfalls im 2. Jahrhundert n. Chr. – in einem fingierten Brief vom Leben der ärmeren Bevölkerungsschichten der Stadt entwirft (III 24). Zwar ist Korinth auch für ihn noch eine „reizvoll anzuschauende" Stadt (χαρίεσσα ἰδεῖν), die im Luxus schwimmt, aber im Gegensatz dazu findet er die Einwohner ἀχαρίστους καὶ ἀνεπαφροδίτους, also gerade nicht reizend und nicht gesegnet mit den Gütern der Aphrodite, deren Tempel sie doch beherbergt. Der Briefschreiber beobachtet, wie junge Männer sich in der Gegend des Kraneions herumtreiben, dort, wo Bäcker und Obsthändler sich aufzuhalten pflegen. Der eine sammelt die liegengebliebenen Schoten von Lupinen auf, der andere kratzt aus Nußschalen den letzten eßbaren Rest, ein dritter schabt mit den Nägeln die Schale von

Granatäpfeln ab, um vielleicht noch ein paar Kerne zu erhaschen, und wieder andere lesen schmutzige Brotreste vom Boden auf und schlingen sie herunter. Diese Beobachtung zwingt Alkiphron zu der sarkastischen Schlußbemerkung, für die Frauen könnte Aphrodite vielleicht noch die Schutzgottheit der Stadt sein, für die Männer jedenfalls sei es der Hunger (ὁ Λιμός). Und dieser Gegensatz zwischen der Unverschämtheit (βδελυρία) der Reichen und dem Elend (ἀθλιότης) der Armen habe ihm einen längeren Aufenthalt in Korinth verleidet.

Natürlich ist diese scheinbar so realistische, in Wahrheit aber doch recht stilisierte Momentaufnahme nicht als historischer Bericht zu werten, und ob Alkiphron überhaupt an das Korinth seiner Tage gedacht hat, ist nicht sicher.[70] Daß jedoch der Gegensatz zwischen arm und reich zu fast allen Zeiten in fast allen Städten Griechenlands eine erhebliche Rolle gespielt hat, läßt sich nicht bezweifeln. Die Entvölkerung und Verarmung des Landes, die im 2. und 3. nachchristlichen Jahrhundert ihren Höhepunkt erreichte, deren Beginn aber in die hellenistische Zeit zurückreicht, hat hier eine ihrer Wurzeln. Seit je bestand in Griechenland ein enger Zusammenhang zwischen der industriellen Entwicklung einer Stadt und ihren innen- wie außenpolitischen Erfolgen, wofür Athen und Korinth, dann auch Milet und Syrakus die besten Beispiele liefern.[71] Deswegen waren die Fortschritte der griechischen Wirtschaft im 5./4. Jahrhundert besonders groß, entwickelten sich in dieser Zeit viele neue Berufe und Industriezweige, nahm die Arbeitsspezialisierung zu. Allerdings ist hier ein charakteristischer Unterschied zu beobachten. Das Gesagte gilt in erster Linie für Demokratien. Andere Städte wie Sparta, Theben und Epidauros, in denen das oligarchische Moment stärker ausgeprägt war, verschlossen sich diesem wirtschaftlichen Aufschwung, weil man der Arbeit ablehnend gegenüberstand und in ihr so etwas wie eine Entartung erblickte. Die einzige Ausnahme war, wie schon Herodot bemerkt (s. o. S. 206), Korinth.

Der Aufschwung wurde jedoch gestoppt, als in hellenistischer Zeit

---

[70] Immerhin weisen die zahlreichen Genrebilder, die Alkiphron von Athen (allerdings wohl eher von der Stadt des 4. Jh.) entworfen hat, einen beachtlichen Realitätsgehalt auf.

[71] Zur Wirtschaftsgeschichte Griechenlands vgl. u. a. *Toutain*, Economic Life.

neue Wirtschafts- und Kulturzentren im Osten aufblühten und Städte wie Pergamon, Alexandreia, Rhodos und Antiocheia Griechenland den Rang abliefen; selbst so bedeutende Städte wie Athen und Korinth rückten jetzt ins zweite Glied. Und auch als unter den Römern in den beiden ersten nachchristlichen Jahrhunderten der Westen den Vorsprung des Ostens mehr und mehr aufholen konnte, gingen die neuen Impulse, so glücklich diese Zeit für die antike Welt war, an Griechenland fast spurlos vorüber. Zwar darf man die wenigen Nachrichten, die wir über den Verfall der griechischen Wirtschaft besitzen, nicht vorschnell verallgemeinern. Wenn Polybios die Entleerung der Städte beklagt, obwohl es keine größeren Kriege oder Pestilenzen gegeben habe, und als Grund dafür ἀλαζονεία und φιλοχρημοσύνη, also Großmannssucht und Geldgier, sowie eine allgemeine Heiratsunlust und Kinderfeindlichkeit anführt (XXXVI 17, 5–7), so hat er mit der ersten Feststellung ohne Zweifel recht, die Begründung jedoch dürfte wohl nur für seine eigene Zeit gelten. Und die Feststellung Senecas, in Griechenland seien „selbst die Fundamente der berühmtesten Städte dahin und nichts sei übriggeblieben, woraus hervorgehe, daß die Städte wenigstens einmal existiert hätten" (epist. XIV 3,10), ist sicher als rhetorische Übertreibung zu bewerten. Trotzdem deuten alle Indizien darauf hin, daß es mit Griechenland steil bergab ging, nachdem es seine eigenständige politische Rolle ausgespielt hatte. Die einzige Stadt, die sich diesem allgemeinen Niedergang entziehen konnte, war Korinth, das dafür mit anderen Problemen zu kämpfen hatte.

Die Zahl der Arbeiter mit niedrigem Einkommen dürfte in Korinth weit größer gewesen sein als in anderen Städten. Das Gleichgewicht zwischen den verschiedenen sozialen Gruppen, das lange Zeit in den Betrieben bestanden und Freien, Freigelassenen und Sklaven zwar ein unterschiedliches, aber im allgemeinen ausreichendes Einkommen garantiert hatte, hatte sich energisch zugunsten der Sklaven verschoben. Die niedrigen Löhne, die für Sklavenarbeit gezahlt wurden, drückten auf die Preise und schufen damit eine Konkurrenz, der das freie Handwerk in vielen Fällen nicht gewachsen war. Die Folge davon waren zunehmende Arbeitslosigkeit und ständige Auseinandersetzungen zwischen Arbeitern und Unternehmern, die die Löhne nicht zahlen wollten. So waren die sozialen Maßnahmen Perianders, der den Erwerb von Sklaven verboten und Müßiggang unter Strafe gestellt hatte, um dadurch den Wert der freien Arbeit zu steigern, in ihr Gegenteil verkehrt worden. Die große Zahl von Arbeitslosen vermehrte das in Korinth ohnehin schon stark vertretene Proletariat und erhöhte damit die Gefahr revolutionärer Unruhen. Daß man in Korinth mit tätlichen Auseinandersetzungen schneller als sonstwo bei der Hand war, scheint auch der Bericht von den turbulenten Vorgängen vor Gallios Tribunal zu bestätigen, die an emotionaler Spontaneität die vergleichbaren Ereignisse in Philippi oder Thessaloniki weit übertreffen.

In diesem Zusammenhang verdient die Ausführlichkeit, mit der Lukas bei Aquila und Priscilla verweilt, besondere Beachtung. Ohne Zweifel waren die beiden wichtige Figuren der frühen Kirche,[72] was eine ausführlichere Behandlung rechtfertigte, zumal Lukas fast regelmäßig den Gastgebern des Paulus ein gewisses Interesse entgegenbringt.[73] Aber diesmal verselbständigen sich die Angaben über die Gastgeber zu einem in sich geschlossenen Kurzbericht über deren Vergangenheit und jetzige Tätigkeit. Ist das an sich schon auffallend, so noch mehr die Tatsache, daß Paulus bei Aquila und Priscilla nicht als Christen Wohnung nimmt – was natürlich verschwiegen werden mußte, wenn Paulus die christliche Gemeinde in Korinth erst noch gründen sollte –, sondern als Berufskollegen (ὁμότεχνος 18,3). Daß Paulus sich nach seiner Ankunft in Korinth nach einer geeigneten Arbeitsmöglichkeit umsieht, ist nach seiner bisherigen Praxis keineswegs selbstverständlich, entspricht aber dem notorischen Gewerbefleiß der Stadt und ihren Verdienstmöglichkeiten. Was immer man sich unter einem σκηνοποιός vorzustellen hat,[74] es dürfte damit, der damaligen Spezialisierung in der Arbeitswelt entsprechend, ein spezielles Handwerk gemeint sein. Und da paßt der Hersteller von Teppichen oder Kleidungsstücken aus

[72] Aus 1 Kor 16,19 geht hervor, daß ihr Haus in Ephesos eins der Zentren, wenn nicht das Zentrum der dortigen Gemeinde war.

[73] Mit Recht bemerkt *Cadbury*, Lodging 307, daß Aquila und Priscilla an unserer Stelle ausschließlich als Gastgeber des Paulus eingeführt werden (vgl. dagegen Lydia Apg 16,14; Iason 17,5ff; Publius 28,7).

[74] Gegen den herkömmlichen „Zeltmacher" spricht, daß der fragliche Artikel offenbar in Großstädten wie Rom, Korinth und Tarsos hergestellt worden ist.

Ziegenhaaren[75] besser als der mehrfach vorgeschlagene „Lederarbeiter". Darüber hinaus ist unsere Stelle ein gutes Beispiel dafür, daß auch in der Zeit zunehmender Industrialisierung ein Teil der Produktion immer noch in Privathäusern erfolgte, was in besonderem Maß für die Textilbranche gegolten haben dürfte, bei der lediglich das Walken und Färben im Haus selbst schlecht möglich waren. Trotz der in der Wirtschaft insgesamt vorherrschenden Zentralisierungstendenzen lagen bei solchen kleinen Hausbetrieben Herstellung und Verkauf oft in einer Hand. Die Verbindung des Begriffs τέχνη (sonst nur Apg 17,29 und Offb 18,22) mit Korinth hat symptomatische Bedeutung.

10. Frühchristliche Kirchen

Ohne Zweifel gehört Korinth zu jenen Städten, in denen günstige Voraussetzungen für eine rasche Entwicklung des Christentums gegeben waren. Als Wirtschaftszentrum zwischen Ost und West war es Sammelbecken vieler Völker mit unterschiedlichen Glaubensrichtungen, und die Kulte der Isis etwa oder der phrygischen Göttermutter hatten die Korinther schon längst mit den ekstatischen Formen östlicher Religionen bekannt gemacht. Zudem war weder das alte noch das neue Korinth ein geistiger Mittelpunkt der antiken Welt, was, wie das Beispiel Athen in der Apostelgeschichte zeigt, zu besonders harten Auseinandersetzungen mit heidnischer Philosophie und Religion führen konnte. Im Gegenteil, die in Korinth besonders stark vertretenen niedrigen Schichten von kleinen Handwerkern, Arbeitern, Sklaven und Arbeitslosen ließen erwarten, daß die neue Botschaft hier auf offene Ohren stoßen werde. So vermitteln die beiden Korintherbriefe auch eher den Eindruck, daß die Gemeinde sich vorwiegend aus den sozial schwachen Schichten rekrutierte, wenn sich auch Angehörige der besser gestellten Klassen nicht unbedingt ferngehalten haben (1 Kor 11,21ff; Apg 18,8; Röm 16,23). In das Leben und Treiben der Gemeinde geben die Korintherbriefe, im Guten wie im Schlechten, einen umfassenden Einblick, und daß neben Paulus auch andere Män-

[75] Lat. *cilicium*, nach der Landschaft im südlichen Kleinasien, in der auch Tarsos liegt.

ner wie etwa Apollos in der Gemeinde gewirkt haben, zeugt von deren Größe und Lebendigkeit.
Es muß daher erstaunen, daß die Reste frühchristlicher Kirchen, die man im Raum von Korinth gefunden hat, keineswegs so reichhaltig sind, wie man vielleicht erwarten könnte; mit den Funden von Philippi und Thessaloniki lassen sie sich kaum messen. Sicher war die Gemeinde ärmer als die makedonischen, möglich aber auch, daß andere Umstände[76] den Bau von Kirchen beeinträchtigten. Eine kleine Basilika (38 × 19,50 m) fand man nördlich des heutigen Friedhofs von Palaiokorinthos. Sie war dem heiligen Quadratus geweiht, der im Jahr 258 in Korinth den Märtyrertod erlitt. Ebenfalls aus dem 5. Jahrhundert stammt die wesentlich größere Basilika ungefähr 500 m südlich des Amphitheaters in unmittelbarer Nähe der Stadtmauer. Der Grundriß ist noch klar zu erkennen: zwischen zwei Seitenschiffen das um eine Stufe tiefer gelegte Mittelschiff mit Narthex und einem kleeblattförmigen Anbau im südlichen Seitenschiff, wohl die Grabstätte eines Bischofs oder Märtyrers. Eine dritte Kirche wurde kurz nach 450 im Hafengebiet von Lechaion errichtet zum Andenken an den Bischof Leonidas, der zusammen mit sieben Mädchen unter Kaiser Decius (249–251) hier ertränkt worden war. Mit einer Gesamtlänge von über 200 m ist sie die größte Kirche auf griechischem Boden, und ihrer Größe entsprach die Qualität der künstlerischen Ausführung. Imposant muß vor allem der Westteil gewesen sein mit einem fünfschiffigen Narthex und dem zwischen zwei Glockentürmen gelegenen Exonarthex, der sich auf eine halbkreisförmige Kolonnade und ein 45 m langes Atrium mit Brunnen und Umgängen auf drei Seiten öffnete. Der Marmorboden und die fein gearbeiteten ionischen und korinthischen Kapitelle beweisen die außerordentliche Qualität dieses Bauwerks auch im Detail. Jedoch ist die Lechaion-Basilika unter den frühchristlichen Kirchen Korinths die einzige, die den Erwartungen, die man an eine christliche Metropole stellt, zu entsprechen vermag.

[76] Korinth wurde in den ersten nachchristlichen Jahrhunderten mehrfach von schweren Katastrophen heimgesucht. 267 wurde es von den Herulern verwüstet, 395 durch Alarich, 551 durch ein schweres Erdbeben. In der Folgezeit zwangen die Slaweneinfälle zur Aufgabe der Unterstadt, die erst im 10. Jahrhundert wieder besiedelt wurde.

Literaturverzeichnis

Die im Text und in den Fußnoten begegnenden Abkürzungen richten sich in der Regel nach:

Lexikon der Alten Welt, Zürich–Stuttgart 1965.

S. Schwertner (Hrsg.), IATG. Internationales Abkürzungsverzeichnis für Theologie und Grenzgebiete, Berlin–New York 1974.

Accame S., Il dominio romano in Grecia dalla guerra Acaica ad Augusto (Studi pubblicati dal Istituto Italiano per la storia antica 4) Rom 1946.

Bakalopoulos A. E., A History of Thessaloniki, Thessaloniki 1963.

Balanos V., Les monuments de l'Acropole, Paris 1938.

Barrett Ch. K., Die Umwelt des Neuen Testaments. Ausgewählte Quellen (WUNT 4) Tübingen 1959.

Bauernfeind O., Die Apostelgeschichte (ThHK 5) Leipzig 1939.

Beloch J., Die Bevölkerung der griechisch-römischen Welt, Leipzig 1886.

Benson J., Die Geschichte der korinthischen Vasen, Diss. Basel 1953.

Berreth J., Studien zum Isisbuch in Apulejus' Metamorphosen, Diss. Tübingen (1931) 1933.

Berve H./Gruben G., Griechische Tempel und Heiligtümer, München 1961.

Beyer H. W., Die Apostelgeschichte (NTD II/5) Göttingen (1933) ⁴1947.

Brommer F., Die Skulpturen der Parthenon-Giebel, Mainz 1963.

– Die Metopen des Parthenon, Mainz 1967.

Broneer O., Athens, „City of Idol Worship": BA 21 (1958) 2–28.

– Corinth, Center of St. Paul's Missionary Work: BA 14 (1951) 78–96.

– The Lionmonument at Amphipolis, Cambridge Mass. 1941.

Bruce F. F., The Acts of the Apostles, London ²1952.

Bruin P./Giegel Ph., Welteroberer Paulus. Die Ausbreitung des Christentums, Zürich–Stuttgart ²1968.

Buschor E., Phidias der Mensch, München 1948.

Byvanck A. W./Lenschau Th., Korinthos, in: PRE Suppl. IV 1924, 991–1036.

Cadbury H. J., Erastus of Corinth: JBL 50 (1931) 42–58.

– Luke's Interest in Lodging: JBL 45 (1926) 305–322.

Cloché P., Histoire de la Macédoine jusqu'à l'avènement d'Alexandre le Grand, Paris 1960.

Collart P., Philippes, ville de Macédoine (École française d'Athènes, Travaux et Memoires 5) Paris 1937.

– Une réflection de la Via Egnatia sous Trajan: BCH 59 (1935) 395–415.

Collart P./Ducrey P., Philippes I. Les reliefs rupestres (BCH Suppl. II) Paris 1975.

Conzelmann H., Die Apostelgeschichte (HNT 7) Tübingen ²1972.

– Korinth und die Mädchen der Aphrodite. Zur Religionsgeschichte der Stadt

Korinth, in: NAWG. PH 8 (1967) 247–261 = Theologie als Schriftauslegung. Aufsätze zum Neuen Testament, München 1974, 152–166.
– Die Rede des Paulus auf dem Areopag: Gym. Helv. 12 (1958) 18–32 = Theologie als Schriftauslegung. Aufsätze zum Neuen Testament, München 1974, 91–105.
Corinth. Results of Excavations conducted by the American School of Classical Studies at Athens, bislang 27 Bde, Cambridge Mass. (ab I/3 Princeton) 1929–75.
Cormack J. M. R., High Priests and Makedoniarchs from Beroea: JRS 33 (1943) 39–44.
Cumont F., Die orientalischen Religionen im römischen Heidentum, Darmstadt 1959.
– ὕψιστος, in: PRE IX/1, 1914, 444–450.
Davies P. E., The Macedonian Scene of Paul's Journeys: BA 26 (1963) 91–106.
Day J., An Economic History of Athens under Roman Domination, New York 1942.
Deissmann A., Licht von Osten, Tübingen 1923.
– Paulus, Tübingen ²1925.
Delage M., Résonances grecques dans le discours de saint Paul à Athènes, in: BAGB 4. Ser. Nr. 3, Paris 1956, 49–69.
Dibelius M., Aufsätze zur Apostelgeschichte (FRLANT 42), Göttingen ⁵1968.
– Paulus auf dem Areopag, in: SHAW. PH 2. Abh. Heidelberg 1938/39 = Aufsätze zur Apostelgeschichte, Göttingen ⁵1968, 29–70.
Diehl Ch., Salonique, Paris 1920.
– */Le Torneau M./Saladin H.*, Les monuments chrétiens de Salonique (Monuments de l'art byzantinique 4) Paris 1918.
Dinkler E., Das Bema zu Korinth, in: MarbJb 13, Marburg 1944, 12–22.
Dörpfeld W., Alt-Athen und seine Agora, 2 Bde, Berlin 1937/39.
Dow S., Corinthiaca: HSCP 53 (1942) 89–119.
Ducoux H./Lemerle P., L'acropole et l'enceinte haute de Philippes: BCH 62 (1938) 4–19.
Dunbabin T. S., The Early History of Corinth: JHS 68 (1948) 59–69.
Dupont J., Les sources du Livre des Actes, Brügge 1960.
Dyggve E., Kurzer, vorläufiger Bericht über die Ausgrabungen im Palastviertel von Thessaloniki, Frühjahr 1939, in: Dissertationes Pannonicae 2. Ser. 11, Budapest 1941, 63–71.
– Recherches sur le palais impérial de Thessalonique, in: Studia orientalia Joanni Pedersen dicata, Kopenhagen 1953, 59–70.
– La région palatiale de Thessalonique, in: Acta congressus Madvigiani II/1, Kopenhagen 1958, 353–365.
Edson Ch., Cults of Thessalonica (Macedonica III): HThR 41 (1948) 153–204.

– Inscriptiones Thessalonicae et viciniae (Inscriptiones Graecae Epiri, Macedoniae, Thraciae, Scythiae II/1) Berlin 1962.
– Macedonica, HSCP 51 (1940) 125–136.
– Notes on the Thracian „Phoros": CP 42 (1947) 73–105.
Ehrenberg V., Der Staat der Griechen, Zürich/Stuttgart ²1965.
Eltester W., Gott und Natur in der Areopagrede: ZNW Beih. 21, Berlin 1954, 202–227.
– Schöpfungsoffenbarung und natürliche Theologie im frühen Christentum: NTS 3 (1957) 93–114.
Ferguson W. S., Hellenistic Athens, London 1911.
Festugière A.-J., Epicure et ses dieux, Paris ⁴1968.
Foakes-Jackson F. J., The Acts of the Apostles: (MNTC 5) London (1931) ⁸1951.
Gaebler H., Die antiken Münzen von Makedonia und Paionia (Die antiken Münzen Nordgriechenlands III) 1. Abt. Berlin 1906, 2. Abt. Berlin 1935.
Gärtner B., The Areopagus Speach and Natural Revelation (ASNU 21) Uppsala 1955.
Gelzer H., Die Genesis der byzantinischen Themenverfassung, in: ASGW 18, Nr. 5, Leipzig 1899, 53–64.
Gerkan A. von, Griechische Städteanlagen, Berlin 1924.
Gigon O., Epikur, Zürich 1949.
Giuliano A., La cultura artistica delle province della Grecia in età romana, Rom 1965.
Glombitza O., Der Schritt nach Europa. Erwägungen zu Act 16,9–15: ZNW 53 (1962) 77–82.
Glotz G., La cité grecque, Paris (1928) ²1953.
Goguel M., La vision de Paul à Corinthe et sa comparution devant Gallion: RHPhR 12 (1932) 321–333.
Gounaris G., Die Mauern von Thessaloniki, Thessaloniki 1976 (neugriech.).
Graeber A., Die Kunst des frühen Christentums (Universum der Kunst) München 1967.
Graindor P., Athènes de Tibère à Trajan, Kairo 1931.
– Athènes sous Auguste, Kairo 1927.
– Athènes sous Hadrian, Kairo 1934.
Gruben G., Der Tempel der Griechen, München 1966.
Guerrini L., „Las Incantadas" di Salonicco: ArCl 13 (1961) 40–70.
Haenchen E., Die Apostelgeschichte (KEK 3) Göttingen (1956) ⁶1968.
Halliday W. R., The Growth of the City-State, Liverpool 1923.
Harder R., Karpokrates von Chalkis und die memphitische Isispropaganda (APAW. Ph 14) Berlin 1943.
Haverfield F., On the στϱατηγοί of Philippi: JThS 1 (1900) 434f.
Hege W./Rodenwaldt G., Die Akropolis, München–Berlin 1930, Neuausgabe 1957.
Hennequin L., Delphes, in: DBS II 1934, 355–373.

Hermann A./Herter H., Dirne, in: RAC III 1957, 1149–1213.
Herter H., Die Soziologie der antiken Prostitution, in: JAC 3, Münster 1960, 70–111.
Hill I. Th., The Ancient City of Athens. Its Topography and Monuments, Chicago 1953.
Hoddinott R. F., Early Byzantine Churches in Macedonia and Southern Serbian, New York 1963.
Hommel H., Neue Forschungen zur Areopagrede Acta 17: ZNW 46 (1955) 145–178.
– Platonisches bei Lukas: ZNW 48 (1957) 193–200.
Jones A. H. M., The Greek City from Alexander to Justinian, Oxford 1940.
Judeich W., Topographie von Athen, München 1905.
Juster J., Les juifs dans l'empire Romain, Paris 1914.
Kahrstedt U., Die Stadt Athen in der Kaiserzeit: MDAI N. F. 3 (1950) 51–67.
– Städte in Makedonien: Hermes 81 (1953) 85–111.
Kalléris J. N., Les anciens Macédoniens. Étude linguistique et historique I (CIFA 81) Athen 1954.
Kanatsoulis D., Geschichte Makedoniens, Thessaloniki 1964 (neugriech.).
– Das Koinon der Makedonen: Mak. 3 (1953–55) 27–102 (neugriech.).
– Die makedonische Stadt von den Anfängen bis zu Konstantin dem Großen: Mak. 4 (1955–60) 232–314 (neugriech.).
– Die Politarchen der makedonischen Städte, in: EEPSTh 7, Thessaloniki 1957, 155–179 (neugriech.).
Kazarow G. I., Die Denkmäler des thrakischen Reitergottes in Bulgarien, Budapest 1938.
Keil B., Beiträge zur Geschichte des Areopags (ASAW. PH 71/8) Leipzig 1919.
Kirsten E./Kraiker W., Griechenlandkunde, 2 Bde, Heidelberg [5]1967.
Kolias G. T., Das vorbyzantinische Thessaloniki und der Aufstand von 390, Athen 1935 (neugriech.).
Kondoleon N., Das Erechtheion als Bauwerk chthonischer Kulte, Athen 1949 (neugriech.).
Kornemann E., Colonia, in: PRE IV/1, 1900, 510—588.
Kornfeld W., Prostitution sacrée, in: DBS VIII 1972, 1356–1374.
Krefeld H. (Hrsg.), Hellenika. Ein Begleitbuch für die griechische Lektüre, Frankfurt 1963.
Krischen F., Die griechische Stadt, Berlin 1938.
Lake K./Cadbury H. J., The Beginnings of Christianity IV und V, London 1933.
Langlotz E., Phidiasprobleme, Frankfurt 1947.
Laourdas B./Makaronas Ch., Ancient Macedonia I, Thessaloniki 1970, II ebd. 1977.

Lazaridis G., Philippi, eine römische Kolonie (Ancient Greek Cities 20) Athen 1973 (neugriech.).
Lemerle P., Philippes et la Macédoine Orientale à l'époque chrétienne et byzantine. Recherches d'histoire et d'archéologie (BEFAR 158) Paris 1945.
Lichtenstein E., Philippi. Eine historisch-theologische Betrachtung, in: Lebenskräfte in der abendländischen Geistesgeschichte (Festschrift W. Goetz) Marburg 1948, 1–21.
Makaronas Ch. I., Ein Brief Philipps V., in: ArchEph, Athen 1934/35, 117–127 (neugriech.).
– Das Oktagon von Thessaloniki: Prakt. 1950, 303–321 (neugriech.).
– Der Triumphbogen des Galerius in Thessaloniki, Thessaloniki 1969 (neugriech.).
– Via Egnatia and Thessalonike, in: Studies presented to D. M. Robinson I, St. Louis 1951, 380–388.
Martin R., Recherches sur l'agora grecque (BEFAR 164) Paris 1951.
– L'urbanisme dans la Grèce antique, Paris 1956.
McDonald W. A., Archaeology and St. Paul's Journeys in Greek Lands: BA 3 (1940) 18–24.
– Archaeology and St. Paul's Journeys in Greek Lands III, Corinth: BA 5 (1942) 36–48.
– The Political Meeting-Places of the Greeks, Baltimore 1943.
Menoud Ph. M., Le plan des Actes des apôtres: NTS 1 (1954/55) 44–51.
Mewaldt J., Die geistige Einheit Epikurs (SKG. G IV/1) Halle 1927.
Meyer E., Apollonios von Tyana und die Biographie des Philostratos, in: Kleine Schriften II, Halle 1924, 131–191.
– Ursprung und Anfänge des Christentums III, Stuttgart–Berlin 1923, Neudruck Darmstadt 1962.
Miller W., Who was Erastus?: BS 88 (1931) 342–346.
Morenz S., Die Begegnung Europas mit Ägypten, Berlin 1968.
Mpakalakis G., Neapolis-Christoupolis-Kabala, in: ArchEph, Athen 1934/35, 1–48 (neugriech.).
Müller D., Ägypten und die griechischen Isis-Aretalogien (ASAW 53/1) Leipzig 1961.
Nauck W., Die Tradition und Komposition der Areopagrede: ZThK 53 (1956) 11–52.
Norden E., Die Areopagrede der Acta Apostolorum, in: Agnostos Theos. Untersuchungen zur Formengeschichte religiöser Rede, Leipzig 1912, Neudruck Darmstadt 1971, 1–140.
Oberhummer E., Thessalonike, in: PRE VI/A 1, 1936, 143—163.
O'Neill J. G., Ancient Corinth I (The Johns Hopkins University Studies 8) Baltimore 1930.
– The Theology of Acts in its Historical Setting, London 1970.
Otto W. F., Lust und Einsicht. Epikur, in: Die Wirklichkeit der Götter (rororo Sonderband) Hamburg 1963.

Papahadzis N. D., Denkmäler von Thessaloniki, Thessaloniki 1963.
Payne H., Necrocorinthia. A Study of Corinthian Art in the Archaic Period, Oxford 1931.
Peek W., Der Isishymnus von Andros und verwandte Texte, Berlin 1930.
Pelekidis S., Staat und Gesellschaft im alten Thessaloniki (EEPSTh II Beih.) Thessaloniki 1934 (neugriech.).
Perdrizet P., Cultes et mythes du Pangée, Paris 1910.
Pfister F., Die Reisebilder des Herakleides (SOAW. PH 227/2) Wien 1951.
Picard Ch., Les dieux de la colonie de Philippes: RHR 86 (1922) 117–201.
– Sur l'iconographie de Bendis, Sbornik Gabriel Katzarov, Sofia 1950.
Plassart A., La synagogue juive de Délos, in: Mélanges Holleaux, Paris 1913, 201–215.
Pohlenz M., Paulus und die Stoa: ZNW 42 (1949) 69–104.
– Die Stoa, Göttingen [4]1970.
Ramsay W. M., The Bearing of Recent Discovery on the Trustworthiness of the New Testament, London 1920.
– St. Paul the Traveller and the Roman Citizen, London 1897, Neudruck Michigan 1960.
— The Philippians and their Magistrates: JThS 1 (1900) 114—116.
Rigaux B., Paulus und seine Briefe, München 1964.
Roger J., L'enceinte basse de Philippes: BCH 62 (1938) 20–41.
Roux G., Pausanias en Corinthie (Annales de l'Université de Lyon III/31) Paris 1958.
Schede M., Die Burg von Athen, Berlin 1922.
Schefold K., Zur hellenistischen Theologie Alexandrias, in: Antidoron E. Salin, Tübingen 1962, 167–181.
Schmid W., Epikur, in: RAC V 1962, 681–819.
– Die Rede des Apostels Paulus vor den Philosophen in Athen: Ph. 95 (1943) 79–120.
Schmidt J., Philippoi, in: PRE XIX/2, 1938, 2214–2233.
Schönebeck H. von, Die Stadtplanung des römischen Thessalonike, in: Bericht über den 6. internationalen Kongreß für Archäologie, Berlin 1940, 478–482.
– Die zyklische Ordnung der Triumphreliefs am Galeriusbogen von Saloniki: ByZ 37 (1937) 361–371.
Schrenk G., Urchristliche Missionspredigt im ersten Jahrhundert, in: Auf dem Grunde der Apostel und Propheten (Festschrift Th. Wurm) Stuttgart 1948, 51–66.
Schürer E., Geschichte des jüdischen Volkes im Zeitalter Jesu Christi, 2 Bde, Leipzig 1886/90.
– Die Juden im bosporanischen Reiche und die Genossenschaften der σεβόμενοι θεὸν ὕψιστον ebendaselbst, in: SPAW 1897, 200–225.
Schwartz E., Epikur, in: Charakterköpfe der Antike, Leipzig [4]1956.
Schweitzer B., Prolegomena zur Kunst des Parthenon-Meisters, in: JdI 53, Berlin 1938, 1–89.

– Zur Kunst des Parthenon-Meisters, in: JdI 54, Berlin 1939, 1–96.
– Phidias der Parthenonmeister, in: JdI 55, Berlin 1940, 170–241.
Schweizer E., Zu den Reden der Apostelgeschichte: ThZ 13 (1957) 1–11.
Scranton, R. L., Corinth, Princeton 1951.
– Greek Walls, Cambridge Mass. 1941.
Seyrig H., Quatre cultes de Thasos (III): BCH 51 (1927) 198–219.
Shear Jr. T. L., The Athenian Agora. Excavations of 1970: Hesp. 40 (1971) 241–279.
Sherwin-White A. N., Roman Society and Roman Law in the New Testament, Oxford 1963.
Stevens G. P. u. a., The Erechtheum, Cambridge 1927.
Stonehouse N. B., The Areopagus Address, in: *ders.*, Paul before the Areopagus and Other New Testament Studies, London 1957, 1–40.
Tafrali O., Thessalonique des origines au 14. siècle, Paris 1919.
– Topographie de Thessalonique, Paris 1913.
Thompson H. A., The Athenian Agora. A Guide to the Excavations and Museum, Athen ²1962.
– */Wycherley R. E.*, The Athenian Agora XIV, Princeton 1972.
Toutain J., The Economic Life of the Ancient World, London 1968 (frz. Ausgabe: L'économie antique, Paris 1927).
Travlos J., Bildlexikon zur Topographie des antiken Athen, Tübingen 1971.
Tritsch F., Die Agora von Elis und die altgriechische Agora, in: ÖJh 27, Wien 1932, 64–105.
– Die Stadtbildungen des Altertums und die griechische Polis: Klio 22 (1929) 1–83.
Unnik W. C. van, Die Anklage gegen die Apostel in Philippi, in: Mullus, Festschrift Th. Klauser (JAC.E 1) Münster 1964, 366–373.
– Die Rücksicht auf die Reaktion der Nichtchristen als Motiv in der altchristlichen Paränese, in: Judentum, Urchristentum, Kirche, Festschrift J. Jeremias (ZNW Beih. 26) Berlin ²1964, 221–234.
Vickers M., Observations on the Octagon at Thessaloniki: JRS 63 (1973) 111–120.
– Towards Reconstruction of the Town Planning of Roman Thessaloniki, in: *B. Laourdas/Ch. Makaronas* (Hrsg.), Ancient Macedonia I, Thessaloniki 1970, 239–251.
Vittinghoff F., Römische Kolonisation und Bürgerrechtspolitik unter Caesar und Augustus (AAWLM.G 14) Wiesbaden 1951.
Vögtle A., Die Tugend- und Lasterkataloge im Neuen Testament (NTA XVI/4.5) Münster 1936.
Waele F.-J. de, Corinthe et saint Paul (Les hauts lieux de l'histoire 15) Paris 1961.
– Corinthe, métropole et ville commerciale gréco-romaine, Nymwegen 1961.
– Erastus, oikonoom van Korinthe en friend van St. Paulus, in: MNHIR 9, 's-Gravenhage 1929, 40–48.

– Korinthos, in: PRE Suppl. VI 1935, 182–199.
Walbank F. W., Philip V of Macedon, Hamden Conn. 1940.
Walter O., Athen. Akropolis, Wien 1929.
Welles C. B., New Texts from the Chancellery of Philip V of Macedonia and the Problem of the „Diagramma“: AJA 42 (1938) 245–260.
Wiesel J. M./Speich R., Athen, Stuttgart 1970.
Will E., Korinthiaka, Paris 1955.
Williams C. S. C., A Commentary of the Acts of the Apostles (BNTC 5) London 1957.
Witt N. W. de, Epicurus and his Philosophy, Minneapolis 1954.
– St. Paul and Epicurus, Minneapolis 1956.
Wittmann W., Das Isisbuch des Apulejus (FKGG 12) Stuttgart 1938.
Wycherley R. E., How the Greeks Built Cities, London 1949.
– The Ionian Agora: JHS 62 (1942) 21–32.
Yalouris N., Klassisches Griechenland. Die Marmorskulpturen des Parthenon, München 1960.
Young R. S., An Industrial District of Ancient Athens: Hesp. 20 (1951) 135–288.
Zschietzschmann W., Athen, in: PRE Suppl. XIII 1973, 56–140.

Nachtrag zum Literaturverzeichnis:

Becker J., Paulus. Der Apostel der Völker, Tübingen 1989.
Elliger W., Die Rede des Apostels Paulus auf dem Areopag (Apg 17,16—34): AU 25 (1982) H. 2, 63—79.
Hildebrandt D., Saulus — Paulus. Ein Doppelleben, München 1989.
Hugédé N., Paul et la Grèce, Paris 1982.
Limbeck M., Mit Paulus Christ sein. Sachbuch zur Person und Theologie des Apostels Paulus, Stuttgart 1989.
Lüdemann G., Paulus der Heidenapostel, Bd. 1: Studien zur Chronologie, Göttingen 1980.
Meinardus O. F. A., St. Paul in Greece, Athen 1973.
Murphy-O'Connor J., St. Paul's Corinth. Texts and Archaeology (Good News Studies 6), Wilmington 1983.
Theissen G., Soziale Schichtung in der korinthischen Gemeinde. Ein Beitrag zur Soziologie des hellenistischen Urchristentums, in: Studien zur Soziologie des Urchristentums (WUNT Bd. 19), Tübingen ³1989.
Walbank F. W., Via illa nostra militaris: Some thoughts on the Via Egnatia, in: Althistorische Studien Hermann Bengtson dargebracht, hg. v. H. Heinen = Historia, Einzelschriften Bd. 40, Wiesbaden 1983, 131—147.

Quellennachweis zu den Abbildungen

1 *Wycherley R. E.*, How the Greeks Built Cities, Macmillan, London and Basingstoke 1949, Fig. 10 (S. 54).

2 *Martin R.*, L'urbanisme dans la Grèce antique, Picard, Paris 1956, Fig. 11 (S. 115).

3 *Wycherley* a.a.O., Fig. 18 (S. 74), nach: Gerkan A. von, Griechische Städteanlagen, Berlin 1924, Abb. 11.

4 Die Blauen Führer: Türkei, Hachette, Paris 1968, Plan S. 406f.

5* *Kirsten E./Kraiker W.*, Griechenlandkunde II, Carl Winter-Universitätsverlag, Heidelberg 1967, Abb. 172 (S. 658).

6* *Lazaridis D.*, Φίλιπποι – Ρωμαϊκὴ ἀποικία, in: Athens Technological Organization (Hrsg.), Ancient Greek Cities 20, Athens Center of Ekistics 1973, Fig. 12, nach: Collart P., Philippes, Paris 1973, Pl. XLIII.

7* *Lazaridis* a.a.O., Fig. 13, nach: Collart a.a.O., Pl. XLIV.

8 *Hoddinott R. F.*, Early Byzantine Churches in Macedonia and Southern Serbia, Macmillan, London 1963, Fig. 80 + 81 (S. 170).

9 *Hoddinott* a.a.O., Fig. 97 (S. 189).

10 *Hoddinott* a.a.O., Fig. 98 (S. 189).

11* *Pelekanidis S.*, Ἀνασκαφαὶ ὀκταγώνου Φιλίππων, in: Πρακτικὰ τῆς ἐν Ἀθήναις Ἀρχαιολογικῆς Ἑταιρείας 1960 (1966) S. 77.

12* *Gounaris G.*, Τὰ τείχη τῆς Θεσσαλονίκης, Thessaloniki 1976, Plan 1.

13* *Vickers M.*, Town-planning, in: Laourdas B./Makaronas Ch. (Hrsg.), Ancient Macedonia, Institute for Balkan Studies, Thessaloniki 1970, Fig. 3 (S. 248).

14 *Dyggve E.*, La région palatiale de Thessalonique, in: Acta congressus Madvigiani Hafniae II/1, Munksgaard, Copenhagen 1958, Fig. 15 + 16 (S. 365).

15 *Vickers M.*, Observations on the Octagon at Thessaloniki, in: JRS 63 (1973), Published by the Society for the Promotion of Roman Studies at the Office of the Society, London 1973, Fig. 8 (S. 112).

16 *Dyggve* a.a.O., Fig. 9 (S. 360).

17 *Vickers* a.a.O., Fig. 9 (S. 114).

18 *Hoddinott* a.a.O., Fig. 64 (S. 135).

19 Zeichnung von Lutz A. K., in: Logbuch des Karawane-Verlags 6b.

20* *Young R. S.*, An Industrial District of Ancient Athens, in: American School of Classical Studies at Athens (Hrsg.), Hesperia 20 (1951), Fig. 7 (S. 189).

21* *Young* a.a.O., Fig. 11 (S. 204).

22* *Young* a.a.O., Fig. 24 (S. 273).

23* *Wiesel J. M./Speich R.*, Athen, W. Kohlhammer, Stuttgart 1970, S. 121.

24* Wiesel/Speich a.a.O., S. 119.

25 Lexikon der Alten Welt, Artemis Verlag, Zürich-München 1965, Abb. 43 (Spalte 377f).

26 *Thompson H. A./Wycherley R. E.,* The Agora of Athens, in: The American School of Classical Studies at Athens (Hrsg.), The Athenian Agora XIV, Princeton N.J. 1972, Plate 5.

27 *Meletzis S./Papadakis H.,* Kunstführer „Athen. Akropolis und Museum", München ^{8}1976, nach: Travlos J.

28 *Wachmeier G.,* Kunst- und Reiseführer Athen, Artemis Verlag, Zürich-München 1976, S. 82.

29 *Gruben G.,* Die Tempel der Griechen, Hirmer Verlag, München 1966, Abb. 132 (S. 160).

30 *Gruben* a.a.O., Abb. 28 (S. 35).

31 *Kähler H.,* Der griechische Tempel, Gebr. Mann Verlag, Berlin 1964, Tafel 7a (Zeichnung vom Verfasser).

32 American School of Classical Studies at Athens (Hrsg.), Ancient Corinth, Athen ^{6}1960, Plan III.

33 *Reicke B./Rost L.,* Biblisch-Historisches Handwörterbuch II, Vandenhoeck & Ruprecht, Göttingen 1964, Spalte 989f.

34 *Waele F.-J. de,* Corinthe et saint Paul, Albert Guillot, Paris 1961, S. 87.

35 *de Waele* a.a.O., S. 80.

Wir danken allen Verlagen für die bereitwillige Abdruckgenehmigung. Die mit * versehenen Abbildungen wurden von Fritz Unger, Stuttgart, nach den entsprechenden Vorlagen vorbereitet.

Personen- und Sachregister

Verzeichnis griechischer Wörter (in Auswahl)

Abbildungen und Pläne

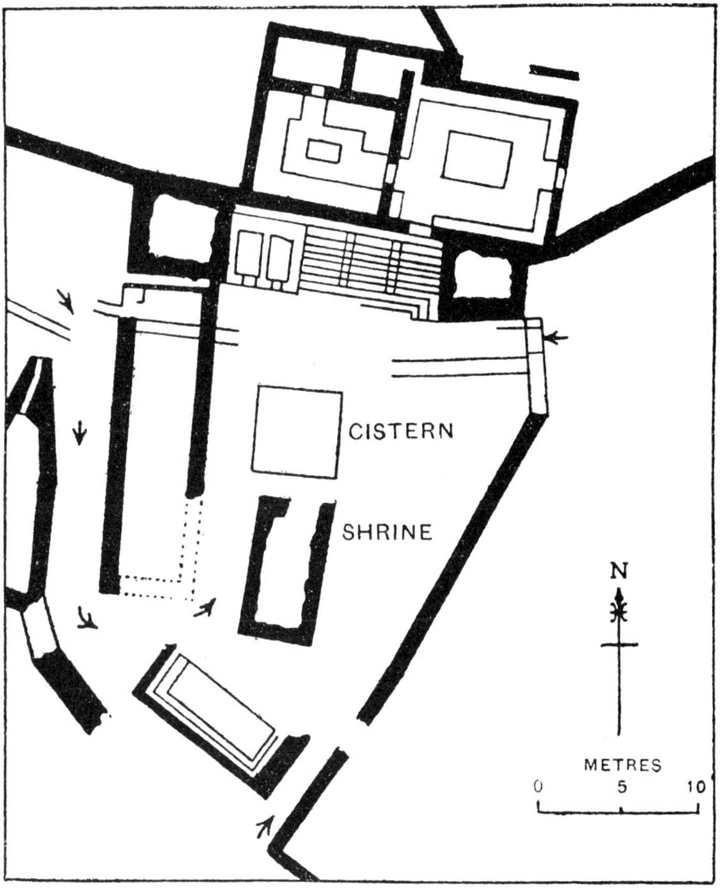

Abb. 1 Lato, Agora
(zu Seite 15)

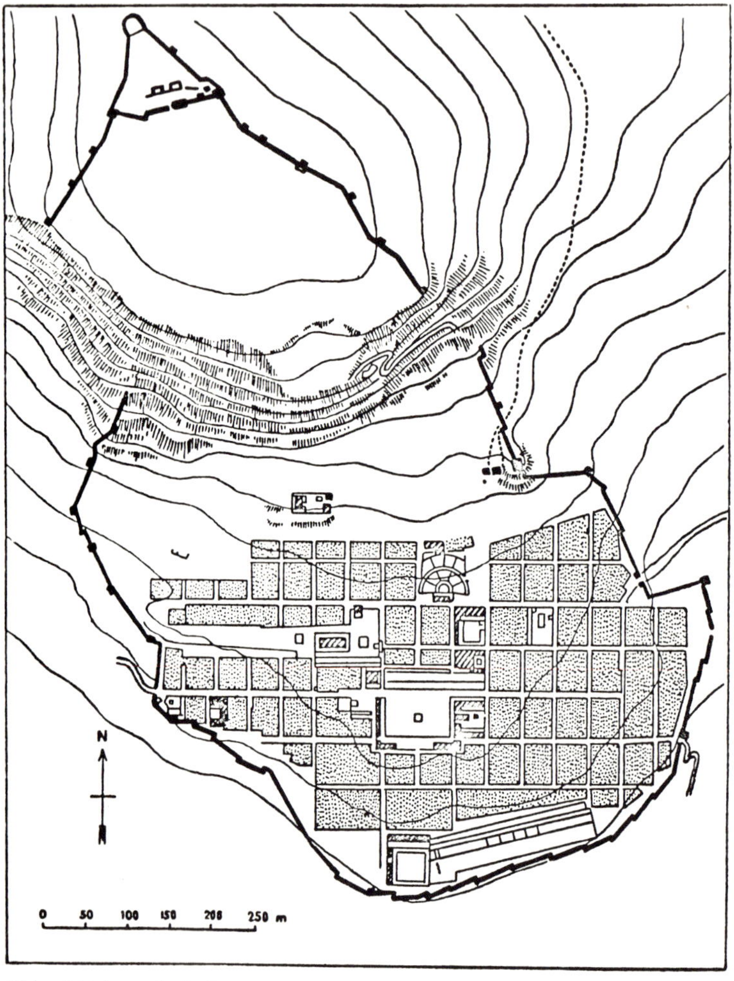

Abb. 2 Priene, Stadtplan
(zu Seite 17f)

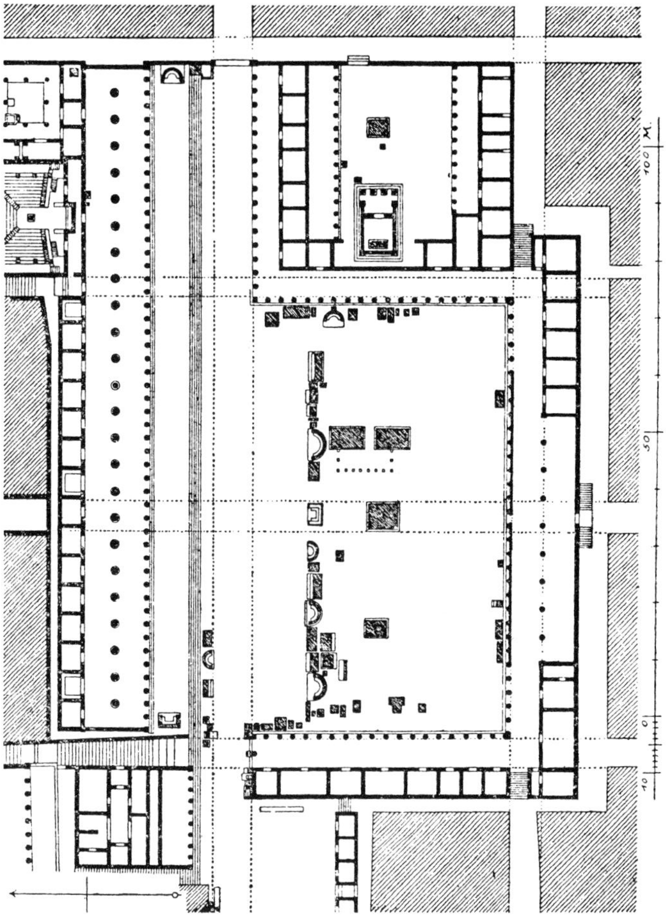

Abb. 3 Priene, Agora
(zu Seite 18)

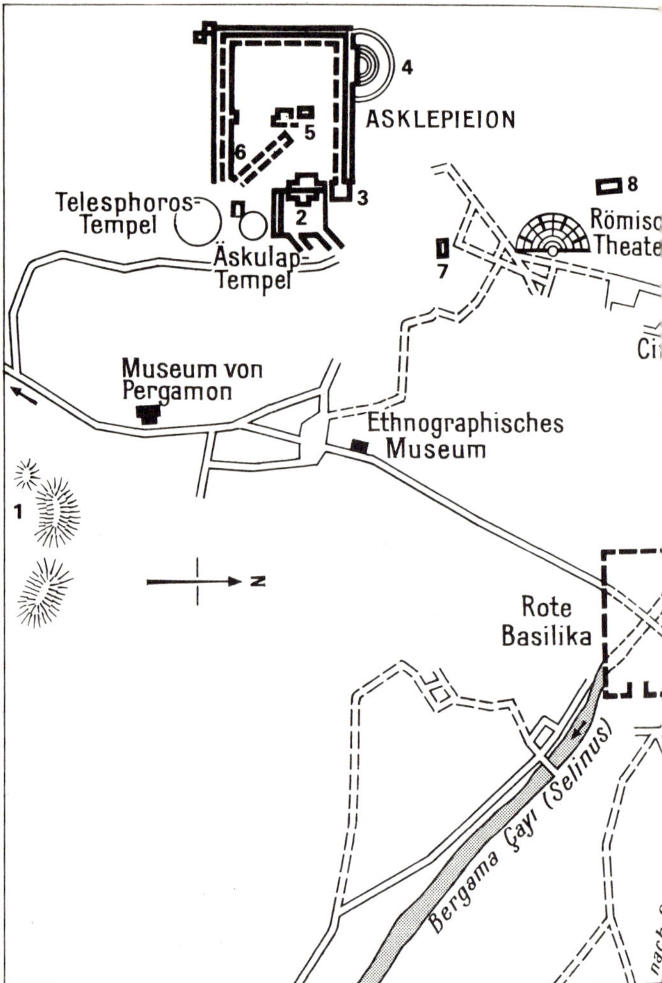

1 *Tumuli*
2 *Propyläen* (*ASKLEPIEION*)
3 *Bibliothek* "
4 *Theater* "
5 *Heilige Quelle* "
6 *Heiliger Tunnel* "
7 *Vıran Kapı (Torruine)*
8 *Stelle des Athene-Tempel*
9 *Römisches Amphitheater*
10 *Obere Agora*
11 *Königstor*
12 *Akropolismauer*

Abb. 4 Pergamon, Stadtplan
(zu Seite 19f)

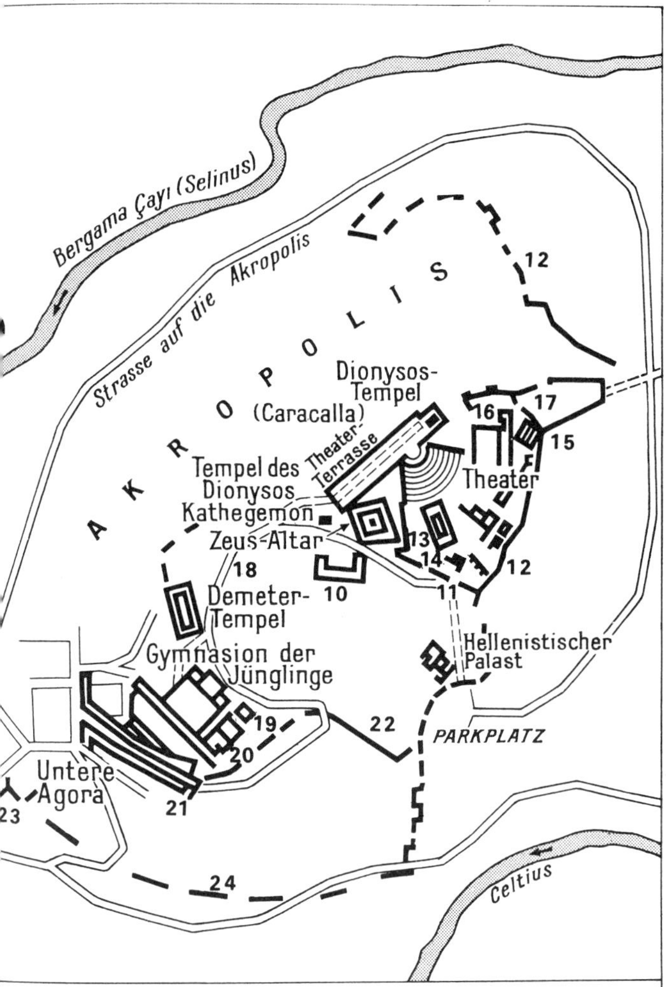

	·thene - Tempel	19	*Hera-Tempel*
	·ibliothek	20	*Thermen*
	·önigspalast	21	*Hellenistisches Tor*
	·rajans-Palast	22	*Zweite Akropolismauer*
	·äden	23	*Akropolistor*
	·epflasterter Weg	24	*Dritte Akropolismauer*

Abb. 5 (zu Seite 37) Philippi, Lageplan

a Aquädukt
b Untere byzantinische Quermauer
c Obere byzantinische Quermauer
d Antike Akropolismauer
e Mittelalterliches Kastell
f Byzantinische Vormauer

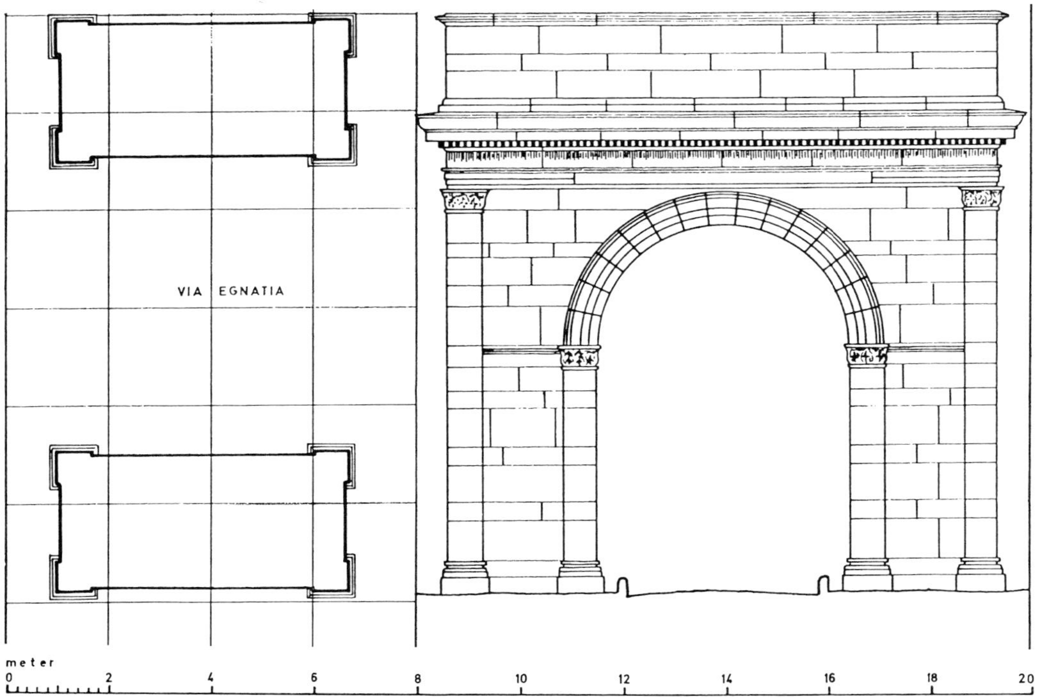

Abb. 6 Philippi,
(zu Seite 48f) Bogentor

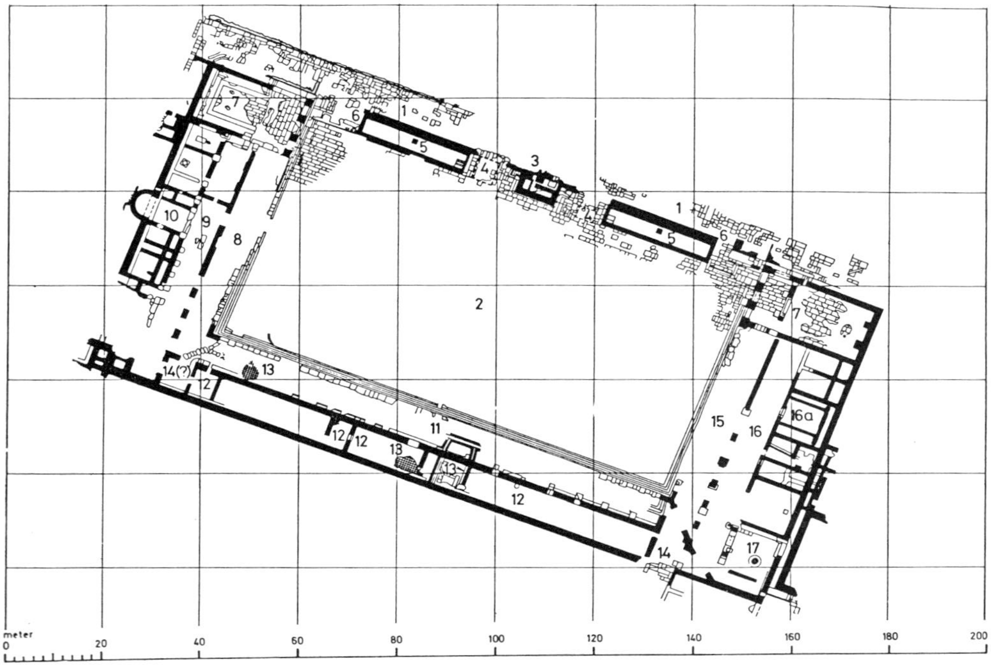

Abb. 7
(zu Seite 58-61)

Philippi, Forum

1 Via Egnatia
2 Gepflasterter Hof
3 Rostra
4 Kultstätten (?)
5 Brunnenanlagen
6 Nördliche Zugänge
7 Tempel
8 Westliche Stoa
9 Verwaltungsgebäude
10 Curie
11 Südliche Stoa
12 Läden
13 Haus mit Mosaikboden
14 Südliche Zugänge (?)
15 Östliche Stoa
16 Bücherei
16a Leseraum
17 Südöstlicher Raum mit Brunnen

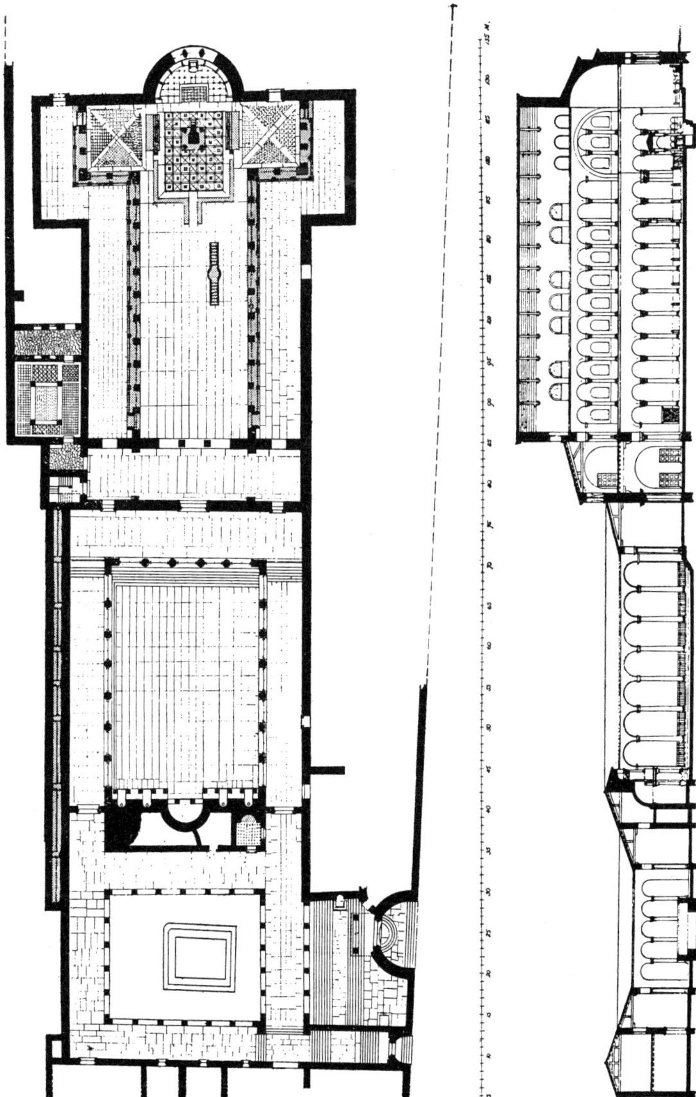

Abb. 8 Philippi, Basilika A
(zu Seite 71f)

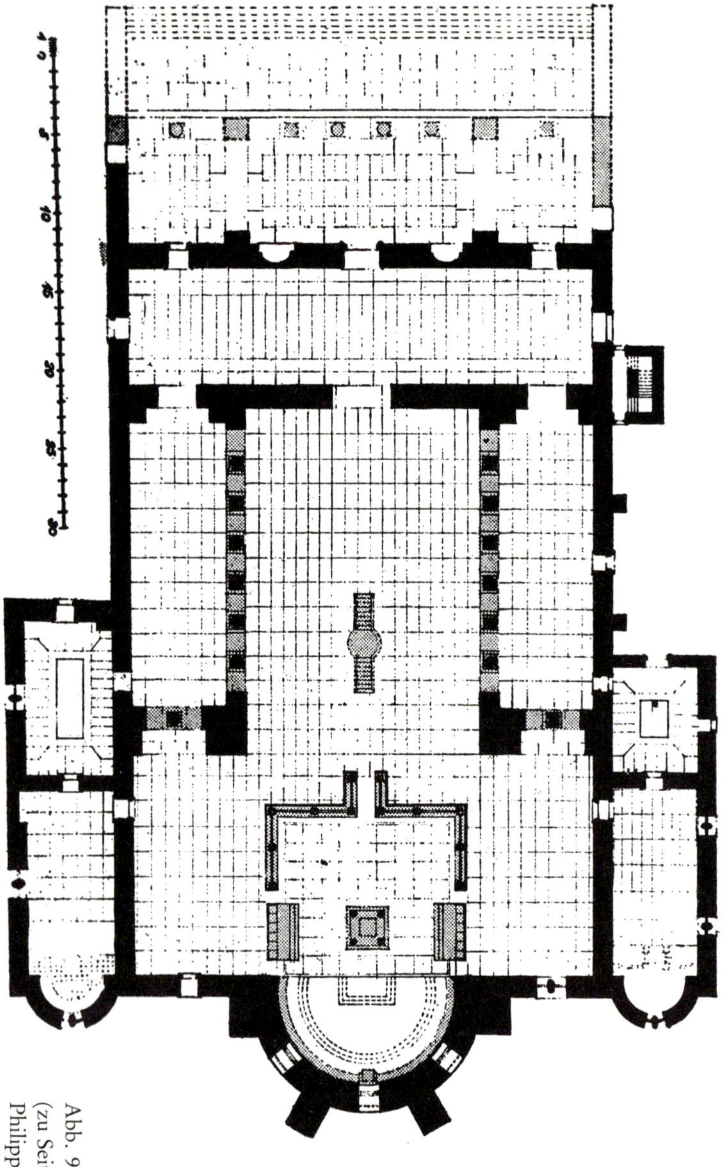

Abb. 9
(zu Seite 72f)
Philippi, Basilika B

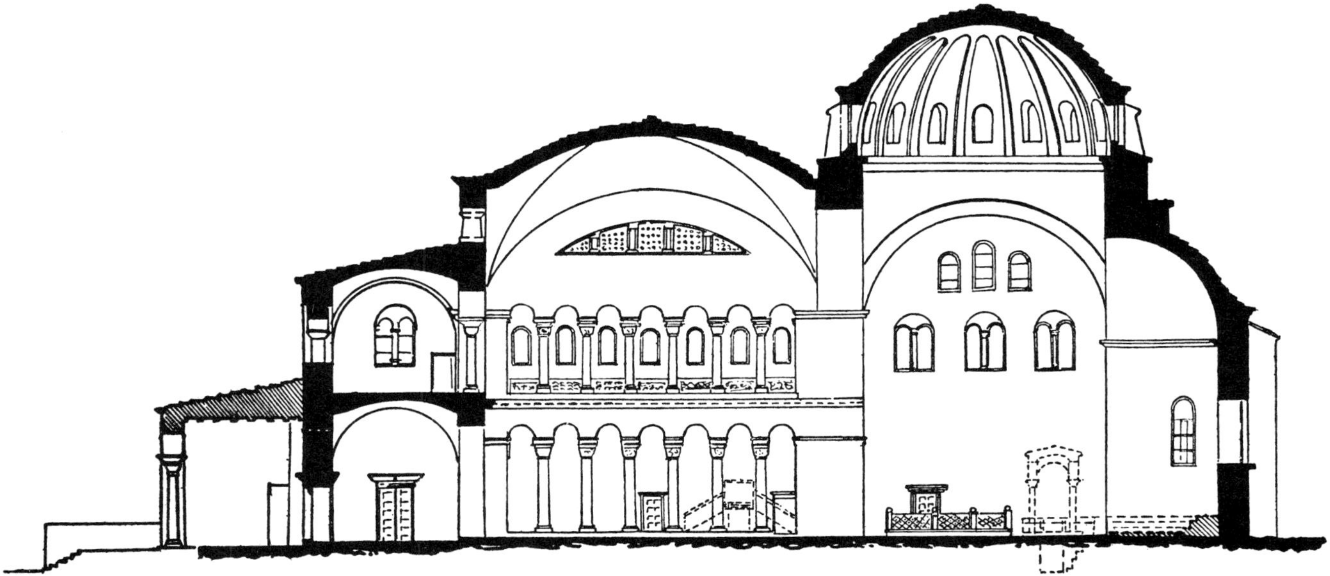

Abb. 10 Philippi, Basilika B
(zu Seite 72f)

Abb. 11 (zu Seite 74ff) Philippi, Oktogon

1 Stoa
2 Narthex
3 Oktogon
4 Brunnen
5 Prothesis

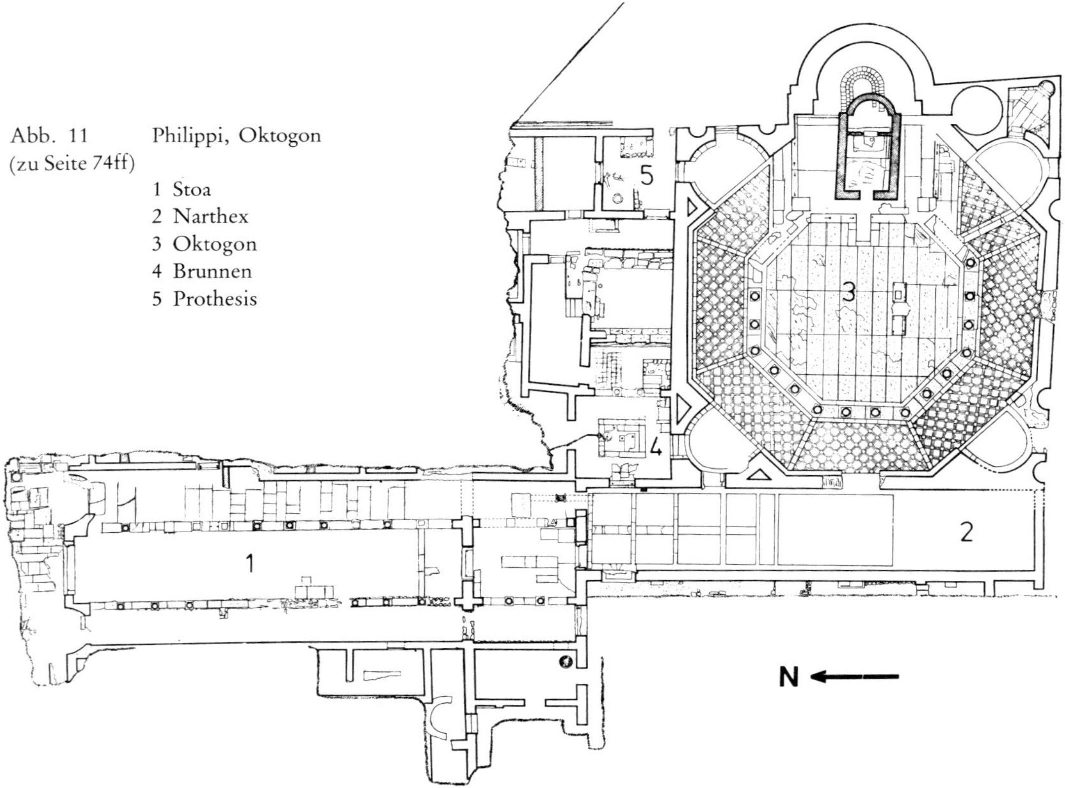

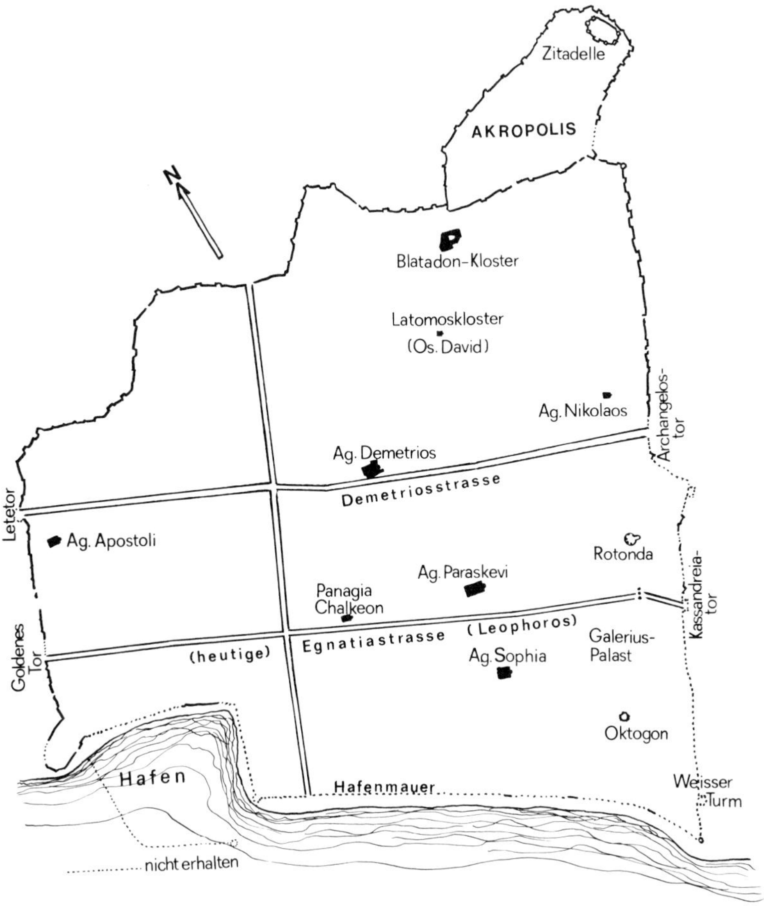

Abb. 12 Thessaloniki, Stadtmauer
(zu Seite 99ff)

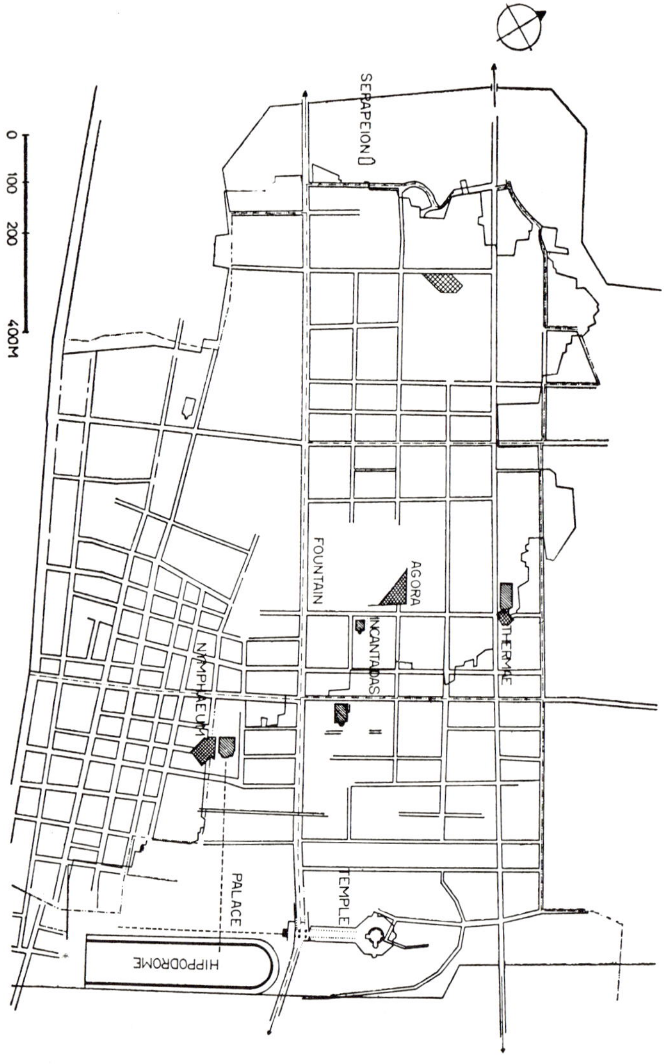

Abb. 13 Thessaloniki, Stadtplan
(zu Seite 102f)

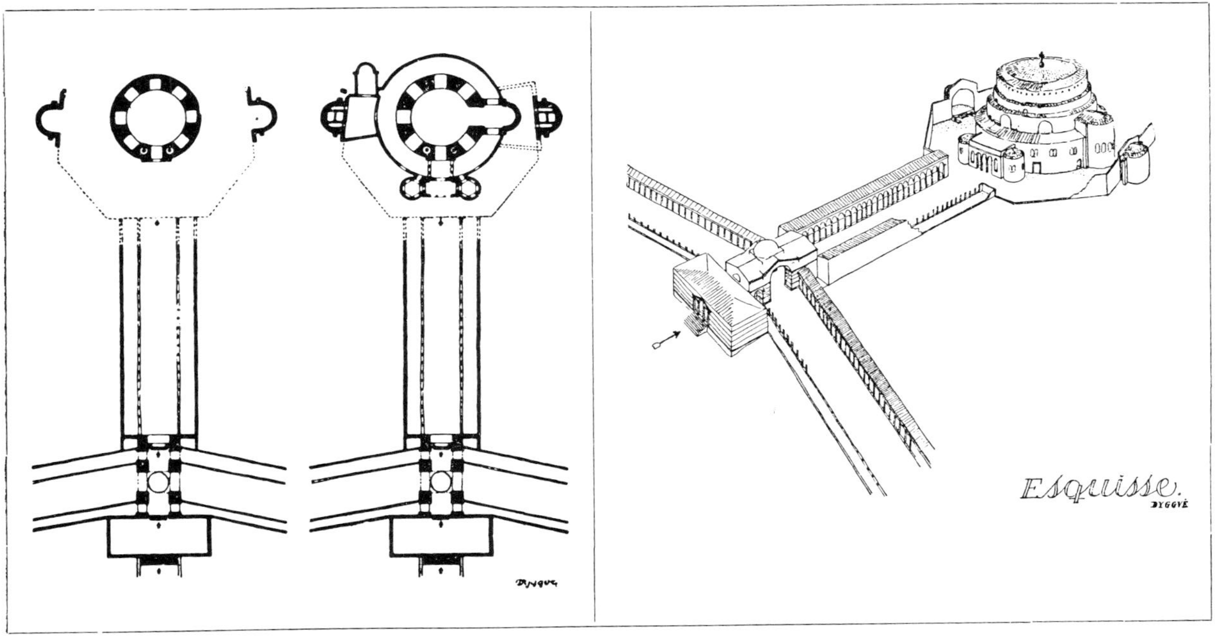

Abb. 14 Thessaloniki, Nördlicher Teil der Palastanlage des Galerius
(zu Seite 105.108f)

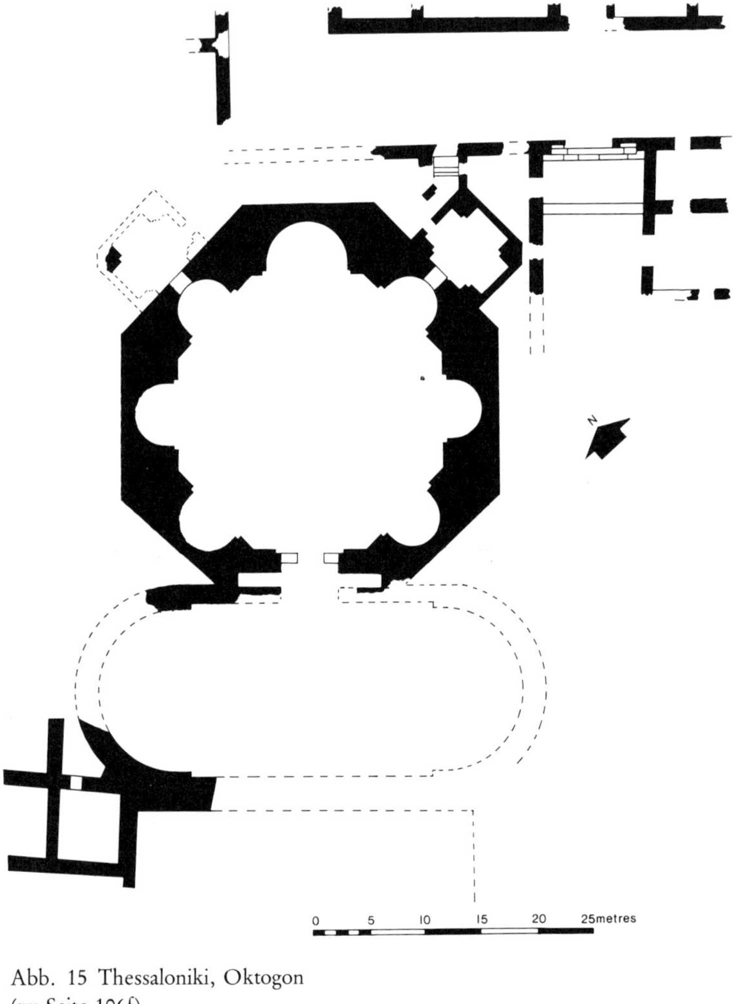

Abb. 15 Thessaloniki, Oktogon
(zu Seite 106f)

Abb. 16 Thessaloniki, Rotunde, Mosaik (Ausschnitt)
(zu Seite 109)

Abb. 17 Thessaloniki, Kreuz in der Hauptapsis des Oktogons
(zu Seite 109f)

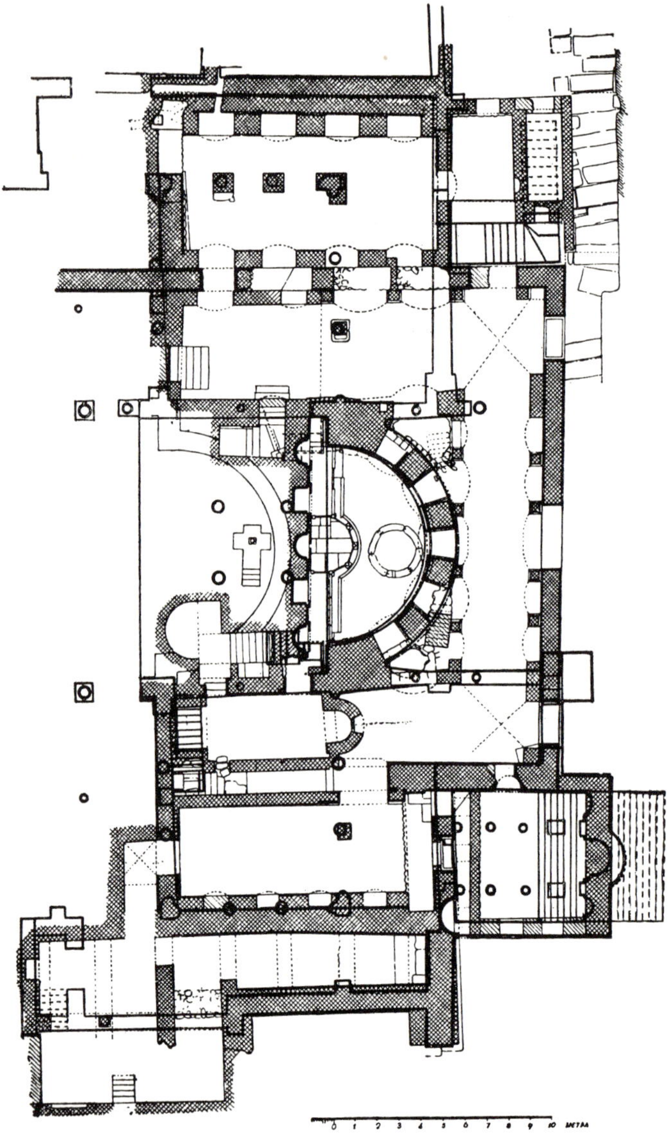

Abb. 18 Thessaloniki, Krypta der Demetrios-Basilika
(zu Seite 113)

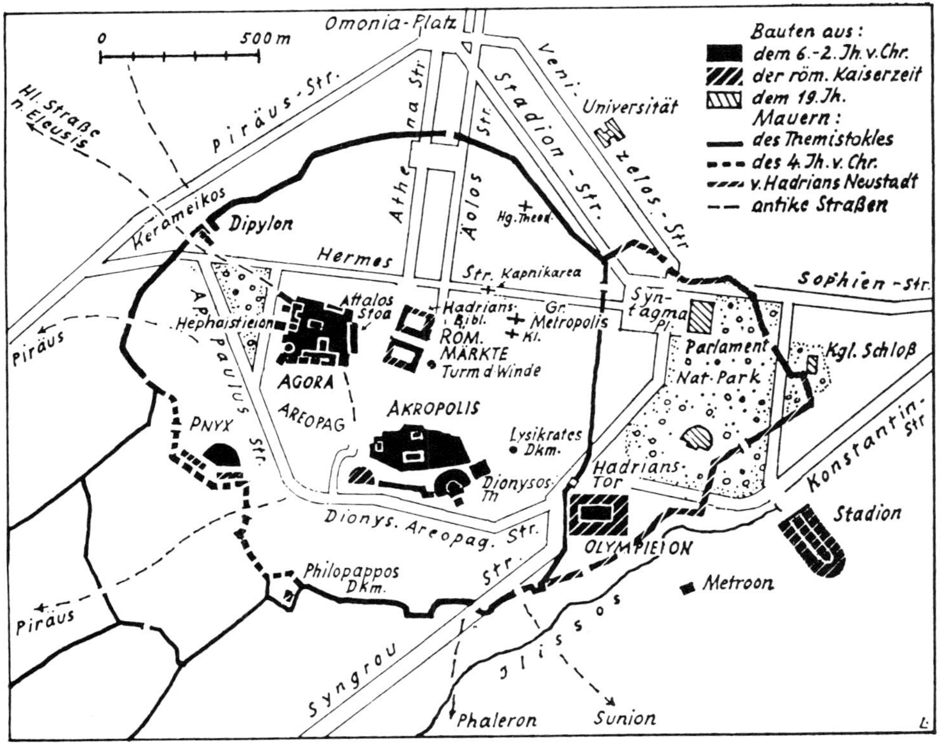

Abb. 19
(zu Seite 143f)
Athen, Lageplan der antiken Stadt (modernes Straßennetz angedeutet)

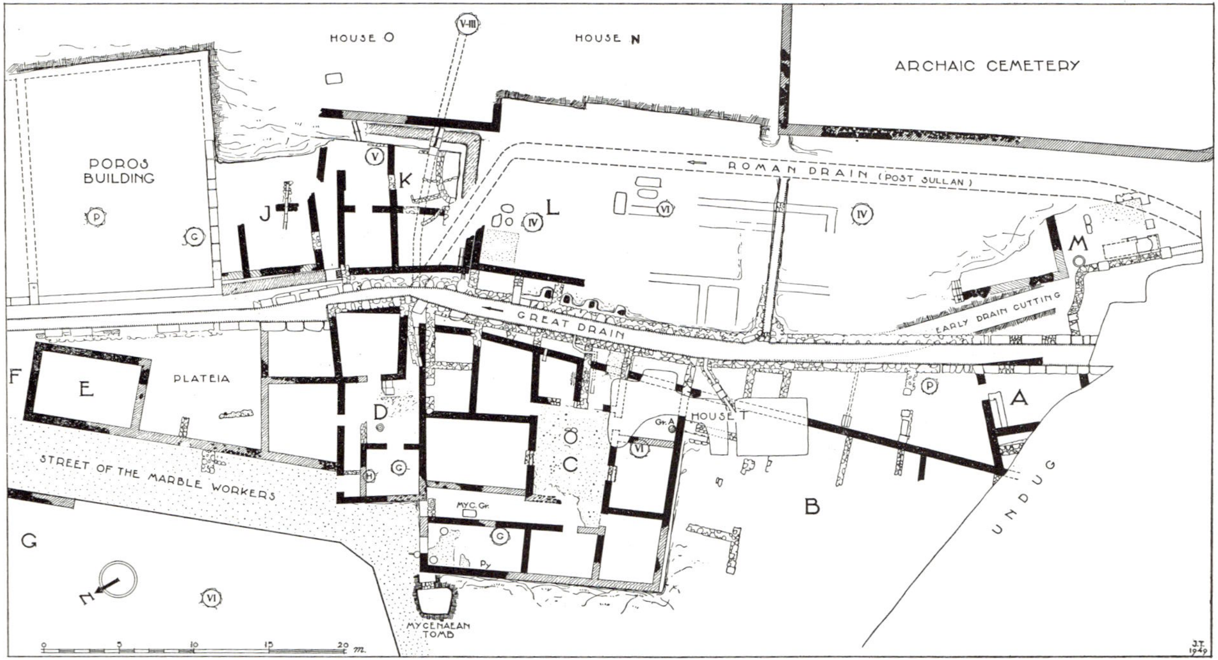

Abb. 20 Athen, Handwerkerviertel der vorrömischen Zeit
(zu Seite 146)

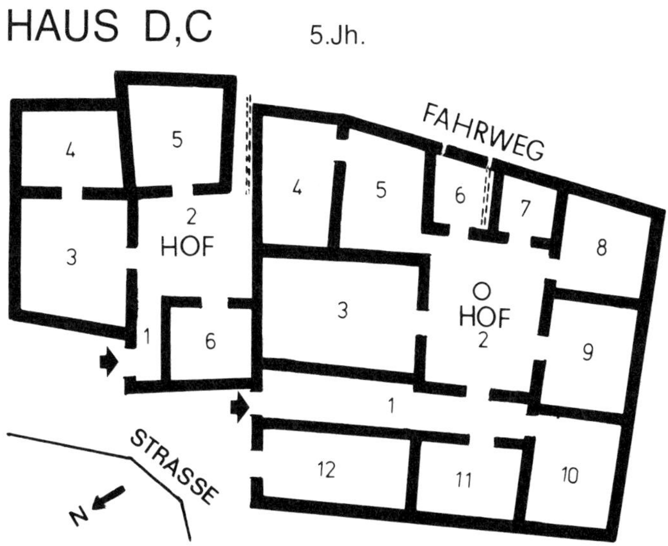

Abb. 21 Athen, Grundriß zweier griechischer Häuser (zu Seite 146f)

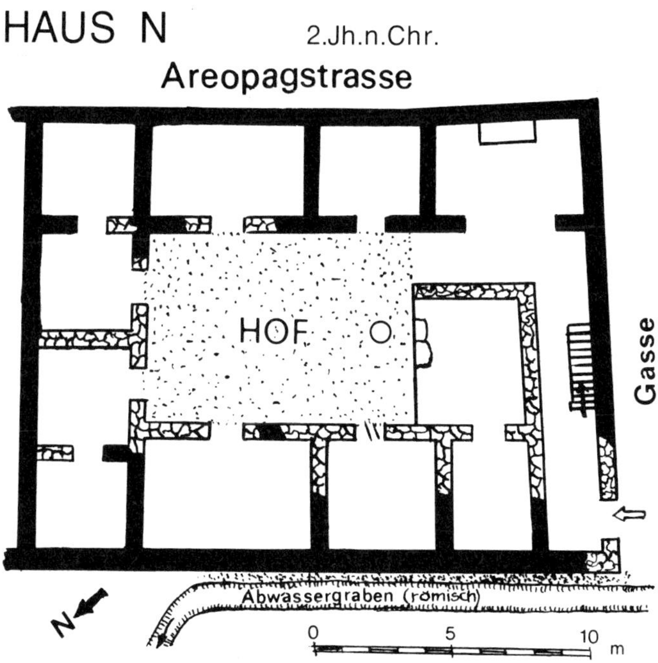

Abb. 22 Athen, Grundriß eines römischen Hauses (zu Seite 148)

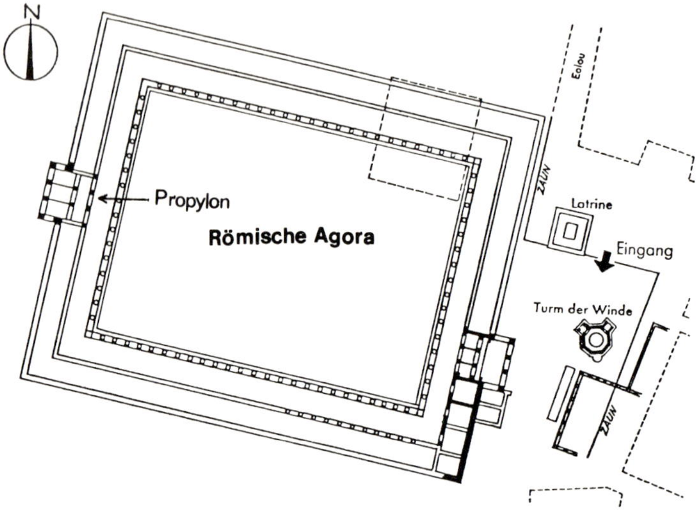

Abb. 23 Athen, Augustusforum
(zu Seite 148f)

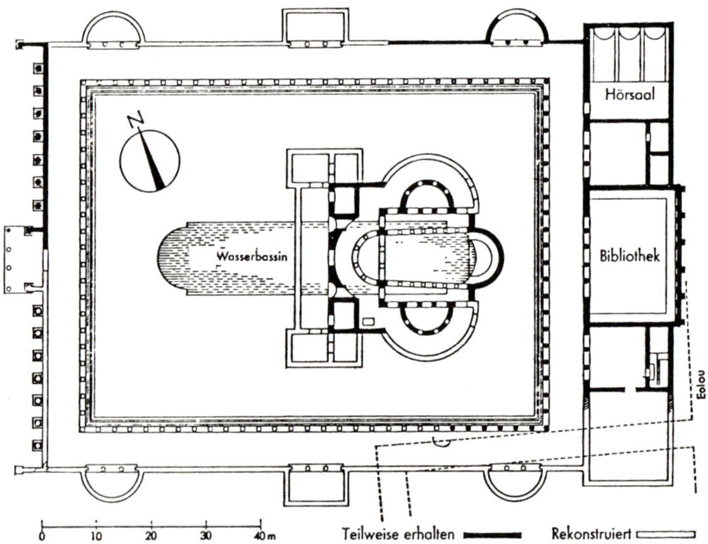

Abb. 24 Athen, Hadriansbibliothek
(zu Seite 150f)

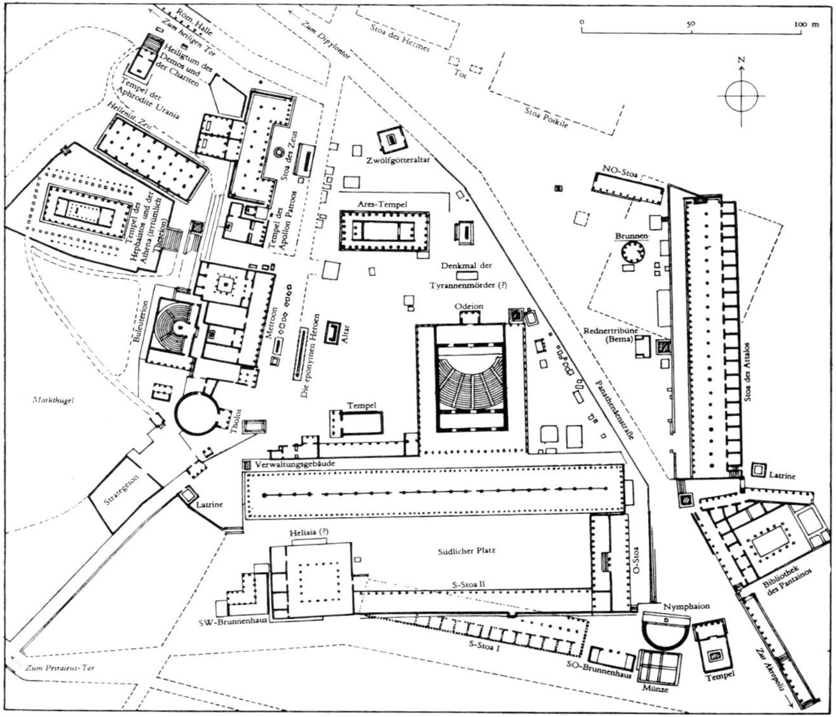

Abb. 25 Athen, Agora
(zu Seite 151-155)

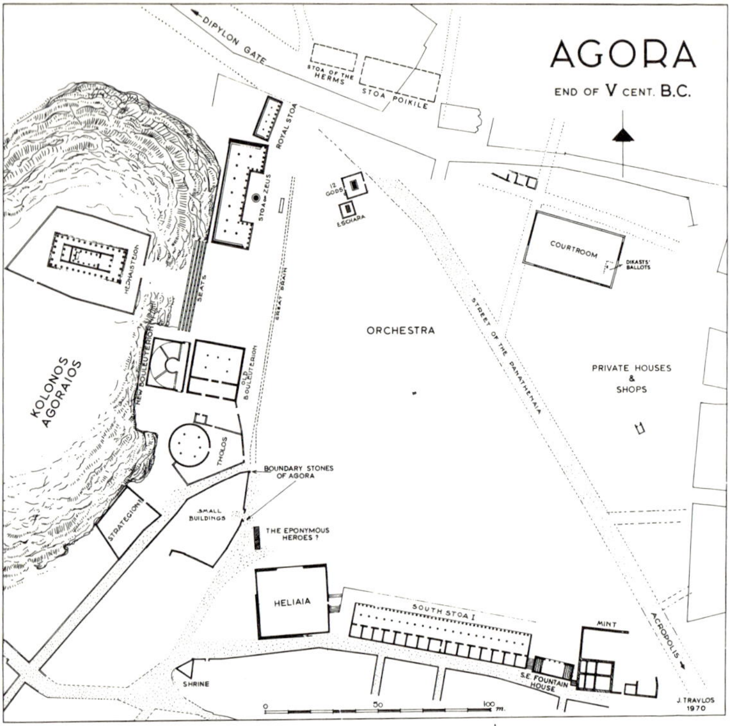

Abb. 26 Athen, Agora (5. Jh.)
(zu Seite 160ff)

Abb. 27 Athen, Akropolis
(zu Seite 180-193)

1 Beulé-Tor
2 Tempel der Athena Nike
3 Sockel des Denkmals des Agrippa
4 Propyläen
5 Pinakothek
6 Reste des peisistratischen Propylon und der Pelasgischen Mauer
7 Heiligtum der Athena Hygieia
8 Heiligtum der Artemis Brauroneia
9 Chalkothek und Heiligtum der Athena Ergane
10 Athena Promachos
11 Haus der Arrephoren
12 Pandroseion
13 Erechtheion
14 Alter Tempel der Athena Polias
15 Altar der Athena
16 Parthenon
17 Tempel der Roma und des Augustus
18 Heiligtum des Zeus Polieus
19 Heroentempel des Pandion
20 Pelasgische Mauer

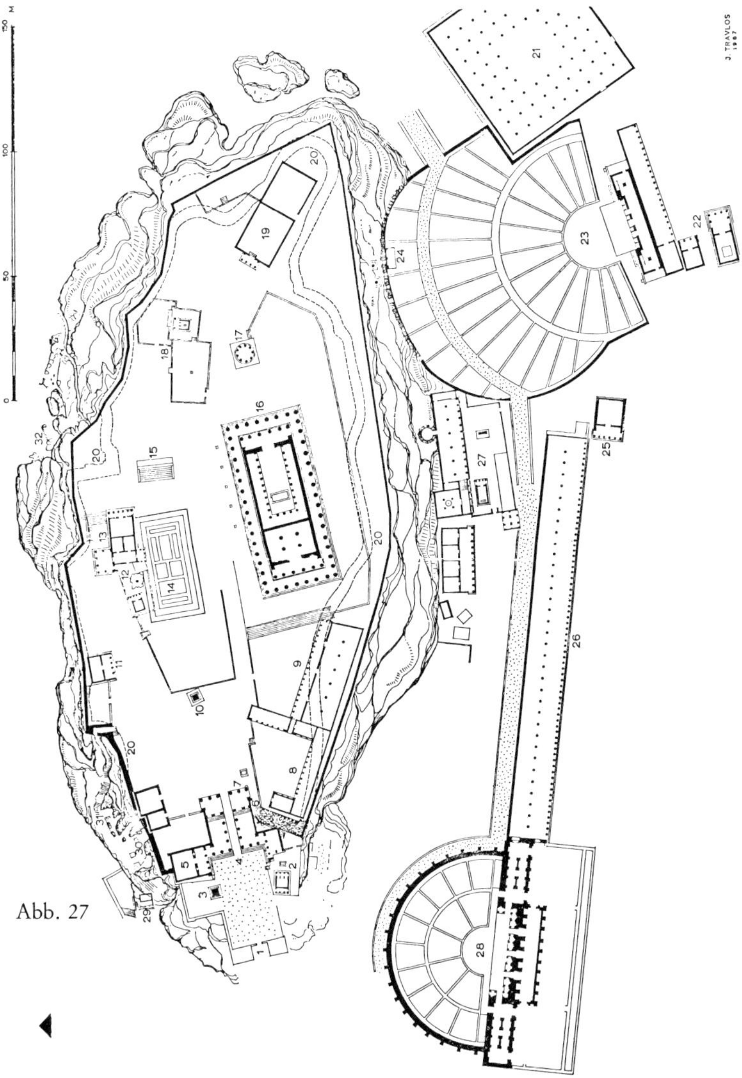

Abb. 27

21 Odeion des Perikles
22 Alter und neuer Tempel des Dionysos Eleuthereus
23 Dionysostheater
24 Denkmal des Thrasyllos
25 Denkmal des Nikias
26 Halle des Eumenes
27 Asklepieion
28 Odeion des Herodes Attikus
29 Quelle Klepsydra
30 Höhle des Pan
31 Alte Treppe
32 Heiligtum des Eros und der Aphrodite “in den Gärten”

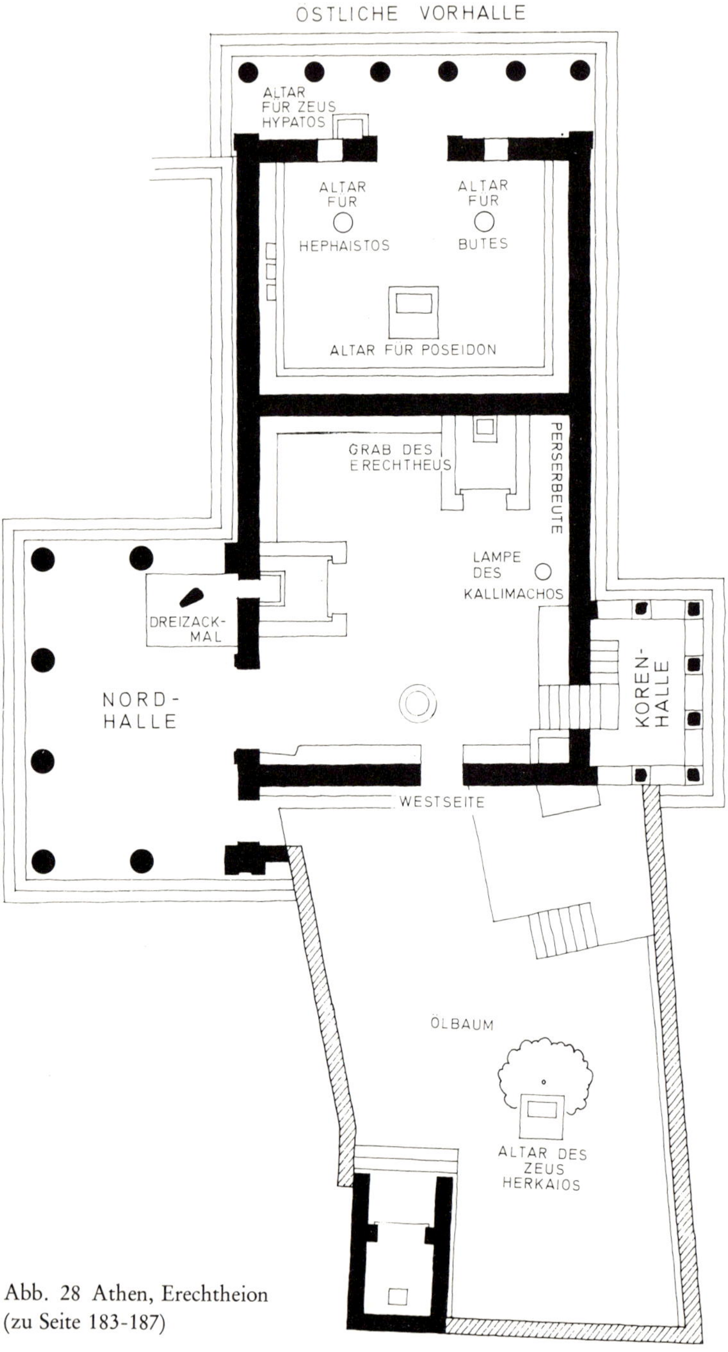

Abb. 28 Athen, Erechtheion
(zu Seite 183-187)

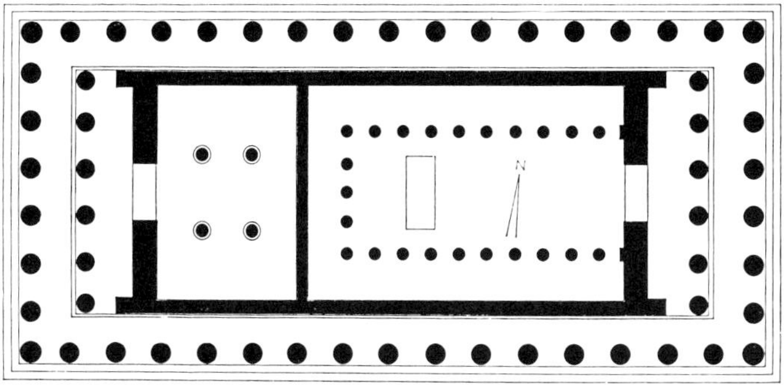

Abb. 29 Athen, Grundriß des Parthenon (1:800)
(zu Seite 187)

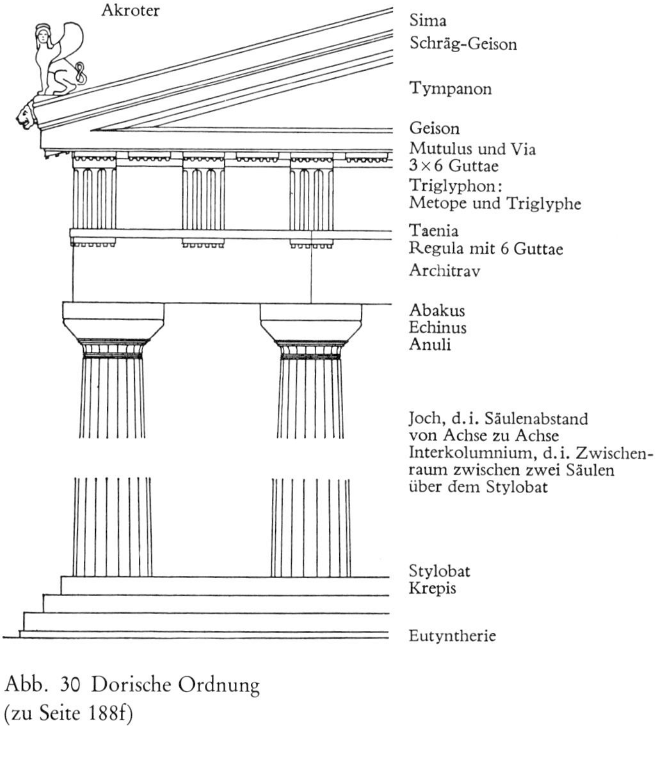

Abb. 30 Dorische Ordnung
(zu Seite 188f)

Abb. 31 Athen, Inneres des Parthenon
(zu Seite 189f)

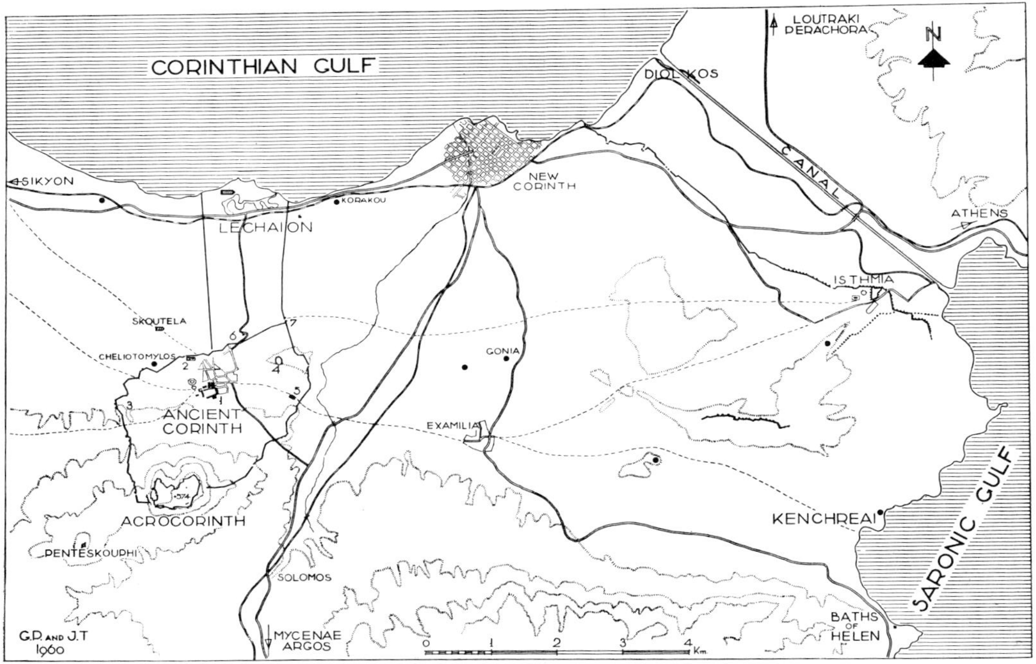

Abb. 32
(zu Seite 201.211)

Korinth, Lageplan

1 Agora
2 Asklepieion
3 Kerameikos
4 Amphitheater
5 Frühchristliche Kirche
6 Ziegelfabrik
7 Isthmisches Tor

--- Antike Straßen
● Prähistorische Orte

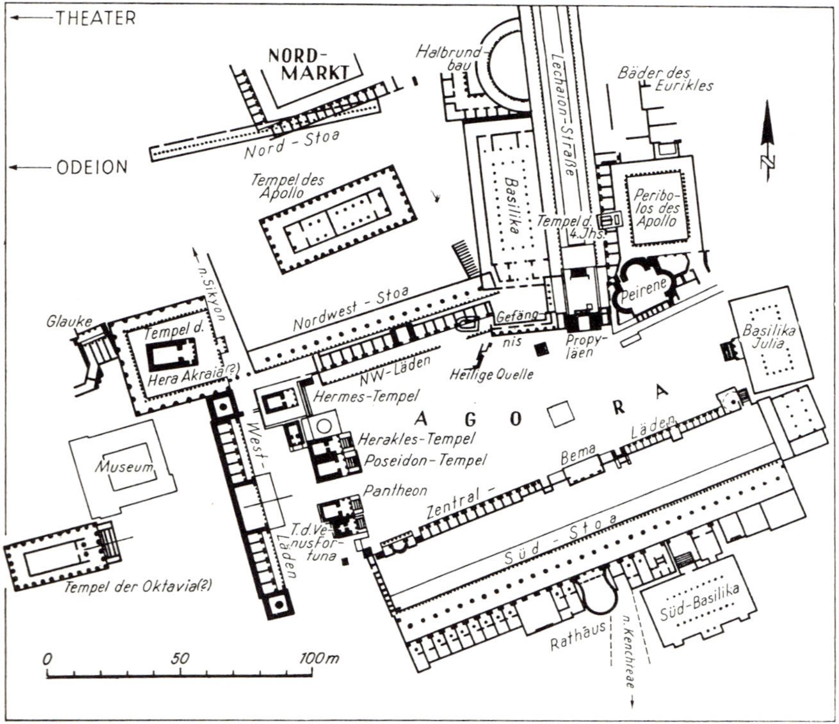

Abb. 33 Korinth, Agora
(zu Seite 212-225)

Abb. 34 Korinth, Peirene
(zu Seite 213f)

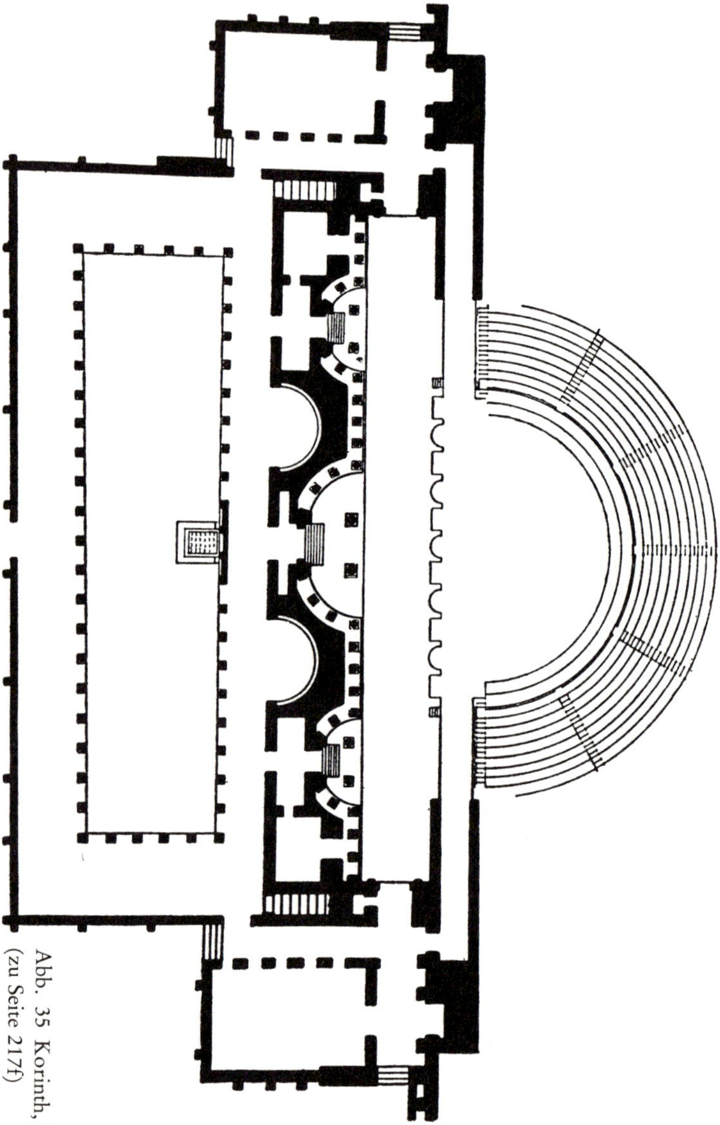

Abb. 35 Korinth, Theater
(zu Seite 217f)